SCHRIFTEN DES SIGMUND-FREUD-INSTITUTS

Herausgegeben von
Marianne Leuzinger-Bohleber und Rolf Haubl

REIHE 2
Psychoanalyse im interdisziplinären Dialog

Herausgegeben von
Marianne Leuzinger-Bohleber und Rolf Haubl

BAND 19
Johanna Bodenstab
Dramen der Verlorenheit:
Mutter-Tochter-Beziehungen in der Shoah

Johanna Bodenstab

Dramen der Verlorenheit: Mutter-Tochter-Beziehungen in der Shoah

Zur Rezeption und zur narrativen Gestalt traumatischer Erfahrungen in Videozeugnissen

Vandenhoeck & Ruprecht

Für Clara

Mit 2 Tabellen

Bibliografische Informationen der Deutschen Nationalbibliothek

Die Deutsche Nationalbibliothek verzeichnet diese Publikation in der Deutschen Nationalbibliografie; detaillierte bibliografische Daten sind im Internet über http://dnb.d-nb.de abrufbar.

ISBN 978-3-525-45132-8

Weitere Ausgaben und Online-Angebote sind erhältlich unter: www.v-r.de

Umschlagabbildung: Stickerei von Eszter Ágnes Szabó/Foto: Harold Shapiro

Satz: SchwabScantechnik, Göttingen
Umschlag: SchwabScantechnik.de
Druck und Bindung: ⊕ Hubert & Co., Göttingen

Gedruckt auf alterungsbeständigem Papier.

Inhalt

Vorwort

In ihrer Doktorarbeit an der Universität Kassel, »Dramen der Verlorenheit: Mutter-Tochter-Beziehungen in der Shoah«, vermittelt Johanna Bodenstab einen beeindruckenden Einblick in ihre mehr als zehnjährige Auseinandersetzung mit dem Unvorstellbaren, was Menschen Menschen antun können, mit der Shoah. Die Arbeit stützt sich überwiegend auf Zeugnisse aus dem Fortunoff Video Archives for Holocaust Testimonies an der Yale Universität, einer international einmaligen Einrichtung, in der ungefähr 4400 Videoaufnahmen von Interviews mit Holocaustüberlebenden dokumentiert und für Interessierte einsehbar sind. Die ersten Interviews wurden 1979 durchgeführt, lange vor Spielbergs Videoprojekt. Die Videoaufnahmen wurden inzwischen vielfältig zur Aufklärung dieses dunkelsten Kapitels der deutschen Geschichte verwendet und von Journalisten, Schriftstellern und Wissenschaftlern in vielfältiger Weise genutzt. Dori Laub, ein erfahrener Psychoanalytiker und führender Experte in der Holocaustforschung, hat viele Interviews durchgeführt und eindrückliche psychoanalytische Arbeiten dazu veröffentlicht. In Deutschland wurde 1995 das Pilotprojekt »Archiv der Erinnerung« initiiert, aus dem 77 Interviews mit Überlebenden in deutscher Sprache hervorgegangen sind (zugänglich über die Gedenkstätte im Haus der Wannseekonferenz in Berlin). Weitere internationale Vernetzungen zwischen dem Fortunoff Video Archive und anderen Institutionen wurden aufgebaut.

Johanna Bodenstab hat sich, ursprünglich als Journalistin und später als Doktorandin, jahrelang mit den Videozeugnissen auseinandergesetzt. Mehr und mehr begann sie sich für das Thema »Mutterschaft« unter den Extrembedingungen der Shoah zu interessieren. Sie entschloss sich, die Interviews von zwölf Überlebenden mit qualitativen Methoden näher zu untersuchen. Sie konzentrierte sich auf eine Gruppe von Zeugen, die nach ihrem Erstinter-

view zu einem reflektierenden Wiederholungsinterview gebeten
worden waren. Auffallenderweise hatten alle weiblichen Interviewten das Thema »Mutterschaft« in ihren Interviews aufgenommen.
»Die von den Überlebenden erinnerten und beschriebenen Szenen
und Begebenheiten werden in der vorliegenden Studie vor dem
Hintergrund eines psychoanalytisch orientierten Grundverständnisses von Mutter-Tochter-Beziehungen interpretiert« (S. 17). Außer
auf die Videointerviews griff J. Bodenstab auch auf autobiographische Texte zurück, die die Beobachtungen aus den Interviews
stützten. »Zum einen teilte sich die emotionale Intensität der erlittenen Verluste mit; zum anderen wurde deutlich, wie empfindlich die Verfolgungsrealität auch in die Beziehungen, die die Shoah
schließlich überlebten, eingriff, bestehende Konflikte verschärfte
und zu schweren Krisen führte« (S. 17). Ausgehend von einer be-
drückenden Schilderung einer Mutter, die ihren sterbenden Säugling tötete, um nicht mit ihm vergast zu werden, schreibt sie: »Als
Interpretin bin ich nicht an einer moralisierenden Problemstellung
interessiert, sondern vor allem an dem Unbehagen der Überlebenden an der eigenen Erfahrung. Dabei wird sich meine Betrachtung
bewusst auf die Auseinandersetzung mit dem Vorgefundenen beschränken, ohne sich auf Werte zu berufen bzw. Werte einzufordern, die während der Shoah ihre Geltung offenbar verloren hatten. Grundsätzlich gehe ich bei allen hier untersuchten Interviewsequenzen von extremen Notlagen aus, in denen die Betroffenen
unter ungeheurem Druck standen und gezwungenermaßen handelten. Deshalb scheint mir eine empathische Haltung angebracht,
die sich der Reibung zwischen einer Vorstellungswelt, in der die
Mutterrolle gängige Besetzungen erfährt, und einer von den Überlebenden durchlebten Realität brutalster Verfolgung ausgesetzt,
ohne Partei zu ergreifen« (S. 18).

Die Autorin hat sich die Universität Kassel für ihre Promotion
ausgewählt, da das Thema Shoah am Fachbereich 01, vor allem bis
zum Ausscheiden von Prof. Dr. Dietfried Krause-Vilmar, zu einem
Forschungsschwerpunkt gehörte. J. Bodenstab ist Deutsche, die
seit vielen Jahren in New Haven (USA) lebt. Johanna Bodenstab
hat Teile ihrer Promotion an mehreren internationalen Kongressen
vorgestellt und dort große Anerkennung erhalten (u. a. beim Kon-
gress der Internationalen Psychoanalytischen Vereinigung Ende

Juli 2013 in Prag). Sie präsentierte die wichtigsten Ergebnisse des 3. Kapitels der Doktorarbeit und illustrierte sie mit den Videozeugnissen von Rosalie W. und Jolly Z. Die Diskussion zeigte, dass Johanna Bodenstab mit ihren detaillierten und sensiblen Analysen relevante Erkenntnisse zum Einfluss der Shoah auf die Beziehung zwischen einer Mutter und ihrer adoleszenten Tochter unter den extremen Bedingungen eines Konzentrationslagers gewonnen hat, die auch für einen internationalen, psychoanalytischen Expertenkreis von hoher Relevanz sind.

In diesem Buch legt Johanna Bodenstab einen äußerst beeindruckenden Versuch vor, traumatische Erfahrungen von Überlebenden der Shoah in Bilder und Sprache zu fassen, die unser Vorstellungsvermögen immer wieder von neuem übersteigen. Auschwitz ist ein Ort, »wohin unsere Sprache nicht reicht«, formulierte Hans Keilson.

Durch die von ihr entwickelte Haltung einer vorbehaltlosen Einfühlung in die Überlebenden, verbunden mit einer professionellen, systematischen Analyse der eigenen Gegenübertragung auf die Erzählungen, gelingt ihr eine derart dichte narrative Zusammenfassung der Interviews, dass sie oft den Leser an die Grenze des emotional Erträglichen führt. Dadurch erreicht sie, dass der Schrecken über den »Zivilisationsbruch Auschwitz« im Erleben des Lesers präsent wird und nicht einer intellektuellen Abwehr anheimfällt. Daher betrachte ich diese Doktorarbeit als einen einzigartigen, innovativen Beitrag, die Zeugnisse der Überlebenden in die wissenschaftliche und breite Öffentlichkeit zu tragen und daher dem Vergessen der Shoah entgegenzuwirken. Dies ist wissenschaftlich, professionell, aber auch persönlich eine außergewöhnliche Leistung, die hohe Anerkennung und Würdigung verdient.

Johanna Bodenstab schreibt in einer sehr persönlichen, klaren und metaphernreichen Sprache und bezieht sich bei ihren Überlegungen in professioneller Weise auf eine breite psychoanalytische und nichtpsychoanalytische Literatur zur Shoah und zur internationalen Traumaforschung. Weitere Informationsquellen sind Romane, Selbstdarstellungen und künstlerische Verarbeitungen (wie der Comic »Maus«), die der Doktorarbeit ebenfalls einen unverwechselbaren Charakter verleihen. Zudem zeigt Johanna Bodenstab eine beachtenswert differenzierte und kritische Selbstreflexion auch bezogen auf das methodische Vorgehen in ihrer Promotion angesichts des emotional verstörenden Gegenstandes.

Daher wünsche ich diesem Buch eine breite, sensible Leserschaft. Es ist ein Beitrag zu dem nie endenden Bemühen, sich an Auschwitz zu erinnern.

Marianne Leuzinger-Bohleber

Vorbemerkung

Lange erschien es mir unmöglich, diese Arbeit zum Abschluss zu bringen. Hätte ich ihr kein Ende gesetzt, müsste ich wahrscheinlich den Rest meines Lebens mit den Zeugnissen der Überlebenden zubringen, ohne jemals einen Punkt zu erreichen, an dem sich das Gefühl einstellen könnte, dass ich meinen Gegenstand erschöpfend behandelt habe. Wie ein tröstliches Mantra gehen mir immer wieder die Worte durch den Kopf, mit denen Freud seinen gescheiterten Versuch, den von ihm postulierten Todestrieb zu begründen, enden lässt. »Jenseits des Lustprinzips« schließt mit den Worten: »Was man nicht erfliegen kann, muss man erhinken. Die Schrift sagt, es ist keine Schande zu hinken.«[1] Die Anspielung auf den biblischen Jakob verweist darauf, dass die Bedeutung des Ringens mit dem Übermächtigen nicht in dessen Bezwingung liegt; man darf zufrieden sein, wenn man den Kampf besteht. Es gibt keine Niederlage – und deshalb auch keinen Sieger. So wenig, wie es Jakob gelingt, den Engel zu bezwingen, so wenig kann der Engel ihm den geforderten Segen vorenthalten. – Erst beim Nachlesen entdeckte ich, dass das von Freud angeführte Zitat gar nicht von »Schande«, wohl aber von »Sünde« spricht. Gerne möchte ich mich von der Scham darüber freisprechen lassen, dass ich es trotz meiner wiederholten Anläufe auf das Thema nicht besser habe machen können. Wenn mein Scheitern im Gegenstand meiner Forschung begründet liegt und es also zur Auseinandersetzung mit der Shoah gehört, dass man ihr nicht gewachsen sein kann, dann darf ich mit den hier vorgelegten Ergebnissen am Ende doch zufrieden sein.

---

1 Sigmund Freud: »Jenseits des Lustprinzips« (1920), in: ders., Gesammelte Werke, chronologisch geordnet, London 1991, Bd. 13, S. 1–69.

Zur Herkunft und Auswahl der verwendeten Videointerviews

Die vorliegende Arbeit stützt sich überwiegend auf Zeugnisse aus dem Fortunoff Video Archive for Holocaust Testimonies an der Yale Universität.[2] Zwar ist dieses Archiv mit seinen ungefähr 4400 Interviews durch die rege Sammelaktivität der Shoah Foundation[3] quantitativ inzwischen längst in den Schatten gestellt worden, aber seine Bestände gehen bis auf das Jahr 1979 zurück und umfassen die ersten jemals aufgezeichneten Videozeugnisse mit Überlebenden überhaupt. Das Fortunoff Video Archive ist also nicht nur als Pioniertat in der Geschichte der Videographie von Bedeutung, sondern konnte mit einem Vorlauf von ca. 15 Jahren Erinnerungen von Überlebenden dokumentieren, die bereits nicht mehr am Leben waren, als Spielberg schließlich sein international großangelegtes Videoprojekt lancierte. Seit seiner offiziellen Gründung im Jahr 1981 pflegt das Fortunoff Video Archive außerdem einen intellektuellen Diskurs, der sich der pädagogischen Bedeutung von Videozeugnissen und der sozialen Verantwortung des Gedenkens ebenso widmet, wie interdisziplinären Fragen an den Schnittstellen von Literaturwissenschaft, Geschichte, Philosophie und Psychoanalyse. Von den zahllosen Veröffentlichungen, die auf das Archiv und seine Bestände rekurrieren,[4] möchte ich besonders auf

---

2   Die Internetseite <www.library.yale.edu/testimonies/> gibt einen guten Einblick in die Geschichte und die Arbeit des Archivs. Dort kann man sich auch einzelne Video-Ausschnitte ansehen und hat Zugang zum Katalog der Archivbestände. Meine Darstellung bezieht sich außerdem auf einen Essay der Archivarin Joanne Rudof: »A Yale University and New Haven Community Project. From Local to Global«, in: URL <http://www.library.yale.edu/testimonies/publications/Local_to_Global.pdf>, Version Oktober 2012, letzter Zugriff [25.11.2013, 9:47 Uhr], S. 1–19, den man sich von der Interseite herunterladen kann.

3   Die Videozeugnisse der Shoah Foundation sind inzwischen durch das »Shoah Foundation Institute for Visual History and Education« an der University of South California zugänglich. Auf der Internetseite <http://college.usc.edu/vhi/> erschließt sich der gesamte Katalog, Zugriff auf die Interviews ist nach Absprache mit dem Institut über Universitätsbibliotheken und Institutionen mit einem entsprechenden Zugang möglich.

4   Als wegweisend im Hinblick auf die Konzeptualisierung eines Genres von »Videozeugnissen« sind folgende Publikationen zu nennen: James E. Young: Writing and Rewriting the Holocaust. Narrative and the Consequences of Interpretation,

die Arbeiten von Dori Laub verweisen, dessen dyadisches Verständnis des Interviewprozesses und dessen tiefe Einsicht in die Symbolisierungsproblematik traumatischer Erinnerungen meine eigene Auseinandersetzung mit den Videozeugnissen grundlegend beeinflusst haben.[5]

In Deutschland wurde 1995 ein Pilotprojekt des Fortunoff Video Archives initiiert. Dieses »Archiv der Erinnerung« generierte 77 Interviews mit Überlebenden in deutscher Sprache, die heute nicht nur über das Archiv in Yale, sondern auch über die Gedenkstätte im Haus der Wannseekonferenz zugänglich sind.[6] Seit 2002 arbeitet das Fortunoff Video Archive außerdem mit der Gedenkstätte Bergen-Belsen zusammen.[7] Die Stiftung »Denkmal der ermordeten Juden Europas« in Berlin hat im September 2008 ein Videoarchiv »Leben mit der Erinnerung. Überlebende des Holocaust erzählen« der Öffentlichkeit übergeben, das u. a. 852 Interviews aus Yale in Berlin zugänglich machen soll.[8]

Bloomington/Indianapolis 1990, besonders das Kapitel »Holocaust Video and Cinematographic Testimony«, S. 157–171 und 204; Lawrence L. Langer: Holocaust Testimonies. The Ruins of Memory, New Haven/London 1991; Shoshana Felman/Dori Laub: Testimony. Crises of Witnessing in Literature, Psychoanalysis, and History, New York/London 1992; Geoffrey Hartman: The Longest Shadow. In the Aftermath of the Holocaust, Bloomington/Indianapolis 1996, besonders Kapitel 9 und 10, S. 133–172.

5   Siehe Laubs Kapitel 2, »Bearing Witness, or the Vicissitudes of Listening« und Kapitel 3, »An Event without a Witness. Truth, Testimony and Survival«, in: Felman/Laub: Testimony, 1992, S. 57–74 und S. 75–92; ders.: »Traumatic Shutdown of Narrative and Symbolization. A Death Instinct Derivative?«, in: Contemporary Psychoanalysis 41 (2005), S. 307–326; ders: »On Holocaust Testimony and Its Reception within Its Own Frame, as a Process in Its Own Right«, in: History & Memory. Studies in Representation of the Past, 21 (2009), H. 1, S. 127–150.

6   Vgl. Cathy Gelbin/Eva Lezzi/Geoffrey Hartman/Julius H. Schoeps (Hrsg.), Archiv der Erinnerung. Interviews mit Überlebenden der Shoah. Bd. 1.: Videographierte Lebenserzählungen und ihre Interpretationen. Potsdam 1998; Miltenberger, Sonja (Hrsg.), Archiv der Erinnerung. Interviews mit Überlebenden der Shoah. Bd. 2.: Kommentierter Katalog. Potsdam 1998

7   Vgl. »Zeitzeugen-Interviews«, in: Stiftung niedersächsische Gedenkstätten: Bergen Belsen, URL <http://bergen-belsen.stiftung-ng.de/de/forschung-dokumentation/zeitzeugen-interviews.html>, letzter Zugriff: [25.11.2013, 10:41 Uhr].

8   Vgl. Daniel Baranowski (Hrsg.): »Ich bin die Stimme der sechs Millionen.« Das Videoarchiv im Ort der Information, Berlin 2009; Stiftung Denkmal für die ermordeten Juden Europas (Hg): Bericht 2006 bis 2008, URL <http://www.stiftung-denkmal.de/fileadmin/user_upload/projekte/oeffentlichkeitsarbeit/pdf/

Lediglich zwei der hier verwendeten Zeugnisse entstammen
anderen Quellen: 2005/06 hatte ich die Gelegenheit, an einer Teil-
studie des internationalen Forschungsprojektes zur Zwangs- und
Sklavenarbeit mitzuwirken, das von der deutschen Stiftung »Erinnerung, Verantwortung und Zukunft« getragen wurde. In diesem Zusammenhang entstanden unter der Leitung von Dori Laub
20 Videointerviews mit jüdischen Verfolgten, die heute über das
Internet zugänglich sind.[9] Eines der in diesem Zusammenhang
entstandenen Interviews ist in diese Arbeit eingeflossen. – Außerdem fand sich in den Beständen der Shoah Foundation ein Videozeugnis, das meine im Fortunoff Video Archive getroffene Auswahl inhaltlich ergänzte.

Die Auswahl der interpretierten Interview-Ausschnitte geht auf
meine jahrelange Auseinandersetzung mit Videozeugnissen von
Überlebenden der Shoah zurück. Am Anfang standen zwei jour-
nalistische Arbeiten über das Fortunoff Video Archive,[10] aus denen
sich der Wunsch entwickelte, ein längerfristiges Projekt zu reali-
sieren. Für die Formulierung meines Themas »Mutter-Tochter-Beziehungen während der Shoah« war vor allem die Konzentration
auf eine Gruppe von zwölf Überlebenden entscheidend, die vom
Archiv Jahre nach ihrem Erstinterview zu einem reflektierenden
Wiederholungsinterview gebeten worden waren.[11] Auffallend war,
dass alle weiblichen Interviewten dieser Gruppe auf vielfältige

Presse/Bericht_2006bis2008_Web.pdf>, letzter Zugriff [25.11.2013, 10:50 Uhr],
S. 26–30.

9   Vgl. Dori Laub/Johanna Bodenstab: »Zwangs- und Sklavenarbeit im Kontext jüdischer Holocaust-Erfahrungen«, in: Alexander von Plato/Almut Leh/Christoph
Thonfeld (Hrsg.), Hitlers Sklaven. Lebensgeschichtliche Analysen zur Zwangsarbeit im internationalen Vergleich, Wien/Köln/Weimar 2008, S. 336–344; Stiftung »Erinnerung Verantwortung und Zukunft« (Hrw): Zwangsarbeit 1939–1945.
Erinnerungen und Geschichte, URL <https://zwangsarbeit-archiv.de/archiv>,
letzter Zugriff [25.11.2013, 11:02 Uhr].

10 Johanna Bodenstab: »Der sprechendste Moment ist das Schweigen«, Ursendung
im DeutschlandRadio Köln, November 1996; dies.: »Als Esther Goldfarb guter
Hoffnung war«, in: Frankfurter Rundschau, 16. November 1996, Beilage Zeit und
Bild, S. I.

11 Eva B. (T-1 und 1101), Daniel F. (T-53 und 978), Hannah F. (T-18 und 971), Leo G.
(T-158 und 977), Renee G. (T-5 und 976), Sally H. (T-3 und 1154), Celia K. (T-36
und 970), Dori K. (T-59 und 969), Philip K. (T-1300 und 1319), Edith P. (T-107
und 974), Martin S. (T-641 und 1091) und Jolly Z. (T-220 und 972). Die Band-

Weise das Thema »Mutterschaft« berührten – sei es durch die Erinnerung an die Beziehung zu ihren Müttern, durch Szenen ihrer
Verfolgung, die sie rückblickend beschrieben, oder aber indem sie
ihre eigenen Erfahrungen als Mütter reflektierten. Der Vergleich
der Videointerviews aus unterschiedlichen Lebensphasen derselben Überlebenden deutete dabei auf eine bleibende Wichtigkeit
dieses Themenkomplexes für die erzählenden Frauen hin. – Die
von den Überlebenden erinnerten und beschriebenen Szenen und
Begebenheiten werden in der vorliegenden Studie vor dem Hintergrund eines psychoanalytisch orientierten Grundverständnisses
von Mutter-Tochter-Beziehungen interpretiert.

Neben den Videozeugnissen bezog ich in meine Recherchen
außerdem autobiographische Texte ein. Diese Erweiterung meiner
Quellen bestätigte zunächst die zentralen Problematiken und Er-
fahrungsmomente, die mir im Zusammenhang mit Mutter-Tochter-Beziehungen bereits in den Videointerviews begegnet waren:
Zum einen teilte sich die emotionale Intensität der erlittenen Verluste mit; zum anderen wurde deutlich, wie empfindlich die Verfolgungsrealität auch in die Beziehungen, die die Shoah schließlich überlebten, eingriff, bestehende Konflikte verschärfte und zu
schweren Krisen führen konnte.[12] Darüber hinaus zeigte sich, dass
es überwiegend Töchter waren, die von ihren Müttern sprachen,
während diese selbst kaum zu Wort kamen. Dieses Schweigen lässt
sich nur unvollkommen damit erklären, dass Mütter als die Älteren
häufig ermordet wurden, sodass sich ihre Existenz nur noch über
die Erinnerungen der Töchter erschließen lässt. Offenkundig fällt
es den Überlebenden schwer, ihre Erfahrungen als Mütter während der Shoah in den narrativen Zusammenhang eines rückblickenden Zeugnisses zu integrieren, weil diese Erfahrungen radikal
gegen gängige Vorstellungen von Mütterlichkeit verstoßen. Diese
Unvereinbarkeit wird etwa in den Erinnerungen von Ruth Elias
beklemmend deutlich, die ihren sterbenden Säugling tötete, um

---

nummern beziehen sich jeweils auf den Katalog des Fortunoff Video Archives
an der Yale Universität, vgl. URL <http://orbis.library.yale.edu/vwebv/>.

12 In meine Betrachtungen bezog ich die autobiographischen Texte von Charlotte
Delbo, Magda Denes, Ruth Elias, Hedi Fried, Ruth Klüger, Sarah Kofman, Liana
Millu und Anna Ornstein ein. Die Titel sind im Literaturverzeichnis oder an den
entsprechenden Stellen angegeben.

nicht zusammen mit ihm vergast zu werden.[13] Der Text wird nicht
müde, der Leserin die Liebe und Fürsorge zu versichern, die Elias
für ihr Kind empfand. Die Tatsache, dass Mengele sie in Auschwitz einem dubiosen »medizinischen Versuch« unterzog, bei dem
ihre Stillfähigkeit unterbunden wurde, scheint der Überlebenden
als Erklärung und Rechtfertigung ihrer extremen Maßnahme nicht
zu genügen. Nicht nur äußert sich Elias mütterliche Fürsorge hier
auf beunruhigende Weise durch eine Kindstötung, mit der sie das
Leiden ihres verhungernden Babys beendete; es zeichnet sich auch
ein Pragmatismus ab, der das Leben der Mutter über das ihres Kindes stellt und der nüchternen Erkenntnis folgt, dass es keinen Sinn
machte, sich als Mutter mit dem Baby zu opfern, weil das Leben
des Kindes ohnehin verloren war.

Als Interpretin bin ich nicht an einer moralisierenden Problemstellung interessiert, sondern vor allem an dem Unbehagen der
Überlebenden an der eigenen Erfahrung. Dabei wird sich meine
Betrachtung bewusst auf die Auseinandersetzung mit dem Vorgefundenen beschränken, ohne sich auf Werte zu berufen bzw. Werte
einzufordern, die während der Shoah ihre Geltung offenbar verloren hatten. Grundsätzlich gehe ich bei allen hier untersuchten
Interviewsequenzen von extremen Notlagen aus, in denen die Betroffenen unter ungeheurem Druck standen und gezwungenermaßen handelten. Deshalb scheint mir eine empathische Haltung
angebracht, die sich der Reibung zwischen einer Vorstellungswelt,
in der die Mutterrolle gängige Besetzungen erfährt, und einer von
den Überlebenden durchlebten Realität brutalster Verfolgung aus-
setzt, ohne Partei zu ergreifen. Die Kollision zwischen Erwartung
und Erfahrung ist nicht nur ein Problem der Interpretin, sondern
gerade auch der betroffenen Töchter, die in ihren Zeugnissen mit
ihrer Enttäuschung und ihrem Entsetzen über ihre Mütter ebenso
zurechtkommen müssen wie mit dem Gefühl, von der Mutter verlassen worden zu sein. Vielfach beruhen die Geschichten der überlebenden Töchter auf impliziten Forderungen gegenüber ihren
Müttern, wobei deren Schweigen als Verzicht auf eine eigene Erzählperspektive zugunsten der Tochter verständlich wird und im

---

13 Ruth Elias: Die Hoffnung erhielt mich am Leben. Mein Weg von Theresienstadt
     und Auschwitz nach Israel, München/Zürich 1988, S. 178–193.

Hinblick auf die narrative Identitätskonstruktion der Tochter eine wichtige Schutzfunktion übernimmt. Beim Interpretieren sollte deshalb das Schweigen der Mütter als Akt der Kommunikation soweit wie möglich in die Betrachtung einbezogen werden, über den sich Fürsorge, Scham, aber auch Hilflosigkeit gegenüber der eigenen Erfahrung vermitteln.

Das Selbstverständnis der Überlebenden als Frauen und Mütter, das in den untersuchten Videozeugnissen zum Ausdruck kommt, knüpft an Werte und Vorstellungen des frühen 20. Jahrhunderts an. Aber diese historische Bedingtheit ändert nichts an der prinzipiellen Bedeutung der »primären Fürsorge« für die Strukturierung der menschlichen Psyche und die Bindungsfähigkeit des Subjekts – also für psycho-emotionale Zusammenhänge, die mich im Kontext der hier dargestellten traumatischen Verfolgungserfahrungen immer wieder beschäftigen werden.[14] – Darüber hinaus müssen die Mutter-Tochter/Kind-Beziehungen, die ich in meine Arbeit einbezogen habe, in ihrer sozialen Isolation gewürdigt werden: Im Laufe vieler Verfolgungsschicksale ging die Einbettung in das komplexe Beziehungsgeflecht einer Familie zunehmend verloren, sodass die Beziehungen zwischen Müttern und Kindern zunehmend ohne das Regulativ eines Dritten und eine Stabilisierung von außen auskommen mussten.

Bei der vorliegenden Arbeit handelt es sich um eine qualitative Studie, die sich an Einzelfällen orientiert. In einer Gegenbewegung zu den Normierungen und Vereinheitlichungen, die der Genozid an den Juden mit absoluter Brutalität setzte, wählt sich die Forscherin gerade die Singularität einzelner Lebensgeschichten zum Ausgangspunkt ihrer Betrachtungen. Dabei rekurriert sie auf das »Prinzip des Lernens am Einzelfall« aus der Psychoanalyse, muss sich aber im Versuch, die Relevanz ihrer Beobachtungen zu klären und diese verallgemeinernd in einen breiteren Zusammenhang zu stellen, auch auf einen Prozess kommunikativer Validie-

---

14 Nancy Chodorow hat sich in »Das Erbe der Mütter. Psychoanalyse und Soziologie der Geschlechter«, München 1985 bereits in den späten 1970er Jahren gegen eine Festlegung der Aktivität mütterlicher Fürsorge auf das weibliche Geschlecht ausgesprochen. Chodorows Monographie erschien erstmals 1978 unter dem Titel »The Reproduction of Mothering. Psychoanalysis and the Sociology of Gender«, Berkeley.

rung öffnen. Meine Hoffnung ist, dass die vorliegende Arbeit in einer »konkurrierenden Interpretationskultur von Einzelfällen«,[15] die sich mit einer ähnlichen Themenstellung oder mit denselben Videozeugnissen auseinandersetzt, ihren Platz finden wird.

Zum Aufbau der Arbeit

Die Einleitung postuliert einen Notstand der Zeugenschaft, der sich aus dem Trauma der Verfolgungserfahrung der Shoah ergibt. Dieser Notstand prägt nicht nur die Traumanarrative der unmittelbar Betroffenen, sondern bestimmt ebenfalls den interpretierenden Zugriff auf Videozeugnisse. Während sich das erzählende Ich der Überlebenden in seiner traumatisch bedingten Relativierung zeigt, wird die Rezeption der Videozeugnisse als erweiterte Zeugenschaft fassbar, deren Ziel es sein muss, Gehalte, die sich dem Bewusstsein der Überlebenden entziehen, in die Bezeugbarkeit hereinzuholen.

Das zweite Kapitel bedient sich einer ausschnitthaften und kleinteiligen Arbeitsweise. Es versammelt eine Reihe von Interviewausschnitten aus unterschiedlichsten historischen Kontexten, ohne auf den narrativen Gesamtzusammenhang des jeweiligen Zeugnisses zu achten. Bei den ausgewählten Vignetten handelt es sich um Schlüsselszenen meines Arbeitsprozesses, die meine Sichtweise auf mein Thema entscheidend geprägt haben. Dabei steht die Zerstörung der Mutter-Tochter/Kind-Beziehung, aber auch der Verlust seelischer Bezogenheit als Teil der Verfolgungserfahrung im Zentrum. Die Erzählfähigkeit der Überlebenden sowie die narrative Gestaltung ihrer Zeugnisse zeugen auf dramatische Weise von der Schwere der zugrundeliegenden traumatischen Erfahrung. In diesem Zusammenhang wird die Analyse der Gegenübertragungsreaktionen zu einer wichtigen Stütze des Interpretationsvorhabens.

Das dritte Kapitel untersucht dagegen eine Reihe von Interviewsequenzen aus dem Zeugnis eines Mutter-Tochter-Paares, das die

---

15 Marianne Leuzinger-Bohleber: »Die Einzelfallstudie als psychoanalytisches Forschungsinstrument«, in: Psyche – Z. Psychoanal., 49 (1995), H. 5, S. 434–480, hier S. 473 und 458.

Shoah gemeinsam überlebt hat. Vergleichend werden außerdem zwei Einzelinterviews der Tochter mit herangezogen. Zwar existiert kein Einzelinterview mit der Mutter, aber aus dem vorgefundenen Material lässt sich immerhin ihre unabhängige Erzählperspektive erschließen: Das Kapitel nimmt besonders solche Passagen in den Blick, in denen es zwischen den beiden Überlebenden zu Widersprüchen kommt, sodass die Gemeinsamkeit ihrer Darstellung sich vorübergehend verliert und die Narrative von Mutter und Tochter in ihrer Verschränkung und Unterschiedlichkeit wahrnehmbar werden. Dabei stellt sich die Beziehung nicht nur als ein Erinnerungsgegenstand dar, sondern trägt als gelebte Realität den Erzählprozess beider Frauen, den die laufende Kamera aufgezeichnet hat. Die Mutter-Tochter-Beziehung zeigt sich im Laufe des Interviews einerseits in ihrer Angegriffenheit durch die Verfolgungserfahrung, andererseits aber auch als wesentliche emotionale Grundlage des Überlebenskampfes beider Frauen. Mit Hilfe des mütterlichen Narrativs gelingt es darüber hinaus, Abwehrhaltungen zu bestimmen, die den Erinnerungsprozess der Tochter begleiten. Dabei wird deutlich, dass die Tochter ein Zeugnis konstruiert, das der verfolgungsbedingten Zersetzung ihrer Mutterbindung entgegenarbeitet. Dieser Kampf um den Erhalt ihres guten Objekts ist dabei kaum von ihrem Überlebenskampf zu trennen.

Danksagung

Mein besonderer Dank gilt den Mitarbeitern des Fortunoff Video Archives an der Yale Universität für ihre freundliche und ausdauernde Unterstützung meines Projekts. Die Archivarin, Joanne Rudof, hat mich bei der Auswahl meines Materials immer wieder auf die richtige Fährte gebracht, und ich habe ihr für viele anregende Gespräche zu danken.

Meine Lehrer am Institut der Western New England Society for Psychoanalysis in New Haven, CT gaben mir im Rahmen des »Psychoanalysis for Scholars Program« wiederholt die Gelegenheit, Teile meiner Arbeit im Seminar zur Diskussion zu stellen. Sidney Blatt, Paul Schwaber, Rosemary Balsam, Elizabeth Brett und Ernst

Prelinger seien hier stellvertretend für alle diejenigen genannt, die mich durch vielfältige Anregungen ermutigt haben, meine Ideen weiterzuentwickeln.

Marianne Leuzinger-Bohleber hat mein Projekt während der langen Phase seiner Entstehung beharrlich und großzügig gefördert. Die Vitalität ihres Denkens als Wissenschaftlerin und Analytikerin, aber auch ihre menschliche Wärme waren mir eine stete Ermutigung. Selbst in schwierigen Situationen durfte ich mich auf ihre absolute Unterstützung verlassen. Ihrer wunderbaren Betreuung ist zu verdanken, dass ich schließlich doch zu einem Ende fand und dass der Ausdruck »Doktormutter« für mich vollkommen angstfrei besetzt ist.

Andreas Hamburger, meinem Zweitgutachter, danke ich für seine anregenden Kommentare und hilfreichen Denkanstöße.

Karin Lackner und Rolf-Peter Warsitz sei für ihre engagierte Teilnahme an meiner Promotionskommission herzlich gedankt.

Marie-Christin Behrendt hat das fertige Manuskript meiner Arbeit Korrektur gelesen und formal überarbeitet. Herbert Bareuther hat die Bibliographie gewissenhaft überprüft. Ihre Umsicht und Geduld waren mir bei der Fertigstellung des Manuskripts eine wichtige Stütze.

Dori Laub war nicht nur als einer der Gründer des Fortunoff Video Archives und als ein Interviewer vieler Überlebender mein wichtigster Gesprächspartner. Er hat sich mutig und entschlossen über all das Trennende, das uns verbindet, hinweggesetzt, um meinen Arbeitsprozess durch seine diversen Stadien zu begleiten. Er hat mich wiederholt davor bewahrt, mich in der Komplexität meines Interpretationsvorhabens zu verlieren, und mich geduldig zur Aufmerksamkeit gegenüber meinen Denkprozessen angehalten. Seine Sicherheit und Festigkeit im Umgang mit seelischen Traumen und ihren Manifestationen hat mein Projekt in Momenten der Angst und Selbstzweifel auf Kurs gehalten.

Dank schulde ich auch meinem inzwischen leider verstorbenen Analytiker Horst Wittenbecher aus Berlin, der mir eine gute Mutter war.

1 Einleitung: Notstände der Zeugenschaft

1.1 Relativierung der Ich-Instanz

Grundsätzlich stellen die Zeugnisse von Überlebenden der Shoah, um die es in dieser Arbeit geht, einen Triumph über die Schwierigkeit dar, etwas zu bezeugen, das sich der Erzählbarkeit entzieht. Dieser Notstand der Zeugenschaft erklärt sich aus der Absolutheit der Erfahrung der Shoah, die durch ihre Nähe zu Tod und Trauma die Fähigkeit zur Zeugenschaft, d. h. grundsätzlich die Fähigkeit, für sich und von sich selbst zu sprechen, in Frage stellt. Mit der Literaturwissenschaftlerin Cathy Caruth kann man traumatische Erfahrungen als »unclaimed experience«[16] verstehen, als Erfahrungen also, die wie nicht abgeholte Koffer in einer Gepäckausgabe auf ihren Besitzer warten. Natürlich drängt sich die Frage nach den Gründen auf, weshalb noch niemand Anspruch auf das wartende Gepäck erhoben hat: Wurde es vergessen? Zurückgelassen? Oder hat der rechtmäßige Besitzer seine Koffer nicht erkannt?

Ähnlich wie dem Gepäck, auf das niemand Anspruch erhebt, fehlt auch der traumatischen Erfahrung ein Zusammenhang. Die Psychoanalyse erklärt die Schwierigkeit des Subjekts, erinnernd einen Zugang zur eigenen traumatischen Erfahrung zu finden, mit der überwältigenden Intensität der ursprünglichen Ereignisse: »Trauma ist ein *factum brutum,* das im Augenblick des Erlebens nicht in einen Bedeutungszusammenhang integriert werden kann, weil es die seelische Textur durchschlägt. Das schafft besondere Bedingungen für dessen Erinnerung und nachträgliche Integration in

---

16 So der Titel von Cathy Caruths Monographie »Unclaimed Experience. Trauma, Narrative, and History«, Baltimore/London 1996.

gegenwärtiges Erleben.«[17] Zwar können sich traumatische Erfahrungen mit äußerster Präzision ins Gedächtnis einprägen, aber diese Genauigkeit bezieht sich in der Regel auf Fakten, während eine Beschreibung der entsprechenden psychischen Realität nicht gelingt, weil der innere Bezug zur eigenen Erfahrung fehlt.[18] – Bezogen auf Caruths Wendung, würde das bedeuten, dass der Reisende bisher keinen Anspruch auf sein Gepäck erheben konnte, weil er sich nicht als dessen Eigentümer erkennt; oder jenseits dieser Metapher, dass es dem traumatisierten Subjekt nicht ohne weiteres gelingt, sich in seiner Betroffenheit durch das von ihm erlittene Trauma wahrzunehmen und zu reflektieren.

Der Notstand der Zeugenschaft erklärt sich daher grundsätzlich aus der traumatisch bedingten intrapsychischen Schwierigkeit, ein überwältigendes Ereignis als persönliche Erfahrung zu integrieren und in einem Narrativ zu verankern. Indem das Trauma »die seelische Textur durchschlägt«, stellt es eine Verletzung der Persönlichkeitsgrenzen dar, innerhalb derer sich Begegnungen mit der äußeren Realität als persönliche Erfahrungen umsetzen können. Der subjektive Standort, von dem aus sich eine Perspektive der Zeugenschaft öffnen kann, kommt vorübergehend abhanden – und mit ihm die psychischen Voraussetzungen einer Zeugenschaft überhaupt.

Neben der grundsätzlichen Schwierigkeit, traumatische Erfahrungen in die narrative Form eines Zeugnisses zu bringen, müssen Überlebende also noch einen zweiten Notstand ihrer Zeugenschaft überbrücken: Sie müssen sich in einer zentralen Ich-Perspektive einrichten, obwohl es einen solchen Standort im Zustand der psychischen Dissoziiertheit unter dem Eindruck der traumatischen Erfahrungen ursprünglich nicht gab. Ein Zeugnis lässt sich selbst dann, wenn die darin bezeugten Erfahrungen auf einem absoluten Verlust von Subjektivität beruhen, rückblickend nur aus der Sicht eines erzählenden Ichs formulieren.

Grundsätzlich ist deshalb für sämtliche Traumanarrative eine inhärente Disparatheit von erzählendem und erinnertem Ich zu pos-

---

17 Werner Bohleber: »Erinnerung, Trauma und kollektives Gedächtnis – Der Kampf um die Erinnerung in der Psychoanalyse«, in: Psyche – Z. Psychoanal., 61 (2007), H. 4, S. 293–321, hier S. 301.
18 Ebd., S. 303 und 305.

tulieren. Die Auschwitz-Überlebende Charlotte Delbo hat diesen inneren Zwiespalt ihrer Zeugenschaft eindrücklich beschrieben:[19]

I feel that the one who was in the camp is not me, is not the person, who is here, facing you. [...] And everything that happened to that other, the Auschwitz one, now has no bearing upon me, does not concern me [...]. I live within a twofold being. The Auschwitz double doesn't bother me, doesn't interfere with my life. As though it weren't I at all. Without this split I would not have been able to revive.[20]

Für Delbo ist der innere Abstand zu ihrem »Auschwitz Double« eine Frage ihres Weiterlebens nach der Befreiung.[21] Hier steht das erzählende Ich also nicht in einer Kontinuität seiner Biographie und durchdenkt das historische Ereignis in Bezug auf die eigene Person, sondern macht sich zur Gegenspielerin eines erinnerten Ichs, von dem es sich nicht aus dem Konzept bringen lassen darf. Um von Auschwitz sprechen zu können, muss die erzählende Überlebende sich selbst wie einer Fremden gegenübertreten: »*I am very fortunate in not recognizing myself in the self that was in Auschwitz. To return from there was so improbable that it seems to me I was never there at all.*«[22] Die innere Distanz zu dem »Selbst, das (sie) in Auschwitz war«, impliziert einen Sicherheitsabstand zur eigenen Vergangenheit. Nur indem sie ihre Gegenwart scharf von Auschwitz getrennt hält, verliert die Frage, was aus dem Tod geworden ist, den sie in Auschwitz täglich vor Augen hatte, ihre Bedeutung. In der mörde-

---

19 Charlotte Delbo: Days and Memory, Marlboro 1990. In der ersten systematischen Untersuchung zu den Videozeugnissen des Fortunoff Video Archives wählt Langer sich ebenfalls diesen Text Delbos zum gedanklichen Ausgangspunkt, vgl. Langer: Holocaust Testimonies, 1991, S. 3–9. Im Unterschied zu Langer geht es mir allerdings nicht in erster Linie um die unterschiedlichen Erinnerungsbegriffe, die Delbo verwendet, sondern um die Doppelung, mit deren Hilfe sich die erzählende Ich-Instanz gegen die traumatische Erfahrung in Auschwitz absichert.
20 Delbo: Days and Memory, 1990, S. 3.
21 Strenggenommen ist Delbo keine Überlebende der Shoah, weil sie als politischer Häftling nach Auschwitz gebracht worden war, also nicht als Jüdin verfolgt wurde.
22 Delbo: Days and Memory, 1990, S. 3. Langer geht auf das Problem dieser Spaltung in dem Kapitel »Anguished Memory. The Divided Self«, vgl. Langer: Holocaust Testimonies, 1991, S. 39–76, besonders S. 48–57 ein.

rischen Logik des Konzentrationslagers bleibt ihr Weiterleben bis
in die Gegenwart ihres Schreibens undenkbar.

Delbos Spaltung verzichtet auf Vermittlung und Integration. Der
Überlebenden geht es nicht etwa um die Frage, wie sie ihre »unclaimed experience« nachträglich einfordern kann. Vielmehr versucht sie, sich mit Hilfe ihrer Rationalität ein geistiges Bollwerk zu
schaffen, das sie vor der emotionalen Last und der Intensität ihrer
Erinnerung an Auschwitz schützt. Diese innere Kontrolle über ihre
Vergangenheit bildet die Voraussetzung für Delbos Zeugnis. – Psychoanalytisch verstanden, entspringt die ich-gesteuerte Erzählung
hier also einer seelischen Abwehr: Um die Kontinuität seines Erzählens zu gewährleisten, muss das erzählende Ich sich in einem
Akt der Selbsterhaltung vor der aufsteigenden traumatischen Erinnerung und deren dissoziativer Wucht schützen.[23] Die Überlebende
kann sich aus der Perspektive eines erzählenden Ichs nur artikulieren, solange sie sich der radikalen Infragestellung ihrer eigenen
Existenz, die sie in Auschwitz erlebte, zu entziehen vermag. In diesem Zusammenhang erfüllt die Erzählung eine Schutzfunktion. Um
sich ihrem Gegenstand widmen zu können, muss sie die Bedrohung
des erzählenden Ichs im erinnernden Kontakt mit dessen traumatischer Erfahrung in Grenzen halten. Diese Überlagerung von Formen des Wissens und des Nicht-Wissens, ohne die kein Versuch,
ein Trauma zu artikulieren, auskommt, ist von den Psychoanaly-
tikern Dori Laub und Nanette Auerhahn zuerst beschrieben worden.[24] Auch Delbos Fähigkeit, über Auschwitz zu sprechen, beruht
auf einer Gratwanderung zwischen Wissen und Nicht-Wissen. So
verstanden, findet der Überlebenskampf, zu dem sie in Auschwitz
gezwungen war, seine Fortsetzung in ihrem Ringen um Selbstbehauptung im Angesicht ihrer traumatischen Verfolgungserfahrung.
Nicht einmal die Position, in der sie sich behauptet, um als Überlebende sprechen zu können, ist endgültig gesichert:

---

23 Zur Bedeutung der Abwehrmechanismen für den psychologischen Selbsterhalt
   vgl. grundsätzlich Anna Freud: Das Ich und die Abwehrmechanismen (1936),
   Frankfurt a. M. 2002.
24 Dori Laub/Nanette C. Auerhahn: »Knowing and not Knowing. Massive Psychic
   Trauma. Forms of Traumatic Memory«, in: International Journal for Psycho-
   Analysis 74 (1993), S. 287–302.

Auschwitz is there, unalterable, precise, but enveloped in the skin of memory, an impermeable skin that isolates it from my present self. [...] Alas, I often fear lest it grow thin, crack and the camp get hold of me again. Thinking about it makes me tremble with apprehension.[25]

Delbos Befürchtung, ihre rationale Distanz, die eine Membrane zwischen Auschwitz und dem Selbst der Gegenwart bildet, zu verlieren, bewahrheitet sich in den Träumen der Überlebenden. Sobald das Ich in den Schlaf sinkt, löst sich die trennende Ordnung seiner narrativen Konstruktion auf, und die Erinnerungen an Auschwitz brechen unkontrolliert hervor. Im Schlaf verliert sich der subjektive Standort, von dem aus sich die bewusste Perspektive ihrer Zeugenschaft für Delbo eröffnet. So birst die Erinnerungshaut, in der ihr Wachbewusstsein Auschwitz verkapselt hält und das Auschwitz-Double gewinnt die Oberhand:

[...] the suffering I feel is so unbearable, so identical to the pain endured there, that I feel it physically, I feel it throughout my whole body which becomes a mass of suffering; and I feel death fasten on me. I feel that I am dying.[26]

Natürlich obliegt es auch in diesem Zitat Delbos erzählendem Ich, sich über die Doppelgängerin aus Auschwitz zu äußern und den Zustand zu beschreiben, in den ihr Distanzverlust die Überlebende stürzt. Die narrative Kontrolle gelingt also stets erst im Rückblick; im unmittelbaren Kontakt mit der eigenen Vergangenheit gibt es dagegen keine Geschichte, sondern nur die Wiederholung und eine damit verbundene psychische Haltlosigkeit: Träumend erlebt Delbo Auschwitz wieder, wo der Tod, den sie nicht gestorben ist, noch immer auf sie wartet und die Bedeutung der Jahre seit Auschwitz annulliert. Im Zusammenhang mit diesem Zwiespalt unterscheidet die Überlebende zwei Arten des Erinnerns: Während »*intellectual memory*« (intellektuelles Erinnern) auf einem rationalen Denkprozess beruht, den ich hier mit dem Wachbewusstsein und den Operationen der psychischen Ich-Instanz gleichgesetzt habe,

---

25 Delbo: Days and Memory, 1990, S. 2.
26 Ebd., S. 3.

speist sich »*deep memory*«[27] (tiefes Erinnern) aus einem Gedächtnis, das träumend der Oberhoheit der Ich-Instanz entrückt bleibt.
Als traumatisch bedingte Wiederholungen implizieren Delbos Alpträume eine eigene Erinnerungsform, die sich durch Ich-Ferne aus-
zeichnet. Die Überlebende wird gewaltsam an Auschwitz erinnert,
was sie als einen psychischen Zusammenbruch erlebt. Sie erleidet
ihre traumatische Erinnerung, was aber erst nachträglich, durch die
Vermittlung der Ich-Instanz Eingang in das Zeugnis findet. Wenn
die Erinnerungen an Auschwitz über sie hereinbrechen, wiederholt sich die Zerschlagung ihrer seelischen Textur und die Ich-Instanz bleibt machtlos. Diese tiefe Verstörung bleibt Delbos Erinne-
rungsarbeit als innerer Zwiespalt ihrer Zeugenschaft unauflöslich
eingeschrieben.

Aus den traumatischen Erfahrungen, auf die Zeugnisse der Shoah
zurückgehen, ergibt sich neben der Schwierigkeit der Überlebenden,
ihre traumatischen Erinnerungen als Teile der eigenen Geschichte
zu erkennen und in einen narrativen Zusammenhang einzubeziehen, also auch die Frage, wie die Überlebenden auf ihre bedrohliche
Vergangenheit Bezug nehmen können, damit ein Zeugnis überhaupt
möglich wird. Delbos Beispiel zeigt eindrücklich, dass eine vollkom-
mene Kontrolle niemals gelingen kann. Der wachsende zeitliche
Abstand entschärft die emotionale Wucht des Traumas nur unvollkommen. In diesem Kontext kann die Ich-Erzählung der Überlebenden die traumatischen Erfahrungen zwar verkapseln, aber sie
bildet lediglich eine zerbrechliche Oberfläche, eine dünne Schutz-
haut, die unter dem emotionalen Druck des Traumas, das sie um-
spannt, jederzeit bersten kann.

Während Caruths Begriff einer Erfahrung, die vom Subjekt noch
eingefordert werden muss, auf eine traumatisch bedingte Zusammenhanglosigkeit rekurriert und damit die Problematik des Strukturverlustes im Zusammenhang eines Traumas anspricht,[28] verdeut-

---

27 Ebd. – »Intellectual memory« sei »connected with thinking processes«, verbun-
    den mit Denkprozessen, »deep memory« bewahrt dagegen »sensations« und
    »physical imprints«, Empfindungen und körperliche Eindrücke. Delbo versteht
    diese »Tiefenerinnerung« als Sinnesgedächtnis.
28 Zum Verständnis einer Traumatisierung als Strukturverlust vgl. Carole Beebe
    Tarantelli: »Life within Death. Toward a Metapsychology of Catastrophic Psy-
    chic Trauma«, in: International Journal for Psycho-Analysis 84 (2003), S. 915–

licht Delbos Schilderung, dass die strukturauflösenden Dynamiken, die ein seelisches Trauma freisetzt, sich jederzeit aktualisieren können und keineswegs nur der Vergangenheit angehören.[29] Unter diesem Gesichtspunkt erscheint das Projekt, Zeugnis von traumatischen Erfahrungen abzulegen, als ein Versuch, Struktur zu bilden und zugleich Struktur zu wahren. Aus psychoanalytischer Sicht stellt die Einbindung traumatischer Erfahrungen in die narrative Struktur eines Zeugnisses eine Symbolisierungsleistung dar.[30] Die sprachliche Formulierung deutet darauf hin, dass es der Ich-Instanz gelungen ist, gedanklich an die traumatischen Erfahrungen anzuknüpfen und sie in einen biographischen Zusammenhang zu integrieren. Während diese Leistung der Symbolisierung im Kontext der psychoanalytischen Praxis als Behandlungsziel und -erfolg verstanden wird, sollte sie im Kontext der Zeugnisse von Überlebenden als ein Kulminationspunkt narrativer Vollendung angesehen werden: Solange sich das erzählende Ich in der ihm größtmöglichen Nähe zu seinem Trauma zu formulieren vermag, ohne erneut zum Opfer des einmal erlittenen Strukturverlustes zu werden, fließt die Erzählung in sprachlich geregelten Bahnen. Allerdings beschreibt Delbos schmerzhafte Selbstaussage diesen Kulminationspunkt gerade nicht als endgültige Bemeisterung; vielmehr fixieren ihre Texte ein kontinuierliches Schwanken zwischen Rationalität und absolutem Kontrollverlust. Caruth beschränkt sich dagegen auf die Benennung einer Disparatheit, durch die sich Trauma zu erkennen gibt und sich gleichzeitig dem Verständnis entzieht. Trotz der Unterschiedlichkeit

---

928 sowie Ghislaine Boulanger: »From Voyeur to Witness. Recapturing Symbolic Function After Massive Psychic Trauma«, in: Psychoanalytic Psychology 22 (2005), S. 21–31.

29 Der Literaturwissenschaftler Ulrich Baer beobachtet zu dieser Zeitlosigkeit: »Die traumatische Erfahrung läßt sich nicht einfach der Vergangenheit zuschreiben. Sie reißt das Zeitgefüge auseinander und unterbricht den Lauf der Zeit, indem sie mit Kraft eines aktuellen Ereignisses in die Gegenwart einbricht.« Vgl. ders.: Traumadeutung. Die Erfahrung der Moderne bei Charles Baudelaire und Paul Celan, Frankfurt a. M. 2002, S. 207.

30 Neben den bereits genannten Arbeiten von Dori Laub und Ghislaine Boulanger zur Symbolisierungsproblematik sei hier an Ilse Grubrich-Simitis: »From Concretism to Metaphor – Thoughts on Some Theoretical and Technical Aspects of the Psychoanalytic Work with Children of Holocaust Survivors«, in: Psychoanalytic Study of the Child 39 (1984), S. 301–319 erinnert.

ihrer Ausrichtungen haben beide Perspektiven einen gemeinsamen Fluchtpunkt: Beide laufen auf eine absolute Relativierung der Ich-Instanz hinaus, was natürlich an dem traditionellen literarischen Repertoire von Autobiographie und Ich-Erzählung nicht spurlos vorübergehen kann. Der paradoxe Gestus von Delbos Sprechen und Schreiben, das sich seinem Gegenstand über die Abwehr nähert, zeugt von einer traumatisch bedingten Reformulierung überlieferter Genres.

1.2 Traumanarrative als Dialog: Auffächerung der Zeugenschaft

Ausgehend von der Bedrohtheit des erzählenden Ichs durch seine Geschichte hat auch Art Spiegelman eine völlig neue Form des biographischen Erzählens entwickelt. Dem ersten Band seines Comic-Buches »Maus« stellt er die Aussage »My father bleeds history«[31] wie ein Motto voran. Damit hat er nicht nur eine Metapher für den rasenden Schmerz der Erinnerung seines Vaters an die Shoah geprägt, die dessen Trauma, der ursprünglichen Bedeutung dieses Wortes »Wunde« folgend, ins Physische wendet, sondern er beschreibt den narrativen Akt seines Vaters Vladek als einen kontinuierlichen Zustand tiefster, möglicherweise sogar tödlicher Betroffenheit durch das eigene Erzählen. In dieser Vorstellung steht ein Überlebender der eigenen Erfahrung machtlos gegenüber: Eine Blutung kann der Verwundete ja nicht willentlich stillen. In ihr bricht sich etwas Bahn, was der Kontrolle des Ichs entzogen bleibt. Leider wurde dieser Untertitel in der deutschen Ausgabe mit »Mein Vater kotzt Geschichte aus«[32] wiedergegeben, was wegen der Verlagerung vom Blutkreislauf in den Metabolismus irreführend sein muss. Die deutsche Übersetzung legt nahe, dass der Vater sich erzählend erleichtern könne. Die Blutungsmetapher der Originalfassung impliziert dagegen gerade keinen kathartischen Erzählvorgang: Die Erfahrung

---

31 Art Spiegelman: Maus. A Survivors Tale, New York 1986, S. 7.
32 Art Spiegelman: Maus. Die Geschichte eines Überlebenden (dt. von Christine Brinck/Josef Jaffe), Reinbek bei Hamburg 1989, S. 7.

der Shoah ist nichts, was der Körper reinigend ausstoßen kann, sondern bleibt eine emotionale Wunde, die sich nicht schließt. Auch hier setzt Trauma in seiner Ich-Ferne seelische Dynamiken frei, die das Subjekt aus seiner Bahn werfen. Die traumatische Erfahrung entwickelt ein Eigenleben und verselbstständigt sich gegen ihr Subjekt.

Wenn Vladek Spiegelman Zeugnis ablegt, indem er »Geschichte blutet«, dann wird der erzählerische Akt also nicht nur zu einem existenziellen Projekt, das die Person vernichten kann, deren Geschichte es zu Tage fördert.[33] »Geschichte bluten« erweist sich darüber hinaus als ich-lose Erzählform: Wenn das von seiner traumatischen Erfahrung überrollte Subjekt schon keine Worte mehr findet oder vielleicht ganz in Ohnmacht fällt, hört eine Blutung nicht auf, Zeugnis zu geben.[34] Sie ist unstillbarer Ausdruck dessen, wofür die Worte fehlen mögen. Hier führt Art Spiegelmans Metapher auf die dunkle Seite der Zeugenschaft, die sich auch in Charlotte Delbos Träumen ankündigt: Dort hängt nichts mehr vom Wunsch oder der Absicht ab, Zeugnis abzulegen. Die Ich-Instanz kommt nicht mehr als Erzählerin zum Zuge. Die Überlebenden erscheinen als die zerbrechlichen Gefäße einer Erfahrung, die durch ihr unkontrolliertes Hervorbrechen auf sich aufmerksam macht.

Art Spiegelmans Metapher steht im Kontext der Interviews, die er mit seinem Vater geführt hat, um »Maus« zeichnen zu können. Sie impliziert also auch seine Perspektive als Interviewer: Während der Vater erzählte und während der Sohn die Tonbänder abspielte, hat sich ihm etwas mitgeteilt, was zwischen den Generationen floss, ohne in Worte gefasst zu werden. »Geschichte bluten« impliziert

---

33 Die Psychoanalytikerin Rachel Rosenblum hat wiederholt darauf hingewiesen, dass Versuche, das Trauma der Shoah zu narrativieren, für die Betroffenen im Tod enden können, vgl. Rachel Rosenblum: »Am Schreiben sterben? – Sarah Kofman, Primo Levi«, in: Jahrbuch der Psychoanalyse, Bd. 48 (2004), S. 153–186 sowie dies.: »Postponing Trauma. The Danger of Telling«, in: International Journal for Psycho-Analysis 90 (2009), H. 6, S. 1319–1340.

34 Vgl. zu dieser wortlosen Dimension des Zeugnisses Shoshana Felmans Diskussion der Aussage des Zeugen Dinoor (K-Zetnik) beim Eichmann-Prozess. Der israelische Schriftsteller brach bei seinem Versuch, über Auschwitz auszusagen, im Zeugenstand zusammen. Siehe Shoshana Felman: The Juridical Unconscious. Trials and Traumas in the Twentieth Century, Cambridge (Mass.)/London 2002, S. 141–151.

nicht nur einen drohenden Kontrollverlust des erzählenden Ichs
des Vaters, sondern verweist darüber hinaus auf eine Dimension
seines Zeugnisses, die sich dem Sohn erschließt, obwohl sich der
Vater nicht explizit formuliert. Ein solcher Austausch ist keineswegs mystisch: Er erklärt sich vielmehr durch Übertragungsphä-
nomene, die im Zusammenhang mit dem Trauma der Shoah beschrieben worden sind, so z. B. von der Psychoanalytikerin Ilany
Kogan in ihren Fallstudien über Kinder von Überlebenden der
Shoah.[35] Auch Art Spiegelman gehört dieser sog. »Zweiten Gene-
ration« an: Das Blut, das der Vater verliert, fließt auch durch die
Adern des Sohnes. Die Geschichte seiner Eltern, die Art in seinem
Buch nachzeichnet, ist auch seine eigene. Tatsächlich gelingt es
dem Sohn, die intergenerationelle Übertragung des Traumas der
Shoah durch seine künstlerische Bearbeitung in ein Zeugnis der
Shoah zu wenden, das auf einer Zusammenarbeit von Vater und
Sohn beruht. Vladeks Erinnerungen als Überlebender werden in
die Erinnerung des Sohnes eingearbeitet; dieses Zusammenfließen hat die Literaturwissenschaftlerin Marianne Hirsch als »postmemory« bezeichnet, die mit der ursprünglichen Erfahrung zwar
(auch) nicht unmittelbar verbunden ist, sich dem Erinnerungsgegenstand dafür aber »through an immaginative investment and
creation« verbindet.[36] Neben der intergenerationellen Struktur des
Zeugnisses, die es dem Sohn erlaubt, sich aus seiner eigenen Über-
tragungshölle herauszuarbeiten,[37] schafft Art Spiegelman aber auch
die komplexen Rahmenbedingungen, unter denen sein Vater Geschichte bluten kann: Die Begegnungen mit Vladek sind exakt ge-

---

35 Vgl. u. a. Martin S. Bergmann/Milton E. Jucovy (Hrsg.): Generations of the Holocaust, New York/Oxford 1990; Ilany Kogan: The Cry of Mute Children. A Psychoanalytic Perspective of the Second Generation of the Holocaust, London 1995;
Yael Danieli (Hrsg.): International Handbook of Multigenerational Legacies of
Trauma, New York/London 1998, besonders Teil I »The Nazi Holocaust«, S. 21–
116.

36 Marianne Hirsch: Family Frames. Photography, Narrative, and Postmemory,
Cambridge (Mass.)/London 1997, besonders Kapitel 1 »Mourning and Postmemory«, S. 17–40, hier S. 22.

37 Spiegelman fügt ein Selbst-Zitat (Kapitelüberschrift: Gefangener auf dem Höl-
len-Planeten) in seinen Bild/Text ein, der diese Hölle der Übertragung des elterlichen Traumas auf ihn illustriert, vgl. Spiegelman: Maus, 1989, S. 100–103. Vgl.
dazu auch Hirsch: Family Frames, 1997, S. 34 ff.

plant und eingegrenzt. Die Erlebnisse seiner Eltern werden mit den Gesprächssituationen kontextualisiert, in denen Art Vladek befragt. Die Geschichte von Vladek und Anja Spiegelman entfaltet sich, während Art Spiegelmans Frau ihm hilft, über seine Begegnungen mit Vladek nachzudenken.

Im Unterschied zu Charlotte Delbo, die ihren einsamen Kampf mit ihrer Auschwitzdoppelgängerin (und gegen diese) als Voraussetzung ihrer Fähigkeit, von Auschwitz zu sprechen, beschreibt, bildet sich Vladeks Zeugnis nicht in der Isolation. Im Gegenteil wird seine Betroffenheit von seiner Umgebung mitgetragen, die seine Anstrengung zu erzählen, genau aufzeichnet, verfolgt und, soweit möglich, innerlich mitvollzieht. Die Ich-Ferne, die im Kontext der traumatischen Erfahrung die Fähigkeit der Überlebenden zur Zeugenschaft entscheidend mitbestimmt, wird hier also durch einen ganzen Kreis von Personen aufgefangen. Als Zeugnis bleibt »Maus« wohl auf Vladek (den Vater) konzentriert, steht und fällt aber nicht mit seiner Betroffenheit, sondern setzt sich stattdessen in einer komplexen Überlagerung paralleler Dialoge allmählich in Art (dem Sohn) zusammen. »Maus« entsteht in einem Prozess der Kondensation – das Zeugnis bildet sich als Niederschlag zwischen der ersten und zweiten Generation. Dabei wird die Geschichte der Eltern erst durch die intensive Bemühung des Sohnes um sie überhaupt denk- und vorstellbar. In Worten und Bildern wird Art Spiegelman zum Erzähler der Geschichte, die sein Vater blutet. Das Ergebnis ist der kreative Ausstieg eines Angehörigen der Zweiten Generation aus der unbewussten intergenerationellen Übertragung des elterlichen Traumas. Die Fähigkeit zur Symbolisierung, die der Künstler in der Auseinandersetzung mit der Geschichte seines Vaters zunehmend entwickelt, leistet dabei sicherlich einen entscheidenden Beitrag zur Entstehung des Zeugnisses. Aber damit Art sie aufzeichnen – und schreiben – kann, muss Vladeks Erzählung in ein ganzes Netz unterschiedlicher Betroffenheiten eingesponnen werden. Als Zeugnis ist »Maus« also keine Einzelleistung, sondern das Ergebnis einer gemeinsamen Anstrengung mehrerer Personen, die Vladeks Erinnerungen durcharbeiten und seine Erfahrungen psychisch kontextualisieren. Die »authentische Erfahrung« des Vaters amalgamiert mit der »sekundären Zeugenschaft« seiner Angehörigen. Die Relativierung der Ich-Instanz durch das Trauma der Shoah hat zur Folge, dass auch der Begriff der Authentizität neu erwogen werden kann und muss.[38] Für den Literaturwissenschaftler Ulrich Baer beschränkt sich Authentizität nicht mehr »wie das unsichtbare Wasserzeichen in einem von der Geschichte selbst abgestempelten imaginären Paß« auf den Augenzeugen, sondern »(sie) ereignet sich […] erst durch die Mitteilung des Zeugnisses an andere«.[39]

Wie das Comic-Buch »Maus« zeigt, kann eine solche Auffächerung der Zeugenschaft in Zeugnissen resultieren, in denen sich unterschiedliche Perspektiven summieren. Die Auffächerung bildet narrative Strukturen, die in ihrer Komplexität der Fragmentierung in der Folge eines Traumas eher gewachsen sind, als traditionelle Formen, in denen sich ein vereinzeltes Ich im Notstand seiner Betroffenheit eine Erzählung abringen muss (wie etwa die Überlebende Charlotte Delbo). Dabei ist die dialogische Form als Voraussetzung und Begleitumstand von Traumanarrativen von größter Bedeutung: Ruft man sich mit dem Psychoanalytiker Werner Bohleber das objektbeziehungstheoretische Modell des Traumas ins Gedächtnis, das von einer Beschädigung der inneren Objektbeziehung und von einem Zusammenbruch der inneren Kommunikation zwischen Selbst- und Objektrepräsentanzen ausgeht,[40] dann impliziert das kollaborative Zeugnis, das aus der gemeinsamen Anstrengung unterschiedlich Betroffener erwächst, die Wiederherstellung einer kommunikativen Dyade und die Wiedergewinnung von Bezogenheit und Empathie. Besonders der Psychoanalytiker Dori Laub hat wiederholt auf die zentrale Bedeutung der dialogischen Form hingewiesen, die es Überlebenden erlaubt, in Gegenwart eines empathischen Gegenübers in Bezug zu ihrer traumatischen Erfahrung zu treten.[41]

---

38 Die Relativierung der Authentizität der Augenzeugenschaft bildet einen zentralen gedanklichen Ausgangspunkt der Anthologie, vgl. Ulrich Baer (Hrsg.): »Niemand zeugt für den Zeugen«. Erinnerungskultur nach der Shoah, Frankfurt a. M. 2000.
39 Ulrich Baer: »Einleitung«, in: ebd., 2000, S. 7–31, hier S. 16.
40 Vgl. Bohleber: »Erinnerung, Trauma«, 2007, S. 307 f.
41 Vgl. u. a. Laub: »Bearing Witness«, 1992, S. 57–74; Dori Laub/Nanette C. Auerhahn: »Failed Empathy – A Central Theme in the Survivor's Holocaust Experience«, in: Psychoanalytic Psychology 6 (1989), H. 4, S. 377–400; Dori Laub: »Das Erzählbarwerden traumatischer Erfahrungen im Prozess des Zeugnisablegens. Strategien der Bewältigung von ›Krisen der Zeugenschaft‹«, in: Julia Bee/

1.3 Durchbrüche zur Zeugenschaft

Zwar impliziert auch der oben zitierte Text von Charlotte Delbo ein lesendes Gegenüber, aber seine Genese ist von seiner Rezeption vollkommen unabhängig. Spiegelmans »Maus« gibt dagegen als Mischform aus Wort und Bild Einblick in die Entstehung des Zeugnisses seiner Eltern; die Erzählung, die als Endergebnis in Form eines Comic-Buches vorliegt, ist vom Prozess ihrer Entstehung zwischen Vater und Sohn nicht zu trennen. – Die Videointerviews mit Überlebenden der Shoah, auf die sich die vorliegende Studie bezieht, zeichnen den dialogischen Entstehungsprozess der Zeugnisse ohne Umweg über eine Textproduktion auf. Der Zeugnisbegriff, den Laub im Kontext dieses audiovisuellen Genres geprägt hat, wurzelt im analytischen Setting. Er geht wohl auf die therapeutische Dyade zurück, richtet sich aber nicht auf Therapie und Heilung. Die narrative Anstrengung der Interviewpartner bleibt auf die Dauer der Aufzeichnung konzentriert. Laub versteht Zeugnisse als dialogische Prozesse, in deren Verlauf Überlebende und ihre Zuhörer ihren Verlusten, aber auch ihrer Verlorenheit im Angesicht ihrer Verfolgungserfahrung begegnen können. Im Prozess des Dialogs wird es möglich, zwei Welten – diejenige, die brutal zerstört wurde und diejenige, die den Platz der Gegenwart einnimmt – in ihrem Zusammenhang und in ihrer radikalen Diskontinuität wahrzunehmen und ihr Nebeneinander in seiner ganzen Unversöhnlichkeit anzuerkennen.[42]

Dieses Nebeneinander wird im Rückzug aus dem aktuellen sozialen Umfeld der Überlebenden etabliert, die für die Zeit der Aufzeichnung in den neutralen Raum eines Aufnahmestudios gebeten werden. Dabei bilden die Gesichter der Überlebenden, festgehalten im Fokus der Kamera, einen konstanten Hinweis auf ihre Gegenwart, während sich der Prozess des Erinnerns auf das »Ich« der Vergangenheit zubewegt.[43] Einerseits wird die Gegenwart der

---

Reinhold Görling/Johannes Kruse/Elke Mühlleitner (Hrsg.), Folterbilder und -narrationen. Verhältnisse zwischen Fiktion und Wirklichkeit, Göttingen 2013, S. 23–42.

42 Vgl. Laub: »An Event without a Witness«, 1992, S. 91.

43 Die Videozeugnisse des Fortunoff Video Archives sind mit wenigen Ausnahmen in einem neutralen Fernsehstudio aufgezeichnet – ein wesentlicher Unterschied zu den Aufzeichnungen der Shoah Foundation. Die Interviewer kommen an kei-

Überlebenden in Schutz genommen, indem das Erinnern in einen
neutralen Raum verlegt wird. Andererseits findet das Erinnern in
Gegenwart eines Gegenübers statt, sodass die Begegnung mit der
Vergangenheit den Überlebenden in ihrer Nachträglichkeit gegenwärtig bleibt.

Allerdings hebt eine solche Beschreibung der feinen Durchmischung zeitlicher Ebenen bereits auf die Rezeption der Videozeugnisse ab, impliziert sie doch eine Zuschauerin, die sich mit dem
Ergebnis der Aufzeichnung, dem Videozeugnis auseinandersetzt.
Laubs dynamische Perspektive ist dagegen am unmittelbaren Entstehungsprozess, also an der Aufzeichnung des Videozeugnisses
orientiert. Er beschreibt, wie sich das Zeugnis bildet, während der
Interviewer den Erzählvorgang der Überlebenden empathisch stützt:
»The emergence of the narrative which is being listened to – and
heard – is […] the process and the place wherein the cognizance,
the ›knowing‹ of the event is given birth to.«[44] Also erschöpft sich
das Wissen, das im Laufe des Zeugnisses gewonnen wird, nicht etwa
in den Fakten, die Überlebende sich ins Gedächtnis rufen, sondern
wird im Dialog der Interviewpartner buchstäblich erst entdeckt –
und zwar auch von den Überlebenden selbst. Mit Laub muss ein
Zeugnis daher als Vorgang oder Ereignis verstanden werden, durch
das sich ein Wissen oder ein Verständnis bilden kann, das es selbst
für die Betroffenen in dieser Form zuvor nicht gab.[45]

Diese synthetische Funktion der Zeugnisse ist besonders in Zusammenhang mit traumatischen Erfahrungsgehalten von zentraler
Bedeutung, die »einen Fremdkörper in der Seele« bilden, solange
»die einbrechende traumatische Erregung psychisch nicht gebunden werden kann«, weil das Ich als verarbeitende Instanz unter dem
Schock traumatischer Ereignisse zu keiner aneignenden Verarbei-

---

ner Stelle der Aufzeichnung ins Bild und stellen sich auch nicht vor. Eine systematische Darstellung beider Archive findet sich in Maria Ecker: Tales of Edification
and Redemption? Oral/Audiovisual Holocaust Testimonies and American Public
Memory 1945–2005, unveröffentl. Dissertation, Universität Salzburg April 2006,
S. 98–148.

44 Laub: »Bearing Witness«, 1992, S. 57 f.
45 Ebd., S. 62 – Dort spricht Laub von »advent« und von einem »event in its own
    right«.

tung in der Lage war.[46] Im Hinblick auf die Reaktivierung der Ich-
Instanz, die sich erstmals in Beziehung zu ihrer bis dato »unclaimed
experience« bringen kann, versteht Laub die Videozeugnisse als
einen »conceptual breakthrough«, als einen Durchbruch, weil sich
im Prozess des Zeugnisablegens die Position einer Zeugenschaft
erstmals konstruiert. »It is the encounter and the coming together
between the survivor and the listener, which makes possible something like a repossession of the act of witnessing.«[47] Diese Rück-
eroberung der Position des Zeugen stellt einen Durchbruch dar,
weil die Shoah von den Deutschen als ein »Ereignis ohne Zeugen«[48]
konzipiert worden war: Es ging nicht nur um das Verwischen von
Spuren, die systematische Vernichtung von Beweismaterial und die
Ermordung von Augenzeugen, sondern auch um die Verleugnung
der Subjektivität der Betroffenen. An anderer Stelle haben Laub und
Auerhahn diese Verleugnung als »empathische Versagung« beschrieben: Indem der Täter das Leiden des Opfers ausblendet, verleugnet
er nicht nur die Gemeinsamkeit der Erfahrung, sondern stört den
Selbstbezug des Opfers, sodass es keine Zeugen gibt.[49] – Auch im
Hinblick auf dieses Versagen der Empathie stellen die Videozeugnisse einen Durchbruch dar, weil die empathische Zugewandtheit
der Interviewer es den Überlebenden prinzipiell erlaubt, Anspruch
auf die eigene Geschichte zu erheben, dabei aber einer Wiederholung der ursprünglichen Versagungserfahrung zu entgehen.

Das bedeutet natürlich nicht, dass die Verarbeitung schwerer
seelischer Traumen im Verlauf eines einzelnen Interviews gelingen
kann. Zwar deutet einiges darauf hin, dass der narrative Prozess des
Zeugnisses als therapeutische Intervention die posttraumatischen
Langzeitwirkungen der Verfolgungserfahrung lindert,[50] aber im

---

46 Werner Bohleber: »Einführung in das Thema der PSYCHE-Tagung 2004: ›Vergangenes im Hier und Jetzt oder: Wozu noch lebensgeschichtliche Erinnerung
im psychoanalytischen Prozeß?‹«, in: Psyche – Z. Psychoanal., 59 (2005) Beiheft,
S. 2–10, hier S. 9.

47 Laub: »An Event without a Witness«, 1992, S. 85.

48 Diese Wendung geht auf Maurice Blanchot zurück, vgl. Baer: »Einleitung«, 2000,
S. 12, Anm. 9; findet aber auch in Felman/Laub: Testimony, 1992 Verwendung.

49 Vgl. Laub/Auerhahn: »Failed Empathy«, 1989, S. 377–400.

50 Vgl. Laubs Israel-Studie mit psychiatrischen Langzeitpatienten, die die Shoah
überlebt hatten: Rael D. Strous u. a.: »Video Testimony of Long-Term Hospitalized Psychiatrically Ill Holocaust Survivors«, in: American Journal of Psychiatry

Kontext der vorliegenden Studie geht es nicht um die Frage, ob der erzielte Durchbruch zur Zeugenschaft für die interviewten Überlebenden einen Wendepunkt in ihrem Leben darstellt oder ob es sich für sie um ein einmaliges Ereignis handelt, das seine Bedeutung verliert, sobald sie aus dem Aufnahmestudio in ihren Alltag zurückkehren.[51] Entscheidend ist, dass dieser Durchbruch als Teil des Zeugnisses aufgezeichnet wurde. Das Videozeugnis verleiht einem Prozess, der sich spontan entwickelt und in seinem Ablauf und seiner Konstellation einmalig ist, Dauer.

Deshalb geht es in den Videozeugnissen noch um einen weiteren Durchbruch zur Zeugenschaft: Soweit die ich-fernen Erfahrungsaspekte sich im Verlauf des Dialogs der Interviewpartner manifestieren und das Trauma die Dynamik des Interviews mitbestimmt, gehen sie als Teile der Aufzeichnung in das Videozeugnis mit ein. Zwar privilegiert die Forschung, die sich auf Videozeugnisse stützt, notgedrungen die Ebenen der sprachlichen Mitteilung und der wörtlichen Rede, aber die Textproduktion, die sich im Zuge der Verschriftlichung von Videointerviews vollzieht, sollte stets als ein Ertrag der Forschung reflektiert werden. Ursprünglich ist das Videozeugnis ja kein Text, sondern ein audiovisuelles Dokument – Mitschnitt dessen, was sich zwischen Interviewern und Überlebenden »abgespielt« hat. Sofern sich die Forschung auf den dynamischen Prozess der Zeugnisse einlässt, fällt ihr ebenfalls eine Zeugenschaft zu. Sie findet Aufzeichnungen vor, auf deren Verlauf sie zwar keinen Einfluss nehmen kann und an deren vorliegender Form sie keinen Anteil hatte, aber sie kann im wiederholten Abspielen der Zeugnisse den einmaligen Prozess, in dem Interviewer und Überlebende befan-

---

162 (2005), H. 12, S. 2287–2294; sowie Dori Laub: »Das Erzählbarwerden«, 2013, S. 27–30.

51 In einer vergleichenden Studie im Rahmen des Projektes zur Zwangs- und Sklavenarbeit verstanden die Überlebenden ihre Zeugnisse als Teile einer lebenslangen Auseinandersetzung mit der eigenen Verfolgungserfahrung, vgl. Dori Laub/ Johanna Bodenstab: »Wiederbefragt. Erneute Begegnungen mit Holocaust-Überlebenden nach 25 Jahren«, in: Alexander von Plato/Almut Leh/Christoph Thonfeld (Hrsg.), Hitlers Sklaven. Lebensgeschichtliche Analysen zur Zwangsarbeit im internationalen Vergleich, Wien/Köln/Weimar 2008, S. 389–401.

gen bleiben, reflektieren.[52] Die Interviewpartner sind während der Aufzeichnung in einen Dialog verwickelt, den sie spontan miteinander gestalten, ohne ihn jedoch zu überblicken. Eine Interpretation wird erst aus einer dritten Position möglich und lässt sich als eine Weiterung der Zeugenschaft und des Zeugnisses verstehen, sofern sie ins Bewusstsein heben kann, was in den narrativen Dynamiken mitschwingt, ohne explizit benannt oder erklärt worden zu sein.[53]

So bezeugt z. B. die Überlebende Rosalie W. in dem gemeinsamen Videointerview mit ihrer Tochter, Jolly Z. den traumatischen Verlust ihres Mannes, von dem sie an der Rampe in Auschwitz getrennt wurde, mit keinem Wort.[54] Sie kommt im Laufe der Aufzeichnung lediglich gedanklich vier Mal in Auschwitz an, wobei ihre Erinnerung jedes Mal der Chronologie der Erzählung vorgreift und diese also durchbricht. In ihrer Unverbundenheit wird die Erinnerung an die Trennung von ihrem Mann zu einem Leitmotiv. Allerdings bleibt zunächst unklar, was hier durch die Erzählung zu brechen droht. Erst als die Tochter über die Selektion an der Rampe in Auschwitz spricht, wird deutlich, dass die beiden Frauen die einzigen Überlebenden einer großen Familie sind, die bei der Ankunft in Auschwitz nicht sofort ins Gas selektiert wurden. Die Bedeutung der störenden Auschwitz-Referenzen im Erzählfluss wird im Kon-

---

52 Der Sammelband Baer: »Niemand zeugt für den Zeugen«, 2000 geht in diesem Zusammenhang von einer sekundären Zeugenschaft aus. Kürzlich ist diese Position sogar als tertiäre Zeugenschaft bezeichnet worden, vgl. Caroline Wake: »Regarding the Recording. The Viewer of Video Testimony, the Complexity of Copresence and the Possibility of Tertiary Witnessing«, in: History & Memory 25 (2013), H. 1, S. 111–144.

53 Ausgehend von der Supervisionskultur, die in psychoanalytischen Kreisen gepflegt wird, haben Forscher wie Ilka Quindeau und Andreas Hamburger in der Auseinandersetzung mit Zeugnissen komplexe Netzwerke der sekundären bzw. tertiären Zeugenschaft angelegt, die im Dialog gemeinsame Interpretationen erarbeiten, vgl. Ilka Quindeau: Trauma und Geschichte. Interpretationen autobiographischer Erzählungen von Überlebenden des Holocaust, Frankfurt a. M. 1995; sowie Andreas Hamburger: Vergessene Opfer. Szenische Analyse von Zeitzeugeninterviews mit hospitalisierten Holocaustüberlebenden, 2012; und ders.: Scenic-Narrative Microanalysis of an Unrecognized Holocaust Survivor's Videotestimony, 2013. (Bei den beiden letztgenannten Titeln handelt es sich um unveröffentlichte Manuskripte).

54 Rosalie W. und Jolly Z. Holocaust Testimony (T-34), Fortunoff Video Archive for Holocaust Testimonies, Yale University Library. Das dritte Kapitel der vorliegenden Arbeit bezieht sich auf dieses Videointerview.

text der Erzählung über die Selektion an der Rampe überhaupt erst
nachvollziehbar. Allerdings setzt sich das Zeugnis in diesem Punkt
nur im Augenblick seiner Rezeption zusammen, da keiner der an
der Aufzeichnung Beteiligten die Fragmente des mütterlichen Narrativs mit der Schilderung der Tochter verknüpft. In diesem Zusammenhang ist auch wichtig, dass die Erzählung beider Frauen mit der
Schilderung der Selektion unter der emotionalen Last ihrer Erinnerung für einen Augenblick zusammenbricht: Mutter und Tochter weinen und ringen sichtlich um Fassung, ehe sie zur Sprache
zurückfinden. Eine tiefe, wiewohl nicht formulierbare Betroffenheit durch die Erinnerung an die Selektion zeigt sich hier deutlich;
darüber hinaus wird erkennbar, dass es neben und außerhalb der
emotionalen Verbundenheit von Mutter und Tochter offenbar auch
Erfahrungsaspekte gibt, mit denen jede der beiden Überlebenden
alleine zu kämpfen hat.

    Dieses Beispiel macht deutlich, dass der Durchbruch zur Zeugen-
schaft, wie Laub ihn schildert, die Spitze eines Eisbergs bildet, einen
narrativen Pol, auf den sich andere Gedächtnisspuren der traumatischen Erfahrung wie Eisenfeilspähne ausrichten. Letztlich sind die
Videozeugnisse wie alle Traumanarrative Überlebender aus der oben
bereits genannten Durchmischung von Wissen und Nicht-Wissen
gebildet; aber sie führen auch das Gepäck mit sich, auf das die Überlebenden keinen ausdrücklichen Anspruch erheben können. Es verdankt sich dem audiovisuellen Charakter der Videozeugnisse, dass
diese Durchmischung als eine wesentliche Dynamik des Erzählvor-
gangs aufgezeichnet werden kann und sich auch das scheinbar Zu-
sammenhanglose als Teil der Aufzeichnung manifestiert. »It is only
with an audiovisual medium capable of capturing and reproducing
evidence of the fleeting unconscious that a discourse concerned with
the unarticulated traumatic past becomes intelligible.«[55] Durch die
Videointerviews kann sich Trauma, etwa im Gegensatz zu einem ge-
schriebenen Erinnerungsbericht, im Prozess abbilden, auch wenn
es von den an der Aufzeichnung Beteiligten nicht explizit beschrieben oder sprachlich erfasst werden konnte. Der Medientheoretiker

---

[55] Amit Pinchevski: »The Audiovisual Unconscious. Media and Trauma in the
    Video Archive for Holocaust Testimonies«, in: Critical Inquiry 39 (2012), H. 1,
    S. 142–166, hier S. 144 f.

Amit Pinschewski hat diesen entscheidenden qualitativen Sprung in seinem brillanten Essay über das audiovisuelle Unbewusste formuliert: »the Yale archive introduces a significant reconfiguration of the archival formation whereby the audiovisual takes the role of the textual. […] This reconfiguration entails a profoundly different concept of the archivable, as the audiovisual archive is designed to store precisely that which cannot be properly archived by writing – trauma.«[56] Für Pinschewski ist Trauma durch das Genre der Videozeugnisse archivierbar geworden. Das würde bedeuten, dass unabhängig davon, in welchem Umfang den Überlebenden im Lauf des ursprünglichen Dialogs eine Symbolisierung bzw. die kognitive Aneignung traumatischer Erfahrungsaspekte gelang, die Videointerviews das Trauma der Interviewten in die Bezeugbarkeit hereinholen. Allerdings muss dazu die Rezeption der Videozeugnisse ihren Anteil an der Zeugenschaft übernehmen.

1.4 Das »extreme Wissen« der Überlebenden – Exkurs über Soazig Aarons Erzählung »Klaras Nein«[57]

In Soazig Aarons Erzählung »Klaras Nein« vermittelt sich das Zeugnis einer Überlebenden in den Tagebuchaufzeichnungen ihres zuhörenden Gegenübers. Durch die Kommentare der Zuhörerin hindurch zeichnet sich ein Narrativ ab, dessen rücksichtslose Offenheit zwar befreiend ist, zugleich aber zutiefst verstörend wirkt. – Klara hat Auschwitz überlebt und kehrt im Sommer 1945 zu ihren Freunden nach Paris zurück. Diese Wiederbegegnung wird aus der Sicht Angelikas geschildert, die während der deutschen Besatzung mit falschen Papieren untergetaucht war und sich in Klaras Abwesenheit um deren kleine Tochter gekümmert hat. Angelika, zutiefst darüber beunruhigt, wie sehr die Lagererfahrung Klara verändert hat,

---

56 Pinchevski: »The Audiovisual Unconscious«, 2012, S. 165.
57 Soazig Aaron: Klaras Nein. Tagebuch-Erzählung (dt. von Grete Osterwald), Berlin 2003. Die zitierten Passagen und Ausdrücke, die ich im Folgenden der Erzählung entnehme, sind durch eingeklammerte Seitenzahlen im Text nachgewiesen.

bemüht sich intensiv um die Integration der Überlebenden: Zuerst
stellt sie deren medizinische Versorgung sicher und setzt sich für
Klaras Wiedereingliederung in den Alltag ein; in dem Maße, wie
diese Normalisierungsversuche an der strikten Verweigerungshal-
tung der Freundin scheitern, wächst Angelika in die Rolle einer Zuhörerin hinein, die sich bemüht, das Fremde und Bedrohliche, das
ihr in der Überlebenden begegnet, psychisch und emotional zu integrieren. – Klara beharrt dagegen auf ihrem »Nein«, weil sie eine
Anpassung an die um sie herum allenthalben wieder einsetzende
Nachkriegsnormalität als Verrat an dem »extremen Wissen« (S. 87)
empfindet, mit dem sie aus Auschwitz zurückgekehrt ist.

Der Dialog, der sich zwischen den Freundinnen entwickelt, mündet in ein (fiktionales) Zeugnis der Shoah, bei dem Klara und Angelika als literarische Figuren die narrative Dynamik von Wissen
und Nicht-Wissen mit verteilten Rollen ausagieren. Damit ahmt der
Text zwar die Personenkonstellation von Überlebender und empathisch zugewandtem Gegenüber nach, die weiter oben als eine wesentliche Vorbedingung für die Entstehung eines Traumanarrativs
postuliert wurde, besetzt diese Dynamik aber anders: Hier ist die
Überlebende Trägerin eines extremen Wissens, das zum Problem
eines relativ arglosen Gegenübers wird, das von Auschwitz nicht
unmittelbar berührt worden ist. Aarons Erzählung erlaubt es sich,
Zusammenhänge zu entflechten, um intrapsychische Dynamiken
in Handlungsmomente zu verwandeln. Indem der literarische Text
Konflikte, die sich in der Wirklichkeit im Innern eines Subjekts abspielen, auf unterschiedliche Figuren verteilt, kann er sie als inter-
personelle Dramen durchspielen. Dabei verselbstständigt er sich
gegen die Wirklichkeit und kommt zu eigenen Gewichtungen: Er
hebt den traumatisch bedingten Notstand der Zeugenschaft weitgehend auf und schreibt der überlebenden Klara stattdessen ein
machtvolles Wissen zu, das mit der allenthalben wieder einsetzen-
den Normalität kollidiert und sie grundsätzlich in Frage stellt.

Tatsächlich muss die Geladenheit des Dialogs, der sich zwischen
Klara und Angelika entwickelt, zunächst an die Intensität des inne-
ren Zwiespalts erinnern, den weiter oben Charlotte Delbo schilderte.
Der literarische Text privilegiert allerdings das »Auschwitz-Double«,
indem er Klara erlaubt, Angelika rücksichtslos mit der radikalen
Unvereinbarkeit ihrer Lagererfahrung zu konfrontieren. Natürlich

ist das »Nein« der Überlebenden in seiner ungebremsten Destruktivität eine literarische Überspitzung, aber es postuliert eine eigene Bedeutung der Verfolgungserfahrung, die sich nicht an den Begriffen und Kategorien einer von Auschwitz unberührten Welt messen lässt. Klara widersetzt sich eloquent allen Versuchen der Sinngewinnung und der Integration: »Ich weigere mich, ja, ich weigere mich mit aller Kraft, dem Massaker, das stattgefunden hat, irgendeine Transzendenz zu unterstellen. [...] Die Wirklichkeit war schmutziger als alles, was man sagen oder an Hirngespinsten entwickeln kann« (S. 123). Klara besitzt aufgrund ihrer Erfahrung in Auschwitz »ein Wissen ohne Kontinuität« (S. 87), das zwar niemandem nach Auschwitz nützen kann, dafür aber den Blick der Überlebenden auf die Normalität, in der sich ihre Freundin Angelika vertrauensvoll und sicher bewegt, bleibend verändert hat: »Was mich betrifft, so werde ich den Rest meines Lebens nicht damit fertig werden, zu wissen, daß ich nicht geträumt habe ... daß es kein Albtraum übergeschnappter Idioten war« (S. 110). Klaras »Nein« beharrt also auf einer prinzipiellen Unversöhnlichkeit ihrer Erfahrung, d. h. auf einem radikalen Verlust von Kontinuität. Indem sich die Überlebende weigert, ihrer Verfolgungserfahrung einen Sinn zuzuschreiben und ihre verlorene Verbindung zur Alltagsnormalität wieder herzustellen, widersetzt sie sich der Wiedereingliederung in ein Bezugssystem, dessen Zusammenbruch sie am eigenen Leib erfahren hat. Die Authentizität von Klaras Zeugnis steht und fällt mit dieser Unmöglichkeit ihrer Assimilation.

Der literarische Text berührt hier eine Problematik der Zeugenschaft, mit der sich auch die Philosophin Sarah Kofman in ihrem Essay »Erstickte Worte« auseinander gesetzt hat: Ist ein »Sprechen ohne Macht« überhaupt denkbar, »ohne daß die zu mächtige, souveräne Sprache die schlechthin aporetische Situation, die absolute Ohnmacht und die Hilflosigkeit selbst beherrschen und sie in die Helligkeit und das Glück des Tages einsperren würde?«[58] Allerdings geht es in »Klaras Nein« nicht nur darum, »dem idyllischen Gesetz der Erzählung (zu) entgehen« und auf jede Beschönigung zu verzichten, sondern gerade auch darum, vom »Unvorstellbaren« zu sprechen, »ohne beim Imaginären Zuflucht zu suchen«, sich also

---

58 Sarah Kofman: Erstickte Worte, Wien 1988, S. 27 f.

dem extremen Wissen zu stellen.[59] Kofmans absolute Skepsis gegenüber den traditionellen Gestaltungsmöglichkeiten eines Narrativs
hält an der radikalen Fremdheit der ursprünglichen Verfolgungserfahrung fest. Ihr Essay versucht, Heterogenität als Prämisse einer
Auseinandersetzung mit Zeugnissen der Shoah im Bewusstsein zu
halten. Dabei gerät neben den individuellen Voraussetzungen einer
Zeugenschaft die Unfasslichkeit des historischen Ereignisses in den
Blick: Kofman meldet prinzipielle Zweifel an der Kommunizierbar-
keit der Erfahrung der Shoah an. Für die Philosophin steht nicht
der subjektive Schrecken, sondern der allgemeine Horror der Ju-
denverfolgung und -vernichtung im Vordergrund. Die Grenzen der
Zeugenschaft bezeichnen hier also nicht den psychischen Raum, in
dem ein Ereignis in Bezug auf eine Person erfahrbar und bedeut-
sam wird, sondern beziehen sich auf ein historisches Ereignis, an
dem sämtliche Integrations- und Assimilationsversuche unwillkürlich scheitern müssen, weil sie Entstellungen und Verfälschungen
implizieren. Wenn man mit Kofman davon ausgeht, dass die von
der Zivilisation generierten Medien und Formen ein reales Ereignis von solch brutaler Wucht wie die Shoah überhaupt nur kommunizieren und tradieren können, indem sie es verzeichnen und
verfremden, dann wird Klaras »Nein« als strikte Weigerung gegenüber solchen Kompromissen hörbar. Der literarische Text bemüht
sich, die Filter, durch die Klaras Verfolgungserfahrung gehen muss,
um Zeugnis zu werden, transparent zu halten, indem er die Initiative, ihre chaotischen Tiraden zu einem Narrativ zu versammeln,
ihrer Gegenspielerin Angelika überlässt. Damit arbeitet er sich an
die Frage heran, wie tradierte Formen und Medien im Versuch,
die Erfahrung der Shoah zu kommunizieren, aufbrechen und sich
verformen müssen.

Weiter oben haben sich mit dem Comic-Buch »Maus« und mit
den Videozeugnissen bereits neue Genres angedeutet, denen es
durch eine Auffächerung der Zeugenschaft gelingt, ein Narrativ
zu sichern, ohne den Notstand der Zeugenschaft verleugnen zu
müssen. Aarons Erzählung schlägt dagegen einen anderen Weg ein:
Die Überlebende bildet hier einen Fremdkörper, dessen unerträg-
liches Wissen unbequem in die Normalität ihres Umfeldes herein-

---

59 Ebd., S. 53.

ragt. In ihren Erzählungen über Auschwitz macht sich ihre absolute Empörung über das Versagen der »Zivilisation« rückhaltlos Luft. Klaras »extremes Wissens« stellt die Gesellschaft, in die sie zurückgekehrt ist, radikal in Frage, weil sich deren Zivilisiertheit in Auschwitz als vollkommen nutzlos erwiesen hat. Im Gegensatz zu ihren Pariser Freunden, die sich mit Selbstverständlichkeit weiter auf tradierte Werte berufen, kann Klara nicht einmal mehr der Realität der Pariser Straßen trauen (S. 104 ff.). Sie kann nicht so tun, als wäre Auschwitz ihr nicht passiert. Ihre strikte Ablehnung des Tradierten hält nicht nur an der tiefen Unversöhnlichkeit der Verfolgungserfahrung fest, sondern fordert Veränderung ein, indem sie die fundamentale Erschütterung durch die Shoah weitergibt. Als literarische Figur ist Klara im Gegensatz zu wirklichen Überlebenden der Shoah davon entbunden, Kompromisse schließen zu müssen, um nach und mit Auschwitz weiter leben zu können. Sie bleibt ein Stachel im Fleisch der Zivilisation, eine unbarmherzige Erinnerung an deren Zerbrechlichkeit.

Aber auch Klaras Freundin Angelika verkörpert als literarische Figur ein zuhörendes Gegenüber *ad extremis*: Gerade weil sie sich durch Klaras Wiederauftauchen vollkommen verunsichert fühlt, beginnt sie, ein Tagebuch zu führen (S. 13). Ihre Zwiesprache mit sich selbst verändert im Laufe der Auseinandersetzung mit der Überlebenden allerdings ihren Charakter: Ist sie zunächst ein Versuch, den eigenen Standort zu wahren (ebd.) und der Angst vor Klara etwas entgegenzusetzen (S. 76), wird daraus zunehmend ein Versuch, Klarheit zu finden (S. 78), der die Überlebende einschließt. Angelika beginnt, Klaras Zeugnis aufzuzeichnen: »Ich richte es so ein, daß Klara jeden Tag mit mir darüber spricht, wie es in Auschwitz war« (S. 84). Dabei versucht sie, die Fremdheit, die sie von Klara trennt, nicht etwa zu überwinden, sondern lernt, diese einzuhalten (S. 90). Trotz ihrer Ängste vor Angriff und Selbstverlust, die Klaras Zorn in ihr auslöst, gelingt es Angelika, stillzuhalten: »Weil sie das alles getan, gelebt, erlitten hat, sind wir ihr schuldig, sie anzuhören, wenn nicht zu verstehen. Das ist es, was sie will. Wahrscheinlich weiß sie nicht, welche Gewalt sie uns antut« (S. 72). – Angelikas ethisch begründete Bereitschaft, sich der Aggression und Wut ihrer Freundin zu überantworten, ohne sich ein Urteil zu erlauben, erinnert in ihrer literarischen Überspitztheit an eine Haltung empathischer Zu-

gewandtheit. Tatsächlich kann Klara in ihrem fiktionalen Zeugnis
ja nur deshalb so rigoros auf Erklärungen verzichten und braucht
nicht um Verständnis zu buhlen, weil sie sich vollkommen auf Angelika verlassen kann, die entschlossen die Bürde der emotionalen
Anstrengung übernimmt, Klara als zuhörendes Gegenüber zu folgen.

Klaras bedingungsloser Klarheit steht Angelika mit ihrer engels-
gleichen Geduld und Beharrlichkeit entgegen. Durch diese Passivi-
tät radikalisiert die Erzählung also auch die empathische Haltung
des zuhörenden Gegenübers: Angelika gibt sich preis.[60] Sie lässt die
Sicherheit ihrer schützenden Abwehrhaltungen zunehmend hinter
sich und erhält ihre eigene Position lediglich aufrecht, um nicht als
Klaras Gegenüber unterzugehen. In einem Akt bedingungsloser Zuwendung gelingt es ihr, das eigene Unbehagen an Klaras affektge-
ladener Präsenz soweit zu neutralisieren, dass ihr Bedürfnis, sich
zu schützen, nicht mit dem Drang der Freundin nach Mitteilung
kollidiert. Angelika lässt sich bewusst »in die Schranken (weisen)
durch das Auftauchen einer Kraft, eines Wissens, das über unseres
hinausgeht« (S. 164).

Natürlich nährt die Auseinandersetzung mit Klara in Angelika
bis zuletzt auch eine Hoffnung »auf Umkehr« (S. 175). Aber dieser Impuls kann Klara nicht vereinnahmen. Zwar macht es für die
Überlebende einen gewaltigen Unterschied, Zuhörer zu finden: Zuletzt empfindet sie den Monat, den sie vor ihrer Abreise aus Europa
mit ihren alten Freunden verbracht hat, als »ein großes Geschenk«
(S. 174) und fühlt sich nach den endlosen Gesprächen mit Angelika
von »ihren Leichen« weniger belastet, sodass sie sich wieder aufrich-
ten zu können glaubt (ebd.). Aber mit dieser Hoffnung verbindet
der literarische Text keine weitere Integration der Überlebenden.
Tatsächlich zeichnet die letzte Tagebucheintragung Klara noch einmal in unerbittlicher Fremdheit, und Angelika reagiert, indem sie
die »Wörter« am liebsten »in einen Schrank sperren, den Schlüssel
wegwerfen und vergessen (würde), daß es den Schlüssel und den
Schrank gegeben hat« (S. 188). Trotz aller Anstrengung und Bemühung um die Freundin, bleibt Klaras Zeugnis in seiner absoluten
Unversöhnlichkeit für das Gegenüber letztlich unerträglich.

---

60 Diese Haltung erinnert an die Philosophie Emmanuel Levinas', vgl. Thomas Carl
   Wall: Radical Passivity. Levinas, Blanchot, and Agamben, New York 1999, S. 31–64.

Weder mündet der narrative Akt in eine Katharsis für Klara, noch gibt es für Angelika eine Entlastung von deren »extremem Wissen«. Durch diese Kompromisslosigkeit bleibt das Zeugnis sich selbst und der ihm zugrundeliegenden Erfahrung treu. Letztlich zielt die immense Anstrengung beider Frauen darauf, die unerbittliche Entfremdung, die Klaras Überleben impliziert, im Bewusstsein zu halten. Entsprechend gibt es am Ende weder eine Nutzanwendung für das Zeugnis, noch eine Lehre, die sich aus ihm ziehen lässt. Klaras Wissen als Überlebende fällt aus sämtlichen Bezugsrahmen, und das Zeugnis, das sich zwischen den Freundinnen bildet, tut nichts, um diese Disparatheit zu entschärfen. Dabei erweist sich die Position, die auf Normalisierung hofft und sich um Assimilation bemüht, als zutiefst erschüttert von der Wucht der unmittelbaren Verfolgungserfahrung.

Sicherlich kann sich einzig ein literarischer Text auf den Standpunkt stellen, dass ein Zeugnis nur in dem Maße Authentizität reklamieren und Integrität beanspruchen darf, wie es sich sämtlichen Integrationsversuchen zu entziehen vermag. Indem sich die Erzählung die Kategorie des »extremen Wissens« schafft, kann sie die Problematik des Traumas und des damit verbundenen Notstandes der Zeugenschaft hinter sich lassen. Stattdessen geraten die Schwierigkeiten der Rezeption in den Blick: Erst an der Grenze zum Selbstverlust beginnt Angelika zu ahnen, wovon Klara spricht. Indem sie auf den Schutz ihrer Abwehrmechanismen verzichtet, kann sie die Zerstörung oder doch zumindest die radikale Hinterfragung ihres Wertesystems mitvollziehen, die Klaras Wissen impliziert. Nach der Begegnung mit der Überlebenden kann auch für Angelika nichts mehr so sein, wie es vorher war. Das Wissen um das »extreme Wissen« perpetuiert die Unversöhnlichkeit der ursprünglichen Erfahrung als Ratlosigkeit und Irritation. Die Integrationsbemühungen, die der literarische Text an Angelika delegiert, bleiben gegenüber Klaras Erfahrung machtlos. Indem sich das fiktive Zeugnis seiner eigenen Betroffenheit öffnet, gelingt der Erzählung eine Gegenbewegung zu der von Kofman mit berechtigter Skepsis beschriebenen formalen »Bewältigung« der Shoah.

In der Gesprächskonstellation der Erzählung klingt aber auch die Interviewsituation der Videozeugnisse an; allerdings ist die Dramatik des narrativen Prozesses während einer Aufzeichnung wesentlich

modulierter. Im Gegensatz zur fiktiven Klara legen Überlebende in
ihren Interviews ihre Grenzen so weit wie möglich selbst fest und
wägen genau ab, wie viel sie sich selbst, aber auch ihren Zuhörern
zumuten können oder wollen. Im Gegensatz zu Klara bedienen sie
sich ihrer Interviewer nicht durchgängig in einer Container-Funk-
tion.[61] Außerdem erinnern sich die Überlebenden im Kontext ihres
Lebens **nach** der Shoah; sie halten nicht an der Shoah fest, sondern
diese an ihnen. Der zeitliche Abstand zur eigenen Verfolgungserfahrung, der sich mit jedem Lebensjahr vergrößert, fällt mit der
bedrohlichen Möglichkeit einer Relativierung dieser Alltagserfahrung durch die Shoah zusammen, die mit jedem Versuch, sich zu
erinnern, verbunden bleibt. Sicherlich kann man davon ausgehen,
dass sich das Verhältnis zwischen wachsender Alltagserfahrung und
Verfolgungserfahrung im Laufe eines Lebens verschiebt. Einerseits
bleibt die zeitlose Wucht traumatischer Erfahrungen ungebrochen.
Andererseits wirkt die anhaltende Normalität stabilisierend. Beide
Erfahrungsbereiche wirken also relativierend aufeinander ein.[62] –
Auch könnte sich keine Interviewerin so rückhaltlos wie die fiktive Angelika dem extremen Wissen einer Überlebenden hingeben: Im realen Interview fällt ihr ja die Aufgabe zu, für eine emotionale Rückkehr in die Verbindlichkeit der Gegenwart des Interviews selbst dann zu sorgen, wenn die Erinnerung an die Shoah die
Überlebenden für Momente einholt und vollkommen überwältigt.
Sie kann also die Hinterfragung der Normalität, in der sie auf die
von ihr interviewten Überlebenden trifft, nur begrenzt hinnehmen.

Das bedeutet, dass eine Interviewerin mit ihrer eigenen Mi-
schung aus Wissen und Nicht-Wissen auf das »extreme Wissen«
antwortet, das ihr in den Überlebenden begegnet: Sie kann ihre
Position als zuhörendes Gegenüber nur halten, indem sie sich vor
der Bedrohung durch das Gehörte in Sicherheit bringt. Deshalb
kann es zum Beispiel vorkommen, dass Interviewer nach der Aufzeichnung vergessen, was die Überlebenden ihnen erzählt haben.[63]

---

61 Die Idee, dass die Interviewerin als Container fungiert, in dessen Gegenwart dem
    Interviewten etwas oder er sich selbst denkbar wird, bezieht sich auf das Con-
    tainer-Modell, das Wilfred R. Bion: Elements of Psycho-Analysis, London 1963,
    entwickelt hat.
62 Siehe dazu Laub/Bodenstab: »Wiederbefragt«, 2008, S. 393–397 und 400 f.
63 Vgl. ebd., S. 397 f.

Ein solches Vergessen ist nach dem Ende der Aufzeichnung vollkommen irrelevant, weil es nichts an der Existenz eines Videozeugnisses mehr ändert. Als Gegenbewegung zu der Empathie, mit der
sich Interviewer ihren Gesprächspartnern während der Aufzeichnung zuwenden, zeugt es von einer grundsätzlichen Notwendigkeit der Abwehr im zuhörenden Gegenüber. Im Verlauf des Interviews entwickeln also auch die Interviewer eine Ambivalenz im
Umgang mit der Shoah, die sie letztlich veranlasst, die »Wörter in
einen Schrank (zu) sperren« und »den Schlüssel weg(zu)werfen«,
nur kann dieser Impuls, solange es ein Archiv gibt, nicht die Tragweite entwickeln, die Existenz eines Zeugnisses zu vereiteln. – Die
Frage, wie die Überlebenden sich und andere vor ihrem »extremen
Wissen« schützen und inwieweit sie im Wunsch nach Normalisierung und Integration die Unversöhnlichkeit ihrer Erfahrung verdrängen müssen, ist mit der Beobachtung verknüpft, dass auch das
Ringen der Interviewer um die Geschichte der Überlebenden eine
seelische Gegenbewegung impliziert. Entsprechend sollte die Position der tertiären Zeugenschaft ebenfalls in einer Spannung zwischen Empathie und Abwehr gedacht werden.

1.5 Paradoxe Fürsorge – Thematische Annäherung über einen literarischen Text

Soazig Aaron reduziert Klaras Zeugenschaft aber nicht auf eine absolute Zumutung für ihr Gegenüber, sondern zeigt sie – in der Wiederbegegnung mit der Tochter – auch als eine Bürde für die Überlebende selbst: Klara sieht sich gezwungen, die Beziehung zu ihrer
Tochter neu zu denken, weil ihre Lagererfahrung sie so stark verändert hat, dass sie fürchten muss, ihrem Kind keine gute Mutter mehr
sein zu können. Es ist auffallend, dass die Erzählung ausgerechnet
im Zusammenhang mit Klaras Mutterrolle traditionelle Vorstellungen impliziert. Diese können unter den verändernden Vorzeichen
ihrer Verfolgungserfahrung zwar nur auf ungewohnte Weise zum
Tragen kommen, beruhen aber auf einer Konstante mütterlicher
Fürsorge, die nicht von der Shoah erschüttert zu sein scheint. Der
literarische Text berührt hier die Themenstellung der vorliegenden

Arbeit, wobei er das Prekäre der mütterlichen Position im Angesicht der Shoah ohne die Verpflichtung auf eine reale Mutter-Tochter-Beziehung durchdenken kann.

Trotz ihrer unversöhnlichen Wut über das Versagen der Zivilisation (S. 143) hört Klara nicht auf, sich als Mutter auf ihr Kind zu beziehen. Die emotionale Bindung ist also nicht abgerissen, muss aber neu gestaltet werden. Als könnte die Überlebende die Übertragung ihres Traumas auf die folgende Generation antizipieren, fasst sie ihr aus dem Lager mitgebrachtes Wissen als Bedrohung für ihre kleine Tochter auf. Klara beschreibt sich als von Auschwitz vermint: »Jeden Augenblick kann eine Bombe explodieren.« (S. 163) Sie versteht sich als Verkörperung einer Gefahr, die den Namen *Oświęcim* trägt (ebd.). Sie fürchtet die Auswirkungen, die ihr vom Tod verpesteter Zustand (S. 163) auf ihr Kind haben könnte. Der einzige Weg, ihre Tochter vor Auschwitz in Sicherheit zu bringen, ist, diese aufzugeben: »Innerlich bin ich nur Tod, ich schmecke nach Tod, ich stinke nach Tod, für lange noch, vielleicht für immer. Kinder wittern das. Ich will nicht, daß sie diesen Geruch in die Nase bekommt, den sie nie gerochen hat. […] Sie ist verschont geblieben, warum ihr die Nachwehen davon zumuten?« (ebd.) – Klaras Nein drückt also keine Ablehnung ihres Kindes aus, sondern vollzieht eine dialektische Wendung. Es bejaht die Existenz der Tochter und räumt ihr das Recht auf ein Leben ohne die Erfahrungslast der Mutter ein. Was zunächst wie eine Verstoßung aussieht, artikuliert eigentlich einen Verzicht zum Wohl des Kindes. Die Überlebende verlässt ihre Tochter, um sie vor der Shoah retten. Trennung ist der einzige Schutz, den sie zu bieten hat. Damit wird ihr Rückzug aus dem Leben der Tochter zu einem paradoxen Akt mütterlicher Fürsorge: Was unter normalen Bedingungen als sicheres Zeichen für eine gestörte Beziehung gelten könnte, bedeutet im Kontext der Shoah gerade das Gegenteil.

In der vorliegenden Arbeit wird es um Mutter-Tochter-Beziehungen *während* der Shoah gehen. Die Szenen, die in Videozeugnissen geschildert und im Folgenden untersucht werden, standen also ursprünglich unter dem ungeheuerlichen Druck der äußeren Verfolgungssituation. Dennoch wird es sich lohnen, über die zum Teil extremen Verhaltensweisen der verfolgten Mütter im Sinne einer paradoxen Fürsorge für ihre Töchter nachzudenken. Ein solcher

Ansatz erkennt emotionalen Bindungen auch unter den traumatischen Bedingungen brutalster Verfolgung ihre Bedeutung zu, anstatt selbstverständlich von ihrer völligen Zerstörung auszugehen. Vielmehr beansprucht er innerhalb des historischen Ereignisses einen psychischen Raum der Verfolgten: Die emotionale Bezogenheit von Eltern und Kindern endete mit dem Einsetzen der tödlichen Verfolgungssituation ja nicht abrupt. Vielmehr erhebt sich die Frage, ob sie sich während der Shoah so verändern konnte, dass sie ihre Bedeutung im Leben der Betroffenen behielt und eine seelische Kontinuität zu gewährleisten vermochte. Anstatt also von einer völligen Zerstörung von Mutter-Kind-Beziehungen durch die Shoah auszugehen und über die extremen Verhaltensweisen verfolgter Mütter im Sinne traumatisch bedingter Empathieverluste nachzudenken, beharrt der literarische Text auf der Möglichkeit, solche Verhaltensweisen als verzweifelte Gesten einer Fürsorge zu verstehen, die sich unter den extremen Bedingungen der Verfolgung nur auf paradoxe Weise artikulieren konnte, indem sie traditionelle Vorstellungen von Mütterlichkeit verletzte.

Die Erzählung privilegiert deutlich die Perspektive der Mutter: Während sie den seelischen Auswirkungen von Klaras Entscheidung auf ihre Tochter keinerlei Beachtung schenkt, zeichnet sie die ungewöhnliche Weise, auf die Klara ihre Mutterrolle ausübt, genau nach. Weder Auschwitz, noch ihr Zeugnis darüber sollen im emotionalen Raum der Mutter-Tochter-Beziehung einen Platz haben. Das, was sich zwischen Klara und Angelika bildet, ist also nicht als Vermächtnis gedacht, das zu gegebener Zeit an die Tochter weitergegeben werden soll. Gegenüber dem Kind nimmt die Überlebende nicht nur ihre Existenz zurück, sondern verzichtet außerdem auf ihre eigene Geschichte. Diese radikale Selbstaufgabe der Mutter wird für das seelische Gleichgewicht der Tochter ausschlaggebend. Zwar überspringt die Erzählung die Komplikation der Trauer um eine in Auschwitz ermordete Mutter im Leben der Tochter; dafür markiert sie deutlich den Unterschied zwischen der Mutter als einer realen Person und der Mutter als innerem Objekt ihrer Tochter. Klaras Verzicht beraubt das kleine Mädchen zwar ihrer wirklichen Mutter, belässt ihr aber immerhin die Mutter als Objekt ihrer Vorstellung. Aus psychoanalytischer Sicht könnte man sagen, dass sie gerade durch ihr Verschwinden die emotionale Kontinuität eines guten inneren Objektes für das Kind sicherzustellen versucht. Der Objektstatus erlaubt dem Kind in seiner Vorstellung über die Mutter zu verfügen, ohne über sie als reale Person mit einer eigenen Geschichte nachdenken zu müssen. Im Interesse ihres seelischen Gleichgewichts soll die Tochter nicht zur Zeugin ihrer Mutter werden müssen. Während Klara ihre Umgebung und ihre Freunde rücksichtslos mit ihren Erinnerungen terrorisiert und quält, erlegt sie sich gegenüber ihrer Tochter absolute Zurückhaltung auf. Parallel zu dem vernichtenden Zeugnis, das die Überlebende ihrer Freundin Angelika beschert, legt sie für die Tochter einen Vorstellungsraum an, in dem diese sich ihre Mutter ganz nach ihren Bedürfnissen konstruieren können soll.

Im Hinblick auf die Themenstellung dieser Arbeit wartet der literarische Text mit wichtigen Beobachtungen auf: Bei der Untersuchung von Videozeugnissen wird es nicht nur um die paradoxe Artikulation von Mütterlichkeit im Kontext der Shoah zu gehen haben. Grundsätzlich erhebt sich die Frage, inwieweit Töchter überhaupt als Zeuginnen ihrer Mütter sprechen können oder ob die im Laufe eines Interviews gemachten Aussagen über die Mutter sich in erster Linie auf das innere Objekt einer Überlebenden beziehen. Wie prägt und beeinflusst die Schwierigkeit, die Mutter jenseits ihres Objektstatus als reale, von den emotionalen Bedürfnissen der Tochter unabhängige Person wahrzunehmen, die narrative Gestalt töchterlicher Zeugnisse?

Mit Klaras Beziehung zu ihrer Tochter setzt der literarische Text dem extremen Wissen, das er postuliert, aber auch eine Grenze: Zwar erzeugt die paradoxe Fürsorge der Überlebenden Verwirrung und Irritation, aber die Kontinuität der mütterlichen Bindung bleibt trotz der Shoah grundsätzlich unangetastet. In diesem Punkt ist das Wissen der Überlebenden, das die Videozeugnisse transportieren, wesentlich brutaler: Neben den Verformungen, die Mutter-Tochter-Beziehungen während der Shoah hinnehmen mussten, um sich zu erhalten, deutet in den im Folgenden untersuchten Interviewsequenzen Vieles auf die völlige Zerstörung von Bezogenheit hin. Hier hat die Rezeption der Videozeugnisse Erfahrungsaspekte zu bergen, die selbst vom Standpunkt einer sekundären bzw. tertiären Zeugenschaft das Maß des Erträglichen fast überschreiten. Dabei geht es um mehr als die Schwierigkeit der überlebenden Töchter, sich das veränderte Verhalten ihrer meist verstorbenen Mütter zu erklären und es zu integrieren. Hält man sich mit Auerhahn und Laub vor Augen, dass ein Trauma die Vernichtung der introjizierten Mutter konkretisiert, sieht man sich in den Videozeugnissen mit dem fundamentalen Verlust eines emotionalen Bezugspunktes und mit dem psychischen Elend konfrontiert, das ein solcher Verlust für alle Beteiligten nach sich zieht.[64] Auch den Müttern konnte die Vernichtung ihres inneren Objekts, und damit der Verlust eines wesentlichen Zentrums ihrer psychischen Organisation zustoßen. Dem Wissen um das seelische Vakuum der Mutterlosigkeit, das sich auf den realen Verlust der Mutter beziehen kann, aber auch mit dem traumatisch bedingten Verlust von Objektrepräsentanzen verknüpft ist, will sich nicht einmal der literarische Text öffnen. – Hinter Klaras Traum von einem Kind, das unversehrt durch die Shoah gekommen ist bzw. das sie als Mutter vor Auschwitz und seinen schrecklichen Folgen zu schützen vermag, verbirgt sich also eine weitere Verlusterfahrung: Die Erzählung erspart Angelika und damit auch dem Leser die Erinnerung einer Mutter an den Verlust ihrer Tochter bzw. an die erschütternde mütterliche Ohnmacht, wenn es unmöglich wurde, das eigene Kind zu schützen. In Klaras Tochter kann sich eine Zukunft konkretisieren, an deren Möglichkeit die Überlebende in der Erzählung mit aller Kraft festhält. Was würde aus Klara, wenn diese Zukunft gestorben wäre? Womit lebt eine Frau weiter, die den Tod des eigenen Kindes überleben musste?

1.6 Interpretation der Videozeugnisse als »endlose Unterhaltung«

Am Beispiel von Charlotte Delbo und Art Spiegelman ließen sich weiter oben grundsätzliche Probleme der Zeugenschaft von Überlebenden der Shoah herausarbeiten. Sowohl Delbos autobiogra-

---

64 Nanette C. Auerhahn/Dori Laub: »The Primal Scene of Atrocity. The Dynamic Interplay Between Knowledge and Fantasy of the Holocaust in Children and Survivors«, in: Psychoanalytic Psychology 15 (1998), S. 360–377, hier besonders S. 361–365.

phischer Text als auch Spiegelmans Comic-Buch mussten trotz des
Notstandes der Zeugenschaft und des Traumas der ihnen jeweils
zugrundeliegenden Verfolgungserfahrung auf der Seite eines erzählenden Ichs verharren, weil diese Instanz die formale Voraussetzung
für ihr jeweiliges Zeugnis bildete. So konnte Delbo ihren Alptraum
erst schildern, nachdem sie sich weit genug von ihm erholt hatte.
Die tödliche Bedrohung Vladek Spiegelmans durch die Geschichte
konnte erst durch die Zeugenschaft seines Sohnes und eine damit
verbundene Symbolisierungsleistung der zweiten Generation in
ein Narrativ überführt werden. In beiden Fällen erwies sich der
Umgang mit dem Trauma als zentrale Schwierigkeit im narrativen
Prozess; auch im Zusammenhang eines Interpretationsvorhabens
bildet diese Problematik eine Herausforderung: Aus der traumatisch bedingten Relativierung der Ich-Perspektive folgt, dass sich
eine Interpretation nicht einfach auf die Perspektive des erzählenden Ichs verlassen darf, sondern u. U. sogar gegen diese verstoßen
muss, um die Abwehrhaltungen, mit deren Hilfe das erzählende Ich
sich gegen seine Erfahrung zu behaupten versucht, nach Möglichkeit nicht unbewusst zu reproduzieren. Natürlich müssen solche
interpretierenden Verstöße empathisch gerichtet sein: Es kann nur
darum gehen, Erfahrungsaspekte zu erschließen, die der Symbolisierung entzogen bleiben, weil sich das Ich einer Überlebenden
durch sie als bedroht und in seiner Existenz in Frage gestellt erlebt.
Dieses Verfahren schreibt dem jeweiligen Zeugnis also mehr Bedeutung zu, als das erzählende Ich einer Überlebenden von Fall zu
Fall bewusst kommunizieren bzw. ertragen kann. Es diktiert einen
methodologischen Zugriff, der sich den latenten Gehalten und unbewussten Bedeutungsschichten eines Traumanarrativs zuwendet.

Die Erzählung »Klaras Nein« rückte noch eine weitere Schwierigkeit der Rezeption ins Bewusstsein, die sich vom literarischen Text
leicht auf die realen Zeugnisse Überlebender übertragen lässt: Die
von Soazig Aaron entwickelte Kategorie eines »extremen Wissens«
ist nicht nur ein machtvolles literarisches Postulat, das die Last der
»unclaimed experience« aufhebt und einen unmittelbaren Umgang
mit der Verfolgungserfahrung ermöglicht, wie er in realen Traumanarrativen nicht existiert. Folgt man der Erzählung in die Schwierigkeiten, die der Text Angelika als Klaras Zuhörerin mit voller Wucht
aufbürdet, stellt sich heraus, dass die Frage, wie sich das traumatisch

verschlüsselte, nicht gewusste Wissen der Überlebenden erschließen lässt, im Hinblick auf die Rezeption realer Zeugnisse nicht die einzige Herausforderung bildet: Das extreme Wissen der Überlebenden markiert einen unüberbrückbaren Unterschied, der diese von ihrem sozialen Umfeld isoliert, weil sich ihre Erfahrung nicht auf die Normalität nach der Shoah übertragen lässt. Ein Interpretationsvorhaben muss also eine radikale Position des Nicht-Wissens als Ausgangspunkt beziehen, denn es kann nur nach latenten Bedeutungen suchen, wenn es die eigene Infragestellung durch das extreme Wissen der Überlebenden hinnimmt.

Darin besteht die dritte Herausforderung bei der Rezeption von Zeugnissen: Die Auseinandersetzung mit der Shoah impliziert eine radikale Infragestellung angestammter Ordnungsvorstellungen. Das Wissen der Überlebenden ist der Rezipientin nicht nur fremd, sondern kann in ihr auch Abwehrreaktionen provozieren, die ihre Fähigkeit, sich empathisch zuzuwenden, überfordern. Grundsätzlich macht der literarische Text also am Beispiel Angelikas auf einen Notstand der sekundären bzw. tertiären Zeugenschaft aufmerksam, dem sich auch ein Interpretationsvorhaben an Videozeugnissen von Überlebenden der Shoah zu stellen hat: Die Abwehrreaktionen und seelischen Widerstände, die sich in der Konfrontation mit den extremen Erfahrungen der Überlebenden notwendig bilden, können nur auf dem Weg einer systematischen Selbstreflexion neutralisiert werden.[65] Die Relativierung der Ich-Instanz bleibt also nicht auf die unmittelbar Betroffenen beschränkt, sondern kann auch auf diejenigen übergreifen, die sich der Shoah als einem Forschungsgegenstand nähern. Es ist davon auszugehen, dass sich hier eine zentrale Problematik der traumatischen Verfolgungserfahrung überträgt.

In den Videozeugnissen, um die es in dieser Arbeit gehen wird, gestaltet sich das Ineinandergreifen von bewussten und unbewussten Erfahrungsschichten im Narrativ der Überlebenden dynamisch. Das audiovisuelle Medium hält die ich-fernen und unkontrollier-

---

65 Georges Devreux hat in seiner Studie unter dem Titel Angst und Methode in den Verhaltenswissenschaften, München 1967 nachdrücklich darauf hingewiesen, dass unbewusste Abwehrreaktionen die Erkenntnisfähigkeit von Forschern einschränken und deren Blick auf ihren Forschungsgegenstand trüben können.

ten Schichten der traumatischen Erinnerung auch dann präsent,
wenn der Dialog zwischen Interviewern und Überlebenden sie
nicht reflektierend in das Interview einbringt. Neben den von der
Ich-Instanz verwalteten Aspekten der Zeugenschaft, die eine souveräne Erzähloberfläche schaffen, können sich vor der laufenden Kamera und in der Spontaneität der Interviewsituation auch Einbrüche
und Krisen im Dialog manifestieren. Die grundsätzliche Ambivalenz der Zeugenschaft, die zwischen der Bemühung um eine nach-
vollziehbare Geschichte und der Flucht vor ihr schwankt, bleibt im
Dialog zwischen Überlebenden und Interviewern in der Schwebe.
So verstanden, bilden Videozeugnisse eine offene narrative Form,
deren Aufzeichnung sich nicht auf die bewusste Perspektive der Ich-
Instanz festlegen muss. Daher kann neben den Symbolisierungsleis-
tungen und der Abwehr, mit deren Hilfe das erzählende Ich seinen
narrativen Akt gestaltet, in den spontanen Videozeugnissen auch
mitsprechen, was sich einer expliziten Vermittlung entzieht.

Wenn das Mandat der Rezeption von Videozeugnissen eine Erweiterung ihrer Zeugenschaft ist, so wird es in der vorliegenden
Arbeit gerade um eine Erschließung dieser ich-fernen Schichten
zu gehen haben. Mit dieser Ausrichtung auf unbewusste Gehalte
der Videozeugnisse begibt sich die Rezeption auf das angestammte
Terrain der Psychoanalyse und ein methodologischer Zugriff, der
sich auf Konzepte und Denkweisen dieser Disziplin stützt, liegt auf
der Hand. Im Vordergrund stehen dabei psychische Traumen und
ihre unbewussten Manifestationen; andere relevante psychoanalytische Überlegungen, wie etwa zur weiblichen Entwicklung, zur
Adoleszenz und zu den Objektbeziehungen prägen zwar den geis-
tigen Horizont der vorliegenden Arbeit, ihre Anwendbarkeit auf
die überwältigende äußere Realität der Shoah muss jedoch jeweils
vorsichtig erwogen werden, weil sie ein »average expected environment«[66], und damit ein der Alltagsnormalität geschuldetes Erfah-
rungsspektrum implizieren, das dem Chaos der Verfolgungserfahrung gerade nicht entspricht.

---

66 Dieser Begriff stammt von Heinz Hartmann, der ihn im Kontext der Ich-Psy-
   chologie als Kategorie für die Anpassungsfähigkeit des Subjekts an seine Umgebung entwickelt hat, vgl. Heinz Hartmann: Ego Psychology and the Problem of
   Adaptation, New York 1958.

Wenn die Rezeption das Videozeugnis bereichern will, indem sie die latenten Ebenen des Gesprächsvorgangs interpretierend freilegt und deren Bedeutung unterstreicht, versucht sie nicht etwa, ein Ersatznarrativ zu entwickeln. Vielmehr geht es um eine Resonanzbildung mit dem, was die Literaturwissenschaftlerin Shoshana Felman das »unbewusste Zeugnis« genannt hat, »to bring the *evidence materialized* by the unconscious testimony into the realm of cognition.«[67] Dieser Ansatz versucht also, der Relativierung der Ich-Perspektive durch die extreme Verfolgungserfahrung der Shoah Rechnung zu tragen. Neben der Frage, wie sich das erzählende Ich erinnernd in oder zu seinen Erfahrungen positioniert, richtet sich die Aufmerksamkeit der Rezipientin dabei auf Erfahrungsdimensionen, zu denen sich das erzählende Ich der Überlebenden nicht in Bezug setzen kann. Die ich-fernen Bedeutungsschichten eines Zeugnisses machen sich zunächst durch Unregelmäßigkeiten und Brüche in seiner Erzähloberfläche bemerkbar. Grundsätzlich ist nach der Bedeutung von Lücken, Sprüngen und Richtungswechseln im Erzählfluss zu fragen, die einen Einstieg in den unbewussten Gehalt eines Zeugnisses bilden, der sich im Sinne Argelanders und Lorenzers einem »szenischen Verstehen« erschließt.[68]

Zu einer solchen Resonanzbildung gehört vor allem die Analyse der eigenen Gegenübertragungsreaktionen als eine psychoanalytische Form der Selbstreflexion, mit deren Hilfe die Forscherin ihr »Ich« der Erkenntnis zur Verfügung stellt. In der Anwendung auf die Videozeugnisse muss dieses Verfahren zwar aus dem dynamischen Kontext des therapeutischen Settings gelöst werden,[69] es bildet aber

---

67　Shoshana Felman: »Education and Crisis, Or the Vicissitudes of Teaching«, in: Felman/Laub Testimony, 1992, S. 1–56, hier S. 16.

68　Das szenische Verstehen entwickelt eine strukturelle Sensibilität und bezieht die nicht-sprachlichen Anteile einer Kommunikation als vollwertige Bedeutungsträger in die Interpretation ein, vgl. die jüngsten Diskussionen bei Annemarie Laimböck: »Szenisches Verstehen, Unbewusstes und frühe Störungen«, in: Psyche – Z. Psychoanal., 67 (2013), Sonderheft H. 9–10, S. 881–902; sowie bei Kurt Grünberg/Friedrich Markert: »Todesmarsch und Grabeswanderung – Szenisches Erinnern der Shoah. Ein Beitrag zur transgenerationalen Tradierung extremen Traumas in Deutschland«, in: Psyche – Z. Psychoanal., 67 (2013), H. 11, S. 1071–1099.

69　Auf die Validierungsproblematik in der Konsequenz einer solchen Ablösung ist im Zusammenhang mit literarischen Texten wiederholt hingewiesen worden, vgl. u. a. Alfred Lorenzer: »Der Gegenstand psychoanalytischer Textinterpretation«,

im Hinblick auf den latenten Gehalt von Traumanarrativen ein an-
erkanntes psychoanalytisches Verfahren, das dem Unsymbolisierten,
gewissermaßen durch eine Auffächerung der Zeugenschaft erlaubt,
zu Bewusstsein zu kommen.[70] Durch die Analyse ihrer Gegenübertragung legt die Forscherin den Prozess ihrer Auseinandersetzung
mit dem Forschungsgegenstand für sich selbst und andere offen. Sie
versucht, der trügerischen Schutzhaltung einer behaupteten Objek-
tivität zu entgehen und sich als Rezipientin nicht von ihren Ängsten
und Widerständen vereinnahmen zu lassen. Die Subjektivität der
Forscherin, die sich zunächst in der Abweichung vom erzählenden
Ich der Überlebenden äußert, trägt zur Interpretation bei, solange
ihre Bedeutung im Hinblick auf das Zeugnis reflektiert wird, um zu
latenten Bedeutungsschichten vorzustoßen. Die Forscherin macht
sich also ihrem Gegenstand dienstbar, wenn sie sich in ihrer Subjektivität formuliert.

Untrennbar verbunden mit diesem Ansatz ist natürlich das Problem der Validierung: Da sich die sekundäre bzw. tertiäre Zeugenschaft der Videozeugnisse nicht auf den Dialog mit einem lebendigen Gegenüber stützt, das zu den Eindrücken und Beobachtungen Stellung nimmt, die sich im Lauf der Auseinandersetzung mit
einem Zeugnis in der Rezipientin bilden, muss sie sich geistige Be-
zugspunkte schaffen, um den Prozess ihrer Auseinandersetzung mit
einem Zeugnis über Dritte zu kontextualisieren und eine kommu-
nikative Validierung ihrer Beobachtungen zu erhalten. Auch die
historische Kontextualisierung eines Zeugnisses kann einen orien-
tierenden Bezugspunkt schaffen, der zwischen einem Traumanar-
rativ und seiner Rezeption vermittelt, weil sie eine Zuordnung des
Gesagten ermöglicht und die Konstruiertheit des Narrativs im Kontext eines Traumas transparent machen kann.

in: Sebastian Goeppert (Hrsg.), Perspektiven psychoanalytischer Literaturkritik,
Freiburg im Breisgau 1978, S. 71–81; Carl Pietzcker: Lesend interpretieren. Zur
psychoanalytischen Deutung literarischer Texte, Würzburg 1992; Dagmar von
Hoff/Marianne Leuzinger-Bohleber: »Versuch einer Begegnung. Psychoanalytische und textanalytische Verständigungen zu Elfriede Jelineks ›Lust‹«, in: Psyche – Z. Psychoanal., 51 (1997), H. 8, S. 763–800.

70 Vgl. die von John P. Wilson und Jacob D. Lindy herausgegebene Anthologie
Countertransference in the Treatment of PTSD, New York/London 1994.

Das instrumentalisierte Ich der Forscherin, das im Laufe der folgenden Interpretationen immer wieder seine Stimme erheben wird, formuliert sich also in seiner Betroffenheit durch die Zeugnisse und in seiner Verwirrung über die eigenen Reaktionen. Diese Reaktionen werden relevant, weil sie als Teil der untersuchten Zeugnisse verstanden werden. Im Hinblick auf die Subjektivität der Auseinandersetzung müssen sich die Reaktionen anderer Rezipienten auf dieselben Interviewsequenzen zweifellos anders gestalten und entsprechend auch andere Erkenntnisse generieren. Deshalb sollte die vorliegende Arbeit ihrerseits in erster Linie als ein geistiger Bezugspunkt verstanden werden, von dem ausgehend neue und weiterführende Überlegungen angestellt werden können. Sie versteht sich als Diskussionsbeitrag, der die komplexen Bedeutungsschichten der untersuchten Videozeugnisse eingehend reflektiert, freilich ohne daraus einen Anspruch auf Alleingültigkeit abzuleiten.

Die hier vorgelegten Interpretationen sind nicht nur Ergebnis einer intensiven Beschäftigung mit ausgewählten Passagen aus Videozeugnissen, sondern gehen auf eine Vielzahl von Dialogen zurück, die der Forscherin immer wieder die Gelegenheiten gaben, ihre Fragestellungen und Schlussfolgerungen zu überprüfen und zu hinterfragen.[71] Die Arbeit ist Niederschlag eines interpretatorischen Gedankenflusses, der sich über mehrere Jahre erstreckte, und dessen Ergebnisse selbst in dem Moment, wo der Text in einer endgültigen Fassung vorliegt, vorläufig bleiben. Der Text markiert lediglich einen im Sinne der Textproduktion notwendigen Ausstieg aus einem Prozess, der sich in Anlehnung an einen Begriff von Sarah Kofman als »endlose Unterhaltung« verstehen lässt,[72] d.h. als

---

71 Neben dem Gespräch mit Dori Laub, der als Interviewer persönlich an vielen der hier untersuchten Videointerviews beteiligt war, hatte ich durch die Holocaust Study Group am Whitney Humanities Center der Yale Universität (20. Januar 2000) und durch das »Psychoanalysis for Scholars Program« der Western New England Psychoanalytic Society (u. a. 13. Februar 2002 und 14. November 2002) wiederholt Gelegenheit, Teile dieser Arbeit vorzustellen. Auch eine Reihe von Vorträgen (z. B. am SFI Frankfurt, im Genocide Studies Program, Yale, und im Gardiner Program am Whitney Humanity Center) gaben mir Gelegenheit, meine Beobachtungen zur Diskussion zu stellen.

72 Kofman: Erstickte Worte, 1988, S. 28. Dort beruft sich Kofman auf den Wunsch der »Heimkehrer […] endlos zu erzählen, als ob allein eine ›unendliche Unterhaltung‹ der unendlichen Not gerecht werden könnte«. Ich erweitere diesen Be-

ein Dialog, der sich ausgehend von den Überlebenden der Shoah und ihren Zeugnissen fortsetzt und als Teil einer Gedächtniskultur immer weitere Kreise zieht. Es ist zu hoffen, dass die Shoah durch diese Kontinuität der Auseinandersetzung fest im kulturellen Gedächtnis verankert bleibt.[73]

griff ausgehend von den archivierten Videozeugnissen im Sinne einer sekundären bzw. tertiären Zeugenschaft.

73 Dieser von Jan und Aleida Assmann gebildete Begriff bildet auch für Geoffrey Hartman, den wissenschaftlichen Leiter des Fortunoff Video Archives, den zentralen Fokus seines Schreibens und seiner Theoriebildung, vgl. jüngst Geoffrey Hartman/Aleida Assmann: Die Zukunft der Erinnerung und der Holocaust, Konstanz 2012; zum »kulturellen Gedächtnis« siehe u. a. Jan Assmann: »Erinnerung um dazuzugehören: Kulturelles Gedächtnis, Zugehörigkeitsstruktur und normative Vergangenheit«, in: Kristin Platt (Hrsg.), Generation und Gedächtnis. Erinnerungen und kollektive Identität, Opladen 1995, S. 51–75; sowie Aleida Assmann: Erinnerungsräume. Formen und Wandlungen des kulturellen Gedächtnisses, München 1999.

2 Schlüsselszenen:
Die Vernichtung von Bezogenheit

2.1 Einleitende Bemerkungen

2.1.1 Über die Ausschnitthaftigkeit meiner Betrachtungen

Da sich das folgende Kapitel auf Ausschnitte bezieht, die aus dem narrativen Gesamtzusammenhang unterschiedlicher Videozeugnissen herausgegriffen wurden, scheinen einige Bemerkungen über meine Verwendung dieser Vignetten angebracht: Grundsätzlich verwende ich die zitierten Passagen nicht als Illustrationen oder Belege, sondern sie dienen mir als Ausgangspunkte meiner Überlegungen. Sie erhielten ihren Stellenwert, weil sie mich im Rahmen meiner Auseinandersetzung mit dem Thema tief beeindruckten und nicht mehr losließen. So stellen sie zwar eine höchst subjektive Auswahl dar, erscheinen mir aber im thematischen Zusammenhang mit Mutter-Tochter-Beziehungen während der Shoah allgemein relevant zu sein: Ich habe nicht nur meine spezifischen Schreckreaktionen bei der Auswahl als Leitkriterium ernstgenommen, sondern auf diese Weise Vignetten gesammelt, die sich am Rande des Bezeugbaren bewegen. In ihnen wird die traumatische Wucht der Shoah in ihrer zerstörerischen Auswirkung auf die frühe Mutter-Kind-Beziehung, aber auch als Bedrohung für die emotionale Realität der Mutterbindung adoleszenter Töchter fassbar. Sie schildern Extremsituationen, die reale und emotionale Schwierigkeiten von Mutter-Kind-Beziehungen in einer Situation brutalster Verfolgung eindrücklich beleuchten. Die Überlebenden erinnern eine historische Realität, die radikale Übergriffe auf das Geflecht ihrer Bezogenheiten verübte; zugleich zeugen ihre Narrative von der psychischen Zermürbung und Zersetzung ihrer Beziehungen, der sie als Mütter und Töchter ausgeliefert waren.

Es versteht sich von selbst, dass die Beschränkung auf Vignetten deren Kontext relativiert. Über sie erschließt sich weder ein historischer Zusammenhang noch die narrative Gesamtheit eines Zeugnisses. Ihre Ausschnitthaftigkeit stellt das Momentane, den Augenblick heraus. Sie halten eine Situation fest, in der sich z. B. Trauma manifestiert – aber sie sind zu eng gefasst, um die Entwicklung einer Traumatisierung, die sich am narrativen Bogen eines Zeugnisses u. U. ablesen lässt, mitzuvollziehen. Sie bilden ein Konzentrat, um das herum die Gedanken und Fragestellungen einer Interpretation auskristallisieren können. Solange sie in ihrer Isoliertheit stehen bleiben, erschließen sie das Überleben der Betroffenen nicht als einen Prozess. Das bedeutet, dass der Blick auf Vignetten eine punktuelle Vorstellung suggeriert, die ohne Begriff von den Dynamiken dieser Quellen auskommt. Zwar ist die Arbeit mit Ausschnitten ein ideales Verfahren, um die narrative Wucht der Videozeugnisse zu meistern und den darin mitgeteilten Schrecken so zu portionieren, dass sich die Abwehrhaltung der Forscherin in produktiven Grenzen hält, aber sie kann auch in die Irre führen, weil sie Momente verabsolutiert und vergessen lässt, dass die jeweils geschilderte Erinnerung für jede Überlebende in einem größeren Erfahrungszusammenhang steht.

Einerseits erscheint mir die Beschränkung auf Vignetten bei der Arbeit mit Videozeugnissen absolut notwendig, weil die Genauigkeit des Blicks sich erst im Herausschälen einzelner Passagen aus der Komplexität eines Traumanarrativs bilden kann. Gleichzeitig kommt aber keine Interpretation solcher Vignetten ohne ein erhebliches Maß an Kontextualisierung aus – wobei der narrative Zusammenhang des jeweiligen Zeugnisses ebenso zu berücksichtigen ist wie die historischen Zusammenhänge und die Gegenübertragungsreaktionen der Interpretin. Es geht darum, gleichzeitig Kenntlichkeit zu wahren und zu erzeugen: Die Vignette muss als Teil einer größeren narrativen Einheit erkennbar bleiben. Gleichzeitig können sich aber auch neue Dimensionen ihrer Bedeutung erschließen, wenn sie in Zusammenhängen gedacht wird, in denen sich die Überlebende selbst nicht explizit denkt. Die Suche nach inhaltlichen Verknüpfungen mit dem Interview in seiner Ganzheit deckt also völlig andere Zusammenhänge auf, als etwa eine historische Kontextualisierung, die von der erzählenden Überlebenden vielleicht selbst überhaupt nicht vorgenommen wird. Gerade auch die Verbindung mit den Gegenübertragungsreaktionen der Interpretin kann Zusammenhänge erschließen, in denen sich das Ich der erzählenden Überlebenden während des Interviews nicht gegenwärtig wurde. Die mit Hilfe der Kontextualisierung entstandenen Interpretationen bilden Metanarrative, die zwar von den Ich-Erzählungen von Überlebenden der Shoah ausgehen, sich aber über die Grenzen hinwegsetzen, in denen das erzählende Ich während des Interviewprozesses verharren musste, um der traumatischen Erfahrung die Form eines Narrativs verleihen zu können.

Dementsprechend verzichtet das folgende Kapitel weitgehend auf Narrationen der herangezogenen Videozeugnisse. Obwohl die Interviews ursprünglich auf die Gesamtheit der jeweiligen Verfolgungserfahrungen ausgerichtet sind, orientiert sich die Bearbeitung der ausgewählten Vignetten am thematischen Schwerpunkt meiner Arbeit. Die Interpretation vollzieht also eine Umgewichtung und stellt etwas in den Mittelpunkt des Interesses, wozu keine systematische Befragung der Überlebenden stattgefunden hat.

2.1.2 »Der Tod ist ein Meister aus Deutschland«[74]

Was die von mir ausgewählten Vignetten in ihrer Ausschnitthaftigkeit verbindet, sind die Todeserfahrungen der Überlebenden. Dabei tritt der Tod in den zitierten Interviewsequenzen auf ganz unterschiedliche Weisen in Erscheinung: Er zeigt sich nicht nur in der Realität des Mordens, sondern ist auch im Schmerz des Überlebens während und nach der Shoah präsent. Er konkretisiert sich in Kindstötungen, steht im Zentrum des Genozids und muss von denen, die weiter leben, als persönlicher Verlust ihnen vertrauter Menschen verschmerzt werden. Darüber hinaus manifestiert sich Tod in den Zeugnissen aber auch psychisch: Als emotionale Abgestorbenheit, Beziehungslosigkeit steht er häufig im Zusammenhang einer Traumatisierung. Diese unterschiedlichen Aspekte von Todeserfahrungen, die den Zeugnissen der Überlebenden zu ent-

---

74 Paul Celan: »Todesfuge«, in: ders., Die Gedichte (hrsg. v. Barbara Wiedemann), Frankfurt a. M. 2003, S. 40 f.

nehmen sind, wurden noch dadurch verschärft, dass Verlusterfahrungen während der Verfolgung in der Regel keine Kulminations- oder Endpunkte bildeten, sondern Glieder in ganzen Ketten von Schicksalsschlägen waren. Der Horror der Verfolgung ging weiter. Das Umfeld bildete keinen stabilen äußeren Rahmen, in dem der seelische Schmerz über die erlittenen Verluste verarbeitet werden konnte. Es geht also nicht nur um eine brutale äußere Wirklichkeit, die in einer Abfolge schrecklicher Begebenheiten über die Betroffenen hereinbrach,[75] sondern auch um das psychische Elend derer, die den Rückhalt eines zuverlässigen Umfeldes verloren hatten, in dem sie z. B. Gelegenheit zum Trauern finden konnten.

Das folgende Kapitel untersucht diese Verschränkung realer Todeserfahrungen mit der psychischen Abgestorbenheit, die als emotionale Entsprechung zu der Erfahrung eines radikalen Ausgeliefertseins der Entkommenen verstanden wird. Die zitierten Vignetten betreffen die Ermordung nicht nur von Kindern, sondern auch von Müttern. In Bessie K.s Fall (Abschnitt 2.2) bezeugt eine Mutter den Verlust ihres Säuglings, wobei in der Schwebe bleibt, ob sie die Ermordung ihres Kindes mit ansehen musste oder nie erfuhr, wie das Baby umgebracht wurde. Im Fall von Celia K. (Abschnitt 2.3) und Anita S. (Abschnitt 2.4) haben zwei Töchter die Trennungen von ihren Müttern (und deren Ermordungen) auf sehr unterschiedliche Weisen überlebt. Celia K. wurde außerdem Zeugin einer Kindstötung. – In allen drei Zeugnissen teilt sich neben der Wucht der realen Verluste auch die emotionale Schwierigkeit mit, sich von diesen durchlebten Verlusten psychisch zu erholen bzw. diese zu integrieren. Im Falle von Bessie K. und Celia K. waren diese Verluste so tiefgreifend, dass mit dem toten Kind/der toten Mutter auch Teile des Selbst und der eigenen psychischen Struktur wegbrachen. Während sich hier die Gemeinsamkeit der ausgelöschten Beziehungen in der seelischen Abgestorbenheit der Überlebenden fortzusetzen scheint, konnte sich Anita S. in einer lebendigen Auseinandersetzung mit

---

75 Zum Gedanken, dass psychische Traumen auf komplexen Erlebniszusammen-
    hängen und unterschiedlichen Belastungsmomenten basieren, vgl. besonders
    Hans Keilson: Sequentielle Traumatisierung bei Kindern. Deskriptiv-klinische
    und quantifizierend-statistische follow-up Untersuchung zum Schicksal der jü-
    dischen Kriegswaisen in den Niederlanden (unter Mitarbeit v. Herman R. Sar-
    phatie), Stuttgart 1979, S. 55–78.

ihrer toten Mutter behaupten. Als inneres Objekt der Tochter blieb die Mutter am Leben. – Aber die untersuchten Vignetten handeln nicht nur von ermordeten Müttern und Kindern und von der absoluten Infragestellung der Beziehung zwischen beiden. Darüber hinaus machen sie nachvollziehbar, wie sich die Zerstörung dieser Beziehung in der Psyche einzelner Überlebender fortsetzt. Dabei liegt wohl die größte Schwierigkeit darin, dass die Mutter-Kind-Beziehung nicht nur eine gelebte Realität oder eine Erinnerung bildet, sondern dass die Beziehung zur Mutter bzw. die Mutter der frühen Kindheit integraler Bestandteil des psychischen Selbst ist, deren strukturierende Bedeutung für den seelischen Apparat sich nicht nur in der Bindungsfähigkeit und den Objektbeziehungen eines Subjekts manifestiert, sondern für die Affektregulierung und die sichere Unterscheidbarkeit von »innen« und »außen« ausschlaggebend ist. Am Beispiel von Anita S. wird deutlich, welchen vitalen Anteil am seelischen Gleichgewicht der Tochter das Überleben des Mutterobjekts hatte. In der Wut, die sie auf ihre Mutter spürte, als diese sie wegschickte, setzte sich die Beziehung fort und rettete das Ich der Tochter, das sich gegen die vermeintliche Bevorzugung ihres jüngeren Bruder narzisstisch verwahren konnte. Womit es freilich zusammenhing, dass es Anita S. (etwa im Gegensatz zu Celia K.) möglich war, die erlittene Kränkung und auch die Maßlosigkeit ihrer eigenen Forderungen an die Mutter emotional zu überleben, lässt sich anhand des mir vorliegenden Materials nicht erklären.

Eine weitere Problematik in Zusammenhang mit Mutter-Kind/Tochter-Beziehungen ergibt sich daraus, dass, bedingt durch die Verfolgungssituation, extreme Bedürftigkeiten entstanden, die nicht als gemeinsame Schwierigkeit im Rahmen der Beziehung aufgefangen werden konnten, sondern auf beiden Seiten zu einer völligen Überforderung führen mussten: Kinder erwiesen sich in ihrer physischen und emotionalen Abhängigkeit von ihren Müttern als bedrohlich, unersättlich und unstillbar. Müttern gelang es nicht mehr, die Affekte ihrer Kinder zu regulieren bzw. zu modulieren, weil sie mit eigenen Ängsten zu kämpfen hatten. Sie überforderten ihre Töchter, weil sie selbst überfordert waren. Eine Implosion von Affekten brachte das emotionale Gleichgewicht der Dyade aus der Balance. In meiner Gegenübertragung stellt sich gerade dieser Positionsverlust als größte Bedrohung dar. Die Begegnung mit Müttern, die sich ihren Kindern nicht mehr zuwenden konnten, entzieht der tröstlichen Gewissheit mütterlicher Zuwendung allen Boden und erschüttert die Grundfesten meines Weltbildes. Gleichzeitig konfrontiert sie mich aber auch mit einer tiefen Angst vor den absoluten Forderungen von Kindern, die sich nicht zufriedenstellen ließen, und vor der Aggression, die das in mir auslöst.

2.2 Bessie K. wurde ihr Baby bei einer Selektion weggenommen

2.1.1 Zwischen Widerstand und Widerspruch – Trauma und Selbsterhalt in Bessie K.s Zeugnis

Die folgende Vignette war der erste Ausschnitt aus einem Videointerview mit Überlebenden der Shoah, den ich sah, und steht am Anfang meiner Auseinandersetzung mit diesem Genre.[76]

As I look back I think that for a while I was in a daze. I didn't know what was happening, actually. I saw they taking away the men separate, the children separate, and the women separate. So I had the baby and took the coats, what I had, the bundles, and I wrapped around the baby. And I put it on my left side, because I saw the Germans were saying left or right. And I went through with the baby. But the baby was short of breath, started to choke and it started to cry. So the German called me back. He says: »What do you have there?« in German. Now: I didn't know what to do because everything was so fast and everything happened so suddenly. I wasn't prepared for it. To look back, the experience was – I think I was numb or something happened to me. I don't know. But it wasn't – I wasn't there even. And he stretched out his arms. I should hand him over the bundle. And I hand him over the bundle. And this was the last time I had the bundle. [...]

---

76 Im Mai 1995 hielt Geoffrey Hartman im Einstein Forum in Potsdam einen Vortrag mit dem Titel »Die Wunde lesen«, der sich auf die hier zitierte Vignette bezog. – Ich selbst besuchte das Fortunoff Video Archive zum ersten Mal im Dezember 1995 im Rahmen einer Recherche für ein Radio-Feature.

But if I look back I don't think that I had anybody with me. I was alone within myself. And since that time, I think, all my life I have been alone [...]

I think to me I was dead. I died and I didn't wanna hear nothing, I didn't wanna know nothing, and I didn't wanna talk about it, and I didn't wanna admit to myself that this happened to me.

[...]

In Stutthof I found the doctor who operated on me in the ghetto, when they brought us in there. And when she saw me, she was so happy to see me and right away she said: »Where is the baby? What happened to the baby?« And right there I said: »What baby?« I said to the doctor: »What baby? I didn't have a baby.« That's what it did to me.

Erst Jahre später entdeckte ich, dass es sich bei dieser Vignette um einen Zusammenschnitt handelt, der vier Passagen aus dem Interview der Überlebenden Bessie K. unter Berücksichtigung ihrer chronologischen Reihenfolge miteinander verknüpft.[77] In ihrer verdichteten Form existiert die Vignette lediglich als ein vom Archiv erstelltes Lehrmaterial.[78] Im Interview selbst sind die vier Segmente ursprünglich Teil einer längeren Schilderung, die außer der Trennung von ihrem Säugling auch Bessie K.s eigenes Weiterleben beschreibt. Mit der Überlebenden kommt also eine Mutter zu Wort, die den Verlust des eigenen Kindes überlebt hat. Wie ist sie selbst mit dieser Erfahrung umgegangen; und wie gehe ich als Rezipientin und Interpretin ihres Videointerviews mit dieser Erfahrung um?

Zunächst einmal scheint es mir wichtig, die Relativität meiner eigenen Formulierung festzuhalten: Bessie K. hat überlebt, denn sonst könnte sie nicht vor der Kamera sitzen, um ihre Erinnerung an die Shoah zu schildern. Gleichzeitig enthält der Ausschnitt aus ihrem Interview jedoch die folgenden Selbstaussagen: »*I wasn't there even*« und: »*I think to me I was dead*«. Obwohl die Überlebende

---

77 Bessie und Jacob K. Holocaust Testimony (T-206), Fortunoff Video Archive for Holocaust Testimonies, Yale University Library. Die Aufzeichnung fand am 20. Mai 1983 in New Haven statt. Interviewerin war Laurel Vlock.

78 Vgl. den thematischen Zusammenschnitt »And Everything Else Was History« (T-8067), den man sich auf der Internetseite des Fortunoff Video Archives ansehen kann, URL <http://www.library.yale.edu/testimonies/education/thematic. html>, letzter Zugriff [06.01.2014, 15:05 Uhr].

das Ereignis bezeugt, verwendet sie Formulierungen, die ihre Beteiligung daran unsicher und ihre Anwesenheit fraglich erscheinen
lassen. Was hat es mit dieser widersprüchlichen Zeugenschaft auf
sich, die das eigene Dortsein als Abwesenheit und das eigene Weiterleben als einen todesähnlichen Zustand beschreibt?

Natürlich könnte man in dieser Widersprüchlichkeit einen Ausdruck des Widerstandes der Überlebenden gegen ihre eigene Geschichte sehen. Tatsächlich sagt Bessie K. von sich selbst: »*I died
and I didn't wanna hear nothing, I didn't wanna know nothing, and
I didn't wanna talk about it, and I didn't wanna admit to myself that
this happened to me.*« Das Hadern mit der eigenen Erfahrung setzte
also bereits während der Shoah ein: Die Schilderung ihrer emotionalen Abgestorbenheit, aber auch ihrer entschiedenen Abkehr vom
Geschehenen steht in ihrem Zeugnis im Kontext der Deportation
im Güterzug, die sich unmittelbar an die Selektion anschloss. Bessie K.s damalige Abwehrhaltung scheint in der Tatsache zu gipfeln,
dass sie die Existenz ihres Babys offenbar völlig verdrängt hatte und
erst Wochen später, bei ihrer Ankunft im KZ Stutthof durch eine
Ärztin, die sie von früher kannte, wieder damit konfrontiert wurde.
Aber selbst, als ihr das Kind wieder erinnerlich war, verheimlichte
sie offenbar seine Existenz, denn sie spricht davon, dass ihr Mann
Jack, mit dem sie nach dem Krieg eine Familie gründete, erst vor
kurzem von dem Verlorenen erfahren habe. Das Verleugnen und
Verdrängen während der Shoah lassen, im Sinne Anna Freuds auf
die Aktivierung psychischer Abwehrmechanismen schließen, wobei
der dabei angestrebte Selbstschutz zu Bessie K.s Überlebenskampf
gehörte. Der Versuch, den Verlust des Säuglings zu verheimlichen,
weist dagegen wohl eher auf Schuld- und Schamgefühle der Überlebenden hin. Damit erscheint Bessie K. als eine Frau, die sich im
Interesse ihrer Selbsterhaltung und als Teil ihres Überlebenskampfes
gegen eine schmerzliche Erfahrung verschloss, aber auch als eine
Mutter, die sich am Verlust ihres Kindes schuldig fühlt.

Allerdings glaube ich nicht, dass die Widersprüchlichkeit in Bessie K.s Selbstaussagen als Manifestation einer psychischen Abwehrhaltung erschöpfend verstanden ist. Ein schwerer seelischer Konflikt
und Widerstand mögen zwar das Verhältnis der Überlebenden zu
sich selbst im Anschluss an die Selektion mit geprägt haben und
auch zur Gestalt ihrer Erinnerung im rückblickenden Interview

beitragen; eine zu einseitige Betonung dieser Faktoren aber, die jeweils auf eine aktive Ich-Instanz hindeuten, die sich zu reparieren
und zu behaupten versucht, und einen kontinuierlichen, wenn auch
kritischen Selbstbezug implizieren, muss die völlige Hilflosigkeit
übersehen, die offenbar ebenfalls ein zentraler Aspekt der Selektionserfahrung war: Bessie K. schildert sich in einem Dämmerzu-
stand *(»in a daze«; »I was numb«)*, konnte die Situation nicht voll
erfassen *(»I didn't know what was happening, actually.«)* und wusste
sich vor dem Deutschen nicht zu helfen *(»I didn't know what to do
[…].«)*. Die Situation traf sie plötzlich *(»I wasn't prepared for it«)* und
sie stand neben sich *(»I wasn't there even«)*. Bessie K. sah gewissermaßen tatenlos zu, wie sie dem Deutschen ihr Kind in die ausge-
streckten Arme legte. Sie war emotional ausgestiegen, konnte aber
der realen Situation nicht entkommen. Ihre Dissoziation markiert
nicht nur einen psychischen Rückzug aus einer ausweglosen Realität, sondern deutet auch auf eine einschneidende Veränderung ihres
Selbstbezuges hin. Sie erlebte die Situation als eine von sich selbst
als Handelnde dissoziierte Beobachterin, die nicht in das Geschehen eingreifen konnte. Dieses Zerfallen einer integrierten Ich-Perspektive, die Wahrnehmungen bündelt und Handlung initiiert, ist
symptomatisch für ein erlittenes Trauma.

Neben solchen Hinweisen auf eine Dissoziation enthält das Zeugnis auch Aussagen über den Verlust anderer Bezüge. So sagt Bessie K. z.B. über ihre Gedanken während des Abtransportes im Güterzug: *»I think the way I felt is: I was born on the train and I died
on the train.«* Außerhalb des Waggons scheint für sie nichts mehr
existiert zu haben – keine Zukunft *(»I didn't know […] what was
happening to us.«)*, aber auch keine Vergangenheit, d.h. nichts, wo-
rauf sie innerlich hätte zurückgreifen können. Ihre Herkunft bot keinen emotionalen Rückhalt mehr. Sie war von ihrer eigenen Existenz
und deren Bedeutung abgeschnitten. Darüber hinaus beschreibt sie
sich (und die Situation der Selektion) als wäre sie alleine gewesen,
obwohl eine Tante, bei der sie gelebt hatte, gemeinsam mit ihr auf
Transport ging: *»I don't think that I had anybody with me. I was
alone within myself.«* Die Anwesenheit der Tante wird erst durch
eine gezielte Rückfrage der Interviewerin deutlich; aus der Schilderung der Selektion durch die Überlebende scheint ihre Gestalt wie
getilgt, obwohl die Verwandte doch eine Zeugin der Szene mit dem

Deutschen gewesen sein könnte. – Offenbar ging Bessie K. während der Selektion nicht nur ihr Baby verloren: In der Beziehung zu ihrer Tante trat eine Veränderung ein[79], ihr Selbstbezug wurde fraglich, der biographische Zusammenhang verlor seine Bedeutung. Anstatt diese unterschiedlichen Verlustmomente in einen temporalen oder kausalen Zusammenhang zu bringen, erscheint es mir an dieser Stelle zunächst wichtiger auf die Mehrdimensionalität der Verlusterfahrung hinzuweisen, die neben der physischen Realität des Babys vor allem die emotionale Realität der Mutter betrifft. Offenbar blieb für Bessie K. so gut wie nichts unberührt von der Selektion, die nicht nur die Verbindung zwischen Mutter und Kind zerriss, sondern auch zerstörend in das Gefüge ihrer seelischen Bezogenheit auf sich selbst und auf außen eingriff.

Die Zusammenhanglosigkeit, die Bessie K. bezeugt, bezieht sich gleichermaßen auf die Ungewissheit des Selektionsvorganges, dem sie unterworfen wurde, ohne ihn zu verstehen, wie auf das emotionale Chaos, das dieser Vorgang offenbar in ihrem Innern auslöste. Sie war im Sinne Jean Amérys, der diesen Zustand als die emotionale Folge seiner Verfolgung wiederholt beschrieben hat, aus ihrer Welt gefallen.[80] Allerdings erstreckt sich diese Heimatlosigkeit in Bessie K.s Fall auch nach innen, sodass sie der Frau, die ihr Kind aufgibt, wie einer Fremden, aber auch als Tote gegenübersteht. So verstanden, ergeben die paradoxen Selbstaussagen der Überlebenden einen wörtlichen Sinn, stammen sie doch von einer Person, die nicht für sich selbst sprechen kann. Sie zeugen von der traumatischen Zerrissenheit der Überlebenden und entsprechen der Logik ihres zerstörten Selbstbezuges. Dank der Widersprüchlichkeit kann Bessie K. den dissoziativen Charakter ihrer Selektionserfahrung in ihrem Narrativ verankern. In dieser Widersprüchlichkeit artikuliert sich also nicht einfach eine Abwehrhaltung, die sich als

---

79 Ob diese Veränderung mit dem während der Selektion erlittenen Trauma der Überlebenden hinreichend erklärt ist, erscheint mir zweifelhaft. Das Verblassen der Tante könnte auch mit deren Reaktion auf Bessie K.s Verlust oder mit dem späteren Tod der Tante zusammenhängen, den Bessie K. ebenfalls überleben musste. Genaues ist nicht feststellbar.

80 Siehe z. B. den Essay »Die Tortur«, in dem er beschreibt, wie er unter den Schlägen seiner Folterer sein Zutrauen in die Welt verliert, vgl. Jean Amery: At the Mind's Limits, New York 1990, S. 27 f.

Widerspruch gegen die eigene Geschichte manifestiert, sondern sie bildet auch eine Trope des Traumas der Überlebenden. Im Paradoxon klafft Bessie K.s seelische Wunde und artikuliert sich als Teil ihres Zeugnisses.

2.2.2 Die Trennung von Bessie K. und ihrem Kind in der Gegenübertragung

Zu den Bedingungen der Selektion, die desorientierend und bedrohlich auf die Überlebende wirkten, gehört selbstverständlich auch die Trennung von ihrem Kind. Dessen Schreien verschärfte die Unkontrollierbarkeit der Situation dramatisch. Fast wäre es ihr gelungen, das Baby unbemerkt durch die Selektion zu schmuggeln (*»the German called me back«*), aber durch das Schreien war sie preisgegeben und wusste sich nicht mehr zu helfen. Offenbar war die psychische Belastung für Bessie K. während der Selektion so gravierend, dass sich auch die Beziehung zu ihrem Kind änderte: Das schreiende Baby rief keinen Trost in seiner Mutter hervor, sondern löste absolute Panik in ihr aus. In einem Augenblick, als die Überlebende einen traumatischen Schock erlitt, konnte sie nicht mehr als Mutter handeln, die ihrem Kind bei der Regulierung seiner Affekte beistand.

Ich schlage vor, Bessie K.s Schwierigkeit zunächst im Sinne von André Greens »Tote-Mutter-Komplex« zu verstehen:[81] Green wurde durch die Behandlung von Patienten, die ihre Mütter in ihrer Kindheit als emotional abwesend erlebt hatten, darauf aufmerksam, dass diese Frauen häufig schwere persönliche Krisen durchlitten (z. B. Tod eines Elternteils, Krankheit, Scheidung, Tod des Partners). Von diesen Krisen waren sie psychisch so stark in Anspruch genommen, dass sie unfähig wurden, sich ihren Kindern zuzuwenden und auf deren Bedürfnisse anzusprechen, weshalb sie von diesen als »tot«

---

81 André Green: On Private Madness, London 1996, S. 142–173 (entspricht Kapitel 7 »The Dead Mother«). Mir ist bewusst, dass sich Greens Konzept auf depressive Mütter stützt. Aber selbst wenn es Green ausschließlich um die Störungen geht, die eine Gestörtheit der Mutter in deren Kindern (seinen Patienten) hervorruft, so implizieren seine Beobachtungen grundsätzlich eine Mutter, die aufgrund ihrer eigenen Betroffenheit keine Fürsorge zeigen kann.

erlebt wurden. Auch in Bessie K.s Fall bildet die Krise der Mutter ein
emotionales Störfeld im dyadischen Geflecht der Mutter-Kind-Beziehung: Durch den bedrohlichen Selektionsprozess war die Überlebende offenbar unter so schweren emotionalen Druck geraten,
dass sie als Fürsorgerin ihres Babys ausfiel. Dabei wäre es allerdings
verkehrt, die Zerstörung der Dyade auf das emotionale Absterben
der Mutter zurückzuführen. Die emotionale Krise von Bessie K.s
Dissoziiertheit impliziert zwar ein psychisches Ablassen von ihrem
Kind; für den physischen Verlust des Kindes ist aber entscheidend,
dass die innere Realität dieses Ablassens in der Erfahrung der Überlebenden mit dem Eingreifen des Deutschen zusammenfiel, der ihr
das Kind bei der Selektion tatsächlich wegnahm. Ich glaube nicht
an einen kausalen Zusammenhang zwischen diesen beiden Realitätssphären: Auch wenn Bessie K. es noch vermocht hätte, ihr Baby
zu trösten, so hätte es der Deutsche ihr doch sehr wahrscheinlich
weggenommen. Aber selbst wenn ich davon ausgehe, dass die innere
Realität der Überlebenden, d. h., ihre persönliche Krise als Mutter
grundsätzlich nichts am Ablauf der Selektion änderte, so erscheint
mir Bessie K.s Ohnmacht trotzdem wichtig, weil sie als Reaktion
auf eine äußere Realität verstanden werden muss, die keinerlei Zu-
geständnisse an die in ihr Lebenden machte, und auf die die in ihr
Befangenen keinerlei Einfluss nehmen konnten. Offenbar war die
Selektion so angelegt, dass Kinder systematisch von ihren Eltern getrennt wurden: »*I saw they taking away the men separate, the children separate, and the women separate.*« Der Versuch der Mutter,
das Baby unbemerkt durch die Sonderung zu schmuggeln, war ge-
scheitert. Was hätte Bessie K. also noch unternehmen können, um
ihr Kind zu schützen? Offenbar war sie zu dissoziiert, um sich der
Trennung zu widersetzen. Aber selbst wenn sie auf den Gedanken
gekommen wäre, bei ihrem Kind zu bleiben, wäre die einzig noch
verbleibende Form mütterlicher Fürsorge gewesen, gemeinsam mit
ihrem Kind zu sterben. Der psychisch abgestorbenen Mutter steht
also eine Mutter zur Seite, für die in der äußeren Realität kein Platz
mehr ist. Dabei geht es um die Vernichtung ihrer Funktion.

In dieser doppelten Abgestorbenheit der Mutter lag für die Interpretin zunächst eine große Herausforderung: Ich habe viel Zeit damit verbracht, mich über die Verlorenheit des Babys zu empören
und Bessie K.s Tatenlosigkeit zu verurteilen. Daran änderte sich

auch nichts, wenn ich mir die objektive Ausweglosigkeit der historischen Situation vor Augen führte. Erst als ich meine Ressentiments im Sinne einer Gegenübertragung analysierte, kam mir zu Bewusstsein, dass es mir offenbar leichter fiel, innerlich an der Vorstellung einer starken Mutter festzuhalten, die bis zum äußersten geht, um ihr Kind zu schützen, als mich der völligen Erbarmungslosigkeit einer Realität zu stellen, in der eine solche positive mütterliche Kraft nichts mehr ausrichten kann.

Mein Vorwurf gegen Bessie K. war also nicht nur die Resonanz möglicher Selbstvorwürfe der Überlebenden, die sich dafür verurteilt, ihr Kind nicht besser geschützt zu haben, und damit rechnet von ihrem Gegenüber ebenfalls verurteilt zu werden. Verstanden als Gegenübertragungsreaktion thematisiert meine vorwurfsvolle Haltung zwei Variationen einer dyadischen Beziehung:

(1) Im Kontext von Bessie K.s Trauma taucht ihre gestörte Beziehung zu einem Gegenüber auf, mit dessen Empathie sie nicht mehr rechnen darf. Laub und Auerhahn haben auf die Versagung von Empathie als eine zentrale Trauma-Erfahrung hingewiesen,[82] wie sie Bessie K.s Begegnung mit dem Deutschen sicherlich zugrundeliegt: »The failure of empathy not only destroys hope of communicating with others in the external world and expectation of resonance with the internal other, it also diminishes the victims' ability to be in contact and in tune with themselves, to feel that they have a self.«[83] Wenn ich mir Bessie K. als einen Menschen vergegenwärtige, dessen Beziehungsfähigkeit während der Shoah von dieser Erfahrung versagter Empathie verletzt wurde und von diesem anhaltenden Trauma auch zum Zeitpunkt ihres Interviews überschattet bleibt, teilt sich mir die ganze Verletzlichkeit ihrer Position mit: So, wie sie während der Selektion vor dem Deutschen mit ihrem Kind keine Gnade fand, so findet sie möglicherweise während des Interviews (oder beim Abspielen des Interviews) mit ihrer Geschichte keine Gnade vor ihrem Gegenüber. Erst, wenn der Rezipientin bewusst wird, dass es der Überlebenden nicht nur schwer fallen muss, ihre schreckliche Erfahrung in Worte zu fassen, sondern auch erzählend das Wagnis einzugehen, an ihr Gegenüber anzuknüpfen und sich

---

82   Laub/Auerhahn: »Failed Empathy«, 1989, S. 377–400.
83   Ebd., S. 379 f.

ihm anzuvertrauen,[84] gelangt ihre interpretierende Zeugenschaft über die Befangenheit des Traumanarrativs hinaus.

(2) Mir kommt aber auch meine eigene Verlorenheit im Angesicht dieses Zeugnisses schmerzlich zu Bewusstsein. Mein Vorwurf gegen Bessie K. impliziert eine feste Vorstellung davon, wie sie sich bei der Selektion hätte verhalten müssen. Ihre Ohnmacht als Mutter muss natürlich gegen diese Vorstellung einer starken, mutigen Frau verstoßen, die sich allen widrigen Umständen zum Trotz, stets schützend vor das wehrlose Leben ihres Babys stellen würde. Offenbar ist mir die Hilflosigkeit der Mutter bei der Selektion so unerträglich, dass ich seelisch in der heilen Welt der Dyade Zuflucht suche. Diese Beobachtung hat methodologisches Gewicht, weil sie meine Fähigkeit betrifft, die Geschichte der Mutter in ihrer Eigenständigkeit wahrzunehmen: Solange die Interpretin auf der Vorstellung einer intakten Dyade beharrt, verhält sie sich gegenüber Bessie K. wie ein Kind, das die schützende Kraft der Mutter einfordert. Sie legt die Überlebende auf einen Begriff von Mütterlichkeit fest, der mit der historischen Realität der Shoah kollidiert. Aber vor allem blendet die fordernde Haltung der Interpretin die Schwierigkeiten aus, die Überlebende als Mütter während der Shoah hatten. Die Interpretation gelingt erst, wenn sie neben dem Schreien des Kindes auch die Totenstille der Mutter, der die Worte der Überlebenden abgerungen sind, in die Betrachtung einbezieht. Daher darf sie ihren Standort nicht innerhalb der Mutter-Kind-Dyade wählen.

2.2.3 Die Ruine einer Dyade, deren Positionen ein Trauma ausgelöscht hat

Wenn die Überlebende das eigene Weiterleben als Tod schildert, spricht sie im Grunde von dem, was Caruth die doppelte Krise des Traumas genannt hat.[85] Es gehört zu ihrer traumatischen Erfahrung nicht nur das Zerreißen der Beziehung zu ihrem Kind, sondern offenbar auch, dass sie mit dieser Zerstörung weiterleben musste. Das

---

84 Möglich ist auch, dass das Verhältnis zu ihrer Tante nach dem Verlust des Babys von Scham überlagert war und Bessie K. sie als Zeugin fürchtete.

85 Vgl. Caruth: Unclaimed Experience, 1996, S. 7.

unerträgliche Ereignis selbst *(crisis of death)* ist gepaart mit der Un-
erträglichkeit, es überlebt zu haben *(crisis of life)*: Noch zum Zeitpunkt der Aufnahme (1983) ihres Interviews überschattet das erlittene Trauma Bessie K.s Leben, so als wäre ihr Dasein zum Denkmal
des toten Kindes geworden. Die Sehnsucht nach dem verlorenen
Kind kann sich im Zeugnis der Mutter lediglich als Tod äußern. Ihr
»Tot sein« bildet eine anhaltende Verbindung mit dem Kind. Es ist
also der Tod selbst, der hier von der Kontinuität einer in der Shoah
zerstörten Beziehung zeugt.

Die Kontinuität der zerstörten Beziehungen manifestiert sich aber
auch durch Bessie K.s Haltung zu sich selbst und zur eigenen Geschichte. Hier geht es gerade nicht um den von Charlotte Delbo beschriebenen Sicherheitsabstand, den eine Überlebende zu ihrem
nicht aus dem Lager wiedergekehrten Double einzuhalten versucht,[86]
sondern – im Gegenteil – um eine fehlende Beziehung zu sich selbst,
die das erzählende Ich der Überlebenden nur unvollkommen oder
überhaupt nicht knüpfen kann. Auch in der zitierten Vignette zeigt
sich diese Schwierigkeit deutlich: Während Bessie K. die Selektion
schildert, zeigen sich keinerlei Affekte. Als Zuhörerin ihres Mannes
verhält sie sich dagegen voller Anteilnahme und ist emotional sehr
bewegt, lediglich von der Verfolgung, die sie selbst betrifft, erzählt
sie über weite Strecken ohne innere Beteiligung. Sie beschreibt die
Übergabe des Bündels, in dem das schreiende Kind steckte, schildert ihre Gedanken, sucht nach Erklärungen, durchlebt jedoch die
damalige Situation beim Erzählen nicht. Diese Abgeschnittenheit
des erzählenden Ichs vom erzählten Ich wirkt wie die Fortsetzung
der Dissoziation, die Bessie K. während der Shoah erlitten hat. Noch
zum Zeitpunkt der Aufzeichnung fällt es der Überlebenden schwer,
sich zu erklären, was ihr damals zugestoßen ist. Das Zeugnis kann
das Verlorengehen in der Situation nicht symbolisierend überwinden,
sondern muss es reproduzieren, um Mitteilung davon zu machen.
Was also im Erzählen auflebt, auch das ist ein Paradox, ist die emotionale Abgestorbenheit, in die die Überlebende bei der Selektion geriet.

---

86 Ich erinnere hier an Delbos Spaltung in ihr posttraumatisches Gegenwarts-Ich
und ihr Auschwitz-Double, mit denen sich gegensätzliche Formen der Erinnerung verbanden, vgl. Delbo: Days and Memory, 1990; sowie Kapitel 1.1 der vorliegenden Arbeit, S. 11.

Bessie K.s Zeugnis konfrontiert das interpretierende Gegenüber mit einer beklemmenden Leere, in der die Abwesenheit von Erinnerung mit Erinnerungen an Abwesenheiten (Tod) gepaart ist. Die Überlebende scheint um Erinnerungen zu ringen, aber der Kern ihres Traumas bleibt der Symbolisierung entzogen und bildet eine Leerstelle in ihrem Zeugnis.[87] – Der Tod des Kindes, an dem doch kein Zweifel sein kann, kommt in ihrer Erzählung nicht vor – genauso wenig übrigens, wie sein Name. In dem zitierten Ausschnitt schwankt die Überlebende zwischen den Bezeichnungen »*baby*« und »*bundle*«, um von ihrem verlorenen Kind zu sprechen. Seine Existenz verliert sich im selben Augenblick, als der Körperkontakt zwischen Mutter und Baby abreißt. Es bleibt ungeklärt, ob der Deutsche das Kind vor Bessie K.s Augen umbrachte oder ob sie selbst nicht weiß, wie es gestorben ist. Dennoch glaube ich nicht, dass das Zeugnis die Existenz des Kindes zurücknimmt, um erzählend dem Schmerz des Verlustes zu entgehen. Im Gegenteil enthält das Zeugnis alles, was der Überlebenden von dem Kind geblieben ist.

Offenbar hat Bessie K. mit der Erinnerung an das Kind auch die Erinnerung an ihre Beziehung zu ihm verloren. In das Vergessen des Kindes ist daher auch ein Vergessen von sich selbst als Mutter eingeschlossen. Aus dem Zeugnis ist nichts über ihre Gefühle für das Kind zu erfahren. Sie erwähnt, dass sie einen kleinen Jungen bekommen hatte, spricht aber kein einziges Mal von »ihrem Sohn« und benützt auch niemals ein Personalpronomen, um sich auf das Baby zu beziehen. Das Kind kam im Getto von Kowno zur Welt: »*And I found myself pregnant which I wasn't supposed to. These were the toughest times because you have to hide yourself away.*« Bessie K. tauschte einen Teil ihrer Muttermilch gegen Seife und Kartoffeln ein. Ein Stuhl mit einem abgesägten Bein diente als Wiege für das Kind. Irgendwann entwickelte sich eine Entzündung in ihrer Brust, sodass die Mutter operiert werden musste. Es ist unklar, wie sich Entzündung und medizinischer Eingriff auf ihre Stillfähigkeit auswirkten und wie sie ihren kleinen Sohn in dieser Zeit ernähren konnte: »*But*

---

87 Dori Laub hat in seinem Artikel »The Empty Circle« solche Leerstellen oder Aussparungen als den nicht benennbaren Kern der traumatischen Erfahrung beschrieben, vgl. Dori Laub: »The Empty Circle. Children of Survivors and the Limits of Reconstruction «, in: JAPA 46 (1998), S. 507–529.

I was glad that I survived. And – ah, the baby survived.« – Auch das
rückblickende Zeugnis ermöglicht es der Überlebenden nicht, die
durch ihr Trauma zerrissenen Bezüge zu rekonstruieren. Sie kann
sich lediglich erinnern, dass sie ihr Kind vergessen hatte, was immerhin bedeutet, dass sie sich selbst als Mutter wieder erinnerlich
geworden ist. Neben der äußeren Realität der physischen Trennung
hat sich in der Mutter auch ein psychisches Drama dieser Trennung
abgespielt, das auf eine tiefe emotionale Verbundenheit von Mutter
und Kind hinweist, auch wenn diese intensive Zusammengehörigkeit sich in Bessie K.s Interview nicht explizit mitteilen kann. Das
Zeugnis beschreibt die Ruine einer Dyade, deren Positionen ein
Trauma ausgelöscht hat.

2.2.4 Konstruktion des historischen Zusammenhangs von Bessie K.s Erfahrung

Hat die Interpretin die Möglichkeit, außerhalb der traumatischen
Perspektive, die Bessie K.s Zeugnis vorgibt, über die Geschichte
dieser Mutter nachzudenken? Zum einen kann sie nach dem biographischen Kontext der Überlebenden fragen, zum anderen nach
dem historischen Umfeld der geschilderten Erfahrung. Zwar erinnert sich die Überlebende selbst nicht genau, wann ihr Sohn geboren wurde, aber es lässt sich trotzdem eine ungefähre zeitliche Zuordnung treffen. Bessie K. erzählt, dass sie im Kownoer Getto eine
Ehe einging, um sich einer Aktion zu entziehen, die die unverhei-
rateten Frauen betraf. Diese sog. »Große Aktion« fand am 28. Oktober 1941 statt. Es fielen ihr 10 000 Menschen zum Opfer.[88] Die 1924
geborene Bessie K. kann nicht älter als 17 Jahre gewesen sein, als
sie einen jungen Mann heiratete, den sie bereits vor dem Krieg ge-

---

88 Vgl. Avraham Tory: Surviving the Holocaust. The Kovno Ghetto Diary (hrsg. v.
Martin Gilbert), Cambridge (Mass.)/London 1990, S. 49: » Every unmarried woman looked for a family to adopt her, or for a bachelor who could present her as
his wife. Widows with children also sought ›husbands‹ for themselves and ›fathers‹
for their children – all this in preparation for the roll call, in the hope of being
able to save themselves.«; vgl. auch Dov Levin: »The Kovno Ghetto«, in: Encyclopedia of the Holocaust (hrsg. v. Israel Gutman), New York/London 1990, Bd. 2,
S. 824–827, der davon ausgeht, dass die Hälfte der Ermordeten Kinder waren.

kannt hatte, um sich dieser Aktion zu entziehen. Danach wurde sie
schwanger und brachte 1942 ihren Sohn zur Welt. – Am 24. Juli 1942
kam eine Verordnung der GeStaPo heraus, die Schwangerschaften
im Getto untersagte. Frauen, die im achten und neunten Monat waren, durften ihre Schwangerschaften noch austragen, alle anderen
mussten abtreiben. Vom September 1942 an waren Schwangerschaften strengstens verboten und schwangere Frauen wurden mit dem
Tode bestraft.[89] Es ist möglich, dass Bessie K. gerade noch in die
Gruppe der Schwangeren gehörte, die ihre Kinder bekommen durften. Aber sie erwähnt selbst, dass sie nicht hätte schwanger werden
dürfen und sich verborgen halten musste (»you had to hide yourself
away«). Denkbar ist also, dass sie sich einer Zwangsabtreibung entzogen hatte und ihren Sohn heimlich zur Welt brachte. Das würde
auch bedeuten, dass sie seine Existenz von Geburt an vor den Deutschen verborgen halten musste, sodass sein Schrei bei der Selektion
ein lange gehütetes Geheimnis preisgab. – Die von Bessie K. geschilderte Selektion steht im Kontext ihrer Deportation zur Zwangsarbeit
nach Estland – solche Deportationen fanden im Herbst 1943 statt.[90]
Die Mutter müsste zu diesem Zeitpunkt 19 Jahre alt gewesen sein,
das Kind kann höchstens 17 Monate alt gewesen sein.

Es ist nicht nur erschreckend, wie jung Bessie K. war, als der
Deutsche ihr das Kind abnahm. Die Erfahrung der Menschen im
Kownoer Getto war, dass die sog. Aktionen, die die Deutschen immer wieder durchführten, der Dezimierung der Gettobevölke-
rung dienten. Die von der Aktion Erfassten wurden in der Regel
im Neunten Fort umgebracht. Auch im Herbst 1943 war im Getto
offenbar nicht bekannt, dass es sich um eine Deportation handelte:
»and everybody knew that they said they are going to kill us.« Vielleicht hatte auch Bessie K. mit ihrem Tod gerechnet, als sie sich am
Sammelplatz einfand. – Todesangst scheint aber auch ein Begleitumstand ihrer Schwangerschaft gewesen zu sein. Die Existenz des

89 Vgl. Tory: Surviving the Holocaust, 1990, S. 114 f., 123, 132, 176.
90 Vgl. Walter Laqueur/Judith Tydor Baumel (Hrsg.): The Holocaust Encyclopedia,
    New Haven/London 2001, S. 54. In der Einleitung zu Avraham Torys Tagebuch
    schreibt Martin Gilbert: »On October 26, 1943, the Germans ordered 2,800 Jews
    to assemble in the Ghetto: the young men and women were sent to slave labor
    camps in Estonia; the children and old people were deported to Auschwitz, where
    they were gassed.«, vgl. Tory: Surviving the Holocaust, 1990, S. xxi.

kleinen Sohnes musste nicht nur wegen der Selektion ein Geheimnis bleiben. Es ist kaum zu ermessen, gegen wie viel widrige Umstände und wie viel Angst es der Überlebenden gelungen war, sich als Mutter im Alltag des Kownoer Gettos zu behaupten, ehe sie nach Estland deportiert wurde. – Mit Hilfe dieser historischen Kontextualisierung gewinne ich eine Ahnung von Bessie K.s Kampf um das Leben ihres Kindes und damit von der Entschiedenheit ihrer mütterlichen Fürsorge. Zu diesen Aspekten ihrer Beziehung zu ihrem kleinen Sohn kann sich die Überlebende in ihrem Zeugnis offenbar nicht äußern, weil der traumatische Verlust, aber sicherlich auch der subjektive Eindruck ihres Versagens, schwer auf ihr lasten.

2.3 Celia K. beobachtete, wie eine Mutter ihr Kind ertränkte

2.3.1 Traumanarrativ und Gegenübertragung – Einleitende Bemerkungen zum Zeugnis von Celia K.

Ehe ich mich der nächsten Schlüsselszene, diesmal aus dem Videozeugnis von Celia K. (HVT-36)[91], zuwende, will ich kurz auf das Interview in seiner Gesamtheit eingehen. Dieses Zeugnis hat mich zunächst in eine völlige Verwirrung gestürzt, an der ich mich lange abarbeiten musste, ehe mir ihre Bedeutung als Gegenübertragungsreaktion bewusst wurde. Die Erzählung der Überlebenden ist schwer nachvollziehbar: Bei aller Intensität des Geschilderten bleibt der Zusammenhang des Erzählten oft unklar, sodass ein zuhörendes Gegenüber den Faden der Erzählung leicht verlieren kann. Das Zeugnis ist aus einer Sequenz von Bruchstücken zusammengesetzt, die zwar einer Chronologie folgen, aber so unzusammenhängend erzählt werden, dass sich kein Ganzes ergibt. So bleibt das Narrativ der Überlebenden verworren und gerät unter die Bedrohung seiner

---

91 Celia K. Holocaust Testimony (T-36), Fortunoff Video Archive for Holocaust Testimonies, Yale University Library. Die Aufzeichnung fand am 25. Februar 1980 in New Haven statt. Interviewer waren Hillel Klein und Laurel Vlock.

eigenen Strukturlosigkeit: Celia K. schwebt in der ständigen Gefahr, nicht verstanden zu werden.

Letztlich war es diese Verworrenheit im Zeugnis der Celia K., der ich mich zuwandte, während ich mich durch meine eigene Verwirrung herausgefordert fühlte, in das schwer zugängliche Material klärend einzugreifen. Beim geduldigen Transkribieren begannen sich die Zusammenhänge der erzählten Ereignisse abzuzeichnen und die sequentielle Struktur wurde deutlicher. Ein eingehender Vergleich mit einem zweiten Interview der Überlebenden (HVT-970)[92] konnte zur weiteren inhaltlichen Klärung beitragen, stellte aber die bereits herausgearbeitete Chronologie zugleich auch wieder in Frage: So wurde zum Beispiel klar, wann Celia K. von der Ermordung ihres Vaters erfuhr; der polnische Bauer, der sie versteckt hielt, entpuppte sich als ehemaliger Mitschüler, der in die Jugendliche verliebt war; die kleinen Kinder ihrer beiden ältesten Schwestern nahmen als Neffe und Nichte Gestalt an. Allerdings wurde unklar, wann die Überlebende mit den Partisanen gekämpft haben könnte. – Mit der Rekonstruktion der Erzählstruktur verband ich die Hoffnung, mich in dem Zeugnis der Überlebenden besser orientieren zu können. Ich setzte dem sprunghaften Narrativ der Überlebenden gewissermaßen mit dem Eifer meines Klärungsbedürfnisses nach. Ich versuchte »mitzukommen«, um mir zu erklären, was Celia K. mir nicht erklärte. Im Grunde verstieß mein ordnender Zugriff gegen die narrative Gestalt ihres Zeugnisses, aber dieser Verstoß war notwendig, um zu erfassen, wovon die Rede ist. Ja, eine Interpretation schien überhaupt nur dann möglich, wenn ich das Verstoßen zum Prinzip erhob, d. h., wenn ich mich an die Geschichte der Überlebenden gewissermaßen in einer Gegenbewegung heranarbeitete. Denn nur wenn ich mich in meiner Position als Rezipientin mit Entschiedenheit formulierte, brauchte sich meine Interpretation nicht an die Verworrenheit des Zeugnisses verloren zu geben.

Natürlich lässt sich meine Verwirrung auch damit erklären, dass mir historisches Wissen über die von Celia K. erlittene Form der Verfolgung weitestgehend fehlte. Zu meinem klärenden Eingriff als

---

92 Celia K. Holocaust Testimony (T-970), Fortunoff Video Archive for Holocaust Testimonies, Yale University Library. Die Aufzeichnung fand am 17. Oktober 1987 in New Haven statt. Interviewer waren Lawrence Langer und Dori Laub.

Interpretin musste deshalb gehören, dass ich mich um eine historische Kontextualisierung ihres Zeugnisses bemühte.[93] Celia K.s Heimatort Scharkowschtschisna lag im östlichen Polen und fiel nach der deutschen Besatzung im Sommer 1941 ins Operationsgebiet der Einsatzgruppe B. Die Erfahrung dieser Überlebenden beruht also auf systematischen Erschießungen, Überleben im Versteck, auf Menschenjagd und Partisanenkampf. In diesem Zusammenhang kam mir mein dringendes Bedürfnis, mir Celia K.s fragmentiertes Narrativ als Ganzes zusammenzusetzen, schließlich als völlig aussichtslose Reparaturarbeit zu Bewusstsein: Das Zeugnis geht zurück auf ein zutiefst traumatisches Verfolgungsszenarium. Die Entwurzelung der betroffenen Juden beruht hier nicht allein auf einem Ausschluss aus allen zuvor vertrauten Lebensbereichen, dessen letzte Konsequenz die sog. »Liquidierung« der eingerichteten Gettos war, sondern auch auf der Erfahrung einer existenziellen Verunsicherung, wobei sämtliche Lebenszusammenhänge mit absoluter Todesangst durchdrungen waren. Sowohl die äußeren Umstände der Verfolgung als auch die sie begleitenden seelischen Affekte mussten eine unerträgliche Intensität annehmen.

Die Verfolgungserfahrung der Überlebenden Celia K. war nach ihrer mit knapper Not geglückten Flucht bei der Liquidierung des Gettos von Scharkowschtschisna[94] geprägt durch emotional einschneidende Verluste und eine völlige Entfremdung. Dabei war mit ihrer Flucht keine Rettung verbunden. Sie war lediglich der Beginn

---

93 Zu erwähnen sind hier zwei Arbeiten des Historikers Christian Gerlach: Kalkulierte Morde. Die deutsche Wirtschafts- und Vernichtungspolitik in Weißrußland 1941 bis 1944, Hamburg 1999, siehe besonders Kapitel 7 »Die Ermordung der weißrussischen Juden«, S. 503–774; ders.: »Die Einsatzgruppe B 1941/42«, in: Peter Klein (Hrsg.), Die Einsatzgruppen in der besetzten Sowjetunion 1941/42. Die Tätigkeits- und Lageberichte des Chefs der Sicherheitspolizei und des SD, Berlin 1997, S. 52–70. Außerdem ließen sich anhand des Yizkor-Buches manche Angaben Celia K.s bestätigen und präzisieren, vgl. Mikhl Rajak/Tsvi Rajak: Khurbn Glubok, Sharkoystsene, Dunilovitsh, Postov, Druye, Kazan [Jiddisch], Buenos Aires 1956, vor allem S. 285–320 (im Folgenden zitiert als Yizkor-Buch). Ich danke der inzwischen leider verstorbenen Helene Kasha, die mich beim Lesen und Übersetzen des jiddischen Textes geduldig begleitet hat.

94 Zwar gibt Celia K. Juni 1942 als Zeitpunkt ihrer Flucht an, aber das Yizkor-Buch gibt als Datum der Liquidierung des Gettos von Scharkowschtschisna den 18. Juli 1942 an. Celia K. wäre beinahe erschossen worden, konnte aber wegen einer Ladehemmung des auf sie gerichteten Gewehrs entkommen (HVT-36).

einer Hetzjagd, die für die Verfolgte erst knapp zwei Jahre später endete, als die Rote Armee das Gebiet im Frühjahr 1944 von der Wehrmacht zurückeroberte. Celia K.s Kernfamilie verlor mit der Flucht aus dem Getto ihren Zusammenhalt. Erst nachträglich erfuhr sie durch die Mutter von der Ermordung des Vaters und einer jüngeren Schwester (HVT-970). Im Dezember 1942 brachte ihr die jüngste Schwester Slawa die Nachricht von der Tötung der Mutter und ihrer beiden älteren Schwestern mit deren Kindern und einem Schwager (HVT-36 und 970). Auf der Flucht war der Kontakt zu allen Angehörigen verloren gegangen und selbst zu ihren überlebenden Geschwistern wurde er während der Zeit der Verfolgung immer wieder unterbrochen. Zwar hatte Celia K. das Glück, in der Scheune eines befreundeten Bauern ein Versteck zu finden, aber die Beklemmung ihrer Isolation – sie harrte monatelang allein in einem Heuschober aus (wahrscheinlich Juli bis Dezember 1942)[95] und teilte später ein Erdloch unter dem Bretterboden des Heuschobers mit ihrer jüngsten Schwester (Dezember 1942 bis mindestens Oktober 1943)[96] – und die ständige Angst vor Entdeckung konnte die absolute Infragestellung ihrer Existenz nur bestätigen. Es lässt sich nicht genau bestimmen, wann sie sich zu ihren beiden Brüdern durchschlug, die sich im Wald den Partisanen angeschlossen hatten.

Wichtig erscheint mir die historische Kontextualisierung aber nicht nur, weil dieses Verfahren mir hilft, den Zusammenhang des Gesagten besser zu erfassen; meine Gegenübertragung nimmt eine positive Wendung, was meine Bereitschaft zur Empathie spürbar hebt. So wird mir die Überlebende als Person denkbar, die während ihrer Verfolgung unter einem ungeheuerlichen psychischen Druck stand und über weite Strecken jede Orientierung verlor. Dies gilt nicht nur rein äußerlich für Zeiträume und Daten, sondern sollte nach dem Verlust ihrer Zugehörigkeit und ihres sozialen Umfeldes auch psychisch verstanden werden. Entsprechend schlage ich vor, das verworrene Narrativ als Entsprechung zu der traumatischen Erfahrung einer mit Todesangst durchsetzten Zusammenhanglosigkeit zu würdigen. Die Befangenheit des Zeugnisses in seiner eige-

---

95 Meine Datierung ergibt sich aus dem Yizkor-Buch.

96 Diese Zeitangabe folgt HVT-36; HVT-970 hat Frühjahr 1944 als Zeitpunkt ihres Aufbruchs. Das Gebiet wurde im April 1944 von der Roten Armee befreit.

nen Strukturlosigkeit lässt sich im historischen Kontext als Manifestation der dem Videointerview zugrunde liegenden traumatischen Verfolgungserfahrung verstehen. Letztlich spiegelt sich in meiner durch Celia K.s Zeugnis ausgelösten Verwirrung nicht nur das Chaos der historischen Ereignisse, sondern auch die Verlorenheit der Überlebenden während ihrer Verfolgung.

2.3.1.1 Emotionale Abstumpfung:
Zwischen Trauma und Abwehr

Damit ist freilich noch nichts darüber gesagt, wie Celia K. selbst zu der Verworrenheit ihres Zeugnisses (HVT-36) steht. Folgt man ihrer Erzählung, verdankt sich ihr Überleben über weite Strecken keinem aktiven Kampf, sondern ihrem Ausharren in einem Zustand der Leblosigkeit. Die Überlebende berichtet, dass sie auf den emotionalen Stress ihrer Situation mit einer zunehmenden emotionalen Abstumpfung reagiert habe: *»There were no feelings. You were completely numb.«* – Um nicht aufgespürt zu werden, musste sie sich wiederholt tot stellen. Sie musste die eigene Existenz zurücknehmen und buchstäblich vom Erdboden verschwinden, sodass sie zu einer lebendig Begrabenen wurde: Das Versteck im Heu war so eng, dass sie darin über lange Zeit nur vollkommen reglos ausharren konnte. (*»If you crawled in on your stomach, you remained on your stomach. If you crawled in on your back you remained on your back.«*) Die wenigen Berührungen mit der Außenwelt, die Celia K. schildert, berechtigten zu keinerlei Hoffnung auf eine Verbesserung ihrer Situation.

Ungeachtet der Leblosigkeit, die sie wiederholt für sich reklamiert, steht die Überlebende im Moment des Erzählens unter einer aggressiven Spannung und schleudert Details über ihre Zeit im Versteck aus sich heraus, die in der Zuhörerin Zweifel an der Konstanz eines solchen Zustandes der Abstumpfung aufkommen lassen: Sie wurde von Ratten und Läusen heimgesucht (*»And the rats were so big. The rats are incredibly big, and they used to chew on me.«*); sie belauschte Bauern, die sich über von ihnen eingefangene Juden unterhielten, die sie für einen Sack Salz an die Deutschen verschachert hatten (*»How many did you get today?«*); als ihre jüngste Schwester zu ihr ins Versteck kam, brachte sie Celia die Nachricht von der Ermordung der Mutter und der beiden älteren Schwestern im Getto

von Postawy;[97] ihre Muskeln atrophierten, sodass sie sich nach einer
längeren Zeit im Versteck, kaum noch aufrecht halten konnte (*»After lying under a floor for almost a year and a half I didn't have any
muscles. I was soft, I was achy, I didn't know what the outside world
looks like. The outside light blinded me. I couldn't, I couldn't adjust
to the light.«*); Wasser drang in das Erdloch ein, bis sie fast ertrank
(*»And the water was coming up to our chins.«*); die Deutschen durch-
suchten den Bauernhof, auf dem sie sich versteckte.

Bei all diesen Momentaufnahmen aus der Zeit im Versteck bleibt
es der Interpretin überlassen, sich deren unbeschriebenes Entsetzen
vorzustellen, so als sollte sich die Geschichte der Überlebenden in
ihr emotional vollenden. Unter dieser Bürde gerät sie selbst wiederholt in ihren eigenen Zustand emotionaler Leblosigkeit: Eine blei-
schwere Müdigkeit legt sich auf sie; sie fühlt sich durch ihr Interpretationsvorhaben derartig überfordert, dass ihre Gedankengänge wie
im Sande verlaufen. In der Gegenübertragung vollzieht die Interpretin aber nicht nur die emotionale Betäubung der Überlebenden
nach. Sie fühlt sich in ihrer empathischen Parteinahme für Celia K.
gleichzeitig von der Überlebenden selbst zurückgestoßen, die zwar
extreme Erfahrungen schildert, deren emotionale Wucht sich der
Interpretin mitteilt, aber zugleich ihre Abstumpfung betont und
gegenüber der eigenen Geschichte in einer auffallenden Unberührt-
heit verharrt, so als wäre Betroffenheit ausschließlich ein Problem
ihres Gegenübers.

In der Gegenübertragung wird die emotionale Abstumpfung der
Überlebenden letztlich nicht nur als Begleitumstand ihres Verfol-
gungstraumas, sondern auch in ihrer Bedeutung als psychische Abwehr fassbar: Sie erweist sich zugleich als Schutzhaltung, mit deren
Hilfe die Überlebende der Reizüberflutung durch die horrenden äußeren Bedingungen begegnete und die eigenen Affekte zu kontrollieren versuchte. Tatsächlich beschreibt Celia K. in HVT-36 beide
Funktionen. Zum einen war sie betäubt von überwältigenden seelischen Schmerzen: *»When I knew that my family was gone – It was
very traumatic for us. I couldn't cry. I couldn't even cry for six months.
There wasn't one tear out of me.«* Zum anderen scheint sie sich aber

---

97 Die Liquidierung des Gettos von Postawy lässt sich mit Hilfe des Yizkor-Buches
    auf den 25. Dezember 1942 datieren, vgl. S. 3.

auch davor geflüchtet zu haben, die eigene Situation wahrnehmen zu müssen: »*Thinking? You tried not to think. Because it was very painful to think. You couldn't. You couldn't concentrate on any thinking.*« – Ihre Leblosigkeit scheint diese doppelte Bedeutung als traumatischer Betäubungszustand und als Schutzhaltung aber auch während des Interviews zu behalten. Nicht-Denken/Empfinden-Können und Nicht-Denken/Empfinden-Wollen sind im Narrativ der Überlebenden miteinander verschränkt, sodass die Geschichte der jungen Celia K. zwischen Trauma (Nicht-Erinnern-Können) und Abwehr (Nicht-Erinnern-Wollen) fast ausradiert zu werden droht. Generell deutet im Narrativ der Überlebenden wenig auf die Präsenz eines »internal self-observer« hin, der der Überlebenden hilft, über ihre Erfahrung nachzudenken und sie auf sich zu beziehen.[98] Celia K.s Zeugnis ist also nicht nur schwer mit dem nicht abgeholten Gepäck ihrer »*unclaimed experience*« beladen. Diese Schwierigkeit ist außerdem gepaart mit den Widerständen der Überlebenden, erzählend ihren inneren Raum zu betreten, also mit der Notwendigkeit, sich vor der eigenen Geschichte in Sicherheit zu bringen. Aber im Gegensatz etwa zu Charlotte Delbo gelingt es Celia K. gerade nicht, ihren emotionalen Sicherheitsabstand zu sich selbst als Verfolgter zu nützen, um den Anschlägen der Erinnerung ein sprachliches Zeugnis entgegenzusetzen. Die Erzählbarkeit ihrer Geschichte ist sicherlich durch ihre Traumatisierung gefährdet, aber das seelische Ausweichmanöver ihrer Abwehr vermag ihre Geschichte ebensowenig sicherzustellen. Unversöhnlich stehen in ihrem Zeugnis ihre Angst um sich selbst und der Schrecken der eigenen Erfahrung nebeneinander.

2.3.1.2 Die emotionale Abstumpfung in Celia K.s zweitem Interview (T-970)

Für die Validierung meiner Gegenübertragungsanalyse ist besonders das Wiederholungsinterview mit Celia K. (HVT-970) wichtig, weil darin beide Interviewer die Überlebende eingehend nach ihrer emotionalen Betäubung befragt haben. Dabei ging es zunächst einfach darum, besser zu verstehen, wodurch diese Abstumpfung ur-

---

98 Laub und Auerhahn verstehen diesen verlorenen Selbstbezug als Folge von empathischer Versagen und Objektverlust in Zusammenhang mit einem psychischen Trauma, vgl. »Failed Empathy«, 1989, S. 385.

sprünglich ausgelöst worden war. Die Überlebende beschreibt sich selbst als wandelnde Tote *(zombie)* und als in einem katatonischen Zustand *(catatonic state)*. Ihre Empfindungslosigkeit habe auch nach dem Krieg angehalten: »*After the war I could not connect. I could not connect with myself, with my feelings, with my husband.*« Eingesetzt habe ihre Betäubung *(numbness)*, als die Familie bei der Flucht aus dem Getto auseinander gerissen wurde: »*The minute I escaped from the ghetto – the minute I lost the connection of the family, I lost this link with something that I belonged to where. The minute I became airborne, I call it, I think my life stopped. I did not function anymore, the minute I lost my family.*« Bemerkenswert erscheint mir an diesen Schilderungen, dass in Celia K.s seelischem Betäubungszustand der Verlust ihrer Beziehung zu Eltern und Geschwistern mit einem Verlust ihres Selbstbezuges verschmilzt. Die Zerstörung des sozialen Umfeldes setzte sich also in der Psyche der Jugendlichen fort. Letztlich überträgt sich dieser Verlust jeder Bezogenheit in der Rezeption ihres ursprünglichen Zeugnisses auf das zuhörende Gegenüber.

Gleichzeitig relativiert sich die von der Überlebenden mit Absolutheit reklamierte Betäubung während des zweiten Interviews aber auch: Nicht nur erinnert sich Celia K. daran, wie es ihr im Versteck gelang, im spärlichen Licht, das durch eine Ritze der Scheune fiel, Tolstois »Krieg und Frieden« zu lesen und an ihre Liebe zu Büchern anzuknüpfen, sondern auch, dass sie dort Gedichte schrieb, in denen sie sich in ihre Familie und die eigene Jugend zurückträumte. Sie spricht auch von ihrer Sehnsucht, den Läusen zu entkommen und sich das blonde Haar zu waschen. – Durch die eingehende Befragung im zweiten Interview gelingt es also immerhin, den Widerspruch deutlich herauszuarbeiten, der die Erzählperspektive des ersten Interviews grundsätzlich bestimmt: Einerseits scheint das Zeugnis (HVT-36) in einem geradezu »katatonischen Zustand« zu verharren, sodass der Bezug, den das Erzählte zur Überlebenden haben könnte, unklar bleibt. Andererseits ist das Zeugnis zum Bersten gefüllt mit Hinweisen auf schreckliche Begebenheiten und mit starken Affekten, zu denen sich die Überlebende aber nur insoweit verhält, als sie für sich eine völlige emotionale Entleerung in Anspruch nimmt.

Auch hier taucht also, wie bereits im Zusammenhang mit Bessie K. beobachtet, Widersprüchlichkeit als Strukturelement des

Traumanarrativs auf: Allerdings erzeugt der Widerspruch zwischen der behaupteten Leblosigkeit und dem überwältigenden Chaos des affektgeladenen Narrativs in Celia K.s erstem Zeugnis Brechungen, die die Kohäsion und Einheitlichkeit der Erzählperspektive, die die Überlebende im Laufe des Interviews entwickelt, stören und immer wieder in Frage stellen. Die Versuche der Rezipientin, an das Narrativ der Überlebenden anzuknüpfen, verlieren sich in Zweifeln und Unsicherheit. In seinem Kern bleibt das Zeugnis trotz der intensiven Bemühung, es zu verstehen und nachzuvollziehen, vom Standpunkt der Rezipientin fragwürdig, so als wäre auf die Erzählerin der Geschichte kein Verlass. »Eigene Erfahrung« wird hier nicht nur aufgrund traumatischer Erfahrungen zur unsicheren Kategorie, sondern es wird sogar fraglich, ob die vom erzählenden Ich beanspruchten Erfahrungen tatsächlich eigene Erfahrungen waren.[99] Die Entwirklichung des Überlebendennarrativs, die sich im Prozess der Rezeption vollzieht, setzt den Verlust von Bezogenheit fort und betrifft hier die sekundäre bzw. tertiäre Zeugenschaft.

Da es in der Rezeption unmöglich ist, die Verwirrung der Bezüge mit Sicherheit aufzuklären bzw. den Verlust von Bezogenheit abzuwenden, schlage ich vor, die inhärente Widersprüchlichkeit von Celia K.s Zeugnis als deutlichen Hinweis auf die prekäre Position der Ich-Instanz in Zusammenhang mit traumatischen Erfahrungen und der Erinnerung daran hinzunehmen. Dabei geht es um ein in seinen Bezügen vollkommen erschüttertes Subjekt, das sich ohne Sicherheit seiner selbst formuliert. Noch im Moment des Zeugnisablegens bleibt Celia K. besetzt von einer Realität, die extrem fragmentierend und fragmentiert war und keinen Platz für Integration und Symbolisierungsprozesse bot. Die Realität ihrer Verfolgung ist so massiv in ihr gegenwärtig, dass sie sich erzählend nicht im Zustand ihrer Verfolgtheit gegenwärtig zu werden scheint. Stattdessen bleibt sie der eigenen Erfahrung ausgeliefert, ohne sich reflektierend zu ihr verhalten zu können. Im Grunde bildet das Videozeugnis mit Hilfe seiner Widersprüchlichkeit eben diese innere Verworrenheit

---

99 Dies gilt z. B. für Celia K.s aktive Beteiligung am Partisanenkampf. Ihre Beschreibung in HVT-36 ist offenbar auch dem Interviewer Dori Laub so »unwirklich« erschienen, dass er ihr im zweiten Interview die Frage stellte: »Mrs. K., *did you ever fight with the partisans?*«

der Überlebenden ab, indem es die Unruhe der Affekte transportiert, die die Rede von der eigenen Leblosigkeit nicht einlöst. Dabei bleibt Celia K.s Erzählung unversöhnlich und bewirkt eine Stockung aller Möglichkeiten, zu sich selbst und zu anderen eine Beziehung zu schaffen. Letztlich gehören diese Schwierigkeiten zusammen: So schwer es Celia K. fällt, eine Beziehung zu sich selbst herzustellen, so unsicher bleibt auch, ob ihr Zeugnis das interpretierende Gegenüber erreicht.

2.3.2 Zeugnis einer Kindstötung

2.3.2.1 Interpretierender Verstoß 1:
Rekonstruktion der mütterlichen Perspektive

Auch die zweite Schlüsselszene ist geprägt von einer in ihren Zusammenhängen und Bezogenheiten verworrenen Zeugenschaft. Während in Bessie K.s Zeugnis eine Mutter versuchte, über den Verlust ihres Kindes zu sprechen, wird das zuhörende Gegenüber in der folgenden Vignette mit der Verzweiflungstat einer Mutter konfrontiert, die ihr Kind tötete, um selbst zu überleben, wobei Celia K. als Zeugin für und über diese Frau spricht. Allerdings erscheint es mir aufgrund des eben beschriebenen Notstandes der Zeugenschaft von Celia K. für mein Interpretationsvorhaben notwendig, bewusst mit der Erzählperspektive des Zeugnisses zu brechen: Im Folgenden werde ich die bezeugte Begebenheit rekonstruieren, indem ich mich zwar inhaltlich eng an das Zeugnis halte, mich dabei aber der Befangenheit des erzählenden Ichs im geschilderten Vorgang so weit wie möglich zu entziehen versuche. Auf den zweiten Blick werde ich mir über Celia Ks. Wahrnehmung der Szene und ihre Perspektive als Zeugin Gedanken machen.

I had to kill one. I mean I was asked to kill one. When we were in the woods, coming away from the ghetto, we were all little groups of Jews in woods. We heard crying here. We heard crying there and maybe ... You know, maybe my father was alive. Maybe. »Do you know of someone who is alive?« – And then I ran into a group of Jews, maybe 12, 15. And there was a cousin of mine with two children: a little girl of 4 and a little boy of 8, 10, 11 months. And he had a voice. It was such a raspy voice. It was impossible. And in the woods, when a child cries, it really rings out. And the Germans would really come very fast. So the group of Jews said to her: »Look, Teibl, you can't be in the woods with this child. Either get away or kill him.« She became wild. She looked at me. »You!« she said to me: »You're a big healthy girl and you are my cousin. You are the one who is going to do it.« I said: »What? Why do you choose me?« I said: »I am only a child.« I always used to say: »I am only a child. Please, leave me alone.« Anyway, there was no choice. She had to do it. She wanted ... She had a little girl and herself to think of. I saw her put the child in the swamp, put her foot on his neck. She drowned him. I saw it with my own eyes. And that wasn't the only isolated incident. They were a lot of incidents like this, that little babies were killed off because they were crying.

Celia K. erinnert sich an ihre Cousine Teibl, die sich auf der Flucht vor den Deutschen zu retten versuchte, indem sie ihren noch kein Jahr alten Sohn tötete. Ich schlage vor, diese extreme Maßnahme der Mutter zunächst in den Kontext der extremen äußeren Umstände zu stellen: Es war Teibl offenbar gelungen, sich mit ihren beiden Kindern (»*a little girl of four and a little boy of 8, 10, 11 months*«) in den Wald zu retten, als die Mordkommandos anrückten, um das Getto von Scharkowschtschisna zu liquidieren.[100] Dort versuchte sie, sich zusammen mit anderen Flüchtlingen versteckt zu halten. (»*When we were in the woods, coming away from the ghetto, we were all little groups of Jews in woods.*«) Wie diese anderen Menschen muss natürlich auch Teibl unter einem enormen emotionalen Druck gestanden haben (»*We heard crying here, we heard crying there*«): Die Furcht, doch noch von den Deutschen entdeckt und ermordet zu werden, saß allen im Nacken. (»*And the Germans would really come*

---

100 Das Yizkor-Buch gibt an, dass es ca. 90 % der Juden von Scharkowschtschisna gelungen sei, lebend zu entkommen, vgl. S. 302 f.; Gerlach gibt an, dass bei der Liquidierung des Gettos 700 Juden ermordet wurden, 500 nach Glebokie deportiert worden und 1000 geflohen seien, vgl. Kalkulierte Morde, 1999, S. 698. Es konnte so vielen Menschen die Flucht vor den Deutschen gelingen, weil der Judenrat von der bevorstehenden Mordaktion rechtzeitig Kenntnis erhalten hatte. Celia K. erzählt voller Stolz, dass sie ihre Arbeit auf der Kommandantur zum Spionieren benützte, die Vorbereitungen für die Aktion belauschte und den Judenrat informierte. Tatsächlich bestätigt das Yizkor-Buch, dass eine Tochter der Familie Cymer (Celia K.s Mädchenname) den Judenrat am Vorabend der Mordaktion über die Vorgänge in der Kommandantur informiert hatte, vgl. S. 302.

very fast.«) Auch herrschte eine allgemeine Nervosität und Beunruhigung, weil unklar war, welchen Angehörigen und Freunden die Flucht ebenfalls geglückt war und wen die Deutschen ermordet hatten. (*»Do you know of someone who is alive?«)*

Aber aus der Gemeinsamkeit der Verfolgungserfahrung sollte man nicht zwangsläufig auf die Bildung einer Gemeinschaft Verfolgter schließen. Das unaufhörliche Schreien ihres kleinen Sohnes, den Teibl offenbar nicht beruhigen konnte, sorgte für Spannungen mit den anderen Flüchtlingen. Die Angst, das Kind könnte mit seinem lauten Geschrei (*»And he had a voice. It was such a raspy voice.«)* das Versteck verraten, war in der Gruppe, der sie sich offenbar angeschlossen hatte, so groß (*»And in the woods, when a child cries, it really rings out. And the Germans would really come very fast.«),* dass man die Mutter vor die Wahl stellte, sich mit ihren Kindern alleine durchzuschlagen oder den schreienden Sohn mit Gewalt zum Schweigen zu bringen: *»Look, Teibl, you can't be in the woods with this child. Either you get away or kill him.«*

An die Behauptung, Teibl könne mit dem schreienden Baby nicht im Wald bleiben, knüpft sich zunächst die Frage, wo sie denn sonst mit ihren beiden Kindern hätte bleiben können. Man muss sich vor Augen halten, dass es für jüdische Flüchtlinge außerhalb des Waldes kaum alternative Zufluchtsmöglichkeiten gab: Scharkowschtschisna war in Brand gesteckt worden, sodass es auch nach dem Abzug der Deutschen kein Zurück dorthin mehr gegeben hätte.[101] Bei Bauern in der Umgebung um Aufnahme zu bitten, war riskant. Und auch das benachbarte Getto von Glebokie[102] (Glubok) war nicht sicher, weil es nur eine Frage der Zeit war, bis die Einsatzgruppen zur endgültigen »Liquidierung« anrückten.[103] Das *»away«,* in das die Mutter sich mit dem schreienden Baby und ihrer kleinen Tochter entfernen sollte, lag also buchstäblich im Nichts und konnte nur ihren Tod bedeuten.

---

101 Vgl. Yizkor-Buch, S. 303.
102 Obwohl Celia K. in ihrem Zeugnis von »Glubok« und »Postov« spricht, verwende ich in meinem Text die bei Gerlach: Kalkulierte Morde, 1999 gefundenen Schreibweisen »Glebokie« und »Postawy«.
103 Grundsätzlich gibt das Yizkor-Buch einen erschütternden Eindruck von der Gnadenlosigkeit und Brutalität, mit der die Juden der Region, die sich zu verstecken versuchten, verfolgt wurden.

Zugespitzt wurde diese allgemeine Ausweglosigkeit für Teibl sicherlich durch die Tatsache, dass sie als Witwe und Mutter von
zwei kleinen Kindern stark auf die Hilfe und den Schutz anderer
angewiesen war, wenn sie ihre Überlebenschancen verbessern wollte.[104] Sie musste ihre ganze Hoffnung auf den Wald und die anderen Flüchtlinge setzen. – Das Ultimatum, sich entweder von den
ebenfalls Geflohenen zu entfernen oder das schreiende Baby zum
Schweigen zu bringen, stellte die Mutter vor schreckliche Alternativen, denn sie hatte nicht nur zwischen dem Leben ihres Kindes und
ihrem eigenen, sondern auch zwischen ihren Kindern zu wählen. –
Zwar trage ich meinen Versuch, das extreme Verhalten der Mutter
zu durchdenken und zu verstehen, von außen an das Videointerview heran, aber Celia K.s Zeugnis enthält tatsächlich Hinweise sowohl auf den immensen emotionalen Druck, unter den Teibl geraten
war, als auch auf den schweren Konflikt, in den das gestellte Ultimatum sie stürzte. Allerdings vermag es die Überlebende nicht, als
erzählendes Ich empathisch an die ermordete Cousine anzuknüpfen.

2.3.2.2 Interpretierender Verstoß 2:
Das Schreien des Kindes

Mein zweiter Verstoß besteht darin, dass ich im Gegensatz zu Celia K. das unüberhörbare Schreien von Teibls kleinem Sohn nicht
ausschließlich als einen unerträglichen, verräterischen Lärm werte,
der für die im Wald Versteckten zu einer tödlichen Bedrohung geworden war, sondern mich auch der Untröstlichkeit des Babys zuzuwenden versuche. Wahrscheinlich hatte es mit der Ausweglosigkeit und dem emotionalen Stress der Mutter zu tun, dass sie
ihr Kind nicht zu beruhigen vermochte. Wenn ich der Szene die
Undifferenziertheit der frühkindlichen Dyade unterlege, so wird
das Schreien des Babys nicht als eine von der Mutter unabhängige
Reaktion auf den Schrecken der Flucht verständlich, sondern geschieht gewissermaßen im Einklang mit der Mutter; es entlädt sich
darin der exzessive psychische Druck, unter den beide geraten wa-

---

104 Ihr Mann war vor der Liquidierung des Gettos umgebracht worden, als die Deutschen ein Badehaus, das als Synagoge benützt wurde, mit den Betenden darin
niederbrannten, vgl. Celia K.: Holocaust Testimony (T-36 und 970). Diese Aktion scheint nicht in Zusammenhang mit der Räumung des Gettos gestanden
zu haben. Sie wird im Yizkor-Buch nicht erwähnt.

ren. Das Schreien würde damit nicht nur vom Aufruhr des Kindes zeugen, sondern auch von dem der Mutter. Es verrät zuerst, dass Teibl, die ihr Kind nicht zu beruhigen vermochte, offenbar selbst vor Angst und Schrecken in absolute Panik geraten war. Auf die Bedeutung einer solchen Krise der Mutter für das dyadische Geflecht der Mutter-Kind-Beziehung war ich schon in Zusammenhang mit Bessie K.s Zeugnis aufmerksam geworden.

In diesem Verstoß wagt sich meine Interpretation empathisch an die geschilderte Szene heran und räumt den Schwierigkeiten der Mutter nachträglich einen Platz in dem Zeugnis ein. Durch diesen perspektivischen Wechsel wird deutlich, dass die Überlebende selbst den Standpunkt der anderen Flüchtlinge vertritt. Celia K. bezeugt also die Abwehr, die das Schreien des Babys in der Gruppe der Geflohenen provozierte. Indem sie die Kindstötung als ein absolutes Erfordernis der Situation darstellt, hilft sie ihrem zuhörenden Gegenüber nachzuvollziehen, wie die Gruppe der im Wald Versteckten zu ihrem ungeheuerlichen Ansinnen kam. Sie überlässt es der Rezipientin, sich an der Ausweglosigkeit der geschilderten Situation zu reiben und sich zu fragen, was mit Teibl geschah. – Tatsächlich hatte der Interviewer Hillel Klein während der Aufzeichnung des Interviews den Impuls, der Überlebenden eine entsprechende Frage zu stellen: »*What happened with your cousin?*« Celia K.s Antwort darauf ist faktisch orientiert: »*She died, too. She came to another ghetto, to Glubok, and she was killed.*«[105] Es fällt auf, wie stark sie sich an Konkretes hält und auch rückblickend keine andere Vorstellung von der Szene bzw. von Teibl in ihr entwickelt. Ebenso wenig reflektiert die Überlebende die tragische Vergeblichkeit der Kindstötung. Stattdessen spricht sie selbst im Augenblick der Aufzeichnung so, als hätte sich die Bedeutung ihres Überlebenskampfes in den Jahrzehnten nach Kriegsende nicht revidiert und als ob die Verzweiflung dieses Kampfes noch anhielte. Diese Haltung gilt letztlich nicht nur der Cousine, sondern auch der Überlebenden selbst, sodass ich in dem Zusammenbruch ihrer Empathie eine Manifestation des traumatisch bedingten Verlustes ihrer Bezogenheit auf andere, aber auch auf sich selbst sehe. Vielleicht erlaubt es gerade diese Verhärtung der Überlebenden, überhaupt von der Kindstötung zu sprechen.

---

105 Das Getto von Glebokie bestand bis zum 20. August 1943, vgl. Yizkor-Buch, S. 3.

Tatsächlich erinnert Celia K. in ihrem Zeugnis immer wieder Ereignisse, die so brutal und emotional überwältigend waren, dass man sich fragen muss, wie der Andrang einer derartig aus den Fugen geratenen Welt von einzelnen Subjekten überhaupt psychisch integriert werden sollte. Die Unmöglichkeit, solche Erfahrungen als Teile der eigenen Geschichte zu reklamieren, hinge dann überhaupt nicht von subjektiven Voraussetzungen oder einer individuellen Disposition ab. Letztlich würde es überhaupt erst durch die Nachträglichkeit der Rezeption möglich, über die Szene im Wald nachzudenken und sie empathisch aufzuladen. In ihrem zweiten Interview beschreibt sich die Überlebende in den Fängen ihrer nicht-integrierbaren Erinnerung: Sie berichtet, wie ein Laubfeuer, das ihr Mann und ihr Sohn in ihrem Garten in Connecticut angezündet hatten, eine Erinnerung an den Brand der behelfsmäßigen Synagoge auslöste, bei dem Teibls Mann ums Leben gekommen war:

I don't know what brought back the memory that my cousins were burnt alive in that synagogue. I became so hysterical. I was screaming non-stop. I could not stop. I said: »Put out those flames.« They did not endanger me in any way. It was way in the backyard. I was screaming until my jaw came out. I could not put my jaw back in. And I could not controle myself. I started – usually I do not loose control. I'm a very composed person. I do not loose control under any circumstances. Then I lost control. I was screaming so much that they really had to hold me down, and literally hold me down [deutet mit gekreuzten Armen eine Zwangsjacke an], hold me because I was crazy. I was really [deutet mit Armen und Beinen wilde Bewegungen an und sagt dann] fighting.

Zunächst ist man an das Zerreißen der Membran, die nach Charlotte Delbo die Erinnerung an die Verfolgung verkapselt hält, erinnert. Allerdings ereignet sich für Celia K. der Durchbruch nicht im Traum, sondern die Erinnerung platzt unvermittelt in ihren Alltag herein und bringt die Überlebende in ihre Gewalt. Das Ich verliert die Kontrolle und wird von Affekten überrollt; erst nachträglich kann Celia K. beschreiben, wie die Erinnerung sie in Besitz nahm. – Grundsätzlich schildert die Überlebende in HVT-970 diesen Erinnerungsprozess mit den Worten: »*certain things will bring things out.*« Die Gegenwart kann in jedem Moment die Vergangenheit anstoßen, wobei die Bilder der Vergangenheit ständig auf die Überlebende eindringen (*»They keep on coming back«*). Sie *wird* erinnert, unabhängig davon, ob sie sich erinnern will oder kann. – Ich behaupte, dass Celia K.s Zeugenschaft von einer Symbolisierungsproblematik verschattet ist, wobei das distanzierte Beharren auf Faktischem und Konkretem die Kehrseite einer absoluten Betroffenheit bildet, die aber einer Symbolisierung entzogen bleibt.

2.3.2.3 Interpretierender Verstoß 3: Eine Mutter im empathischen Abseits

Beklemmend an der von Celia K. geschilderten Szene ist nicht nur, dass Teibl ihr Baby schließlich in einem Sumpf ertränkte, sondern dass offenbar niemand in der Gruppe sich bemühte, die eskalierende Hilflosigkeit von Mutter und Kind aufzufangen. Mit ihrem schreienden Sohn wurde Teibl von den anderen Flüchtlingen vor allem als Bedrohung wahrgenommen und vor eine erbarmungslose Wahl gestellt. Dabei fällt auf, dass offenbar niemand auf den Gedanken kam, helfend einzugreifen. Hilfe hätte sich durch den Versuch, Mutter und Kind zu beruhigen, manifestieren können, aber in Teibls extremer Situation wäre auch das Angebot, ihr die Tötung des Kindes abzunehmen, eine Hilfe gewesen. Stattdessen blieb Teibl bei der Lösung ihres Konfliktes vollkommen auf sich selbst gestellt. Selbst das Zeugnis entzieht sich dem Dilemma der Mutter: *»She had a little girl and herself to think of.«*

Offenbar kam Teibl zu der Entscheidung, sich selbst und ihrer Tochter den Schutz der Gruppe mit dem Leben ihres Babys zu erkaufen. Um den Preis dieses Opfers glaubte aber auch die Gruppe, ihr eigenes Überleben zu sichern. – Erschütternd ist nicht nur die archaische Primitivität dieser Logik, sondern ebenfalls der absolute Verlust von Empathie, der sich der Gruppe der Geflohenen offenkundig bemächtigt hatte. Das gemeinsame Schicksal wurde von den Verfolgten nicht als eine sie verbindende Gemeinsamkeit erlebt. Als Kehrseite der von der Gruppe verfochtenen Selbsterhaltung zeigt sich vielmehr eine existenzielle Vereinzelung – sowohl in der ausschließenden Geste, die Teibl sozial isolierte, als auch in der emotionalen Verarmung der Mitgeflohenen, die in der Mutter und ihrem Kind nicht ihre eigene Not erkennen konnten oder wollten. Zugleich wird deutlich, dass die Dynamik der Mutter-Kind-Beziehung nicht nur mit der emotionalen Beteiligung der Mutter, sondern auch mit ihrer sozialen Einbettung zusammenhängt. Es wäre verkehrt, den emotionalen Raum der Dyade nur im Zusammenhang von Mutter und Kind zu betrachten und von den ihn umgebenden äußeren Umständen und, in diesem besonderen Fall, vom historischen Kontext der Verfolgung durch die mörderischen Einsatzgruppen zu isolieren. Die widrigen äußeren Umstände verformten nicht nur die Mutter-Kind-Beziehung, sondern sorgten überhaupt für ein soziales Klima gestörter Beziehungen. Die Möglichkeit, einem schreienden Kind mit Fürsorge zu begegnen, ging nicht nur der Mutter verloren, sondern verschwand zugleich aus ihrem sozialen Kontext, so als wären empathische Interaktionen undenkbar geworden. Stattdessen wurden Ausgrenzung und Umbringen als Verhaltensweisen im Hinblick auf das schreiende Kind in der Gruppe im Wald konsensfähig und vertretbar. Gleichzeitig entließ die Gruppe die Mutter aber nicht aus der Verantwortung für das Kind und nahm es hin, dass die Aufgabe, es zu beruhigen, nur durch Ermordung erfüllt werden konnte. – Auch Celia K.s Zeugnis spricht aus dem empathischen Abseits. – Das erzählende Ich der Überlebenden bleibt von der Erbarmungslosigkeit der geschilderten Situation ganz in Anspruch genommen. In dieser Befangenheit zeugt das Narrativ von Celia K.s Betroffenheit, obwohl die Überlebende weder sich selbst, noch ihre Cousine im Zustand dieser Betroffenheit wahrnimmt und formuliert.

2.3.2.4 Interpretierender Verstoß 4:
Celia K.s absolute Betroffenheit als Augenzeugin

Es ist bezeichnend, dass sich Teibl in ihrer aussichtslosen Situation an Celia K. wandte: Bedroht mit dem Ausschluss aus der Gemeinschaft, berief sie sich auf familiäre Beziehungen und setzte auf die Verwandtschaft, die beide Frauen als Cousinen miteinander verband. Darum, das schreiende Kind zu retten, ging es ihr offenbar nicht mehr, aber sie wollte den eigenen Sohn wenigstens nicht selbst töten müssen. »*She became wild. She looked at me. ›You!‹ she said to me. ›You're a big healthy girl and you are my cousin. You are the one who is going to do it.‹*« Aber selbst Celia K. wollte ihrer Cousine nicht helfen. Dabei fällt auf, wie sie ihre Ablehnung begründete: »*›I am only a child.‹ I always used to say: ›I am only a* child. *Please, leave me alone.*«« – Unvermittelt taucht im Bericht der Überlebenden ein weiteres Kind auf: die Überlebende selbst. Das ist erstaunlich, denn Celia K. war zum Zeitpunkt ihrer Flucht aus Scharkowschtschisna bereits 18 Jahre alt. Obwohl sie und Teibl derselben Generation angehörten, setzte sich Celia K. offenbar von ihrer Cousine als einer Erwachsenen ab und implizierte ihre Zusammengehörigkeit mit deren Kindern. Damit betonte sie nicht nur, dass sie im Unterschied zu Teibl noch nicht verheiratet war und selbst noch keine Kinder hatte, sondern rekurrierte gleichzeitig auf eine traditionelle Ordnung, in der Kinder nicht gleichgestellt an der Welt der Erwachsenen teilnehmen. Wie ihre Cousine berief sich also auch Celia K. auf Dynamiken innerhalb einer Familie und stülpte dabei der unbekannten Situation im Wald eine vertraute Ordnung über. Aber die kindliche Position, deren Schutz Celia K. für sich reklamierte, erwies sich unter den radikal veränderten Lebensbedingungen im Versteck als gefährlich. Vor den Augen der Überlebenden offenbarte diese Position ihre fundamentale Verletzlichkeit und ihre existenzielle Abhängigkeit von einer schützenden elterlichen Präsenz. Die 18-Jährige zog sich auf einen Kinderstatus zurück, nur um mitansehen zu müssen, wie ein anderes Kind von seiner Mutter umgebracht wurde: »*I saw her put the child in the swamp, put her foot on his neck. She drowned him. I saw it with my own eyes.*«

Indem ich eine solche Betroffenheit der Überlebenden postuliere, breche ich wohl am entschiedensten mit der Erzählperspektive ihres Interviews. Meine Interpretation steht im Widerspruch zu Celia K.s Zeugnis, denn die Überlebende selbst meldet in ihrem Zeugnis keinen Zweifel an der Notwendigkeit an, das schreiende Baby umzubringen. Sie stellt die Tötung ihres kleinen Neffen in eine Reihe mit anderen Begebenheiten dieser Art: »*little babies were killed off because they were crying. And they were endangering the life of other Jews. And parents that did escape with little babies killed them themselves.*« Zwar muss ich diese Aussage als deutlichen Hinweis auf die Verzweiflung und Ausweglosigkeit der Flucht, d. h. auf eine vom Standpunkt meines Normalitätsbegriffs absolute Ausnahmesituation sehr ernst nehmen, aber die emotionale Distanz der Überlebenden zu den Kindstötungen scheint mir doch in einem auffallenden Widerspruch zu dem offenkundigen Schrecken dieser extremen Verhaltensweise zu stehen. Celia K. beschreibt die Stimme des kleinen Jungen mit ablehnendem Gesichtsausdruck und kommt zu dem Schluss: »*It was impossible.*« – Sie rechtfertigt die Tötung nicht nur – »*And in the woods, when a child cries, it really rings out. And the Germans would really come very fast.*« – sondern bemüht sich auch, den Schrecken der Szene zu relativieren – »*And that wasn't the only isolated incident. They were a lot of incidents like this, that little babies were killed off because they were crying.*« –Sie beschreibt ihre Cousine ohne Anteilnahme – »*She became wild.*« – und selbst ihre Frage: »*Why do you choose me?*« impliziert einen gefühllosen Abstand zu Teibl, so als ginge der innere Konflikt einer Frau, die weiß, dass sie keine andere Wahl hat, als ihr Kind zu töten, wenn sie selbst leben will, die Überlebende nichts an. Das Zeugnis bleibt ohne Bewusstsein von den Schrecken, die es doch bezeugt. Dabei geht es nicht allein um den Schrecken der Situation, sondern auch um den Schrecken, den die Überlebende selbst empfunden haben mag. Das erzählende Ich steht rückblickend weder mit der verzweifelten Mutter noch mit sich selbst empathisch in Verbindung.

Natürlich kann ich diese unberührte Haltung der Überlebenden im Sinne des empathischen Vakuums interpretieren, in dem wie weiter oben bereits dargestellt, sämtliche Beziehungen in der geschilderten Szene implodierten; entsprechend würde das Narrativ der Überlebenden die damals eingetretene Entstellung der menschlichen Verbundenheit transportieren, freilich ohne sich symbolisierend oder reflektierend mit ihr zu verbinden oder auseinanderzusetzen. Aber trotz dieser Erklärung müsste meine Interpretation zu einer Spekulation verkommen, wenn die Vignette selbst nicht zwei Hinweise auf Celia K.s Betroffenheit enthielte:

Zum einen flicht die Überlebende in die Beschreibung des Chaos nach der Flucht in den Wald die Bemerkung ein: »*You know, maybe my father was still alive.*« Mit dieser Bemerkung weist sie sich nicht nur selbst als Suchende nach Angehörigen aus, die noch nichts über das Schicksal ihrer Familienmitglieder wusste, sondern auch als ein Kind auf der Suche nach den Eltern. Während das erste Interview den Eindruck erweckt, als wäre sie dabei gewesen, als der Vater in Scharkowschtschisna erschossen wurde, sodass der zitierte Satz als ein narratives Beispiel ohne persönliche Resonanz für die Überlebende missverständlich wird, stellt sich im zweiten Interview heraus, dass sie tatsächlich erst von der Ermordung des Vaters erfuhr, als sie ihre Mutter im Getto von Glebokie wiedertraf. Offenbar hatte sich der Vater bei der Flucht geweigert, sein Haus zu verlassen (*»My father said: I'm not going to live to see my family being killed and tortured. I wanna die right here.«),* aber die Tochter scheint an der Hoffnung festgehalten zu haben, ihn im Wald wiederzufinden. In ihrem zweiten Interview beschreibt Celia K. den Augenblick, als die Familie auseinanderbrach, als den schwersten Schlag, den sie während ihrer Verfolgung hinnehmen musste. (Interviewer: *What was the biggest injury that was done to you? [...]* CK: *To me? The biggest injury? [...] The minute I lost the connection of the family [...] I did not function anymore.*) Es erscheint mir wichtig zu bedenken, dass die Begegnung mit Teibl und die Kindstötung ebenfalls in diese Zeit absoluter Auflösung fiel. Es wäre möglich, dass die 18-Jährige zunächst erleichtert war, im Wald auf eine Verwandte zu treffen, weil sie hoffte, sich ihr anschließen zu können. – Jedenfalls deutet die Suche nach dem verlorenen Vater darauf hin, dass sich Celia K. im Wald nicht als das *»big, healthy girl«* empfand, das Teibl in ihr zu erkennen glaubte. Tatsächlich finden sich im Zeugnis der Überlebenden Anhaltspunkte für ein Schwanken zwischen Regression und Reife, die man unter normalen Bedingungen als Aspekte des typischen Reifungsprozess der Adoleszenz verstehen könnte.[106] In Celia K.s Begegnung mit Teibl war aber kein Platz für ein solches Oszillieren ihrer adoleszenten Identität. Stattdessen erfuhren im Kontext der Kindstötung sowohl das »große, gesunde Mädchen«

---

106 Celia K. beschreibt in ihrem Zeugnis wiederholt Situationen, in denen sie Selbstständigkeit und Mut an den Tag legte: Sie schlug sich beim Rückzug der Roten Armee im Sommer 1941 allein in westlicher Richtung durch, um von ihrem Internat zurück zu ihrer Familie zu kommen. Sie arbeitete in der »Kommandantur«, wo sie Essen für die Familie beschaffte. Dort spionierte sie auch und konnte den Judenrat über die bevorstehende Liquidierung des Gettos informieren, sodass die Einwohner von Scharkowschtschisna auf die Ankunft der Mordkommandos vorbereitet waren und der Mehrzahl die Flucht in den Wald gelang, vgl. auch Anm. 100. Zugleich zeigt sich aber besonders in Zusammenhang mit der Auflösung ihrer Familie wiederholt ihre kindliche Anhänglichkeit.

als auch das »Kind« entsetzliche Festlegungen als Mörderin und als Mordopfer.[107]

Diese Überlegung leitet gedanklich bereits zu dem zweiten Hinweis auf Celia K.s nicht explizit bezeugte Betroffenheit über: Ihre Erzählung von der Kindstötung beginnt mit einer Fehlleistung des erzählenden Ichs. »*I had to kill one. I mean I was asked to kill one.*« Mit ihrem Versprecher setzt die Überlebende nicht nur das Zuschauen mit der Tat gleich, sondern verwechselt sich selbst mit Teibl, sodass die Art ihrer Beteiligung an der geschilderten Szene unsicher wird. Celia K.s Schwanken zwischen den Positionen einer Kindsmörderin und einer Zeugin der Kindstötung bringt eine zutiefst beunruhigende Möglichkeit ins Spiel und weckt zugleich Zweifel, ob sich die Szene so, wie sie sie schildert, überhaupt zugetragen haben kann. Erschrecken und Entwirklichung liegen so dicht beieinander, dass die Rezipientin in einen Schwebezustand zwischen absoluter Betroffenheit und tiefem Misstrauen gerät. Zwar kann sie sich dem Schrecken der Szene kaum entziehen, aber gleichzeitig nimmt sie den Impuls in sich wahr, die geschilderte Begebenheit als »unglaublich« oder »unmöglich« zu verneinen. Dabei hat diese Verunsicherung vor allem mit dem Schwanken und der Zweideutigkeit der Position des erzählenden Ichs zu tun.

In meiner Gegenübertragung bin ich also mit der Schwierigkeit konfrontiert, mich im Hinblick auf die geschilderte Begebenheit zu positionieren. Entsprechend gehe ich davon aus, dass auch die Überlebende um ihre Position als Zeugin ringt, wenn sie sich an Teibls Tat erinnert. Celia K. verwischt in ihrem Versprecher für einen Augenblick den Unterschied zwischen Gefragt-Werden und Töten, was von ihrem unsicheren Selbstbezug im Angesicht der geschilderten Szene zeugt. Sie spricht als hätte sie für einen Moment

---

[107] Möglicherweise verschärfte sich dieser Zwiespalt für Celia K. noch dadurch, dass sie sich auf der Flucht um ihre jüngste Schwester Slawa kümmern musste. Wie aus deren Videozeugnis klar hervorgeht, war die damals 12-jährige Slawa an Celias Hand aus Scharkowschtschisna geflohen. Einen Hinweis auf die Cousine Teibl und den von ihr verübten Kindsmord findet sich in ihrem Interview allerdings nicht, vgl. Slava F.: Interview 14091, Visual History Archive, USC Shoah Foundation, URL <http://libguides.usc.edu/vha>, letzter Zugriff [15.11.2012]. Ich danke Professor Jeff Wallen (Hampshire College), der mich auf die Existenz dieses Interviews aufmerksam gemacht hat.

die Sicherheit verloren, sich von der Mutter, die ihren kleinen Sohn
ertränkte, zu unterscheiden. Dabei scheint dieser Versprecher tatsächlich mit der Möglichkeit zu spielen, die Tat der anderen könnte
die eigene Tat gewesen sein; er laviert an der Grenze zwischen äu
ßerer und innerer Realität. Wie ich bereits weiter oben dargestellt
hatte, weist nichts in Celia K.s Zeugnis daraufhin, dass sie gegen die
Tötung des Kindes eingestellt gewesen wäre. Vielmehr scheint sie
sich, genau wie die anderen Geflohenen, durch das laute Geschrei
stark bedroht gefühlt zu haben. Wahrscheinlich teilte sie den allgemeinen Wunsch danach, das Kind zum Schweigen zu bringen. So
gesehen, beruht der Schrecken der Szene darauf, dass die äußere
Realität diesen schrecklichen Wunsch umsetzte, anstatt das Subjekt
gegen ihn abzusichern. Eine sichere Unterscheidung zwischen dem
Vorstellbaren und den realen Möglichkeiten war verloren. Diese
Verwischung lässt sich mit der Psychoanalytikerin Carol Beebe Tarantelli als »disarticulation« verstehen, d.h. als einen strukturellen
Verlust, durch den das Gefüge der Realitätssphären zerbricht. Das
Außen realisiert dann die dunkelsten Phantasien, und es gibt keine
Rettung mehr. Die Psychoanalytikerin Ghislaine Boulanger spricht
im Kontext einer solchen Entsicherung von »psychic equivalence«,
bei der die äußere Realität die Züge eines Alptraums annimmt, aus
dem es kein erlösendes Erwachen mehr gibt. Ich schlage daher vor,
dass Celia K.s Versprecher »*I had to kill one. I mean I was asked to
kill one.*« von einem Strukturverlust zeugt, durch den sich die jugendliche Celia nicht mehr im klaren Unterschied zu ihrer äußeren Realität wahrnehmen konnte, weil die Sicherheit der Trennung
von Innen und Außen aufgehoben war.[108] Die emotionale Abgestorbenheit der Überlebenden wäre damit nicht allein Konsequenz der
psychischen Wunde ihres Traumas, sondern könnte zugleich als
Anpassungsleistung an äußere Umstände verstanden werden, in
denen jedes Lebenszeichen mit tödlichen Risiken verbunden war,
vor allem weil die daraus resultierenden Gefühle und Affekte unerträglich sein mussten. Zugleich erscheint es bemerkenswert, wie

---

108 Ghislaine Boulanger: Wounded by Reality. Understanding and Treating Adult
Onset Trauma, New York/London 2007, S. 114 f. spricht von »psychic equivalence«, während Tarantelli: »Life within Death«, 2003, S. 920 diese Nivellierung
als »disarticulation« versteht.

Celia K.s Fehlleistung meinen interpretierenden Zugriff auf das Zeugnis verändert: Der Versprecher sorgt trotz seiner gefährlichen Ambivalenz letztlich für eine Normalisierung, weil die Rezipientin unvermutet den festen Boden der psychoanalytischen Methode unter ihren Füßen spürt und ihre Interpretation an deren Theoriebildung anlehnen kann.

In Zusammenhang mit der eben beschriebenen Schwierigkeit, sicher zwischen innerer und äußerer Realität zu unterscheiden, lässt sich Celia K.s Berufung auf ihren Kinderstatus auch als ein Versuch verstehen, diesem sie bedrohenden Strukturverlust zu begegnen: Der Rekurs auf die Struktur der Familie hielt an dem ihr vertrauten Unterschied zu ihrer Cousine fest, dass sie selbst noch nicht für eigene Kinder verantwortlich gemacht werden konnte. Allerdings scheiterte dieser Versuch, weil der Rückzug auf die schwächste Position des Kindes den vertrauten Schutz durch die Erwachsenen nicht länger evozierte. Stattdessen war die von der Überlebenden geschilderte Szene geprägt vom Zerbrechen der im Beziehungsgeflecht der Familie zentralen Mutter-Kind-Dyade. Letztlich handelt der von Celia K. erinnerte Moment auch von ihrem eigenen Untergang als Kind, das behütet von seinen Eltern im Kreis seiner Geschwister aufwächst, bzw. vom Untergang einer entsprechenden Vorstellung von sich selbst. Es wäre also möglich, dass der Versprecher »*Ich musste* (ein Kind) *töten*«, von der Schwierigkeit der Jugendlichen zeugt, ihre Sehnsucht nach einer behüteten Kindheit mit der Erfahrung in Einklang zu bringen, dass eine Mutter ihr Kind auch töten kann. Die Fehlleistung bezöge sich damit nicht nur auf die Teibl-Vignette, sondern beträfe den Selbstbezug der adoleszenten Celia K. allgemein. – Ließe sich ihre Leblosigkeit, die sie in ihrem zweiten Interview als Reaktion auf das Zerbrechen ihrer Familie beschreibt, auch als ein Versuch verstehen, das Kind, das sie selbst war, zum Schweigen zu bringen, damit es sie nicht verriet, d. h., damit es nicht ihr Überleben gefährdete? Grundsätzlich ginge es dabei um eine extreme Form der Selbstkontrolle, bei der es zu keiner Modulation von Affekten und Impulsen kommen kann, sondern nur zu deren Abwürgen und Unterdrücken.

Zwar erlaubt das mir zugängliche Material im Hinblick auf diese Frage keinen eindeutigen Schluss, aber es scheint mir, dass die Überlebende die von ihr selbst in ihrem zweiten Interview (HVT-970) ins Zentrum gerückte Trennung von ihrer Familie und damit auch ihre erzwungene Selbstständigkeit, bereits in ihrem ursprünglichen Zeugnis (HVT-36) auf vielschichtige Weise thematisch berührt. Dabei geht es um einen radikalen Positionsverlust, der neben der Zerstörung ihres physischen Zuhauses und der Ermordung von Angehörigen auch den Zusammenhang einer emotionalen Struktur durch ihre Familie beinhaltete. Diese Problematik musste durch die Adoleszenz der Überlebenden, in der es ja gerade um eine Neu- und Andersdefinition des eigenen Platzes innerhalb der Familie geht,[109] aber auch durch den beobachteten Strukturverlust, der für das Subjekt eine fundamentale Orientierungsschwierigkeit impliziert, erheblich verschärft werden.

2.4 Celia K. und Anita S. wurden von ihren Müttern weggeschickt

2.4.1 Paradoxe Mütterlichkeit in der Erfahrung Celia K.s

In Zusammenhang mit meiner Untersuchung ist es von besonderem Interesse, welche Bedeutung der von Celia K. erlittene Positionsverlust in Bezug auf ihre Mutter annahm. Der Wunsch der 18-Jährigen, Teibl möge ihr schreiendes Kind zum Schweigen bringen, beschwor ein erschütterndes Potenzial weiblicher Destruktivität herauf. Dieses Potenzial brach sich in der äußeren Realität von Flucht und Verfolgung nicht nur tatsächlich Bahn, sondern begegnete der Jugendlichen auch als eigener Impuls. Das Nebeneinander konträrer Wünsche, ein Kind zu sein und ein Kind zum Schweigen zu bringen, impliziert eine tiefe Ambivalenz sowohl gegenüber sich selbst als auch gegenüber der Mutter, die zu einem gleichermaßen ersehnten und gefürchteten Objekt wird. – Celia K.s Zeugnis legt nahe, dass

---

109 Auf die Komplikationen der Adoleszenz während des Holocaust werde ich im nächsten Kapitel anhand des Zeugnisses von Rosalie W. und Jolly Z. genauer eingehen und begnüge mich deshalb an dieser Stelle nur mit einem grundsätzlichen Hinweis auf diese Problematik.

die bedrohliche Wechselgestalt der Mutter, die sich im Wald erhoben hatte, durch keine andere Erfahrung relativiert wurde. Nach der Begegnung mit ihrer eigenen Aggression gegen Teibls schreiendes Kind und der tief verstörenden Realität der Kindstötung vermittelte schließlich auch das Wiedersehen mit der eigenen Mutter Celia K. keine Sicherheit.

Neben der Flucht aus dem Getto von Scharkowschtschisna und der Zeit im Wald, während der die Jugendliche nichts über das Ergehen ihrer nächsten Angehörigen wusste, gehört in den Themenkreis ihrer Getrenntheit von der Familie auch die letzte Begegnung mit ihrer Mutter im Getto von Glebokie. Dort kamen die Überlebende und ihre jüngste Schwester mit der Mutter, den beiden ältesten Schwestern, deren beiden Kindern und einem Schwager zusammen. Celia K. betont ausdrücklich, dass Glebokie für sie nicht etwa ein Ort der Hoffnung gewesen sei. Offenbar gaben sich die Flüchtlinge keiner Illusion über das Schicksal hin, das ihnen bevorstand:

Well, of course we knew that eventually Glubok will be exterminated, too. But we had no choice. You couldn't live in the woods anymore. Because you were hunted down like – animals. So, a lot of people started going towards Glubok, including myself and my little sister.

Kurz vor Celia K.s Ankunft waren bei einer Aktion alle Gettobewohner im Alter zwischen 16 und 25 Jahren erschossen worden, darunter auch die Kinder einer Cousine.[110]

So when I came into the ghetto this woman went berserk. She started hitting me and pulling at me and clawing at me. She said: »What right do you have to be alive? And my children are all dead?« And she started hitting me with such force. So – she said: »You should be dead, too. My children are dead.«

Nichts in Celia K.s Erzählung lässt darauf schließen, dass das Wiedersehen mit ihren Angehörigen mit Erleichterung verbunden war. Wie bereits vorher im Wald erscheinen die zwischenmenschlichen

---

110 Dem Yizkor-Buch kann ich keinen Hinweis auf diese Mordaktion entnehmen. Diese Cousine bleibt im Gegensatz zu Teibl namenlos.

Beziehungen ebenfalls im Getto als beunruhigend und de-reguliert. Dabei ist auch hier die Diskrepanz zwischen der für das zuhörende Gegenüber erschütternden Erinnerung der Überlebenden und deren faktenorientierter Schilderung auffallend: Das Zeugnis fixiert lediglich das Bild einer übergeschnappten Frau (*»this woman went berserk«),* die vor Schmerzen über den Verlust ihrer am Vortag erschossenen Kinder offenbar die Kontrolle über sich verloren hatte, auf die Jugendliche eindrosch und den Anblick ihrer Lebendigkeit nicht ertragen konnte, reflektiert aber die physischen und psychischen Reaktionen, die das Verhalten dieser zweiten Cousine in Celia K. hervorgerufen haben müssen, mit keinem Wort. Die Merkwürdigkeit der Szene fällt ganz unvermittelt auf das zuhörende Gegenüber: Affekte brechen sich Bahn, ohne im erzählenden Ich eine Resonanz zu finden. Rückblickend erklärt die Überlebende das Verhalten der Cousine mit der Mordaktion vom Vortag, als sei die Aggression der Verwandten vollkommen berechtigt gewesen und habe ihr selbst nichts ausgemacht. Diese vordergründige Erklärung hebt die Verwandte in eine Position der Unangreifbarkeit, während die Jugendliche in dem rückblickenden Zeugnis die Aggression der Cousine duldsam hinnimmt.

Auch hier will meine Interpretation gegen die Erzählperspektive des Zeugnisses verstoßen: Ist es tatsächlich möglich, dass das Wüten ihrer Verwandten in Celia K. damals keine Affekte freisetzte? Natürlich muss ich mich davor hüten, dem von der Überlebenden beschriebenen Wiedersehen interpretierend eigene Normalitätsvorstellungen zu unterlegen, die sich hier einfach an der Realität der Shoah reiben. Allerdings finde ich es auffallend, wie stark ich mich durch die Sachlichkeit, die mir Celia K.s Zeugnis auferlegen will, provoziert fühle. Deshalb muss ich mich wenigstens fragen, ob die Angst, Verzweiflung und Wut, die die Szene in mir hervorruft, im Sinne einer Gegenübertragungsreaktion verstanden werden dürfen, die zum besseren Verständnis der geschilderten Begegnung beitragen könnte. Das Zeugnis der Überlebenden geht auf eine affektgeladene Situation zurück, der Celia K. nachträglich eine sachliche Erklärung überstülpt, die nichts mit ihr selbst zu tun zu haben scheint. Markiert also die Sachlichkeit des Zeugnisses eine Erinnerungslücke, die intensive und überwältigende Gefühle und Affekte der Jugendlichen ausspart? Verschweigt die Überlebende die star-

ken Empfindungen, die sie in der Begegnung mit ihrer Cousine ursprünglich hatte? Obwohl ich diese Fragen nicht mit Sicherheit be-
antworten kann, scheint es mir doch wahrscheinlich, dass auch hier
die von Celia K. für sich in Anspruch genommene Abgestorbenheit
als Zeugnis ihrer tiefen seelischen Verletztheit zu verstehen ist. –
Wenn die Überlebende die Begegnung mit ihrer Mutter schildert,
wird ihr Zeugnis immerhin durchlässig für die Empfindungen der
Jugendlichen bei ihrer Ankunft in Glebokie: Die Attacke der Cousine bildet den Auftakt für das Wiedersehen mit Celia K.s Mutter,
dessen Feindseligkeit für die Rezipientin ebenfalls erschütternd ist:

Then, all of a sudden, my mother comes out. I didn't know she was alive.
And she said to me: »What business did you have to come here?« – My
mother to me. – She said: »I fed you and I clothed you for so many years.
And now you are a parasite. Out you go. You were in hiding. Why did you
come here?« – I mean she meant for me to go. She didn't want me to stay
in the ghetto. She knew I had a chance to go and hide. Because someone
wanted me. She said: »Out you go! I don't want you in here.« – I said:
»Mother, I wanna die with you together.« – Now, my little sister Slawa was
only – 10 years old at that time. So she said: »I'm not going.« And there
was a peasant who wanted us, who wanted to hide us. – She said: »I kept
you for so long. Out you go!« My mother was really vicious. But she had a
purpose. She wanted me to leave. And then she broke down, she started
crying, she said: »Look, darling, I do love you. You know I do. The reason
I want you to go is because at least one person should remain alive of
the family.« She said: »You know, we're all gonna be killed in here. Please,
go.« – I said: »No, mamma, if you go with me I'll go. If you don't go with
me I won't go.« – She said: »Look, you see your sister with the baby? You
see the other sister with the child? How can I leave them? Your father is
dead. Your younger sister is dead. We will remain together. Please, go.«

Die beiden Begegnungen, die Celia K. bei ihrer Ankunft in Glebokie hatte, folgen in ihrer Schilderung unmittelbar aufeinander. Es
ist, als habe die Raserei der Mutter die Raserei der Cousine abgelöst.
Diese Sequenz wirkt in ihrer Dichte und Atemlosigkeit überwältigend und beklemmend zugleich auf die Interpretin. Wieder hält
sich das Zeugnis an die äußere Realität, die damals brutal auf die
Jugendliche eindrang, eröffnet aber keinen inneren Raum, in dem

die Überlebende über sich selbst in der damaligen Situation nachdenken könnte. Immerhin impliziert die Schilderung der Begegnung mit der Mutter die emotionale Komplexität der Situation: Celia K. merkt an, dass sie bei ihrer Ankunft in Glebokie nicht wusste,
dass ihre Mutter noch am Leben war. Nach dem vergeblichen Versuch, ihre Eltern im Wald wiederzufinden, muss es also eine positive
Überraschung für die Jugendliche gewesen sein, die Mutter lebend
in Glebokie anzutreffen. Entsprechend reagierte Celia K. mit großer Anhänglichkeit: Sie wollte offenbar lieber gemeinsam mit ihrer
Mutter sterben (»*Mother, I wanna die with you together.*«), als sich
weiter getrennt von der Familie alleine durchschlagen zu müssen.
Dem steht die Aggression der Mutter entgegen, die ihr Kind regel-
recht zu vertreiben versuchte. Sie beschimpfte Celia K. als Parasit
(*parasite*) und wollte nichts mehr mit ihr zu tun haben: *Out you go.
I don't want you in here. [...] I kept you for so long. Out you go!* (*Raus
mit dir. Ich will dich hier nicht haben. [...] Ich habe lang genug für
dich gesorgt. Raus mir dir!*) Man hat den Eindruck, die Mutter habe
Celia wie eine Last abzuschütteln versucht.[111]

Das Wiedersehen von Mutter und Tochter hätte also nicht widersprüchlicher sein können. Aber auch in diesem Fall findet die Überlebende rückblickend eine logische Erklärung, um das verstörende
Verhalten ihrer aufgebrachten Mutter zu neutralisieren. Was sich
zunächst wie eine wütende Verstoßung der Tochter ausnimmt, entpuppt sich als ein verzweifelter Versuch der Mutter, diese zu retten:
»*My mother was really vicious. But she had a purpose. She wanted me
to leave.*« Während die 18-jährige Tochter innerlich ganz selbstverständlich an der Mutter als einem Ort der Zuflucht und Sicherheit
festhielt, verstand die Mutter offenbar sehr genau, dass sie im Getto
das Überleben ihrer Kinder nicht mehr zu sichern vermochte. Ihre
Fürsorge für Celia K. musste sich also auf paradoxe Weise manifestierten: Um ihre Tochter zu schützen, durfte sie gerade deren Ver-

---

111 Celia K.s Zeugnis lässt offen, wie das »*You were in hiding*« der Mutter zu verstehen ist. Es hört sich so an, als wäre die Mutter wütend gewesen, weil Celia ein
sicheres Versteck aufgegeben hatte, um sich der Familie in Glebokie anzuschließen. Die Überlebende selbst spricht von ihrem Versteck bei einem polnischen
Bauern erst nach der Begegnung mit der Mutter. Das Zeugnis ihrer jüngsten
Schwester Slawa legt dagegen nahe, dass der Bauer die beiden Schwestern bereits vor ihrem Gang nach Glebokie versteckt gehalten hatte.

langen nach Nähe nicht stillen, sondern musste ihr, im Gegenteil, den Schmerz der Trennung zumuten. Wie schwer diese Härte der Mutter selbst fiel, legt ihr Zusammenbruch nahe, den die überlebende Tochter schildert. Aber obwohl sich ihre Drohgebärden als abschreckende Fassade erwiesen und sie weichere Züge annahm, blieb die Mutter bei ihrer Entscheidung, Celia K. nicht bei sich zu behalten. – Zwar gelingt es der Überlebenden, mit Hilfe ihrer Erklärung die ablehnende Haltung der Mutter aufzuweichen. Daraus spricht allerdings weniger Verständnis für die Mutter, als ein Versuch der überlebenden Tochter, sich rückblickend ihrer Liebe zu vergewissern. Das Zeugnis scheint sich den Zweifel der Überlebenden an der Liebe der Mutter zu verhehlen.

2.4.2 Interpretierender Verstoß 5: Das Verlangen nach der Mutter

Der Überlebenden zufolge machte ihre Mutter sie zu einer Auserwählten. Sie erhielt nicht nur eine explizite Zusicherung mütterlicher Liebe *(»Look, darling, I do love you. You know I do.«)*, sondern die Mutter sprach ihr auch noch ein anderes Privileg zu: »*The reason I want you to go is because at least one person should remain alive of the family.*« Die Auszeichnung, stellvertretend für ihre Familie am Leben zu bleiben, implizierte jedoch die Trennung von der Mutter, was die Jugendliche auch sehr genau verstanden zu haben scheint: »*No, mamma, if you go with me I'll go. If you don't go with me I won't go.*« Erschütternd ist die Absolutheit dieses Anspruches auf Unzertrennlichkeit, weil er den Unterschied zwischen einem gemeinsamen Leben und einem gemeinsamen Tod vollkommen übergeht. Außerdem lässt er die konkurrierenden Ansprüche der Geschwister auf die Mutter außer Acht. Offenbar hatte die Jugendliche das Gefühl, ohne ihre Mutter nicht leben zu können. Ihre eigene Existenz war in ihrer Vorstellung von der Existenz ihrer Mutter abhängig. Dabei scheint es nicht nur um ein emotionales Band gegangen zu sein, das Celia K. erlaubt hätte, sich mit ihrer Mutter verbunden zu fühlen, sondern um die physische Präsenz der Mutter. Dieses Verlangen nach dem Körper der Mutter zeugt davon, dass die Jugendliche nach ihren Erlebnissen im Wald im Zustand einer emotionalen Bedürftigkeit in Glebokie ankam, die ebenso extrem wie primitiv war. Die äußere Realität erscheint geschrumpft auf die Dimensionen der frühkindlichen Dyade: Stellvertretend für die äußere Realität hätte die Mutter die Jugendliche sicher umschließen und halten sollen.

Es waren also keineswegs nur die Mütter, die sich unter dem Druck der Verfolgung schrecklich verändert hatten. Auch Kinder konnten in ihrer Hilflosigkeit so fordernd werden, dass selbst ein unter normalen Bedingungen denkbares Maß an Fürsorge nicht gereicht hätte, sie zu stillen. Die Umstände der Verfolgung waren so horrend, dass sie nicht nur das menschenmögliche Reservoir psycho-emotionaler Ressourcen überfordern mussten (Abwehrkräfte; Empathie), sondern auch eine psychische Haltlosigkeit produzierten, vor der einen nichts retten konnte. Die Anhänglichkeit der adoleszenten Celia K. lässt sich in diesem Zusammenhang sicherlich auch als Regression verstehen; der dringende Versuch, sich unbedingt ihrer Mutter anzuschließen, deutet auf eine kindliche Tendenz hin, die eigene Existenz nicht getrennt von der Mutter zu erleben. – Es wäre also verkehrt, in diesem Fall von einem Versagen der Mutter auszugehen. Im Gegenteil ist es erstaunlich, wie diese Frau mit der Ausweglosigkeit ihrer Situation umging: Sie konnte sich vorstellen, dass Celia K. sie nicht zum Überleben brauchte. Sie unternahm sogar den Versuch, der Tochter zu erklären, weshalb sie nicht mit ihr kommen konnte: »*Look, you see your sister with the baby? You see the other sister with the child? How can I leave them?*« Tatsächlich scheint die Mutter bereit gewesen zu sein, gemeinsam mit ihren beiden ältesten Töchtern und Enkelkindern zu sterben. Dabei ergab sie sich keineswegs in ihr Schicksal, denn es gelang ihr noch, mit ihren Kindern in das Getto von Postawy überzusiedeln, woher sie stammte und wo sie Verwandte hatte.

Dem Zeugnis ist nicht zu entnehmen, wie Celia K. die Wahl, die ihre Mutter notgedrungen zwischen ihren Kindern getroffen hatte, damals verstand. Es ist offensichtlich, dass sie sich der unausweichlichen Realität der Situation schließlich gebeugt haben muss, denn tatsächlich schmuggelte sie der polnische Bauer aus dem Getto von Glebokie und brachte sie auf seinen Bauernhof. Aber wie die Tochter mit diesem Verzicht auf ihre Mutter zurechtkam, lässt sich nicht sicher bestimmen. Es ist möglich, dass ihre bereits geschilderte emotionale Abstumpfung im Versteck auch als Hinweis darauf verstanden werden darf, wie sehr der Verzicht auf die Mutter die Jugendliche seelisch überforderte.

Jedenfalls war die Kehrseite von Celia K.s Erwähltheit ihr Ausschluss aus der Familie, die die Mutter auf der Flucht um sich versammelte. Während die Mutter die Bedürftigkeit der beiden verheirateten Schwestern mit ihren kleinen Kindern anerkannte, verband sie mit Celia die Hoffnung, dass diese in der relativen Sicherheit ihres Verstecks überleben würde. Die Jugendliche hätte sich dagegen lieber auf ihre Mutter gestützt, was sowohl in ihrer Bereitschaft, mit der Mutter zu sterben, als auch in dem Wunsch, diese mit sich zu nehmen, zum Ausdruck kommt. Es liegt auf der Hand, dass die Erfordernisse des Überlebenskampfes es unmöglich machten, der emotionalen Realität ihrer kindlichen Abhängigkeit von der Mutter einen adäquaten Platz einzuräumen. Daraus ergibt sich für mich die Frage, was mit dem inneren Raum der Überlebenden passierte. Wie konnte sich ihr Bezug zu den Aspekten ihrer emotionalen Realität gestalten, deren Bedeutung sich im Hinblick auf die äußere Realität radikal verändert hatte oder verloren gegangen war? Was geschah mit den Bedürfnissen der Jugendlichen, die unstillbar geworden waren? Und wenn ihre innere Realität so radikal infrage gestellt wurde, wie sollte dann das Zutrauen der Mutter in die Überlebensfähigkeit der Tochter Celia K. in Abwesenheit ihrer Eltern emotional tragen?

Natürlich bilden auch diese Fragen Verstöße gegen das Narrativ der Überlebenden und gegen das Beharren auf ihrer seelischen Abstumpfung. Interpretierend beanspruche ich einen inneren Raum für Celia K. und denke sie als eine Betroffene, obwohl sie sich als unberührt und emotional abgestorben immer wieder der eigenen Geschichte zu entziehen scheint. Ihr Überleben ist aufs engste mit dem Sterben verknüpft – mit dem eigenen emotionalen Tod, den ich bereits in seiner doppelten Bedeutung als Schutzhaltung und als traumatische Auslöschung beschrieben habe, aber auch mit dem Tod anderer. Dabei ist ihr Überleben am Ende, was sie von ihrer ermordeten Familie trennt. Als Lebende würde sie nicht mehr dazugehören, aber in ihrer seelischen Abgestorbenheit wahrt sie ihre Verbundenheit mit den verlorenen Angehörigen. Man könnte also sagen, dass sie sich psychisch weigert, sich von ihrer Mutter fortschicken zu lassen. Über dem Zeugnis schwebt die Frage, ob es nicht besser gewesen wäre, mit den Angehörigen zu sterben, als ohne sie weiterleben zu müssen. – Vielleicht entspringt der Versuch, einen inneren Raum für die Überlebende offenzuhalten und jedes Anzeichen ihrer seelischen Lebendigkeit aufzuspüren, einfach meiner eigenen Angst vor dem Tod, mit dem mich Celia K.s Zeugnis allenthalben konfrontiert. Vielleicht spricht meine Interpretation aber auch dem Kind, das Celia K. wahrscheinlich in sich abtöten musste, nachträglich das Recht auf sein Geschrei zu.

2.4.3 Paradoxe Mütterlichkeit in der Erfahrung von Anita S.

Zwar ist es mir unmöglich, einen eindeutigen Zusammenhang zwischen Celia K.s Zeugnis und meinen emotionalen Reaktionen darauf herzustellen, aber grundsätzlich ist eine emotionale Betroffenheit von Überlebenden in vergleichbaren Situationen nicht auszuschließen. Wenn Celia K. ihren inneren Aufruhr in ihrem Zeugnis nicht beschreibt oder erinnert, folgt daraus nicht zwangsläufig, dass die seelischen Dynamiken bei Verfolgten der Shoah grundsätzlich abgestumpft und verflacht waren. Tatsächlich ist aus der geschilderten Szene zu entnehmen, dass von der Gestalt der Mutter in der Vorstellung der Jugendlichen eine reparative Wirkung ausging, der die reale Mutter in ihrem Beharren darauf, die Tochter zu retten, ungewollt entgegenarbeitete, weil diese Rettung gerade eine Unabhängigkeit von der Mutter implizierte, die sich Celia K. zum damaligen Zeitpunkt offenbar nicht zutraute. Was man dagegen nicht erfährt, ist, wie die Jugendliche die Notwendigkeit der Trennung psychisch integrierte und wie sie damit lebte, dass sie sich von ihrer Mutter hatte wegschicken lassen müssen.

Um die grundsätzliche Möglichkeit emotionaler Betroffenheit darzustellen, wende ich mich zunächst meiner dritten Schlüsselszene zu. Sie stammt aus dem Zeugnis von Anita S., die im Rahmen eines Dokumentationsprojektes zur Zwangs- und Sklavenarbeit im Dritten Reich am 16. Oktober 2005 interviewt wurde.[112] Anita S. war gemeinsam mit ihren Eltern und ihrem jüngeren Bruder im Ok-

---

112 Anita S.: Interview aus dem Archiv Zwangsarbeit 1939–1945, ZA585 (URL <www. zwangsarbeit-archiv.de>)

tober 1943 von Theresienstadt nach Auschwitz deportiert worden, wo alle vier bis zum Mai 1944 im sog. Familienlager gefangen gehalten wurden.[113]

Anita S. (AS): There is an announcement that men that can work between the ages of 18 and 50 will register for slave labor in Germany. My father, of course, goes and we see him [winkt] waving to us. This was the last time I saw my father. A few weeks later the same announcement comes: »Women between the ages of 18 and 50.« And my mother pushes me and says: »Tell them you are 18. You are strong. You can do it.« I said: »Come with me.« She said: »I cannot leave your brother. He is only nine years old. If I leave he will forget his name and we will never find him.« With the stream of the other women, I somehow moved forward and I said: »My mother doesn't love me. She just loves him.« Probably one of the biggest pains that I experienced. Didn't understand. Didn't understand. That plagued me for many years that my mother didn't come with me. They push us now into, we had to march in fives and we came marching into the main (–)

Interviewer: Do you remember the last image of her that you saw?

AS: I was so angry at her.

Interviewer: She didn't look?

AS: She did not shed a tear because if she had shed a tear I would have turned and gone back. What a heroic thing to do for a mother. [weint] I believe that at that moment, when I saw the film »Sophie's Choice«, I completely fell apart when I saw the movie at that point because I suddenly, I was a mother at that point myself. My son must have been a teenager at that point. And I realized the heroic effort it took to send me off without a tear in her eye.

---

113 Diese Eckdaten entnehme ich dem Zeugnis von Anita S. Die Internetseite der Gedenkstätte des KZ Auschwitz gibt als Zeitpunkt der Liquidierung des Familienlagers die beiden Nächte vom 10. auf den 11. und vom 11. auf den 12. Juli 1944 an; vgl. URL <http://en.auschwitz.org/m/index.php?option=com_content&task=view&id=391&Itemid=8, letzter Zugriff [9.12.2013, 17:39 Uhr]. Dem Zeugnis der Überlebenden ist zu entnehmen, dass Anitas Trennung von Mutter und Bruder unmittelbar vor deren Vergasung stattgefunden haben muss, das würde also bedeuten Anfang Juli 1944 und nicht, wie die Überlebende sich erinnert, im Mai 1944.

Anita S. war mit knapp 14 Jahren bedeutend jünger als Celia K. – und dieser Altersunterschied zeigt sich in der Art, wie ihre Mutter sie wegschickte: Sie vermied jeden Hinweis darauf, dass die Trennung endgültig sein könnte und zeigte ihrer Tochter ihre Gefühle nicht. Auch die Mutter von Anita S. musste eine Wahl zwischen ihren Kindern treffen – offenbar traute sie der älteren Tochter zu, sich alleine durchzubringen, während sie von dem jüngeren Sohn solche Selbstständigkeit noch nicht erwarten konnte. Deshalb verbot es sich für sie auch, ihn allein zu lassen. Es ist unklar, ob die Mutter ahnte, dass ein Selektionsprozess im Gange war und das Familienlager mit allen noch verbleibenden Insassen vor seiner »Liquidierung« stand. Aber offenbar war mit dem Verlassen des Lagers eine Vorstellung von Verbesserung der Überlebenschancen verbunden. Grundsätzlich verhandelten Anita S. und ihre Mutter ähnliche Punkte wie Celia K. und deren Mutter: Auf den Vorschlag der Mutter, die Tochter solle sich entfernen, reagiert diese mit Anhänglichkeit. Die Forderung der Tochter übergeht die Ansprüche der Geschwister. Die Mutter hat sich so unter ihren Kindern aufgeteilt, dass sie den rein äußerlich Bedürftigen, in diesem Falle dem Jüngsten, bis zuletzt zur Seite stehen wird, selbst wenn es ihren Tod bedeuten sollte, wobei sie hofft, das Leben der potenziell Selbstständigen zu retten, indem sie sie wegschickt.

Der entscheidende Unterschied zu Celia K.s Zeugnis besteht darin, dass sich Anita S. an Gefühle erinnert, die ihren Abschied von der Mutter begleiteten: Sie gehorchte der Mutter zwar, aber sie empfand sich als ungeliebt und als gegenüber dem jüngeren Bruder zurückgesetzt. Sie interpretierte die Tatsache, dass die Mutter nicht mit ihr kommen wollte, als einen Liebesverlust. Tatsächlich scheint sie im Augenblick der Trennung die Mutter viel mehr beschäftigt zu haben als ihre eigene Situation, denn sie suchte offenbar im Weggehen deren Blick und hoffte bis zuletzt auf ein Zeichen ihrer Zuneigung. In den Schmerz über die Trennung mischte sich auch Wut, weil das Zeichen ausblieb. Die emotionale Bindung an die Mutter verlor mit der physischen Trennung also nichts von ihrer Intensität. Schmerz und das Nachdenken darüber, weshalb die Mutter nicht mit ihr hatte kommen wollen, traten an die Stelle der realen Beziehung und begleiteten die Überlebende auch nach dem Ende ihrer Verfolgung über viele Jahre hinweg. – Die Bindung an die Mutter setzt sich über deren Tod hinaus innerlich in der Tochter fort. Man könnte sagen, dass Anita S. ihre Mutter seelisch mit sich genommen hat. Jedenfalls hat deren Verhalten sie jahrelang beschäftigt: Dabei ist das anfängliche Unverständnis des Mädchens (»*Didn't understand. Didn't understand.*«) allmählich in tiefe Bewunderung für eine andere Frau umgeschlagen (»*What a heroic thing to do for a mother.*«) Als Anita S. den Film »Sophie's Choice« sah, in dem eine Mutter bei einer Selektion gezwungen wird, eines ihrer beiden Kinder aufzugeben,[114] kam sie nicht nur ins Nachdenken über die eigene Mutterrolle, sondern erinnerte sich an den Abschied von ihrer Mutter. Der durch den Film in Gang gesetzte Prozess, erlaubte es der Überlebenden schließlich, ihre in Auschwitz ermordete Mutter nicht nur vom Standpunkt ihres enttäuschten kindlichen Besitzanspruches wahrzunehmen, sondern sie in ihrer Anstrengung zu würdigen, ihre Tochter vor ihrem Trennungsschmerz und ihrer Todesangst zu bewahren.[115]

Die Beziehung zwischen Mutter und Tochter zeigt sich hier nicht nur in der Realität ihrer physischen Präsenz, sondern als emotionale Realität. Die Mutter figuriert als inneres Objekt in der seelischen Landschaft der Tochter. Zwar verlor Anita S. mit knapp 14 Jahren die gemeinsam mit ihrer Mutter gelebte Beziehung, aber die innere Zwiesprache mit der Mutter, die auch ein innerer Dialog mit sich selbst ist, setzte sich fort und veränderte sich im Laufe der Jahre. Im Unterschied zu Celia K. gelang es Anita S., in Zusammenhang mit ihrer Mutter einen inneren Raum zu beanspruchen, in dem sie sich selbst gegenwärtig blieb und ihre Gefühle wahrnehmen konnte. In diesem Raum ist nicht nur Platz für die emotionale Kontinuität von Beziehungen, die in der Realität abgerissen sind, sondern auch für die Bearbeitung und Evolution von Gefüh-

---

114 Alan J. Pakula: Sophie's Choice, Universal Studios, USA 1982 nach dem gleichnamigen Roman von William Styron, New York 1979.

115 Das Nachdenken über sich selbst als Mutter (angeregt durch den Film) fällt für Anita S. zusammen mit dem Nachdenken über ihre Mutter (und sich selbst als Tochter). Dieses Ineinandergreifen der Generationen hat Rosemary Balsam: »The Mother Within the Mother«, in: Psychoanalytic Quarterly Vol. LXIX (2000), H. 3, S. 465–493 in dem Bild einer russischen »Puppe in der Puppe« gefasst: Die von der Tochter internalisierte Mutter kommt in Zusammenhang mit der eigenen Mutterrolle zu Bewusstsein, vgl. ebd., S. 474–478 und 486–488.

len. Damit unterscheidet sich nicht nur ihre Position als Erzählerin fundamental von der Celia K.s, sondern sie erinnert emotionale Dimensionen ihrer Erfahrung, die in Celia K.s Zeugnis lediglich als Gegenübertragungsreaktionen aufscheinen. Während Anita S. selbst im Widerspruch zu ihrer Mutter Lebenskraft und Sicherheit aus der Gegenwart eines guten inneren Objektes zieht, scheint Celia K. in einer Situation, als sie ihre Mutter dringend gebraucht hätte, um ihren inneren Zusammenhalt zu sichern, diese auch als inneres Objekt verloren zu haben.

2.4.4 Ambivalente Mütterlichkeit: Celia K. als Tochter und Mutter

Die emotionale Betäubung, die Celia K. in ihrem Zeugnis postuliert, macht es mir schwer, die emotionale Realität der Beziehung zu ihrer Mutter nachzuvollziehen. Wie erlebte sie die Trennung von ihrer Mutter? Konnten die Erklärungen, die die Mutter ihr für das eigene Zurückbleiben gab, die Jugendliche tatsächlich zufriedenstellen? Und wie konnte die 18-Jährige ihren ambivalenten Status als von der Mutter Auserwählte und Ausgeschlossene psychisch integrieren? Obwohl sich Celia K. nicht explizit zu diesem Widerspruch äußert, wird sein latentes Konfliktpotenzial in der zitierten Vignette an zwei Stellen greifbar. Zum einen findet die jüngste Schwester Slawa Erwähnung, der der polnische Bauer ebenfalls ein Versteck angeboten hatte, wohin sie sich bereits im Herbst 1942 hätte in Sicherheit bringen können. (*»There was a peasant who wanted us, who wanted to hide us.«*) Auch Slawa wollte nicht wieder von ihrer Familie getrennt werden (*»I'm not going.«*), aber im Gegensatz zur 18-jährigen Celia gab die Mutter im Fall der 10-Jährigen offenbar nach, sodass allein Celia Glebokie verließ. Diese Entscheidung der Mutter taucht im Interview aber lediglich als Implikation auf; die Konkurrenzsituation der beiden Schwestern wird von der Überlebenden nicht reflektiert.

Zum anderen relativiert die von der Überlebenden geschilderte letzte Begegnung mit ihrer Mutter die Vorstellung vom Zerbrechen der Familie. Celia K.s Familie hatte mit der Flucht aus Scharkowschtschisna wohl den ihr vertrauten Zusammenhalt verloren, aber die Mutter kämpfte auch nach der Ermordung ihres Mannes, dem Verlust einer Tochter und dem Verschwinden ihrer Söhne um die Familie. Nur die 18-jährige Celia wurde weggeschickt. Die Verbindung zur Familie ging Celia K. also auch wegen der Entscheidung ihrer Mutter verloren, die nichts mehr tun konnte, um die Tochter aus dem emotionalen Schwebezustand ihrer Entwurzelung zu retten. Allerdings verschwindet diese persönliche Dimension im Zeugnis der Überlebenden fast vollkommen hinter dem historischen Ereignis. Aber ist sie tatsächlich zweitrangig oder verdeckt das Narrativ der Überlebenden mit Hilfe des historischen Ereignisses einen schweren Konflikt der Tochter mit der von den Deutschen ermordeten Mutter?

Aber selbst wenn sich die Überlebende zu ihren Gefühlen und Gedanken über die Trennung von der Mutter nicht explizit äußert, so ist ihr Interview doch in vieler Hinsicht Zeugnis ihrer Getrenntheit. Die ermordete Mutter bleibt in der Überlebenden ausgelöscht, als könnte die Tochter sie nicht mehr als inneres Objekt in Anspruch nehmen. Der Verlust des inneren Objekts ist symptomatisch für eine Traumatisierung, wobei das emotionale Vakuum in Celia K. mit Abgestorbenheit aufgefüllt zu sein scheint. Denn im Gegensatz zu Anita S. findet sich bei dieser Überlebenden kein Anzeichen für die Vitalität der Mutterbindung, die sich im Laufe des Lebens der Tochter verändert und weiter entwickelt hat. Mit der physischen Trennung scheint auch innerlich der Faden gerissen, sodass sich die Frage stellt, ob Celia K.s Abgestorbenheit, die sie in der Reaktion auf die Trennung von ihrer Familie überkam, nicht auch eine seelische Entsprechung zum Tod der Mutter bildet. Die Kontinuität der Mutterbeziehung wäre dann durch den seelischen Tod der Tochter besiegelt, also durch Stillstand anstelle eines evolutionären Prozesses.

Die einzige Möglichkeit, dieser abgestorbenen Beziehung in Celia K.s Zeugnis nachzuspüren, besteht darin, Aussagen über deren eigene Erfahrung als Mutter mit in die Betrachtung einzubeziehen. Tatsächlich enthalten ihre beiden Interviews deutliche Hinweise auf eine tiefe Ambivalenz gegenüber sich selbst als Mutter. Da die Fähigkeit einer Frau zur Bemutterung in der Regel Rückschlüsse auf die von ihr erfahrene Bemutterung zulässt, gehe ich davon aus, dass Celia K.s Aussagen über sich selbst als Mutter auch Aussagen über ihre Mutterbeziehung enthalten. Dabei wird es mir zwar nicht möglich sein, anhand des mir zugänglichen Materials zu unterscheiden, in welchem Maße die von der Überlebenden beschriebenen Schwierigkeiten auf die von ihr erlittene Traumatisierung zurückgehen, und damit von einem Verlust ihrer Bezogenheit auf sich selbst und auf innere Objekte zeugen – oder inwieweit sie ihren inneren Rückhalt verlor, weil die zum inneren Objekt gewordene Mutter von Celia bereits vor der Shoah niemals als »gut genug« erfahren worden war. Aber es lohnt sich grundsätzlich, die von der Überlebenden beschriebenen Schwierigkeiten als Mutter als Manifestationen einer durch die Shoah schwer beschädigten und dramatisch veränderten Mutterbeziehung zu durchdenken.

In HVT-36 erzählt Celia K. von einem Selbstmordversuch, den sie zu Beginn ihrer ersten Schwangerschaft (1945/46) unternahm. Wegen einer schweren Infektion konnte sie ihren erstgeborenen Sohn nicht stillen. Es musste ihr erst klar werden, dass er ohne ihre Fürsorge zum Sterben verurteilt war, ehe sie sich entscheiden konnte, um sein Leben zu kämpfen. Zeitweise musste sie ihren Sohn in Pflege geben, weil ihr psychisches Trauma sich auf ihn übertrug und schädigend auswirkte. Hier zeigt sich also neben der transgenerationellen Transmission eines Traumas und dem, was der Psychoanalytiker Kurt Grünberg als »vergiftete Generativität« beschrieben hat,[116] deutlich die Bemühung der Überlebenden, die destruktiven Aspekte ihrer Mütterlichkeit zu neutralisieren, um das Leben ihres Kindes zu schützen. Einmal durchlässig geworden für das Potenzial ihrer Destruktivität, bleibt die Gestalt der Mutter wechselhaft, sodass in der Beziehung zu ihr Sicherheit und Vertrauenswürdigkeit immer erst unter Beweis gestellt werden müssen. In Celia K.s Fall erweist sich ihre positive mütterliche Kraft durch die Entschiedenheit, mit der sie um ihren Sohn kämpfte, während sich die verfolgungsbedingte Beschädigung ihrer Mutterbeziehung und deren psychischer Repräsentanz in der Schwierigkeit der Überlebenden manifestieren, ihr Kind zu bemuttern. Erst an der Schwelle zum Tod, kann sie ihr Kind retten und sich für das Leben entscheiden.

---

116 Vgl. Kurt Grünberg: »Contaminated Generativity. Holocaust Survivors and Their Children in Germany«, in: American Journal of Psychoanalysis 67 (2007), S. 82–96.

In HVT-970 schildert die Überlebende, wie sie nach dem Tod ihres Ehemannes ihr Verhältnis zu ihren drei erwachsenen Kindern geändert hat. Zunächst spricht sie davon, dass sie versucht, alleine zurechtzukommen, damit ihre Kinder sie nicht bemuttern müssen: »*I want you to know you don't feel any responsibility towards me.*« Natürlich erinnert es an das Schicksal ihres Elternhauses, dass sich mit dem Tod des Vaters die Struktur der gesamten Familie radikal ändern muss. Aber als der Interviewer Celia K. darauf aufmerksam zu machen versucht, dass sie ähnlich wie ihre Mutter versucht, ihre Kinder zu beschützen, indem sie sie wegschickt, stellt sich heraus, dass sie nicht nur fürchtet, die Anhänglichkeit ihrer Kinder auszunützen, sondern dass ihr diese Anhänglichkeit auch lästig ist:

CK: So now that my husband is gone I am on my own. And they are on their own. And they better be because I am not going to do things for them. I don't know whether this is the right attitude or not. I feel vicious sometimes. But I have to do it – in order for me and for them to survive.
Interviewer: For you?
CK: For me. Because they are weighing me down with their problems [...]

Auffallend ist in dieser Äußerung nicht nur, dass es in der Vorstellung der Überlebenden nach dem Tod ihres Mannes ums Überleben geht – die Trennung von Mutter und Kindern erscheint ihr als Notwendigkeit. Sie reagiert auf den Tod ihres Mannes mit einer in der Shoah erprobten Strategie, so als müsste sich mit dem Ende des Patriarchen auch Jahrzehnte später die Auflösung der familiären Struktur vollziehen. Allerdings ist Celia K. diesmal nicht das Opfer dieses Prozesses, sondern betreibt ihn aktiv. Ganz wie sie damals von ihrer Mutter in Glebokie weggeschickt worden ist, schickt sie Jahrzehnte später ihre Kinder weg. Dabei empfindet sie sich selbst als bösartig *(»I feel viscious sometimes. But I have to do it«)*, ganz so wie sie ihre Mutter in der letzten Begegnung beschrieben hat: »*My mother was really viscious.*« Celia K. reagierte also auf den Tod ihres Mannes, indem sie die in der letzten Begegnung mit ihrer Mutter erfahrene Aggression ausagierte. Dabei scheint es mir hier weniger um die ursprünglich von der Mutter ausgegangene Aggression zu gehen als um Affekte der Tochter in der Reaktion auf diese erfahrene Aggression, sodass sich in der Wut auf die Kinder möglicherweise auch Celia K.s Wut auf ihre Mutter entlädt. Die Überlebende hat einen Punkt in ihrem Leben erreicht, wo sie – ähnlich wie ihre Mutter im Getto von Glebokie – nichts mehr für ihre Kinder tun zu können glaubt und sie nicht in ihr eigenes Schicksal hineinziehen will: »*I wanna save them from me. I don't want them to be cramped by me.*« Aber auch wenn sie genau weiß, dass ihre Mutter sie aus Glebokie weggeschickt hat, weil das ihre einzige Überlebenschance war, scheint sie zugleich einen wütenden Befreiungsschlag gegen ihre erwachsenen Kinder führen zu müssen, die ihr nicht länger zur Last fallen sollen: »*I am not your crutch anymore. [...] Get off my back! [...] Off my back you go!*« – Natürlich erinnert die brutale Entschiedenheit der Überlebenden an die letzte Begegnung mit ihrer Mutter, aber während deren Härte damals durchlässig für ihre eigentlichen Beweggründe wurde, verhält es sich bei Celia K. gerade umgekehrt. Eine kaum regulierte Wut gegen die eigenen Kinder gewinnt die Oberhand. Dabei sind so alltägliche Dinge wie Kosten für die Autoversicherung und die KFZ-Zulassung, aber auch Strafmandate der Kinder, die der Mutter ins Haus flattern, zum Stein des Anstoßes geworden und lösen beträchtliche Affektschübe in Celia K. aus. Die Heftigkeit und Reizbarkeit der Überlebenden müssen auffallen, weil sie in keinem Verhältnis zu solchen Kleinigkeiten stehen. Seite an Seite mit der fürsorglichen Mutter, die ihre Kinder zu schützen versucht, zeigt sich unversöhnlich die bedrohliche Gestalt einer Frau, die die Ansprüche ihrer Kinder kategorisch zurückweist und ihnen nicht mehr helfen will. Diese Gestalt behauptet sich gegen das bessere Wissen vom guten Willen der Mutter. Celia K. kann die schreckliche Ambivalenz, die sie in Bezug auf die Gestalt der Mutter während der Shoah erfahren hat, offenbar nur ausagieren. Sie bleibt ihr ausgeliefert, so als wäre das fundamentale Vertrauen auf die Möglichkeit einer nährenden und sicheren Beziehung zur Mutter unwiederbringlich verloren.

2.5 Zusammenfassung und Ausblick

2.5.1 Zerstörung und Kontinuität
der Mutter-Tochter-Beziehung in der Shoah

Inhaltlich vermitteln die von mir zitierten Interviewpassagen einen absolut erschütternden Eindruck von der ausweglosen Situation, in der sich jüdische Frauen befanden, die zum Zeitpunkt ihrer Verfolgung Mütter waren. Dabei wiegt die Tatsache, dass es für sie zunehmend unmöglich wurde, den Bedürfnissen ihrer Kinder gerecht zu werden, sicherlich am schwersten: Nicht nur hing das Wohlergehen der Kinder immer weniger mit dem guten Willen und dem persönlichen Einsatz ihrer Mütter zusammen; wie sich am Beispiel Bessie K.s und Teibls zeigen ließ, erlebten sich die verfolgten Mütter auch selbst als absolut ohnmächtig, was es ihnen zunehmend schwerer machte, die emotionale Bindung zu den eigenen Kinder aufrecht zu erhalten. Dieses Ineinandergreifen von äußeren und inneren Faktoren scheint mir von zentraler Bedeutung: Es zeugt einerseits von der sozialen Bedingtheit der fürsorglichen Position einer Mutter und andererseits von einer grundsätzlichen seelischen Betroffenheit der verfolgten Frauen, die diese Position mütterlicher Fürsorge nicht mehr zu halten vermochten. Interpretierend habe ich mich entsprechend bemüht, mich gerade gegenüber den kaum noch als »gute Mütter« kenntlichen Frauen empathisch zu verhalten.

Ihre drastischste Verkehrung erfuhr die Beziehung zwischen Müttern und Kindern in solchen Fällen, in denen die Existenz der Kinder die Existenz der Mütter bedrohte. Dies scheint besonders für Babys und Kleinkinder gegolten zu haben, sodass ich geneigt bin, von einer Bedrohung durch Abhängigkeit zu sprechen. Gerade wenn die Mutter psychisch als Fürsorgerin ausfiel, mussten sich die Überlebenschancen des von ihr existenziell und emotional abhängigen Kindes reduzieren. Dabei konnte ich sowohl im Fall von Bessie K. als auch der Cousine Teibl deutlich machen, wie eng dieses emotionale Ausfallen der Mütter mit den äußeren, den Frauen brutal aufgezwungenen Bedingungen ihrer Verfolgung verknüpft war. Es entstand der Eindruck, dass die Existenz der Kinder gegen die Existenz der Mütter ausgespielt wurde, so als wäre die einzig verbleibende Form der Gemeinsamkeit zwischen Mutter und Kind ein gemeinsamer Tod.

Grundsätzlich hielten natürlich nicht alle verfolgten Mütter an dieser bedrohlichen Gemeinsamkeit mit ihren Kindern fest.[117] Dem Zeugnis von Celia K. war zu entnehmen, dass eine solche Entscheidung für die Mutter von schwersten seelischen Konflikten begleitet sein konnte. Das »extreme Wissen«, dass es im Interesse des eigenen Überlebens notwendig sein konnte, in den Tod des eigenen Kindes zu willigen, und dass es möglich war, eine solche Trennung zu überleben, steht unversöhnlich neben der Ikone der guten Mutter und den moralischen Vorstellungen, die sich an sie knüpfen. In Zusammenhang mit meiner Arbeit interessiert mich nicht so sehr die Frage, wie diese betroffenen Frauen nach der Shoah in den Alltag zurückfanden, sondern vielmehr eine Problematik, die sich aus dem »extremen Wissen«, das die Shoah generiert hat, unmittelbar ergibt: Was bedeutet es, wenn die Vorstellung einer »guten Mutter« nachhaltig erschüttert wird, d. h., wenn Fürsorge undenkbar wird und das innere Objekt verloren geht? Meine Gegenübertragungsreaktion offenbarte die tiefen Ängste, die mit der Erkenntnis der Begrenztheit einer positiven mütterlichen Macht verbunden sein können. Was bedeutete es also für die überlebenden Töchter, aber auch die Mütter selbst, dass, bedingt durch ihre Verfolgungserfahrungen die Instanz der Mutter ihre positiven Besetzungen verlor? Für die betroffenen Töchter implizierte der Verlust von Zutrauen in ein fürsorgliches Gegenüber, eine strukturelle Auflösung, die sich, wie ich zeigen konnte, in den zitierten Interviewpassagen von Bessie K. und Celia K. als Vergessen, Gefühllosigkeit und fehlender Selbstbezug manifestiert.

Die bedrohlich gewordene Gemeinsamkeit von Müttern und Kindern konnte ebenso die Notwendigkeit einer Trennung von der Mutter implizieren, wie sie sich für Celia K. und Anita S. auch tatsächlich vollzog. In diesen beiden Fällen nahmen die Mütter zwar die Bedrohung durch ihre kleinen Kinder oder Enkelkinder auf sich, trennten sich aber von den Töchtern, von denen sie hofften,

---

117 Vgl. Elias: Die Hoffnung, 1988; Anna G. berichtet von einer Mutter, die sich weigerte, ihre Tochter zur Vergasung zu begleiten, vgl. Anna G.: Interview aus dem Archiv Zwangsarbeit 1939–1945, ZA576, URL <www.zwangsarbeit-archiv. de>. In beiden Fällen hängt die Trennung vom Kind mit der Entscheidung der Mutter zusammen, die versuchte, das eigene Leben zu retten, und steht nicht im Kontext einer Traumatisierung.

sie könnten sich alleine durchbringen. In diesem Zusammenhang
habe ich von einer paradoxen mütterlichen Geste gesprochen, da die
von der Mutter initiierte Trennung ein Versuch war, für das Überleben der Tochter zu sorgen, selbst wenn die Tochter die Trennung
als eine Verstoßung erlebte und deswegen in intensive emotionale
Konflikte geriet. – Sogar die von Teibl verübte Kindstötung lässt
sich als eine solche, wenn auch extreme Geste paradoxer Mütterlichkeit verstehen: Auch sie traf eine Entscheidung zwischen ihren
Kindern, wobei sie sich allerdings von dem Baby trennte, das wegen seiner entwicklungsbedingten Abhängigkeit von der Mutter
schwerer durchzubringen war, während sie ihre kleine Tochter bei
sich behielt.

Rückblickend mögen zwar sowohl Celia K. als auch Anita S. alt
genug gewesen sein, um ohne ihre Mütter durchzukommen, aber
das bedeutet nicht, dass sie emotional in die Trennung von ihren
Müttern einwilligten und sie psychisch verkraften konnten. Beide
Mädchen wurden im Grunde gegen ihren Willen von ihren Müttern zum Leben gedrängt. Besonders im Fall von Celia K. zeigte sich
die Schwierigkeit einer Tochter, ohne die Mutter bzw. mit einer ge-
storbenen Mutter zu leben. Anita S. schilderte, wie sich ihre Ein-
stellung zu ihrer in Auschwitz ermordeten Mutter jahrzehnte nach
der Trennung änderte, was eine kontinuierliche innere Auseinandersetzung mit dem für die Tochter unfasslichen Verhalten der Mutter implizierte.

2.5.2 Zur emotionalen Realität
der Mutter-Tochter-Beziehung

Sowohl in der Vignette von Bessie K. als auch in dem Zeugnis von
Celia K. bin ich auf Widersprüche gestoßen, die ich als Tropen ihrer
jeweiligen Traumatisierung interpretiert habe: Zwar beruhte das
Paradoxe in beiden Narrativen auf unterschiedlichen Faktoren, aber
es wurde jeweils als Ausdruck einer inneren Zerrissenheit und Unversöhnlichkeit verständlich, in deren Zustand das erzählende Ich
verharrte, ohne ihn psychisch integrieren zu können. In Bessie K.s
Fall manifestierte sich auf diese Weise die verlorene Beziehung zu
ihrem kleinen Sohn und fand eine paradoxe Kontinuität. In Zusam-

menhang mit Celia K.s Zeugnis wurde diese Integrationsschwierig-
keit als eine mit dem Trauma der Überlebenden verbundene Sym-
bolisierungsstörung verständlich. Seite an Seite mit diesen Vernar-
bungen, die auf traumatische Erfahrungsaspekte hindeuten, fanden sich in beiden Zeugnissen auch Anhaltspunkte für seelische
Abwehrreaktionen, auf deren Bedeutung für den Selbsterhalt im
Überlebenskampf jeweils von mir hingewiesen wurde.

Zugleich wurde deutlich, wie eng das Trauma beider Überlebender mit Erfahrungen verknüpft war, in denen es um Mutter-
Tochter-Beziehungen bzw. um frühe Mutter-Kind-Beziehungen
ging. Es scheint mir wichtig, diesen Erfahrungszusammenhang als
einen spezifisch weiblichen Verfolgungsumstand zur Kenntnis zu
nehmen – zum einen, weil Frauen als Mütter nach der zumeist unfreiwilligen Trennung von ihren Männern die Verantwortung für
ihre Kinder allein tragen mussten, und zum anderen, weil Töchter
häufig nicht nur mit der vorzeitigen Trennung von ihren Müttern
leben mussten, sondern auch mit deren verändertem Verhalten.
Dabei war das Verschwinden der Männer aus dem Familienzusam-
menhang in der Regel verfolgungsbedingt und konnte mit Erschießungen, getrennter Deportation zur Zwangsarbeit oder mit Selektionen zu tun haben. Gleichzeitig trat mit den Deutschen eine un-
geheuer bedrohliche und vernichtende männliche Präsenz auf den
Plan. Im nächsten Kapitel werde ich genauer auf diese Zusammenhänge eingehen können. Hier mag der Hinweis genügen, dass es
sich um eine gewaltsam herbeigeführte Situation handelte, in der
die Konstellation der Mutter-Tochter/Kind-Beziehung durch ihre
soziale Isolierung eine existenzielle Intensivierung erfahren zu haben scheint. Grundsätzlich wird im weiteren Verlauf meiner Untersuchung zu fragen sein, ob eine Mutter-Tochter-Beziehung solche
Veränderungen absorbieren konnte bzw. ob die Abwesenheit der
Väter die Beziehung stärkte oder aus dem Gleichgewicht brachte.
Letztlich scheint es hier um die Reduktion einer triangulären Struktur auf die binäre Struktur der Dyade und der damit verbundenen
seelischen Dynamiken und Ausgleichsbewegungen innerhalb der
jeweiligen Konstellation zu gehen.

Zwar waren sowohl Bessie K. als auch Celia K.s Cousine Teibl
Mütter von Söhnen, aber ihre Erfahrungen stehen trotzdem in en-
gem thematischem Bezug zu meiner Arbeit. Einerseits ließen sich

in beiden Fällen emotionale Dynamiken der frühkindlichen Dyade bzw. deren Störungen deutlich erkennen (in diesem Zusammenhang ist das Geschlecht des Kindes für meine Interpretation nicht relevant), andererseits spricht mit Bessie K. eine Mutter in eigener Sache. In den beiden anderen von mir herangezogenen Beispielen konnte nur über die Mutter gesprochen werden. Gerade die Vignette aus dem Zeugnis von Anita S. verdeutlichte, wie stark die Darstellung der Mutter im Bericht der Tochter von den Gefühlen der Tochter geprägt wird, weil der Blick auf die Mutter von den Ansprüchen und Bedürfnissen der Tochter gefärbt ist. In meinen interpretierenden Verstößen gegen Celia K.s Narrativ habe ich mich bemüht, die von der Überlebenden geschilderten Mütter aus ihrer Abhängigkeit vom »Blick der Tochter« zu lösen. Indem ich versuchte, eine von den töchterlichen Vorgaben abgelöste Sichtweise auf die Mütter zu konstruieren, wurde die töchterliche Darstellung der Mutter auch als Selbstzeugnis der Tochter erkennbar. Im nächsten Kapitel wird es mir anhand eines gemeinsamen Mutter-Tochter-Zeugnisses möglich sein, noch genauere Beobachtungen über die Verknüpftheit, aber auch die Abweichungen der Narrative von Mutter und Tochter anzustellen.

Die Zerstörung der jüdischen Familien zeigt sich hier, wo nicht als erklärtes Ziel der deutschen Vernichtungspolitik, so sicherlich als Begleitumstand und Konsequenz des Vernichtungsprogrammes der Shoah. Auf die Situation von Frauen mit Kindern wurde grundsätzlich keine Rücksicht genommen, sodass die Mutter-Kind-Beziehung den Rückhalt ihrer sozialen Einbettung zunehmend verlieren musste. Es lässt sich wohl für alle hier angesprochenen Mutter-Kind/Tochter-Situationen sagen, dass die Mütter nach Kräften um ihre Kinder und damit auch um die Beziehung zu ihnen kämpften, ehe sie aufgaben bzw. zum Aufgeben gezwungen wurden. Letztlich verstehe ich sowohl Bessie K.s als auch Teibls Verluste als Kulminationspunkte, denen eine lange Phase der intensiven Bemühung um das Wohlergehen der kleinen Söhne vorausgegangen war. – Es wurde auch deutlich, wie wichtig neben der physischen vor allem die emotionale Kontinuität der Mutter-Tochter-Beziehung war. Mit Anita S. haben wir einen ersten Begriff von diesem Fortbestand der Beziehung zur Mutter bekommen, die im Seelenleben der Tochter über ihren physischen Tod hinaus lebendig bleibt. Diese doppelte Bedeutung der Mutter als reales Gegenüber und inneres Objekt der Tochter wird mich im nächsten Kapitel weiter beschäftigen.

Das bisher gesichtete Material zeugt von der Katastrophe einer zerstörten Mutter-Tochter/Kind-Beziehung, wobei sich diese Zerrissenheit gerade auch psychisch in den betroffenen Müttern und Töchtern manifestierte. Die beiden Traumanarrative von Bessie K. und Celia K. wiesen auf die fundamentale Schwierigkeit hin, den Verlust eines Kindes bzw. eine Kindstötung überhaupt zu bezeugen, gerade weil beide Frauen von der völligen Zerstörung der Mutter-Kind-Beziehung auf komplexe Weise berührt sind: Es wurde nicht nur die emotionale Realität ihrer Mutterbindung bzw. ihrer Bindung als Mutter fraglich, sondern auch ihr Selbstbezug wurde gestört. Grundsätzlich ist die Zerstörung der Beziehung kaum von der Zerstörung intrapsychischer Bezogenheiten zu trennen. Die Struktur der Dyade wird ebenso verletzt wie die emotionalen Strukturen in der Psyche der Betroffenen. Celia K.s Zeugnis enthielt sogar Hinweise darauf, wie sich die verfolgungsbedingte Störung ihrer Mutterbindung als gestörte Beziehung zu sich selbst als Mutter nach dem Ende der Shoah fortsetzte. Zugleich zeugte aber die Vignette aus dem Zeugnis von Anita S. von einer Mutterbindung, die die physische Trennung überdauerte. Das Verhalten der Mutter wurde dabei als eine paradoxe Form der Fürsorge erkennbar. Im nächsten Kapitel werde ich anhand des Zeugnisses eines Mutter-Tochter-Paares, das gemeinsam überlebte, weitere Beobachtungen über die Fähigkeit beider Frauen mitteilen, ihre Beziehung zu einander trotz ihrer Verfolgung zu wahren. Dabei scheint mit der Wahrung der Beziehung auch eine Selbstbewahrung verbunden gewesen zu sein, was besonders in Zusammenhang mit der fragmentierenden Wirkung eines seelischen Traumas von großem Interesse ist.

Im Zusammenhang mit der Vignette von Anita S. bin ich auf die zentrale Bedeutung eines inneren Raumes aufmerksam geworden, in dem sich die emotionale Beschäftigung mit der Mutter unabhängig von ihrer körperlichen Anwesenheit fortsetzen konnte. Indem sich Anita S. in ihrer Trauer und Wut über die Entscheidung ihrer Mutter erlebte, konnte sie seelisch mit dieser verbunden bleiben. Ungeachtet der negativen Gefühle der Tochter blieb die Mutter als inneres Objekt der Jugendlichen konstant, sodass sich das Ich der

Tochter im Vorwurf gegenüber der Mutter und in der Kritik an ihr stabilisieren konnte. Andererseits bin ich in Zusammenhang mit Celia K.s Trauma auf das Fehlen eines inneren Raumes aufmerksam geworden: Die Überlebende kann sich kaum in Beziehung zu sich selbst setzen. Ihr scheint ein gedanklicher Spielraum zu fehlen, der es ihr erlaubt, sich selbst und andere in ihrer Betroffenheit zu denken. Der Vitalität von Anita S. Auseinandersetzung mit ihrer Mutter steht die Gefühlsarmut and Abgeschnittenheit von Celia K. beklemmend gegenüber.

2.5.3 Das Werkzeug der Interpretin

Als Interpretin der Videozeugnisse habe ich mich auf eine Gratwanderung begeben: Ich muss meinen methodologischen Zugriff auf die untersuchten Interviewsequenzen so wählen, dass meine Interpretation nicht das Ergebnis einer Abwehr der emotionalen Intensität der geschilderten Szenen wird. Aber trotz dieser angestrebten Offenheit und einer grundsätzlich empathischen Haltung gegenüber den extremen Situationen und Verhaltensweisen, die die Überlebenden schildern, will ich mich doch nicht vom wissenschaftlichen Anspruch meiner Arbeit freimachen und suche eine kritische Auseinandersetzung mit dem ausgewählten Material.

In allen drei Schlüsselszenen war diese Spannung von Empathie und Kritik jeweils anders gelagert: Bei Bessie K. ging es zunächst darum, die Widersprüchlichkeit ihrer Selbstaussagen zu hinterfragen und Zusammenhänge herzustellen, die von der Überlebenden selbst nicht erwähnt werden, um ihr Verhalten bei der Selektion in der Kontextualisierung besser nachvollziehen zu können. – Bei der Interpretation zum Zeugnis von Celia K. ging es um eine Reihe von interpretierenden Verstößen, mit deren Hilfe ich Abwesenheiten und Leerstellen sowie die von einer schweren Traumatisierung verschattete narrative Perspektive des erzählenden Ichs herausarbeiten konnte. – Anita S. brachte mit ihrer Fähigkeit zur Selbstreflexion ihre eigene kritische Dimension in ihr Zeugnis ein, sodass es möglich wurde, die Bedingtheit der Geschichten über Mütter durch den Blick ihrer Töchter zu erkennen und nach der Eigenständigkeit der mütterlichen Perspektive zu fragen.

Der Emotionalität des Gegenstandes habe ich auch durch die Analyse meiner Gegenübertragungsreaktionen Rechnung getragen, wobei sich die Überprüfung dieser Reaktionen natürlich anders zu gestalten hatte als im therapeutischen Setting üblich: Ich konnte das Zeugnis in seiner Gesamtheit nach Hinweisen absuchen, die meine Gegenübertragung bestätigen. Ich konnte Reaktionen der Interviewer, die meinen eigenen ähnelten, validierend heranziehen. In Celia K.s Fall konnte ich mit Hilfe eines zweiten Interviews vergleichend arbeiten. Zwar war es mir nicht in allen Fällen möglich, meine Reaktionen im Sinne einer Gegenübertragung eindeutig auf die Zeugnisse zu beziehen und als zusätzliche Informationen auszuwerten, aber die Aufmerksamkeit für meine emotionale Auseinandersetzung mit den verschiedenen Narrativen half mir, gegenüber den Müttern, um die es in diesem Kapitel ging, eine interpretierende Position zu entwickeln, die nicht von den tiefen Ängsten korrumpiert war, die die Thematik in mir hervorrief. Dieser Ausstieg aus einer kindlichen Position wurde umso wichtiger, wenn die verfolgten Mütter nicht mehr für sich selbst sprechen konnten.

2.6 Nachtrag: Das Zeugnis von Slawa F., Celia K.s jüngster Schwester

Kurz vor Abschluss meiner Untersuchung tat sich mit dem Interview von Slawa F., der jüngsten Schwester von Celia K. eine weitere wichtige Quelle auf.[118] Wie sich herausstellte, bestätigte die Auswertung von Slawa F.s Zeugnis meine weiter oben vorgelegten Beobachtungen zu Celia K.s Mutterbindung grundsätzlich. Slawas Schilderungen brachten aber nicht nur wichtige Ergänzungen, die sich komplementär zu Celias Darstellungen verhielten, sondern es wurde auch deutlich, dass das Zeugnis der älteren Schwester bisweilen die Grenzen zwischen sich selbst und der jüngeren Slawa verwischt. Leider würde es den thematischen Rahmen meiner Arbeit sprengen, wenn ich mich über einen ausführlichen Vergleich der Interviews beider Überlebender an ihre schwesterliche Beziehung

---

118 Slava F.: Interview 14091, Visual History Archive, USC Shoah Foundation.

heranzuarbeiten versuchte. Anstatt also der Frage nachzugehen, welche emotionale Bedeutung die jüngste Schwester im Laufe der Verfolgung für Celia K. gehabt haben könnte, werde ich mich im Folgenden darauf beschränken, die Schilderung der Wiederbegegnung mit der Mutter in Glebokie aus Slawa F.s Sicht mit Celia K.s Narrativ zu vergleichen.

Im Zeugnis der jüngsten Tochter taucht die Mutter namentlich als Lyba Cymer auf.[119] – Zwar gehen die Zeugnisse der beiden Schwestern auf eine über weite Strecken gemeinsam durchlebte Verfolgungserfahrung zurück, sie sind aber in unterschiedlichen Kontexten entstanden, weswegen ihnen ein reflektierender Bezug zueinander fehlt. Anstatt mich auf eine allgemein vergleichende Betrachtung einzulassen, die sich letztlich nur in endlosen Spekulationen über mögliche Zusammenhänge erschöpfen könnte, werde ich mich im Folgenden auf die Darstellung der Mutter konzentrieren, die Slawa aus einer Perspektive schildert, die sich grundsätzlich von der ihrer älteren Schwester unterscheidet.

Als die Interviewerin Slawa F. fragt, »*What is your most painful memory of the Shoah?*«, antwortet diese ohne zu zögern, »*My most painful memory? My mother*« – und fügt weinend hinzu: »*I loved her so much.*« – Die Überlebende ist in diesem Augenblick des Interviews emotional so überwältigt, dass sie ihren Satz nicht beenden kann. Bei der Liquidierung des Gettos von Postawy floh sie an der Hand ihrer Mutter unter dem Kugelhagel der Einsatzgruppe, als die Mutter tödlich getroffen zusammenbrach.[120] Aber es ist nicht der schreckliche Tod der geliebten Mutter, der der Überlebenden die Sprache verschlägt, sondern ihr Verlust, den Slawa als ihren tiefsten Schmerz benennt. Dabei zeichnet sich eine von Lyba Cymers physischem Tod unberührte Kontinuität der emotionalen Bindung an die Mutter ab, die an das Zeugnis von Anita S. erinnert. Allerdings reflektiert Slawa F. nicht über die Bedeutung der Mutterbindung in ihrem weiteren Leben. Sie erwähnt lediglich ihre Alpträume nach dem Krieg, in denen sie an der Hand der Mutter floh. Sie konnte das Gesicht der Mutter nicht sehen, hörte aber ihre Stimme. – Tatsäch-

---

119 Slawa F. nennt ihre Schwester Celia K. in ihrem Interview »Cela«.

120 25. Dezember 1942 – nach dem Yizkor-Buch wurden an diesem Tag 2500 Juden erschossen, vgl. S. 3.

lich hatte die sterbende Mutter Slawa den Auftrag erteilt, sich auf den Bauernhof zu retten, wo sich ihre ältere Schwester bereits verborgen hielt. Die 12-Jährige scheint diese Worte verinnerlicht zu haben, sodass sie ein Leitfaden wurden, an den sich das Mädchen auf einer haarsträubenden Flucht halten konnte. In Slawas Vorstellung hielt also die Mutter an ihr fest, indem sie zu ihrer jüngsten Tochter sprach. Dieses innere Gespräch musste in einer ansonsten chaotischen Situation Orientierung vermitteln und hielt die Möglichkeit offen, dass es Slawa gelingen konnte, sich in Sicherheit zu bringen.

Im Gegensatz zu Celia K.s Zeugnis, in dem die letzte Begegnung mit der Mutter die Beziehung der Tochter zu ihr tief erschüttert, zerfällt das Zeugnis der jüngeren Schwester mit der gewaltsamen Trennung von dieser gleichen Mutter nicht: Es kommt erst gar kein Zweifel an ihrer Liebe auf, sondern die Tochter entspricht durch ihren Überlebenskampf voll den Wünschen ihrer Mutter. Die Überlebende lebt noch im Augenblick der Videoaufzeichnung in dem Bewusstsein, von ihrer Mutter geliebt worden zu sein. Zugleich schildert sie sich selbst in der Erinnerung an ihre von Krieg und Verfolgung noch unberührte Kindheit in ihrer abgöttischen Liebe zur Mutter, sodass sich diese emotionale Bindung als wichtige Konstante ihrer Erfahrung erweist, die zur Kontinuität ihres Zeugnisses beiträgt. Es scheint, als habe die Ermordung der Mutter die Beziehung der Tochter zu ihr sogar noch vertieft. Wiederholt kommt Slawa F. auf die Geborgenheit zu sprechen, die sie in ihrem Elternhaus vor dem Krieg erfahren hatte. Sie war das Nesthäkchen – die Jüngste von sieben Geschwistern. »*I never felt that I was missing anything. [...] I was very spoilt by my siblings.*« Über die Mutter sagt Slawa F.: »*I adored her.*« Und: »*I never left her.*« – Diese unerschütterliche Mutterbeziehung scheint mir in ihrer emotionalen Eindeutigkeit der wesentliche Unterschied zu Celia K.s Zeugnis zu sein. Wie ich zeigen konnte, versucht das erzählende Ich der älteren Tochter rückblickend mit allen Mitteln, die Beziehung zu ihrer Mutter zu retten: Es findet eine rationale Erklärung für das aggressive Verhalten der wiedergefundenen Mutter, das sehr enttäuschend und beunruhigend auf Celia K. gewirkt haben muss; es beschreibt, wie die Mutter sie mit dem Auftrag auszeichnete, als einzige von ihren Schwestern zu überleben, indem sie sich von den anderen weiblichen Mitgliedern ihrer Familie trennte. Der Vergleich mit Slawa F.s

Zeugnis verstärkt den Eindruck, dass es sich hier um Beteuerungen der überlebenden Celia handelt, mit deren Hilfe sie sich selbst den schrecklichen Verdacht verdeckt, dass sie die Liebe ihrer Mutter verloren hatte bzw. dass sie von ihr verstoßen worden war.

Auch Slawa schildert die Wiederbegegnung mit der Mutter im Getto von Glebokie als affektgeladen: »*My mother became violent and she screamed at my sister that we came back.*« Dabei fügt ihre Schilderung dem Zeugnis der älteren Schwester eindeutig hinzu, dass sie zusammen mit Celia nach Glebokie gekommen war: Laut Slawa hatten die beiden Schwestern während der Vernichtungsaktion gegen das Getto von Scharkovschtschisna gemeinsam die Flucht ergriffen, um sich dann, nach einer unbestimmten Zeit im Wald in Lapuschino, auf dem Gehöft des polnischen Bauernsohnes versteckt zu halten, den Celia aus ihrer Schulzeit kannte. Die beiden Schwestern hätten demnach die Zeit bis zum Wiedersehen mit ihrer Mutter zusammen verbracht. Auch die ungleiche Behandlung, die beide Töchter durch ihre Mutter erfuhren, klingt in Slawa F.s Zeugnis explizit an. Der Zorn der Mutter scheint sich ausschließlich auf Celia bezogen zu haben, während sie Slawa nachgab: »*And she* [die Mutter: JB] *begged her* [Celia K.; JB], *she really begged her – she almost made her do it, to go back again in hiding. I did not listen. I said:* ›*Whatever you do to me I am not going*‹. *– But she arranged that my sister Cela went back with Pjotr to Lapushino.*«

Es ist vielsagend, dass Celia K. die jüngere Schwester kaum erwähnt, als sie ihre letzte Begegnung mit der Mutter in Glebokie schildert. Ihr Zeugnis blendet die Konkurrenzsituation der Geschwister fast völlig aus. Auch Slawa F. thematisiert die Ungleichheit, mit der die Mutter ihre Töchter behandelte, nicht direkt, aber die Komplexität der Situation, die sich in ihrem Zeugnis so deutlich abzeichnet, stützt meine bisherige Interpretation: Während die Mutter Celia K. in ihr Versteck zurückschickte, gewährte sie der jüngsten Tochter, was sie der älteren verweigerte. Man kann in dieser ungleichen Behandlung vielleicht sogar einen Versuch der Mutter erkennen, Celia K. so weit wie möglich zu entlasten, indem sie ihr die Bürde der Verantwortung für ihre kleine Schwester abnahm. Dann hätte Lyba Cymer also genau verstanden, dass Celia mit der Aufgabe, ihre kleine Schwester zu bemuttern, unter den Bedingungen der Flucht überfordert war. – Aber natürlich beschäftigen solche

Gedanken keine der beiden Überlebenden: Wie ich bereits zeigen konnte, ist es für Celia K. vor allem wichtig, Erklärungen für das Verhalten der Mutter zu geben, wobei sie die Konkurrenzsituation, die sie mit Slawa verbindet, buchstäblich aus ihrem Zeugnis verdrängt. – Für Slawa ist dagegen einzig entscheidend, dass ihr Verlangen nach der Mutter gestillt wurde. In ihrer Vorstellung gab es keine Konkurrenz mit Celia, weil diese bei dem polnischen Bauern gut aufgehoben war.

Wenn ich trotzdem von einer Konkurrenzsituation der beiden Schwestern ausgehe, beschäftigt mich natürlich nicht die Frage, ob Lyba Cymer eine ihrer Töchter tatsächlich vorgezogen haben könnte. Ich behaupte lediglich, dass die Frage nach der Liebe der Mutter Celia K. im Verhältnis zu ihrer jüngeren Schwester beschäftigt haben muss und dass sich Slawa die emotionalen Folgen verhehlte, die die Entscheidung der Mutter für ihre große Schwester haben musste. Zwar stimmen beide Zeugnisse darin überein, dass es sowohl Celia K. als auch Slawa F. zutiefst nach der Mutter verlangte, aber keine der beiden Überlebenden erlaubt es sich, rückblickend über diese tiefe Gemeinsamkeit bzw. die Ausschließlichkeit ihres Wunsches nachzudenken. Stattdessen sprechen beide Schwestern selbst in ihren rückblickenden Interviews, als könnten sie in der Erinnerung ihre Mutter für sich allein beanspruchen. Während sich Slawa F. spürbar in der emotionalen Kontinuität ihrer Mutterbindung artikuliert, wirkt Celias Versuch, sich in ihrem Narrativ als geliebtes Kind ihrer Mutter zu konstruieren, verzweifelt und unsicher.

In Bezug auf die Mutter erschließt sich eine gewisse Neutralität der Betrachtung sicherlich erst in der Rezeption: Die Ungleichheit der Verteilung, die Lyba Cymer gezwungenermaßen zwischen ihren beiden Töchtern vornahm, lässt sich nicht leugnen. Ich erkläre mir diese Ungleichheit in erster Linie mit dem Altersunterschied von Celia und Slawa: Während sie der 18-Jährigen offenbar zutraute, sich mit Hilfe ihres polnischen Beschützers durchzubringen, sodass sie außerhalb des Gettos eine realistische Überlebenschance hatte, nahm sie die 12-Jährige zu sich, obwohl sie sich, wenn ich Celia K.s Zeugnis folge, kaum Illusionen über die Überlebenschancen im Getto gemacht haben dürfte. Die Mutter muss den Wunsch ihrer Töchter, sich zu ihr zu flüchten, nur zu gut verstanden haben. Dass sie Slawa dennoch nachgab, verstehe ich als ein Zugeständnis an Celias Jugend, deren Chance zu überleben, sich dadurch verbesserte, dass sie sich rein auf ihren Selbsterhalt konzentrieren konnte. Das Motiv der Überlastung einer Mutter durch die Fürsorge für ihre Kinder klingt, wie ich weiter oben zeigen konnte, in Celia K.s Zeugnis zwar auf unterschiedliche Weisen an, allerdings kommt der Überlebenden selbst nicht zu Bewusstsein, dass ihre Mutter sie auch schützte, indem sie die kleine Slawa zu sich nahm. – Während das Glück der Wiedervereinigung mit der Mutter der jüngsten Schwester vorbehalten blieb, erlebte Celia K. die von ihrer Mutter betriebene Trennung als emotionale Katastrophe. Wie ich bereits zeigen konnte, erzeugt dieser von ihr erlittene Verlust in ihrem Narrativ ein Störfeld von verblüffender Intensität – gerade wenn man bedenkt, dass für Celia im Unterschied zu ihrer Schwester die Trennung von der Mutter nicht mit deren Tod zusammenfiel. Ich verstehe die emotionalen Untiefen, die den Verlust der Mutter in Celia K.s Zeugnis umgeben, als Hinweise auf einen lebenslangen Prozess intensiver Trauer, in dem das emotionale Chaos der letzten Begegnung mit der Mutter und das Wissen um deren schrecklichen Tod sich unversöhnlich in der Überlebenden geltend machen.

3 Eine Mutter-Tochter-Beziehung überlebt die Shoah

3.1 Einleitende Bemerkungen

3.1.1 Andere Ausgangsvoraussetzungen

Im Gegensatz zum vorigen Kapitel, in dem ich eine Reihe von Schlüsselszenen aus unterschiedlichen Zeugnissen mit Überlebenden untersucht habe, werde ich mich im Folgenden auf ein einziges Interview aus dem Fortunoff Video Archive konzentrieren: Es handelt sich um das gemeinsame Zeugnis T-34 von Rosalie W. und Jolly Z. – einer Mutter und einer Tochter, die die Verfolgung während der Shoah zusammen überlebt haben.[121] Es ist nicht nur das Format des Interviews ungewöhnlich,[122] sondern die Geschichte der beiden Überlebenden unterscheidet sich durch ihren grundsätzlich positiven Ausgang inhaltlich stark von den bisher untersuchten Zeugnissen. In Zusammenhang mit dem gemeinsamen Überleben dieses Mutter-Tochter-Paares wird es mir möglich sein, traumatische Erfahrungsaspekte im Zusammenhang der Dyade zu untersuchen, weil in diesem Fall Trauma nicht auf der unmittelbaren Zerstörung der Beziehung beruht. Vielmehr wird es darum gehen, wie vor allem die Tochter im Kontext traumatischer Erfahrungen die Beziehung zu ihrer Mutter nutzte und gestaltete.

---

121 Rosalie W./Jolly Z.: Holocaust Testimony (T-34). Die Aufzeichnung fand am 8. August 1979 statt. Interviewer waren Laurel Vlock und Dori Laub.

122 Grundsätzlich sammelt das Fortunoff Video Archive Einzelinterviews. Das Zeugnis T-34 gehört zu den ersten jemals aufgezeichneten Videointerviews mit Überlebenden der Shoah – diese Gruppe von Zeugnissen gab schließlich den Impuls zur Gründung des Archivs in Yale. An die Aufzeichnung von Rosalies und Jollys Interview knüpften sich also noch nicht die formalen Standards, die später für das Fortunoff Video Archive verbindlich wurden.

Bisher ist es mir gelungen, die Mutter-Kind/Tochter-Beziehung in ihrer sozialen Bedingtheit darzustellen: Die Dissoziiertheit und das seelische Abrutschen, die in den bereits behandelten Vignetten zum Verlust der Beziehung führten, habe ich dabei vor allem im Zusammenhang der vernichtenden äußeren Umstände, die die emotionale Ausgeglichenheit der Dyade bzw. das seelische Gleichgewicht von Frauen als Müttern unterminierten, verstanden. Der Verlust der jeweiligen Beziehung ließ sich nicht auf die emotionale Disposition einer Frau für ihre Rolle als Mutter – und damit implizit auf ein Versagen in dieser Funktion, zurückführen. Vielmehr ging es mir darum, die massiven Zusammenstöße mit der äußeren Realität, die sich in der emotionalen Realität der jeweils Betroffenen weitgehend traumatisch manifestierten, als ein Kontinuum der Zerstörung mitzuvollziehen, sodass das historische Ereignis auch als psycho-emotionale Krise fassbar werden konnte. So gesehen, stellt die Zerstörung der Mutter-Tochter/Kind-Beziehung nicht nur einen Anschlag auf die Kontinuität des jüdischen Volkes im Zuge eines groß angelegten Genozids dar, sondern macht Vernichtung von Beziehungen, aber auch von Beziehungsfähigkeit und Bezogenheit auf andere und sich selbst als eine zentrale Verfolgungserfahrung fassbar. – Entsprechend gehe ich auch im Fall von Rosalie W. und Jolly Z. nicht davon aus, dass sich ihr Überleben mit der unzweifelhaften Anstrengung der Mutter erklären lässt. Vielmehr hat die ursprüngliche Beziehung der beiden Überlebenden Bedeutung im Hinblick auf ihre Zeugenschaft: Im Gegensatz zu den Überlebenden, deren traumatisch verschattete Zeugnisse ich im vorigen Kapitel untersucht habe, erinnern sich Rosalie W. und Jolly Z. gemeinsam an ihre Verfolgung und in Gegenwart der jeweils anderen auch aneinander. Das bedeutet, dass das Sprechen von der anderen in diesem Zeugnis stets mit deren Selbstaussagen gepaart ist. Dabei überwindet der narrative Akt der beiden Überlebenden allerdings die ursprüngliche Asymmetrie der frühkindlichen Dyade nicht vollkommen. Darüber hinaus waren Mutter und Tochter während der Shoah auch als Repräsentantinnen der äußeren Realität füreinander von Bedeutung. Tatsächlich erlaubt mir die gemeinsame Zeugenschaft von Rosalie und Jolly, die emotionale Realität ihrer Beziehung während der Shoah stärker wahrzunehmen, als dies in allen anderen bisher interpretierten Zeugnissen möglich war.

3.1.2 Das gemeinsame Zeugnis von Rosalie W. und Jolly Z.

Um überhaupt einschätzen zu können, wie die Chancen zusammen-
zubleiben für die betroffenen Mütter und Töchter jeweils standen
und wie wahrscheinlich es war, dass eine Mutter-Tochter/Kind-
Beziehung die Verfolgung physisch und/oder psychisch überlebte,
muss man sich den spezifischen historischen Kontext der jeweiligen
Verfolgungserfahrung vor Augen führen. Für T-34 bedeutet das: Die
Erinnerungen von Rosalie W. (der Mutter) und Jolly Z. (ihrer Tochter) stehen im Zusammenhang der ungarischen Deportationen, die
von den Historikern Aly und Gerlach als »Das Letzte Kapitel« bezeichnet worden sind, da sie erst relativ spät im Zweiten Weltkrieg,
nämlich zwischen Mai und Juli 1944 stattfanden.[123] Zielort der Deportationszüge war Auschwitz, wo drei Viertel der Ankommenden
bereits an der Rampe ins Gas selektiert wurden.[124] Innerhalb von
sieben Wochen wurden über 430 000 Menschen deportiert – eine
Zahl, die rund der Hälfte der damaligen jüdischen Bevölkerung
Ungarns entspricht.[125] Tatsächlich blieben Rosalie und Jolly als einzige aus einer Familie mit 40 Mitgliedern, die an der Rampe von
Auschwitz zusammen aus dem Zug gestiegen waren, am Leben. Alle
anderen Verwandten endeten noch am Tag ihrer Ankunft in Auschwitz in den Gaskammern.[126]

Aufgrund des Altersunterschiedes von Mutter und Tochter war es
sehr unwahrscheinlich, dass sie gemeinsam durch die Selektion an
der Rampe kommen würden. Rosalie war bei der Ankunft 43 Jahre

---

123 Christian Gerlach/Götz Aly: Das letzte Kapitel. Der Mord an den ungarischen
     Juden, Stuttgart/München 2002.
124 Gerlach/Aly gehen davon aus, dass rund 110 000 der Deportierten nach einem
     relativ kurzen Aufenthalt in Auschwitz zur Zwangs- und Sklavenarbeit weiter-
     geleitet wurden, vgl. ebd., S. 295 ff.
125 Vgl. ebd., S. 275.
126 Einen sehr anschaulichen Eindruck von der Ankunft an der Rampe gibt das sog.
     »Auschwitz-Album« – ein Fotoalbum mit den einzig bekannten Aufnahmen des
     Selektionsprozesses in Auschwitz. Das Album dokumentiert die Ankunft eines
     Deportationszuges, der am 26. Mai 1944 aus Ungarn kommend in Auschwitz
     eintraf, vgl. Israel Gutman/Bella Gutterman (Hrsg.): Das Auschwitz-Album. Die
     Geschichte eines Transports, Göttingen/Jerusalem 2005. (Im Folgenden: »Das
     Auschwitz-Album«)

alt und Jolly war 17. – Das Reglement der Selektionen sah vor, dass Kinder, die bei der Ankunft jünger als 13 wirkten, sofort zur Vergasung geschickt wurden, in der Regel begleitet von ihren Müttern, um den reibungslosen Ablauf des Sonderungsprozesses nicht durch emotionale Trennungen zu gefährden. Auch Frauen, die bei ihrer Ankunft älter als 40 wirkten, wurden nicht als »arbeitsfähig« eingestuft und unverzüglich zur Vergasung eingeteilt.[127] Man kann also davon ausgehen, dass ein junges Mädchen in Jollys Alter an der Rampe von ihrer Mutter getrennt wurde, wenn diese bei der Ankunft nach den Strapazen der Deportation keinen »arbeitsfähigen« Eindruck machte. Im Falle von Rosalie W. und Jolly Z. kam es zunächst auch tatsächlich zu einer entsprechenden Trennung. Allerdings erhob die Mutter erfolgreich Einspruch gegen diese Sonderung, sobald sie den flehentlichen Blick ihrer Tochter auffing, und entkam so dem eigenen Tod in der Gaskammer. – Die beiden Frauen verließen Auschwitz noch im Sommer mit einem Transport von Sklavenarbeiterinnen in Richtung Hamburg und wurden im April 1945 schließlich in Bergen-Belsen befreit. Mit Sicherheit haben sich die Überlebenschancen von Rosalie und Jolly durch die besseren Haftbedingungen in den Außenlagern des KZ-Neuengamme erhöht.

Ungewöhnlich ist das Zeugnis von Rosalie und Jolly aber nicht nur wegen dieser unwahrscheinlichen Wendung der Dinge an der Rampe von Auschwitz, die dem gemeinsamen Überleben von Mutter und Tochter bis zu ihrer Befreiung in Bergen-Belsen elf Monate später den Weg bereitete, sondern auch, weil es sich um ein gemeinsames Interview handelt, in dem die durchaus divergierenden Erzählperspektiven beider Überlebender zu einem Narrativ zusammenfließen. Die Mutter-Tochter-Beziehung vollzieht sich gewissermaßen auf zwei Ebenen: Einerseits ist sie ein Erinnerungsgegenstand im Zusammenhang der Shoah, andererseits ist sie eine wesentliche Rahmenbedingung der Aufzeichnung. Während Jollys Erinnerungen an die Shoah auch der Mutter gelten, die Rosalie damals war, nimmt in der Erinnerung der Mutter die Jugendliche Gestalt an, die ihre Tochter war, als sie nach Auschwitz deportiert wurden. Besonders die Selbstdarstellung der überlebenden Jolly

---

127 Meine Darstellung folgt hier Gerlach/Aly: Das letzte Kapitel, 2002, S. 291 f.

erfährt durch Rosalies Erzählperspektive wiederholt Brechungen. Diese Differenzierung der Ich-Perspektive der Überlebenden, die ich im vorigen Kapitel fast ausschließlich durch die Analyse meiner Gegenübertragungsreaktionen erreichen konnte, ergibt sich in T-34 wie von selbst aus der Gesprächsdynamik des Interviews. Darüber hinaus gewinnt auch die erinnerte Beziehung eine erhöhte Plastizität, weil sie im Kontext der Beziehung der Gegenwart auftaucht und sich auf das aktive Zeugnis sowohl der Tochter als auch der Mutter stützt. Die erinnerte Beziehung, die im Laufe des Interviews Gestalt gewinnt, ist gewissermaßen ein Produkt der Beziehung, die sich vor der laufenden Kamera abspielt, obwohl sie chronologisch verstanden eigentlich deren Voraussetzung bildet.

Im Moment der Aufzeichnung sind die Gegenwart und die Vergangenheit der Beziehung zwar miteinander verstürzt, aber der visuelle Eindruck und die Erzählinhalte weichen stark voneinander ab: Rechts im Bild sieht man Jolly, die Tochter, als eine attraktive Mittfünfzigerin von gepflegtem Äußerem, links sitzt dagegen Rosalie, die Mutter, als alte Dame von ungefähr 78 Jahren in einem hellen Sommerkleid mit weißer Perlenkette und Handtasche. Deutlich erkennbar ist Jollys überaus fürsorglicher Umgang mit der Mutter: Beim Erzählen legt sie wiederholt den Arm um Rosalie und lässt sich geduldig als Übersetzerin in Anspruch nehmen, wenn das Englisch der Mutter wackelig wird. Wann immer Rosalie sich spontan äußert, versucht die Tochter, die Aussagen der Mutter durch zusätzliche Erklärungen besser im Kontext des Interviews zu verankern. Überhaupt scheint die Verantwortung für die Struktur der gemeinsamen Geschichte im Laufe der Aufzeichnung immer stärker auf die Tochter überzugehen: Jolly ist für die Ordnung, die Chronologie und die historische Kontextualisierung des Zeugnisses zuständig. Während sie den narrativen Überbau stabilisiert und Rosalie als Übersetzerin und Kommentatorin immer wieder aktiv in den Zusammenhang des Zeugnisses integriert, beteiligt sich die Mutter eher spontan an der Erzählung. Es ist nicht immer leicht, ihr zu folgen, vor allem weil ihre Englischkenntnisse eher rudimentär sind. Teilweise ist ihre Rede von deutschen und ungarischen Wendungen durchsetzt. Wenn sie gezielt befragt wird, verfügt sie über sehr detaillierte Erinnerungen.

Nun wäre es allerdings falsch, einfach von einer Verkehrung der Positionen von Sorgender und Umsorgter innerhalb der Dyade auszugehen, denn das Zeugnis enthält explizite Hinweise auf die Fürsorglichkeit, die Jolly als Jugendliche für die Mutter empfand. So stürzte sie sich z. B. in Auschwitz auf eine Kapo, die auf ihre Mutter einprügelte, als diese beim Appell nicht stramm genug stand. Oder sie wollte keinen Extra-Bissen von Rosalies Brotration annehmen: »*Ma, you need that piece, too.* [...] *When you give me more then I loose you*«, erinnert die Mutter die Worte ihrer Tochter. Neben dieser um ihre Mutter bemühten Tochter taucht allerdings in Rosalies Erinnerung eine jugendliche Jolly auf, die den Kampf ums Überleben nicht nur der Mutter überließ, sondern sogar seinen Sinn überhaupt in Frage stellte. Die Thematisierung der verzweifelten Jugendlichen geschieht im Augenblick der Aufzeichnung fast ausschließlich durch die Mutter, während dieser Erfahrungsaspekt weitgehend ohne Verbindung mit dem erzählenden Ich der erwachsenen Tochter bleibt.

Die Veränderung der Position Rosalies stellt sich unter dem Einfluss ihrer altersbedingten Hinfälligkeit zunächst eindeutiger dar. In der Erzählung figuriert sie als eine willensstarke Frau, die mutig, ideenreich und mit absoluter Entschiedenheit um das Leben ihrer Tochter kämpfte, was in ihrem Fall nicht von dem Kampf um ihr eigenes Leben zu trennen war. Diese Festigkeit und Dominanz erscheinen im Augenblick der Aufnahme deutlich abgeschliffen. Allerdings wird im Laufe meiner Untersuchung auch die Angefochtenheit der Mutter zur Zeit ihrer Verfolgung in Erscheinung treten. Dabei fällt mir als Interpretin die Aufgabe zu, die toten Winkel des gemeinsamen Mutter-Tochter-Zeugnisses auszuleuchten, die sich aus Rosalies fehlenden Selbstaussagen und Jollys töchterlicher Haltung eingeschränkter Empathie gegenüber der Mutter ergeben.

Die von mir für Rosalie postulierte Brüchigkeit befindet sich zunächst im Widerspruch zu der Mutter-Gestalt, die das Zeugnis konstruiert und in Passagen wie der folgenden festhält:

Jolly Z. (JZ): My mother always had a lot of courage and hope. She was a fighter always. Although she was a very sick woman by the time we were going [nach Auschwitz; JB]. She actually was doing better in the camp because she had so much fortitude and so much will to live that healthwise in a way she was stronger ...

Rosalie W. (RW): ... because of her. I know when I die then ... [Sie schüttelt den Kopf, deutet auf die Tochter] She don't fight for a little eating like I fight.
JZ: Each, each ...
RW: »Ah, Ma, we don't live anyway. Why you have to fight?« But I fighted.

In Zusammenhang mit diesem Widerspruch zwischen einer souveränen Rosalie und einer erschütterten Rosalie wird es mir darum gehen, die Abwehrhaltungen herauszuarbeiten, die den Überlebenden das Zeugnisablegen ermöglichen und die narrative Gestalt des Interviews prägen.

3.1.3 Bruchorientierte Lektüren –[128]
Zur Auswahl der interpretierten Vignetten

Bei der Auswahl der Interviewpassagen habe ich mich von Momenten der Widersprüchlichkeit leiten lassen, die sich im Prozess des gemeinsamen Erinnerns und Erzählens zwischen Mutter und Tochter ergeben. Diese vorübergehenden narrativen Dissonanzen werden weder von Rosalie und Jolly aufgegriffen und scheinen im Augenblick der Aufzeichnung fast unbemerkt verstrichen zu sein: Es entladen sich darin keine Affekte; ja, es entzünden sich daran auch nicht immer Fragen der Interviewer. Im Laufe der Aufzeichnung ist es von keiner Seite zu einem reflektierenden Umgang mit diesen Dissonanzen gekommen, obwohl sie deutlich gegen die überwiegend harmonische Erzähldynamik des Zeugnisses verstoßen.

Unvermittelt tauchen im gemeinsamen Erzählfluss inhaltliche Widersprüche auf und stören sein Gleichmaß. So enthält der Bericht über die Ankunft an der Rampe in Auschwitz deutliche Hinweise auf erhebliche Unterschiede in der Erinnerung von Mutter und Tochter. – Aber auch im Bericht über einen Mord, den der Lagerkommandant an einem in Eidelstedt, einem Außenlager des KZ Neuengamme, geborenen Säugling verübte, findet sich in den Darstellun-

---

128 Ich danke Prof. Andreas Hamburger (International Psychoanalytic University Berlin), der diesen Begriff in einem persönlichen Gespräch in Anlehnung an einen Aufsatz von Hermann Argelander geprägt hat, vgl. Hermann Argelander: Textstruktur und Interpretation, in: Psyche – Z. Psychoanal., 36 (1982), H. 8, S. 700–725.

gen von Mutter und Tochter eine deutliche Abweichung. – Und selbst um die Erinnerung an ein von Jolly gedichtetes Lied kristallisieren die Positionen der beiden Überlebenden völlig unterschiedlich aus und deuten sogar auf einen Konflikt zwischen Rosalie und Jolly hin. Alle drei Vignetten beziehen sich auf Situationen, die von Jolly und Rosalie gemeinsam durchlebt wurden. Dennoch zerfällt das Zeugnis jeweils in unterschiedliche Perspektiven, die sich nicht miteinander decken. Die Gemeinsamkeit, auf die beide Überlebende sich berufen, wird fadenscheinig. Anstatt diese Passagen jedoch zu verwerfen, weil sich das Zeugnis in ihnen selbst widerspricht, habe ich sie zu Ansatzpunkten meiner Interpretation gemacht. Zwar bedroht die Disparatheit dieser Interviewsequenzen die Glaubwürdigkeit der Überlebenden: Sie wäre zum Beispiel im Zusammenhang einer juristisch stichhaltigen Beweisführung nicht vertretbar, aber aus psychoanalytischer Sicht besitzen diese Passagen einen besonderen Zeugnischarakter. Sie bilden Bruchstellen in einer von beiden Überlebenden gemeinsam gebildeten Erzähloberfläche, an denen Beziehungsdynamiken in Erscheinung treten können, die im Laufe des Interviews ansonsten keine explizite Thematisierung erfahren.[129] Interpretierend werde ich deshalb nach der Bedeutung dieser Widersprüchlichkeiten im Hinblick auf die erzählten Inhalte, aber auch auf die Mutter-Tochter-Beziehung fragen. Diese narrativen Aussetzer fügen dem Zeugnis zu interpretierende Aussagen hinzu, die die Gemeinsamkeit des Mutter-Tochter-Narrativs nicht bewusst transportiert, die aber auch von den Interviewern fast an keiner Stelle aufgegriffen werden, sodass sie tatsächlich erst über die sekundäre Zeugenschaft der Rezeption zugänglich werden.

So wird meine Interpretation zu einer »bruchorientierten Lektüre«, die nach der Bedeutung der zwischen Rosalie und Jolly auftretenden Gegensätze fragt. Dabei verstehe ich Widersprüchlichkeit nicht nur als Hinweis auf latente Konflikte in der Beziehung zwischen Mutter und Tochter, die es nach ihrem Zusammenhang mit der in T-34 so stark betonten Gemeinsamkeit zu befragen gilt, son-

---

129 Analog spricht Laimböck in Zusammenhang mit dem »szenischen Verstehen« von einer »Brüchigkeit der Szenenoberfläche«, durch die zum Ausdruck kommt, was sprachlich nicht gebunden werden kann, vgl. Laimböck: »Szenisches Verstehen«, 2013, S. 888 f.

dern auch als Manifestationen einer psychischen Krise in der Reaktion auf die äußeren Bedingungen ihrer Verfolgung, auf die Rosalie und Jolly im Rahmen der Möglichkeiten ihrer Beziehung reagierten. So wird die grundsätzliche Ambivalenz einer Mutter-Tochter-Beziehung während der Shoah fassbar: Rosalies und Jollys Beziehung zeigt sich hier zum einen in ihrer Angreifbarkeit und Verwundbarkeit, wird aber zum anderen auch als psychische Enklave und Rückzugspunkt in der Konfrontation mit einer überwältigenden äußeren Realität und deren tödlichen Übergriffen thematisiert.

3.1.4 Verdeckte Affekte

Die eingehende Beschäftigung mit dem Zeugnis von Rosalie W. und Jolly Z. war für mein grundsätzliches Verständnis der Dynamiken innerhalb einer Mutter-Tochter-Beziehung von fundamentaler Bedeutung. In langen Sitzungen vor dem Abspielgerät gelang es mir allmählich, mich aus meiner Identifikation mit der Tochter zu lösen, mit der ich mich unbewusst gegen die Mutter verbündet hatte. Im Zuge dieser Ablösung kam mir die empathische Beschränktheit des töchterlichen Blickes auf die Mutter zu Bewusstsein. Gleichzeitig veränderte sich mein Blick auf Rosalie: Anfangs hatte ich sie als manipulativ und besitzergreifend gegenüber Jolly erlebt. Nun wurde sie mir in ihrer Anstrengung für die Tochter immer deutlicher. Meine empathische Haltung gegenüber der Mutter erlaubte es mir, jenseits der im Zeugnis immer wieder beschworenen Vitalität und Entschiedenheit ihres Überlebenskampfes ihre Betroffenheit durch die Verfolgung wahrzunehmen. Gleichzeitig wurde mir ihre Zurückhaltung, ja geradezu ihre Behutsamkeit in Gegenwart ihrer Tochter während des Interviews deutlich. Zwar zeigt sich an den Bruchstellen, dass Rosalie nicht immer die Erzählerwartungen ihrer Tochter erfüllt und stattdessen Erfahrungsaspekte ausplaudert, auf die Jolly von sich aus nicht zu sprechen kommen würde; aber andererseits scheint die Überlebende ihre Tochter noch im Moment der Aufzeichnung vor der Betroffenheit und den Ängsten, die sie selbst während der gemeinsamen Verfolgung erfahren hat, zu schützen. So ist die greise Rosalie, die von Jolly umsorgt wird, vor der laufenden Kamera auf den zweiten Blick durchaus in ihrer anhal-

tenden Fürsorge für die Tochter präsent. Gerade weil das Zeugnis
die fundamentale Asymmetrie, auf der die Beziehung der beiden
Überlebenden beruht, nicht überwindet, gewinnt mein Interpretationsvorhaben, wenn ich die Unterschiedlichkeit der Positionen von
Mutter und Tochter im Bewusstsein halte und ihre Bedeutung für
die Gestalt des gemeinsamen Zeugnisses reflektiere.

Neben der empathischen Öffnung auf Rosalies und Jollys Interview meldete sich aber beharrlich und deutlich auch ein tiefes Unbehagen in mir. Es geht etwas Verführerisches von diesem Zeugnis
aus, das auf den ersten Blick so schön und anmutig daherkommt:
gut strukturiert, reich an Details, voller starker Momente und intensiven Erlebens. Man kann darüber beinahe vergessen, dass es sich
um die Geschichte zweier Frauen handelt, deren Familie in den Gaskammern von Auschwitz fast völlig ausgelöscht wurde und deren
eigenes Überleben als Sklavenarbeiterinnen auf deutschem Boden
bis zu ihrer Befreiung im April 1945 ebenfalls an einem seidenen
Faden hing.[130] Zu der bemerkenswerten Gefasstheit des Zeugnisses
gehört auch Jollys unerschütterlicher Glaube an die Menschen und
an deren Fähigkeit, zwischen Gut und Böse zu unterscheiden. Die
Überlebende hat ihrer Verfolgungserfahrung die Erkenntnis abge-
wonnen, dass diese Unterscheidung nicht mit der Täter-Opfer-Di-
chotomie zusammenfallen muss, und vertritt einen Humanismus,
der einem im Zusammenhang mit so entsetzlich besetzten Begriffen
wie »Auschwitz«, »Lagerhaft« oder »Bergen-Belsen« geradezu den
Atem verschlägt. Natürlich war es verlockend, mich dieser Philosophie zu überlassen und die Überlebende wie eine Art Heilige zu
verehren. Aber im Hinblick auf die traumatische Vernichtung, die
sich mir in anderen Zeugnissen von Überlebenden der Shoah mit-

---

130 Rosalie W. und Jolly Z. gehören zu einem relativ kleinen Kontingent von 2600
  ungarischen Juden, die von Auschwitz zur Zwangs- und Sklavenarbeit in die
  Außenlager des KZ Neuengamme geschickt wurden, vgl. Gerlach/Aly: Das letzte
  Kapitel, 2002, S. 381, Anm. 22. Sie erreichten Hamburg vermutlich im Juli 1944,
  wo sie zunächst im Lager Freihafen (Dessauer Ufer) und dann in Eidelstedt gefangen gehalten wurden. Zu den Frauenaußenlagern des KZ Neuengamme, vgl.
  die Studie von Hans Ellger: Zwangsarbeit und weibliche Überlebensstrategien.
  Die Geschichte der Frauenaußenlager des Konzentrationslagers Neuengamme
  1944/45, Berlin 2007, bes. S. 76–95 sowie S. 273–308.

teilte, drängte sich mir die Frage auf, warum diesem Zeugnis kein Schrecken in den Knochen zu sitzen schien.[131]

Der Gedanke, dass ihr absolutes Beharren auf Humanität Teil von Jolly Z.s Überlebenskampf sein könnte und, dass es für diese Überlebende möglicherweise für den Rest ihres Lebens von existenzieller Bedeutung geblieben war, trotz der Rampe von Auschwitz, auf der sie von ihrer Familie getrennt worden war, trotz ihrer unmenschlichen Versklavung und trotz ihres drohenden Hungertodes in Bergen-Belsen, an einer grundsätzlichen Entscheidungsfreiheit des Menschen für das Gute festzuhalten, stellte sich erst auf dem Wege einer Gegenübertragungsanalyse ein: Jollys Bericht über ein Gespräch, zu dem sie in der Schreibstube des Lagers Eidelstedt vom Kommandanten Kümmel genötigt worden war, löste in mir Empörung und Wut aus. Zunächst schämte ich mich deswegen: Es kam mir vor, als ob ich mit den deutschen SS-Frauen und dem Kommandanten sympathisierte, über deren mangelnde Intelligenz und fehlende Bildung sich Jolly Z. an dieser Stelle ihres Interviews ausgesprochen abfällig äußert. Erst als ich meine Reaktion als Hinweis auf Aggressionen der Überlebenden deutete, ging mir auf, dass Jolly während ihrer Verfolgung offenbar mit starken Affekten zu kämpfen gehabt hatte, was sie aber in ihrem Zeugnis nicht thematisiert.[132] Zwar kann sie nachträglich und rückblickend über ihrer Verfolgungserfahrung stehen, aber das sagt wenig über die psychische Intensität ihres Überlebenskampfes zur Zeit ihrer KZ-Gefangenschaft. In diesem Zusammenhang stellt sich mir die Philosophie der Überlebenden als ein Selbstschutz dar. Hinter dem moralischen Postulat stecken Affekte, die Jolly als KZ-Gefangener in ihrer Umgebung, aber auch an sich selbst begegnet sein müssen. Die Wichtigkeit dieser Neutralisierung aggressiver Impulse erklärt sich vielleicht am besten im Kontext der Beobachtung von Krystal und

---

131 Tatsächlich bin ich mit meinem Unbehagen nicht allein: In den beiden Einzelinterviews von Jolly, auf die ich weiter unten eingehe (s. Anm. 135), haben sich offenbar auch ihre Interviewer an ihrer Philosophie gerieben: Die Journalistin Laurel Vlock resigniert in T-220 mit den Worten: »*How can I ask questions?*« – Der Literaturwissenschaftler Lawrence Langer stellt in T-972 skeptische Fragen, weil sich Jollys Haltung nicht mit dem vereinbart, was er aus anderen Zeugnissen über den Überlebenskampf gelernt hat.

132 Ich danke Prof. Marianne Leuzinger-Bohleber (Universität Kassel), die mich zu dieser Sichtweise ermutigte.

Niederland, dass Aggressionen für Überlebende der Shoah einen wesentlichen pathogenen Faktor bilden.[133] Allerdings lässt sich nicht mit
Sicherheit entscheiden, ob die Überlebende Affekte zu regulieren versucht, die ihren Erinnerungsprozess begleiten, oder ob sie sich von
Aggressionen distanziert, die Teil ihres Überlebenskampfes waren.[134]
   Im Zusammenhang mit den unterschwelligen Affekten des Zeugnisses erhielten nun auch die bereits oben beschriebenen Bruchstellen ihre Bedeutung für meine Arbeit: Der bisweilen gegenläufigen
Erzählperspektive Rosalies verdanken sich nämlich viele Hinweise
auf die Affekte der jugendlichen Jolly, z. B. auf deren Angst, Hilflosigkeit, Aufruhr, Empörung etc. Damit sind die Aussagen von Jollys Philosophie nicht etwa annulliert, sondern werden in ihrer existenziellen Spannung zu der ursprünglichen Erfahrung deutlich. Die
Erkenntnis, die die Überlebende für sich in Anspruch nimmt, ist
einem tiefen Schrecken, möglicherweise auch über sich selbst abgerungen. Problematisch wird diese Philosophie erst, wenn ich mich
als Interpretin auf sie berufe: Im Gegensatz zu den Überlebenden,
denen es in ihrem Zeugnis gelingt, dem Schrecken ihrer Erfahrung
mit außerordentlicher Gefasstheit und Selbstkontrolle zu begegnen,

---

133 Henry Krystal/William G. Niederland: »Clinical Observations on the Survivor
     Syndrome«, in: Henry Krystal (Hrsg.), Massive Psychic Trauma, New York 1968,
     S. 327–348; hier S. 343 ff.

134 Tatsächlich wird Aggression von Überlebenden als treibende Kraft ihres Über-
     lebenskampfes kaum je beschrieben. Der niederländische Überlebende Lou
     Micheels erinnerte sich immerhin an Bestrafungsphantasien, die er mit seinen
     Mitgefangenen in Auschwitz entwickelte, um sich an den SS-Männern zu rä-
     chen, vgl. Claude Lanzmann: »The Obscenity of Understanding: An Evening
     with Claude Lanzmann«, in: Cathy Caruth (Hrsg.), Trauma: Explorations in
     Memory, Baltimore/London 1995, S. 200–220, hier S. 216 f. – Wichtig erscheint
     mir dabei, dass es sich hier um Phantasien handelte. Grundsätzlich wäre offene
     Aggression gegen die Wachleute für KZ-Gefangene sicherlich lebensbedrohlich
     gewesen. Immerhin erlaubt die Phantasiebildung den Rückschluss, dass die KZ-
     Gefangenen mit erheblichen Aggressionen zu kämpfen hatten. – Zur Aggression
     von Kindern und Jugendlichen, die ohne ihre Eltern überlebten und nach dem
     Krieg in Großbritannien bzw. in den USA adoptiert wurden, vgl. die Arbeiten
     von Anna Freud: »An Experiment in Group Upbringing« (1951), in: The Wri-
     tings of Anna Freud, Volume IV, Indications for Child Analysis and Other Papers
     1945–1956, New York 1968, S. 163–229 und Editha Sterba: »The Effect of Per-
     secutions on Adolescents«, in: Henry Krystal (Hrsg.), Massive Psychic Trauma,
     New York 1968, S. 51–60, wobei es sich allerdings jeweils um Aggression in der Re-
     aktion auf die Lebensverhältnisse nach der Befreiung geht.

muss ich mir in der Rezeption gerade die Erfahrungsaspekte vergegenwärtigen, die unter der harmonischen Erzähloberfläche liegen. Diesen perspektivischen Unterschied meiner sekundären Zeugenschaft gilt es bei der Interpretation, sowohl im Zusammenhang mit Jolly Z.s Philosophie als auch mit der Mutter-Tochter-Beziehung der beiden Überlebenden zu berücksichtigen. – Zweifellos hat diese Beziehung tatsächlich die Shoah überlebt: Beiden Frauen sind in ihrer Beziehung zueinander seelische Möglichkeiten zugewachsen, die sie in ihrem Kampf ums Überleben stützten, aber ich darf nicht übersehen, dass diese Gemeinsamkeit verteidigt werden musste und während der Verfolgung auf der Kippe zum Verlust stand. Die Kontinuität ihrer Beziehung bleibt rückblickend der größte Sieg von Rosalie und Jolly – aber zu den vielen Ängsten, in denen sie während der Shoah leben mussten, gehörte sicherlich auch die Angst um einander.

Für mich als Interpretin bedeuten die Bruchstellen, an denen das Prekäre der Beziehung während der Shoah und die Verunsicherung zwischen Mutter und Tochter sich deutlich zeigen, also Momente der Absicherung, weil sie das Zeugnis für einen Schrecken durchlässig machen, der sich zwar im vorigen Kapitel als überwältigend und traumatisch gezeigt hatte, in T-34 aber zunächst keine Rolle zu spielen scheint. Die beiden Überlebenden sichern sich mit Hilfe ihrer Gemeinsamkeit im Moment der Aufzeichnung ab. Es bleibt zu fragen, inwieweit sie den Schutz, den sie beim Erzählen und Erinnern in Anspruch nehmen, auch in der Zeit ihrer Verfolgung miteinander finden konnten.

3.1.5 Zu Jollys Einzelinterviews T-220 und T-972[135]

Rosalies und Jollys Mutter-Tochter-Beziehung lässt sich anhand des vorhandenen Videomaterials aber noch auf einer weiteren Ebene nachvollziehen: Während T-34 die Interaktion der beiden Überlebenden zum Zeitpunkt der Aufzeichnung dokumentiert und unzäh-

---

135 Jolly Z.: Holocaust Testimony (T-220), Fortunoff Video Archive for Holocaust Testimonies, Yale University Library; aufgenommen am 18. Januar 1983. Interviewer waren Dori Laub und Laurel Vlock. Jolly Z.: Holocaust Testimony (T-972), Fortunoff Video Archive for Holocaust Testimonies, Yale University Library; aufgenommen am 21. Januar 1988. Interviewer waren Lawrence Langer und Dori Laub.

lige Hinweise auf die Beziehung während der Verfolgung enthält,
gibt es mit T-220 und T-972 zwei Einzelinterviews von Jolly Z., in
denen die Tochter ihre Geschichte ohne ihre Mutter erzählt. T-220
entstand 1983 offenbar auf Initiative der Überlebenden. T-972 (1988)
gehört zu einer kleinen Gruppe von Wiederholungsinterviews, deren Charakter sich von den eigentlichen Zeugnissen insofern unterscheidet, als die Überlebenden von ihren Interviewern explizit über
die Gestalt ihrer Erinnerung, das Verhältnis zur eigenen Erfahrung
und ihre vorige Interviewerfahrung befragt wurden. Entsprechend
rekurriert dieses zweite Einzelinterview zwar auf einige bereits aus
T-34 bekannte Erzählinhalte, enthält aber kaum inhaltliche Ergänzungen.

In T-220 und 972 spricht die Tochter aus ihrer Sicht über ihre
Mutter, wobei auffällt, dass Jolly in ihren beiden Einzelinterviews
kaum für Rosalie zu sprechen versucht, sondern sich als deutlich
von der Mutter abgegrenzt präsentiert. Der Eindruck, ihr Überleben könnte sich weitgehend dem mütterlichen Einsatz verdankt
haben, entsteht vor allem durch das gemeinsame Interview. Zwar
erkennt Jolly in Rosalies Abwesenheit die Anstrengung der Mutter,
ihrer beider Überleben zu sichern, grundsätzlich an, aber der Darstellung ihres eigenen Überlebenskampfes fehlt das Gegengewicht
von Rosalies Narrativ, sodass die Autonomie der Tochter stärker
im Vordergrund steht.

Diese Schwerpunktverlagerung ergibt sich nicht einfach aus den
veränderten Rahmenbedingungen der Aufzeichnung ohne die Mutter, sondern scheint auch in Jollys Interesse zu liegen. So erwähnt
sie in T-972 zwar teilnahmsvoll, wie schwierig es für ihre Mutter
damals gewesen sein muss, das eigene Kind hungern zu sehen. Zugleich versäumt sie es aber nicht zu bemerken, dass der Kampf um
das Leben ihrer Tochter Rosalie sicherlich einen guten Grund gab,
an ihrem eigenen Leben festzuhalten. Damit macht sie sich zwar
eine Sichtweise der Mutter zu eigen (s. o.), aber im Mund der Tochter erhält derselbe Gedanke eine andere Färbung: Offenbar ist es für
Jolly wichtig, sich selbst nicht in ihrer Abhängigkeit von der Fürsorge ihrer Mutter zu zeigen, sondern sich vor allem als Gebende
darzustellen, die zu Rosalies Überleben beigetragen hat. – Der di-
rekten Frage, ob es aus ihrer Sicht einen Unterschied gemacht hätte,
wenn sie nicht gemeinsam mit ihrer Mutter deportiert worden wäre,

weicht Jolly im dritten Interview zwar zunächst aus: *»There is no way to know.«* (Das kann man nicht wissen.) Aber dann fügt sie an, Rosalie sei körperlich viel ausdauernder als sie selbst gewesen, allerdings habe sie selbst ein *»lucky streak«* besessen: Etwas an ihr habe in anderen Menschen Beschützerinstinkte zu wecken vermocht, sodass sie vielleicht auch alleine hätte überleben können. – Immerhin erlaubt sie sich hier die Vorstellung, dass sie im KZ ohne die Mutter zurecht gekommen wäre, wobei das eigene Überleben allerdings auch weiterhin von der Hilfe anderer abhängig bleibt. Offenbar kann sich Jolly zwar ohne ihre Mutter denken, aber grundsätzlich nicht ohne Bindung an ein Gegenüber.

Tatsächlich manifestiert sich in allen drei Interviews eine erstaunliche Fähigkeit der Überlebenden, in ihrer Vorstellung die Menschlichkeit ihres Gegenübers zu konstruieren, um sich so in Beziehung zu setzen. Dabei handelt es sich, wie die Überlebende mehrmals betont, nicht um nachträgliche Bearbeitungen, sondern um Erinnerungen an sich selbst als Jugendliche: Während sie sich beim Abtransport auf dem Klavier begleitete und sang, fragte sie sich, was der Wachmann, der sie abführen sollte, wohl über sie dachte (T-34 und T-220). Eine blonde SS-Frau, die bei Erdarbeiten über ihr stand, weckte in ihr die Überlegung, dass diese Person unter anderen Umständen vielleicht eine Krankenschwester hätte sein können (T-34). Deutsche, mit denen sie in einem Bunker in Kontakt kamen, erlebte sie in deren Angst, sich den KZ-Gefangenen zu nähern (T-34). Auf die Frage des Interviewers: *»Did you think of how you looked?«* antwortet sie: *»Well, we saw each other.«* (T-34). Der Zahnarzt, der als Funktionshäftling tatenlos zusah, als ein SS-Mann, der sich auch einmal als Zahnarzt versuchen wollte, ihm die Zange abnahm und Jolly ohne Betäubung einen Zahn aus dem Kiefer brach, litt in ihrer Vorstellung mit ihr (T-34 und T-972). – Diese Versuche, sich in andere hineinzudenken, zeugen von der seelischen Begabung der Überlebenden an ihrem Gegenüber anzuknüpfen und sich selbst in diesen meist nur phantasierten Beziehungen zu bewahren. Wäre die SS-Frau eine Krankenschwester gewesen, hätte sich Jolly von ihr als Patientin pflegen lassen können. Anstatt sich vor den Hamburger Zivilisten zu schämen oder von ihnen bemitleiden lassen zu müssen, stellte Jolly über deren bemitleidenswerte Angst eine gewisse Gleichheit mit ihnen her. Es

war ihr nicht denkbar, dass sie in der Vorstellung des bedrohlichen
Wachmannes, der sie aus ihrem Elternhaus abholte, nicht existierte.
Und sie musste sich auch nicht an den Sadismus des SS-Mannes verlieren, solange sie daran glauben konnte, dass der hilflose Zahnarzt
um ihren Schmerz wusste und mit ihr litt. – Die anderen Menschen
dienten hier offenbar als Spiegel, in denen sich die Jugendliche gerade in solchen Momenten selbst denk- und wahrnehmbar blieb,
in denen sie sich bedroht fühlen musste. Stelle ich die psychische
Begabung der Überlebenden, sich in Beziehung zu anderen zu erleben und vorstellbar zu sein, in den Kontext ihrer Mutterbindung,
wird die Beziehung zu Rosalie als ein durchaus positives Modell für
Jollys Beziehungsfähigkeit nach innen und außen fassbar. Es wird
wichtig sein, die sich hier abzeichnende Beziehungsmatrix im Hinblick auf traumatische Erfahrungsaspekte im Verlauf meiner Interpretation weiter zu durchdenken.

Aber selbst wenn sich mir Jollys Beziehung zu ihrer Mutter
grundsätzlich als positiv darstellt, sagt das nichts über ihr subjekti-
ves Erleben ihrer Beziehung zu Rosalie. Offenbar löst die Asymmetrie des gemeinsamen Überlebenskampfes ein starkes Unbehagen
in der Tochter aus. Er thematisiert eine entsetzliche Abhängigkeit
von der Mutter: Im Kontext von Jollys psycho-emotionaler Entwick-
lungsgeschichte steht ihre Hilflosigkeit als Kleinkind in der Frühzeit
ihrer Mutterbeziehung im Vordergrund. Dieser Entwicklungsaspekt
berührt sich aber gefährlich mit ihrem Zustand als KZ-Gefangene,
der ebenfalls durch eine fundamentale Hilflosigkeit und Todesnähe
geprägt war. Musste Jolly also die Fürsorge der Mutter abwehren,
weil sich damit die Erinnerung an ihre kindliche Hilflosigkeit verband – eine Hilflosigkeit, der sie sich im KZ nicht hingeben durfte,
wenn sie überleben wollte? Thematisiert also die Gegenwart der
Mutter, über deren Liebe zur Tochter und Hingabe an sie das Zeugnis keine Zweifel lässt, für die überlebende Jolly auch immer die
existenzielle Bedrohung ihrer Zeit im KZ? Ist auch in diesem Fall
die Vorstellung von der schützenden Mutter durch die Verfolgungserfahrung letztlich verdunkelt?

3.2 Bruchstelle 1: Ankunft an der Rampe von Auschwitz

3.2.1 Die unterschiedlichen Erzählperspektiven von Mutter und Tochter

Rosalie W. und Jolly Z. wurden im Mai 1944 gemeinsam mit ihrem Mann/Vater und rund 40 Angehörigen nach Auschwitz deportiert.[136] Sie stammten aus der Stadt Užhorod (Ungvár), die in der Karpato-Ukraine liegt, einem Gebiet, dessen politische Zugehörigkeit sich im Laufe seiner Geschichte wiederholt gewandelt hat. Während die Stadt heute in der Ukraine liegt, hatte sie 1926, als Jolly Z. geboren wurde, zur Tschechoslowakei gehört, ehe sie im März 1939 von den Deutschen an das verbündete Ungarn zurückgegeben wurde. Diese wechselhaften Umstände erklären auch, weshalb zumindest Rosalie W. neben Ungarisch und Tschechisch auch Deutsch sprach – ihre Schulzeit war in eine Phase gefallen, als die Karpato-Ukraine zu Österreich-Ungarn gehörte, und sie hatte damals eine deutsche Schule besucht.

Der Bericht der beiden Überlebenden über ihre Ankunft in Auschwitz beginnt im Grunde mit der Zugfahrt dorthin.[137] Jolly erinnert sich daran, dass bei ihrer Ankunft ein Orchester spielte, und Rosalie die Tochter mit dem Vorschlag »Gee, you'll be able to play the piano« aufzumuntern versuchte. Die Mutter erinnert dagegen, dass ein Mitglied des Häftlingskommandos, das beim Entladen der Züge an der Rampe eingesetzt wurde, den ankommenden Müttern zuflüsterte, sie sollten ihre kleinen Kinder im Waggon zurücklassen, was die Überlebende mit der Frage kommentiert »But who leave a child? Which mother go down leave the babies? [...] Who give up two,

---

136 Die beiden Überlebenden nennen in T-34 den 15. Mai als Datum ihrer Ankunft. Dagegen gibt Danuta Czech in ihrem »Auschwitzkalendarium« den 16. Mai 1944 als den Tag an, an dem die ersten drei Deportationszüge aus Ungarn die Rampe in Auschwitz erreichten, vgl. »Das Auschwitz-Album«, S. 64. Da Jolly nach Auskunft der Archivarin des Fortunoff Video Archives, Joanne Rudof, ihre Mutter auf einem der Bilder des »Auschwitz-Albums« wiedererkannt hat, müsste das Ankunftsdatum ihres Transportes allerdings der 24. Mai 1944 gewesen sein.

137 Die Transporte aus Ungarn dauerten drei bis vier Tage, vgl. Gerlach/Aly: Das letzte Kapitel, 2002, S. 276.

three children and go out?« Die letzte Begegnung mit dem Mann/
Vater droht, beide Frauen aus der Fassung zu bringen, sodass der
gemeinsame Redefluss des Zeugnisses für Momente völlig versiegt.
Gleichzeitig enthält das Zeugnis mehrere Hinweise darauf, dass weder Mutter noch Tochter im Augenblick der Trennung wissen oder
glauben konnten, dass sie ihre Verwandten niemals wiedersehen
würden. Tatsächlich scheinen sie ihre Situation nicht verstanden zu
haben: »*And we had no idea where we are. We had no idea what's
coming. We still tried to keep together because that was always the
most important part.*«[138] Daher nehme ich die tiefe Trauer der beiden
Überlebenden während der Aufzeichnung als Hinweis darauf, dass
ihr Wissen von der Ermordung der Familie ein nachträgliches ist:

JZ: And little did we realize that while the band was playing my father, he
had eight brothers and sisters, all married ...
RW: The children ...
JZ: ... some of them had eight, six, four, five children; around fourty cousins, all my aunts and uncles and my father were killed that morning in the
gaschambers.

Dieses schmerzliche Wissen war nicht Teil der ursprünglichen Erfahrung, sondern weist eindeutig auf eine nachträgliche Bearbeitung der eigenen Erinnerungen im weiteren Lebensverlauf hin. Deshalb gehe ich also davon aus, dass die starken Emotionen, die im
Zusammenhang mit der Ankunft in Auschwitz im Augenblick der
Aufzeichnung auftreten, nicht den seelischen Zustand reflektieren,
in dem Mutter und Tochter durch die Selektion an der Rampe gingen.[139] Dagegen erlaubt mir die narrative Dissonanz, die sich im
Zusammenhang der Ankunft in Auschwitz zwischen Mutter und

---

138 Gerlach/Aly betonen ausdrücklich, dass die ungarischen Juden trotz ihrer his-
torisch späten Ankunft in Auschwitz meist vollkommen ahnungslos waren, wo
sie sich befanden, vgl. ebd., S. 289 f.
139 Suzanne Kaplan weist in ihrer Studie unter dem Titel Children in the Holocaust.
Dealing with Affects and Memory Images in Trauma and Generational Linking,
Dissertation, Stockholm University 2002, wiederholt auf diesen wichtigen Unterschied zwischen Affekten, die den narrativen Akt bzw. den Erinnerungsprozess
begleiten und der emotionalen Verfassung in der akuten Erfahrungssituation
hin.

Tochter bildet, einige Schlüsse auf die unmittelbaren seelischen Begleitumstände der Selektion.

Zuerst beschreibt Jolly ihre Eindrücke:

And we were standing in rows of five and as we approached the officer who was doing the selection – just with his finger [macht es vor]: »Right« and »Left« – ah, he sent my mother to one side [zeigt nach rechts] and me to another side [zeigt nach links]. And we have no idea what it means. Somehow instinctively we came back and met in front of him and my mother held onto me and said in German: »Bitte, lassen Sie mich mit meiner Tochter.« Which means: »Please, let me stay with my daughter.« And he noticed how nice she speaks German and he says: »How come you speak German?« She says: »Well, I went to German school.« He said: »Well, get lost.« But he didn't tell us to the right or to the left. And instinctively we went to the side where it meant life. But we could have might as well go to the other side.

Jolly Z.s Schilderung wirkt hermetisch und starr, was besonders auffallen muss, weil dies ihrer ansonsten anschaulichen und lebendigen Erzählweise nicht entspricht. Der ursprüngliche Vorgang wirkt wie ein Traum, dessen rätselhaften Regeln sie sich nicht entziehen kann und dessen eigentliche Bedeutung noch darauf wartet, von ihr erfasst zu werden. Der Finger des Deutschen tickt wie ein Metronom hin und her, und Mutter und Tochter wenden sich in seinem Takt nach entgegengesetzten Seiten voneinander ab. Aber wie in einer Choreographie gehen sie nur auseinander, um wieder zusammen zu kommen. Nach einem merkwürdigen Austausch über die Deutschkenntnisse der Mutter werden die beiden Frauen fortgeschickt und finden ihren Weg sicher auf die Seite *where it meant life«.

Vergisst man für einen Moment, was diese Trennung von Rosalie und Jolly eigentlich implizierte, teilt sich die Selektion als ein hypnotisches Ballett mit, das präzise und mechanisch ablief. Die Tochter scheint ohne eigenen Antrieb ganz auf diesen Mechanismus beschränkt gewesen zu sein. Entsprechend wirkt ihre Erklärung, weshalb sie mit ihrer Mutter zusammenblieb, eindimensional und bleibt im Grunde die Erklärung schuldig: »Instinktiv« hätten sich Mutter und Tochter aufeinander zubewegt und sich vor dem Deutschen wiedergefunden; »instinktiv« wählten sie die Seite der

Selektion, die Leben bedeutete. »Instinkt« wird in Jollys Erzählung zu dem inneren Kompass, mit dessen Hilfe die beiden Frauen ihre Beziehung trotz der Selektion auf Kurs hielten.

Dabei wirkt die Tochter als Erzählerin aber nicht nur dem Ereignis entrückt, sie spricht auch ohne Selbstbezug. Offenbar legt sie in Abwesenheit eines »*observing ego*«, einer auf sich selbst reflektierenden seelischen Instanz Zeugnis ab, denn die ganze Vignette kommt ohne ein erzählendes »Ich« aus.[140] Das Selbst der Überlebenden fällt als »Interpret der eigenen Erfahrung« und als »Instanz, die Bedeutung zuweist«[141], aus. Stattdessen ist ein undifferenziertes »Wir« zum modus operandi ihres Berichtes geworden, das sich zunächst mindestens auf alle Frauen und Kinder in ihrer Familie bezieht (*»we were standing in rows of five«*). Dann ist die ganze Familie spurlos aus dem Zeugnis verschwunden, während Jolly selbst lediglich als (grammatisches) Objekt ihre Anwesenheit geltend macht: Sie wird von dem deutschen Offizier auf die eine Seite geschickt, wird von der Mutter gehalten und ist ein Gesprächsgegenstand. Schließlich hat sie sich mit Rosalie zu einem »Wir« verschmolzen, sodass Mutter und Tochter eine undifferenzierte Einheit bilden, die es zwangsläufig auf die richtige Seite zieht.

Es ist den gezielten Rückfragen des Interviewers zu verdanken, dass Jolly ihren Bericht fast widerstrebend präzisiert, so als erzwinge erst die Intervention eines Dritten die Differenzierung des amorphen »Wir« der Dyade. Die hypnotische Gemeinschaft mit der Mutter, die Jolly zunächst erinnerte, wird für die aktive Rolle durchlässig, die Rosalie bei der Selektion zugefallen war.

Interviewer: Who pulled whom to that side?
JZ: I really don't remember. We just both walked over.
Interviewer: Maybe your mother does?
JZ: I think my mother tells me now that she wanted to go where the young people were sent because somebody in the ghetto, I understand an SS in the ghetto told her that whenever a selection is taking place she should go where young and capable people are sent. [RW nickt] That means we'll be able to go to work.

---

140 Vgl. Laub/Auerhahn, »Knowing and Not Knowing«, 1993, S. 295.
141 Beide Zitate Boulanger: »From Voyeur to Witness«, 2005, S. 24.

Mit dem Auftauchen der Mutter im Zeugnis der Tochter beginnt die Starrheit der geschilderten Choreographie sich zu lockern: Es wird offenkundig, dass Jollys hermetische Darstellung der Selektion nur scheinbar für beide Frauen spricht. Vielmehr verleugnet ihre Erzählung die Trennung von der Mutter, die ja tatsächlich vollzogen worden war, und impliziert, dass die Selektion die Beziehung zur Mutter nicht außer Kraft hätte setzen können. Rosalies Wissen, das ihr zumindest half, sich mit Jolly auf die richtige Seite zu stellen, vereinbart sich jedoch nicht mit einer instinktiven Verhaltensweise und lässt auch an der von der Tochter postulierten Choreographie der Unzertrennlichkeit Zweifel aufkommen. Letztlich verleugnet Jolly aber nicht nur ihre gewaltsame Trennung von Rosalie, sondern verwischt ebenso deren Handlungsfähigkeit. Anstatt sich im Unterschied zu dem Wissen ihrer Mutter zu formulieren, kommt diese dem Zeugnis der Tochter in ihrer Unabhängigkeit und Initiative abhanden. Um diese Erzählhaltung besser zu verstehen, beziehe ich nun Rosalies Bericht von der Selektion in meine weiteren Überlegungen mit ein:

Rosalie W.	Interviewer	Jolly Z.
	And you walked off the train …	
Yeah.		
	What next? Next moment?	
No. We went in a place …		
	Oh, no!	
		[zu ihrer Mutter] *The selection.*
	Next moment.	
		[zu ihrer Mutter] *The selection.*
Oh, when Mengele … the selection!		
		[sagt ihr vor] *We came down from the train. Then we …*

Rosalie W.	Interviewer	Jolly Z.
... so we went. He was there and he looked: who was young was on the right side – who was old or with children on the left side.		
		And then we were ...
Hm?		
		We were separated ...
We was separated and I looked at her. She looked at me: »*Ma!*« [ahmt die flehentliche Gebärde ihrer Tochter nach] *And I went to him and I said to him:*		
		[zu den Interviewern] *We met before him.*
»*Gentleman, please, let me to my daughter.*« *He said:* »*From where you speak so good German?*« *I said:* »*I have German schools.*« *And he asked me how old I am. At that time I was 43 – And I don't know – somebody told me – and I said* »*38*«. *When I would say the true, I would go on the left side. I said 38. Maybe my mother was there.*		
		[lächelnd zu den Interviewern] *She means her mother from Heaven.*
We were kissing and crying. We are together. And then they took us to cut out the hair and to take away the clothing, everything		

Verglichen mit der blutleeren Schilderung der Tochter, strotzt der Bericht der Mutter vor Emotionen und gibt das Drama der Trennung eindrücklich wieder. Rosalie erinnert sich nicht nur an die

Erleichterung, die Mutter und Tochter erfasste, sobald sie die unfreiwillige Trennung überwunden hatten (»*We were kissing and
crying*«) – sie erwähnt auch Jollys Verzweiflung in dem Augenblick,
als sie allein auf der anderen Seite stehen musste. Rosalies narratives »*we*« verwischt die Unterschiedlichkeit der beiden Frauen
nicht und gibt der Tatsache ihrer Trennung widerstandslos nach:
Auf der einen Seite fleht die Jüngere in ihrer Angst, auf der anderen Seite steht die Ältere, die es tatsächlich wagt, sich dem Gang
der Selektion zu widersetzen. Zwar mag die undifferenzierte Verwendung des Personalpronomens im Zeugnis der Tochter für die
Kontinuität ihrer emotionalen Bindung an Rosalie sprechen, aber
trotzdem beruht die Kraft dieser Bindung nicht auf einem Instinkt.
Vielmehr bezieht das Zeugnis der Mutter mit großer Entschiedenheit eine empathische Position, die grundsätzlich auf der Fähigkeit, sich in andere einzufühlen, und auf einem intakten Selbstbezug beruht. Diese empathische Position ermöglicht es Rosalie, in
ihrem Zeugnis nicht nur für sich selbst, sondern ebenso für Jolly
zu sprechen.[142] Bei der Ankunft in Auschwitz konnte sich die Mutter in Jolly einfühlen, sich auf das Bedürfnis ihrer Tochter beziehen und deren Erwartung erfüllen, ihr als Mutter schützend zur
Seite zu stehen. Die fundamentale Bedeutung dieser mütterlichen
Aktion an der Rampe von Auschwitz wird aber erst vollkommen
deutlich, wenn man mit Laub und Auerhahn bedenkt, dass »(i)n
the concentration camps, the sadistic, bureaucratic killing dispro-
ved this basic expectation«, dass die eigenen Bedürfnisse eine empathische Reaktion auslösen.[143] In einem Umfeld, in dem nach Tarantelli »the simple assumption of life is detroyed (so that) being
alive is no longer natural«[144], bedeutete Rosalies Zuwendung weit
mehr als eine mütterliche Geste, denn sie hielt die Verbindung zu
ihrem Gegenüber lebendig. Damit war ihre empathische Position
der äußeren Realität von Auschwitz diametral entgegengesetzt,

---

142 Zur Bedeutung einer empathischen Haltung im Zusammenhang mit einem see-
     lischen Trauma vgl. Laub/Auerhahn: »Failed Empathy«, 1989 sowie im Zusam-
     menhang mit dem Versuch, Zeugnis abzulegen vgl. Laub: »Bearing Witness«,
     1992, S. 71 f.
143 Laub/Auerhahn: »Failed Empathy«, 1989, S. 378 f.
144 Tarantelli: »Life within Death«, 2003, S. 925.

die man mit Boulanger als eine »indifferent reality«[145] verstehen kann – als eine gleichgültige Realität, die in keiner Weise auf die Bedürfnisse der in ihr Befangenen Bezug nahm und totale Vernichtung implizierte.

3.2.2 Die Verschränkung von Trauma und Empathie in der Mutter-Tochter-Dyade

Aber die narrative Bruchstelle wirft nicht nur ein neues Licht auf Rosalies Beteiligung an der Selektion, sondern lässt Jolly in ihrer Betroffenheit durch die Ereignisse erkennbar werden: Erst durch die Mutter ist zu erfahren, dass Jolly Rosalie anflehte, sie nicht alleine zu lassen. Offenbar hatte die Selektion die Tochter in Angst und Schreck versetzt. Wie vereinbart sich aber dieser starke Affekt mit der hypnotischen Gestalt, die Jollys Zeugnis annimmt, als sie die Selektion zu beschreiben versucht? – Zwar taucht Jollys Angst nicht inhaltlich in ihrem Bericht auf, aber sie ist auch ohne die Vermittlung eines erzählenden Ichs in das Zeugnis eingeschrieben: Man könnte sagen, ihre Darstellung der Selektion ist vor Angst gelähmt. Entsprechend bleibt die Überlebende während der Aufzeichnung ohne Beziehung zur eigenen Erfahrung. Diese Unverbundenheit verstehe ich als Hinweis auf eine traumatische Dissoziiertheit oder Fragmentierung, in die sie bei der Ankunft in Auschwitz offenbar zunehmend abgerutscht war. Auch in diesem Zeugnis stößt man also auf Symbolisierungsschwierigkeiten, wie sie im Zusammenhang mit traumatischen Erfahrungsaspekten typisch sind.[146] Diese Problematik fällt aber erst bei einer bruchorientierten Lektüre auf, die es sich erlaubt, nach dem Zusammenhang der widersprüchlichen Erzählperspektiven zu forschen.

Auf die Anwesenheit traumatischer Erfahrungsaspekte deutet auch der weiter oben bereits dargestellte fehlende Selbstbezug der

---

145 Boulanger: Wounded by Reality, 2007, S. 59.
146 Zum Zusammenbruch der Symbolisierung im Zusammenhang mit einem Trauma vgl. u. a. Ilse Grubrich-Simitis: »From Concretism to Metaphor«, 1984, S. 305–309 sowie Dori Laub: »Traumatic Shutdown of Narrative and Symbolization: A Death Instinct Derivative?«, in: Contemporary Psychoanalysis 41 (2005), S. 307–326.

Tochter hin. Und auf der Beziehung zur Mutter liegt ebenfalls der Schatten eines Traumas: Jolly muss als Zeugin ihrer Mutter ausfallen, weil sie sich nicht mehr im Unterschied zu ihrer Mutter wahrnehmen konnte. Rosalie existiert in diesem Ausschnitt aus dem Zeugnis ihrer Tochter nur, insofern sie die Gestalt von deren Bedürfnissen angenommen hat. So figuriert sie in einer haltenden Funktion, in der die jugendliche Jolly ihre Mutter an der Rampe brauchte, aber auch als emotionales Gerüst der rückblickenden Erzählung. Offenbar gibt es über den Augenblick der Trennung von der Mutter keine Ich-Erzählung der Tochter, sondern die Selektionserfahrung kann nur angesprochen werden, indem sich Jolly in einem undifferenzierten »Wir« mit Rosalie verschmilzt. – Natürlich lässt sich diese Zufluchtnahme zur Mutter zunächst als eine adoleszente Geste verstehen. Allerdings droht ein Erklärungsansatz, der allein auf die psycho-emotionale Entwicklung rekurriert, den immensen Druck der äußeren Situation aus den Augen zu verlieren, dem Mutter und Tochter bei der Ankunft in Auschwitz ausgesetzt waren. Ich behaupte daher, dass Jolly nicht einfach wie ein verängstigter Teenager nach seiner Mutter verlangte, sondern dass sie in einer Situation, in der sich ihre Handlungsfähigkeit, die Geschlossenheit ihres Weltzusammenhanges und ihr Selbstbezug zunehmend zu verlieren drohten, jemanden brauchte, in dessen Gegenwart sie sich an sich selbst erinnern konnte – jemanden, der sie davor bewahrte, sich selbt zu vergessen und zu verlieren.[147]

Will man sich die traumatische Wucht von Jollys Situation vor Augen führen, so ist es hilfreich, sich die Rahmenbedingungen ihrer Ankunft in Auschwitz als traumatische Sequenz zu vergegenwärtigen. Jolly war ja nicht nur durch die Trennung von der Mutter betroffen: Die Familie erreichte Auschwitz nach einer viertägigen Zugfahrt in überfüllten Viehwaggons. Jolly beschreibt eindrücklich den Verlust der Intimsphäre und das damit verbundene Gefühl tiefer Scham:

---

147 So spricht z. B. Boulanger von einer Krise des Bezogenheit fordernden Selbst (»the relational self in crisis«). Die Gegenwart einer anderen Person kann im Zusammenhang mit einem massiven Trauma das Überleben sichern, vgl. Boulanger: Wounded by Reality, 2007, S. 95 ff.

You know: it was a very conservative, conventional group and here you are, you have to eat whatever you have – you have to eliminate right there, standing next to each other [...]. I mean, this was a cargo of human beings and life went on, the natural processes went on. And this was just a most dehumanizing experience to be so close, you know, within inches and all this to happen.

Zunächst ist dem Zeugnis das emotionale Chaos des hier beschriebenen Strukturverlustes kaum anzumerken. Jolly vermeidet es, der menschlichen Fracht *(cargo of human beings)* Gesicht und Namen zu verleihen, obwohl sie doch gemeinsam mit ihren Eltern, wahrscheinlich aber auch mit anderen Angehörigen und vielleicht mit Bekannten und Nachbarn aus der Heimatstadt im selben Waggon transportiert wurde. Es ist, als versuche ihr Zeugnis, durch diese Anonymisierung Schamgrenzen zu wahren, die in der ursprünglichen Situation brutal verletzt wurden: Im Laufe des Transportes waren sicherlich all diese Menschen an einen Punkt geraten, wo sie auch ohne die Rückzugsmöglichkeiten einer Toilette, Blase und/oder Darm entleeren mussten. »(T)he demolition of shame barriers, the elimination of privacy«[148], aber auch der Verlust der Kontrolle über die eigenen Körperfunktionen waren also Vorfälle, die die gesamte Familie betrafen. Die komplexen Beziehungen zwischen mehreren Generationen derselben Familie mussten durch ein extrem regressives und undifferenziertes Verhalten, das auch den Erwachsenen unter den primitiven Transportbedingungen aufgezwungen worden war, empfindlich gestört werden. Es wurden aber nicht nur die Grenzen zwischen den Generationen und zwischen einzelnen Personen verletzt, sondern die Reduzierung auf die rein physischen Aspekte der eigenen Existenz und der Verlust der Kontrolle über die eigenen Körperfunktionen betraf auch die Jugendliche selbst. Man kann sich kaum vorstellen, wie das emotionale Chaos dieses vielschichtigen Strukturverlustes auf die junge Jolly Z. gewirkt haben mag.[149] Der hier implizierte Angriff auf die körperliche Integri-

---

148 Grubrich-Simitis: »From Concretism to Metaphor«, 1984, S. 307.

149 Über die demütigenden Prozeduren, die gefangene Frauen bei ihrer Ankunft in Konzentrationslagern über sich ergehen lassen mussten, schreiben Helga Amesberger, Katrin Auer, Brigitte Halbmeyer in ihrer Studie »Sexualisierte Gewalt.

tät der Überlebenden deutet auf einen weiteren Angriffspunkt für
ein Trauma hin: Während die Bilder ihrer Vorstellungswelt brutal
dekonstruiert wurden, ging auch der Körper der Jugendlichen als
physische Basis ihrer Identität entzwei.[150]

Auf die beschämende Deportation folgte die Ankunft im Unbekannten: »*And we had no idea what it means.*« An der Rampe wurde
die Familie in einer ganzen Reihe von Sonderungen völlig auseinander gerissen, was Jollys Zeugnis durch ihren amorphen Gebrauch
des Personalpronomens »*we*« kaum mitzuvollziehen scheint. Nur
die letzte Begegnung mit ihrem Vater bildet hier eine Ausnahme.
Nichts deutet darauf hin, dass jemand mit ihr auf der Seite stand,
auf die der Offizier sie geschickt hatte. Sie scheint von allen ihr vertrauten Menschen total abgeschnitten gewesen zu sein und sollte
dem Unbekannten alleine gegenübertreten. Emotional befand sie
sich damit an einem Ort »katastrophaler Einsamkeit«, wo niemand
sie mehr kannte.[151] Jolly mag keine Ahnung gehabt haben, dass die
Selektion den faktischen Auftakt zu dem Vernichtungsprozess in
Auschwitz bildete, aber sie vollzog am eigenen Leib mit, wie die
Bezüge zu einer ihr vertrauten Welt nach und nach gekappt wurden, sodass es wohl nicht übertrieben ist, wenn ich sage, dass die
Jugendliche ihren eigenen Vernichtungsprozess durchlief und einen
langsamen seelisch bedingten Tod zu sterben drohte.[152]

In diesem Zusammenhang erklärt sich Rosalies vitale Bedeutung
für Jolly: Die Mutter war nicht nur die letzte Verbindung der Tochter zu einer ihr vertrauten Welt, sondern auch der letzte Mensch,
der Jolly in dieser Krise ihrer »katastrophalen Einsamkeit« zur Hilfe
kommen konnte, weil sie wusste, wer Jolly war. Indem sie der Bitte

---

Weibliche Erfahrungen in NS-Konzentrationslagern«, Wien 2004, S. 70–79, zur
Verletzung der Persönlichkeitsgrenzen besonders S. 73.

150 Vgl. Boulanger: Wounded by Reality, 2007, die diesen Verlust körperlicher Integrität (»physical cohesion«) als einen weiteren Aspekt eines seelischen Traumas
beschreibt, S. 85 ff.

151 Sue Grand: The Reproduction of Evil. A Clinical and Cultural Perspective, Hills-
dale NJ 2000, S. 4.

152 Mit Tarantelli: »Life within Death«, 2003, S. 915–928 kann man Trauma als »psychogenic death« verstehen. Grand: The Reproduction of Evil, 2000 spricht im
Zusammenhang mit Trauma von einem Tod »without dying« – eine Formulierung, die an die zahlreichen paradoxen Manifestationen des Traumas denken
lässt, von denen bereits im zweiten Kapitel die Rede war.

der Tochter nachgab und positiv auf deren Bedürfnisse reagierte, sorgte die Mutter dafür, dass Bezogenheit selbst dann noch möglich blieb, als die Zerstörung menschlicher Beziehungen ein geradezu apokalyptisches Ausmaß erreicht hatte. Diese Zerstörung manifestierte sich konkret im Verlust von Rosalies und Jollys gesamter Familie, wirkte sich aber zumindest auf die Tochter auch psychisch aus, sodass die in den dissoziativen Zustand der traumatischen Position abrutschte.

Gerade im Hinblick auf das Trauma der Tochter wird die empathische Position der Mutter wichtig, denn Rosalie hielt grundsätzlich an der emotionalen Realität der Beziehungen nach innen (zu sich selbst) und nach außen (zu anderen) fest. Dies ist besonders bemerkenswert, wenn ich mit Laub und Auerhahn davon ausgehe, dass die traumatische Realität der Shoah das Gegenüber als Quelle von Empathie und Hoffnung auslöschte: Für diese beiden Autoren steht im Zentrum des Traumas eine Erfahrung »versagter Empathie«, die die Verbindung zwischen Selbst und dem Anderen kappt. Diese Versagung, aber auch dieses Versagen der Empathie zerstört nicht nur »die Hoffnung auf Kommunikation mit anderen […], sondern setzt auch die Fähigkeit des Opfers herab, mit sich selbst in Kontakt zu bleiben und sich als mit sich selbst im Einklang zu erfahren. Das Opfer verliert also das Gefühl, es selbst zu sein.« Nach Laub und Auerhahn bildet der Zusammenbruch der dyadischen Matrix in der emotionalen Realität der Betroffenen, an die auch die Vorstellung eines Gegenübers geknüpft ist, die zentrale Erfahrung eines Holocaust-Traumas.[153]

Zwar gründet sich Rosalies Beistand auf ihre Mutter-Tochter-Beziehung mit Jolly, aber die emotionale Bedeutung ihrer Geste ist im Kontext der Shoah anders gelagert. Hier geht es grundsätzlich um den Erhalt von Beziehungsstrukturen, die von existenzieller Bedeutung für das Subjekt, aber auch für die Gemeinschaft von Subjekten sind. Die Katastrophe der Vernichtung von Bezogenheit erschöpft sich nicht in den persönlichen Tragödien zerstörter Mutter-Tochter-Beziehungen, sondern impliziert einen fundamentalen Strukturverlust: Neben der von Tarantelli in Zusammenhang mit dem extremen Trauma der Shoah beschriebenen »disarticulation« see-

---

153 Vgl. Laub/Auerhahn: »Failed Empathy«, 1989, S. 379 f.

lischer Struktur »so that the parts are no longer in relation to each other and functioning as a whole«[154] betrifft dieser Strukturverlust auch gesellschaftliche Prozesse, in denen Subjekte miteinander im Austausch stehen.[155]

Es mag wohl sein, dass Jollys Flehen Rosalie als Mutter aktivierte und, dass beiden Frauen im Rückgriff auf ihre vertraute Beziehung ein Verhaltensmodus zur Verfügung stand, der es ihnen erlaubte, in der Situation an der Rampe zu handeln. Aber es wäre naiv, wenn ich behaupten wollte, das habe ihnen das Leben gerettet. Tatsächlich hätte die Gemeinsamkeit, die Mutter und Tochter trotz der Selektion wieder herzustellen vermochten, sie genauso gut in die Gaskammer führen können. Rosalies Wissen steht außerhalb ihrer Beziehung zu Jolly und erscheint mir im Zusammenhang der unerbittlichen äußeren Realität an der Rampe das eigentlich ausschlaggebende Moment gewesen zu sein, weshalb sich Mutter und Tochter letztlich auf die Seite stellten, die Leben bedeutete. Allerdings wird sich im weiteren Verlauf meiner Untersuchung zeigen, dass Rosalies und Jollys Überlebenskampf aufgrund ihrer Beziehung die denkbar günstigsten seelischen Voraussetzungen hatte. Auch der von mir festgestellte Zusammenhang von Trauma und Empathie, der sich im vorliegenden Beispiel in den Positionen einer Mutter-Tochter-Beziehung entfaltet, scheint mir auf die lebenswichtige Bedeutung dieser Beziehung zu verweisen.

Rosalie bildete für Jolly eine äußere Realität und verkörperte buchstäblich, was angesichts der indifferenten Realität radikaler Vernichtung, der beide Frauen ausgeliefert waren, immer schwerer vorstellbar zu werden drohte. Diese konkrete physische Präsenz des mütterlichen Körpers musste besonders im Zusammenhang mit dem Zustand »psychischer Äquivalenz« wichtig werden, in der sich die subjektive Fähigkeit verliert, zwischen innen und außen zu trennen und damit zwischen Phantasie und Realität zu unter-

---

154 Tarantelli: »Life within Death«, 2003, S. 920, 923.
155 Diese Problematik zeigte sich bereits im 2. Kapitel nicht nur als Teil des historischen Ereignisses, sondern wirkt in den Eingliederungsschwierigkeiten Überlebender nach der Shoah und in der sog. Zweiten Generation fort, auf die sich das Trauma der verfolgten Elterngeneration überträgt. Zur Elterngeneration vgl. Hans Keilson: Sequentielle Traumatisierung, 1979, zur Zweiten Generation vgl. Bergmann/Jucovy: Generations of the Holocaust, 1990.

scheiden: »In the state of psychic equivalence, thought and actuality have become one; the psychic space in which reflection can occur has been foreclosed; fantasy cannot be distinguished from reality; meanings are too threatening to entertain«.[156] Die greifbare Realität des mütterlichen Körpers bildete aber nicht nur eine Gegenbehauptung zu der gleichgültigen Realität totaler Vernichtung, mit der sich Mutter und Tochter in Auschwitz konfontiert sahen, sondern sicherte auch die emotionale Realität der Bezogenheit auf sich selbst und auf andere für Jolly ab. Indem sie ihre Tochter in dieser Weise umgab, erfüllte Rosalie die mütterliche Funktion eines »environment« (eines Umfelds), die Winnicott im Zusammenhang der frühen Kindheit beschrieben hat: Sie verkörperte die Verbundenheit und Zugehörigkeit, die Jolly während der Ankunft in Auschwitz zu verlieren drohte. Die physische Präsenz der Mutter stabilisierte den emotionalen Raum der Tochter als eine äußere Realität.[157] Das mütterliche Umfeld behauptete sich gegen den Terror an der Rampe und den Schrecken der Selektion: An den Körper der Mutter knüpfte sich für Jolly eine Verbindung, die über die Vernichtung hinauswies.

Erst in seiner Gemeinsamkeit vermag das Zeugnis von Mutter und Tochter preiszugeben, dass Jolly während der Selektion in einen Zustand traumatischer Dissoziiertheit geraten war, der sich sowohl durch ihre Schwierigkeit, sich auf die äußere Situation zu beziehen, als auch durch die fehlende Fähigkeit, sich selbst im Geschehen zu verorten, in ihrem Zeugnis manifestiert. Ist die traumatische Position erreicht, verliert das Selbst seine Mittlerfunktion als Instanz, die eine Erfahrung interpretiert, d. h., ihr Bedeutung zumisst und sie in

---

156 Boulanger: Wounded by Reality, 2007, S. 115. Ich verwende den Begriff »psychische Äquivalenz« im Sinne Boulangers, vgl. ebd. Anders als Fonagy u. a., welche mit diesem Begriff eine Gleichwertigkeit zwischen Vorstellungswelt und äußerer Realität bezeichnen, die von unbewussten Phantasien herrührt, geht Boulanger im Zusammenhang mit einem extremen seelischen Trauma umgekehrt von einer Äquivalenz aus, bei der die Psyche durch realen Terror überwältigt wurde, der seine Entsprechung im Unbewussten findet, vgl. Peter Fonagy u. a.: Affect Regulation, Mentalization, and the Development of the Self, New York 2002.

157 Vgl. Thomas H. Ogden: »The Mother, the Infant and the Matrix: Interpretations of Aspects of the Work of Donald Winnicott«, in: Contemporary Psychoanalysis 21 (1985), S. 346–371, hier S. 355.

den biographischen Zusammenhang einordnet.[158] Imagination und Abstraktion fallen weg. Deshalb muss das Wort Fleisch werden, um überhaupt Bedeutung zu behalten.[159] Tatsächlich ist sich Jolly in der zitierten Interviewsequenz nur insofern gegenwärtig, als sie damals an der Rampe eine physische Verbindung zu ihrer Mutter Rosalie halten konnte.[160] Das Zeugnis der Tochter bindet die uneingelöste Erfahrung der Selektion in die Kontinuität ihrer Mutterbindung ein. Dabei geht es nicht etwa um einen regressiven Rückzug auf die Mutterbindung; vielmehr scheint die physische Präsenz der Mutter den Verlust des guten inneren Objekts abgewendet zu haben. Rosalies Intervention an der Rampe konnte zwar die traumatische Dissoziierung der Tochter nicht verhindern, aber deren Trauma bildet in ihrem Zeugnis lediglich einen Einschluss, der mit der Bindung an die Mutter eine Kontextualisierung erfahren hat.

3.2.3 Die Mutter in der Mutter (Rosalies gutes Objekt)[161]

Natürlich erklären meine bisherigen Überlegungen nicht, womit es zusammenhing, dass Rosalie ihrerseits den allgemeinen Strukturverlust überstand, ohne in einen Zustand traumatischer Dissoziiertheit abzuleiten. Diese Standfestigkeit wird umso bemerkenswerter, wenn man bedenkt, dass sie die ganze Bürde einer asymmetrischen Dyade zu tragen hatte, die ja nicht auf Gegenseitigkeit beruht: In der Rolle der fürsorglichen Mutter lastete die volle Verantwortung

---

158 Siehe auch Boulanger: »From Voyeur to Witness«, 2005, S. 24.

159 Vgl. Terence Des Pres: The Survivor. An Anatomy of Life in the Death Camps, Oxford u. a. 1976, S. 205.

160 Zur Bedeutung der realen wie der symbolischen Anwesenheit der Mutter im Kontext traumatischer Erfahrungen siehe Laub/Auerhahn: »Failed Empathy«, 1989, S. 387–390; sowie Laub/Auerhahn: »Knowing and not Knowing«, 1993, S. 287 f.; aber auch Lawrence Brown: »The Cognitive Effects of Trauma: Reversal of Alphe Function and the Formation of a Beta Screen«, in: Psychoanalytic Quarterly 74 (2005), S. 397–420, hier S. 400 f.

161 Im Unterschied zu Balsam, deren Titel »The Mother Within The Mother«, 2000 ich hier aufgreife, geht es mir nicht um Situationen, in denen Töchter ihren verinnerlichten Müttern begegnen, während sie selbst als Mütter handeln; im Gegenteil taucht Rosalie im Rekurs auf ihre internalisierte Mutter als Tochter auf, während sie sich Jolly als Mutter zuwendet.

für ihr Kind auf ihr, ohne dass ihr jemand den Rücken stärkte. Ging also letztlich die strukturierende Kraft der Mutter-Tochter-Beziehung von Rosalie aus? Oder ist es denkbar, dass deren strukturbildendes Potenzial auch für die Mutter selbst relevant wurde? Um diesen Fragen nachzugehen, möchte ich mich dem kurzen Dialog mit dem Deutschen zuwenden, von dem Rosalie berichtet.

Woher wusste die Überlebende, welche Antwort der Deutsche erwartete, als er sie nach ihrem Alter fragte? Natürlich könnte man sagen, dass sie, ausgehend von dem wenigen, was sie über die Selektion wusste, klug genug war, um zu erfassen, dass die Trennung von Jolly mit ihrem Altersunterschied zu tun hatte. Aber so erklärt Rosalie selbst ihren Zuhörern die Situation nicht. In ihrer Schilderung kommt ihre Antwort zwar aus ihr selbst, versetzt aber sogar die Überlebende in Erstaunen und Verwirrung. Jemand muss ihr die richtige Antwort vorgesagt haben: »*Maybe my mother was there.*« Offenbar könnte sich Rosalie selbst nicht erklären, wie sie darauf kam, sich vor dem Deutschen jünger zu machen, ohne die schützende Anwesenheit ihrer Mutter zu evozieren. In dieser Wendung an die Mutter erscheint Rosalie ihrerseits als Tochter, und doch unterscheidet sich ihre hilfesuchende Geste grundsätzlich von dem Flehen, mit dem sich Jolly während der Selektion an sie wandte.

Zunächst einmal kann Rosalies Mutter zur Zeit der Selektion an der Rampe nur eine innere Realität ihrer Tochter gewesen sein, denn Jolly erklärt den Interviewern amüsiert, dass Rosalie »*her mother from Heaven*« meint. Aber weshalb wird diese Mutter im Himmel, die zum Zeitpunkt der Deportation nach Auschwitz schon nicht mehr am Leben war, im Zeugnis ihrer Tochter heraufbeschworen? Was bedeutet es, dass sie Rosalie einfällt, wenn sie sich an die Selektion erinnern muss? Die Anwesenheit der Mutterfigur in Rosalies Version der Selektion erlaubt es der Überlebenden, als Mutter und Tochter zugleich zu sprechen. So nimmt Rosalie in ihrem Zeugnis beide Positionen der Dyade ein: Sie war schutzbedürftig und handelte zugleich fürsorglich. Grundsätzlich markiert die Dyade den emotionalen Raum, der in der frühen Kindheit zwischen einer Mutter und einem Kind besteht, aber sie lässt sich auch als eine Beziehungsmatrix verstehen, weil die Fähigkeit, sich auf sich selbst und auf andere zu beziehen, sich hauptsächlich in den frühen Kontakten mit der Mutter entwickelt.[162] Ich gehe deshalb davon aus, dass Rosalies Rückgriff auf ihre Mutter diese als gutes inneres Objekt aktivierte, d. h. sowohl als seelische Repräsentanz ihrer realen Mutter als auch als Teil ihrer eigenen Identität. Das lässt darauf schließen, dass es Rosalie vermochte, während der Selektion mit sich selbst in einem inneren Dialog zu bleiben. Dabei fungierte das gute innere Objekt als emotionaler Bezugspunkt ihres Selbstgesprächs. Wenn ich mit Kirshner davon ausgehe, dass das gute Objekt wesentlich zu der Fähigkeit beiträgt, emotionalen Anteil an der Welt anderer Menschen zu nehmen,[163] kann ich sagen, dass Rosalies Selbstbezug, der sich hier als ihre emotionale Bindung an ihr Mutterobjekt manifestiert, ihre Bezogenheit auf Jolly spiegelt. Ihre Fähigkeit, sich mit der Tochter verbunden zu fühlen und sich in deren Angst zu versetzen, hängt letztlich mit ihrer Fähigkeit zusammen, sich ihrer eigenen Angst und Schutzbedürftigkeit bewusst zu werden.

Diese Beobachtungen erklären zwar nicht, weshalb der radikale Strukturverlust ihrer Situation nicht auch Rosalie in die von Grand beschriebene katastrophale Einsamkeit riss und traumatisierte. Aber immerhin führt die überlebende Mutter in ihrem Zeugnis ihre Fähigkeit, sich selbst zu halten und zu regulieren und empathisch mit ihrer Tochter verbunden zu bleiben, auf ihre eigene Mutterbindung zurück. Vielleicht hat es mit dem Altersunterschied zwischen den beiden Überlebenden zu tun, dass Rosalie im Unterschied zu Jolly ihre Angst auch ohne die körperliche Nähe ihrer Mutter zu meistern vermochte. Allerdings kommt Rosalie, indem sie ihre verstorbene Mutter mit in die Geschichte einbezieht, der Formulierung ihrer eigenen Betroffenheit durch den Terror der Selektion erstaunlich nahe. Das Narrativ ist so konstruiert, dass sich Rosalie in Gegenwart ihrer Mutter ihrerseits als verängstigte Tochter zeigen kann. Und selbst wenn die Überlebende diese Konstruktion vielleicht erst nachträglich vornimmt, so stellt die Präsenz der Mutter im Zeugnis ihrer Tochter Rosalie meines Erachtens doch einen Versuch der Überlebenden dar, ihre eigene Hilflosigkeit zu thematisieren. Da-

---

162 Vgl. Boulanger: Wounded by Reality, 2007, S. 96; aber auch Ogden: »The Mother«, 1985, S. 354–362.

163 Lewis Kirshner: »Trauma, the Good Object, and the Symbolic: A Theoretical Integration«, in: International Journal of Psycho-Analysis 75 (1994), S. 235–242, hier S. 283.

bei impliziert dieses gute Objekt nicht nur eine starke Mutterbindung Rosalies, sondern auch die Kontinuität dieser positiven Bindung in der nächsten Generation. Allerdings erlaubt das vorhandene Videomaterial es mir nicht, diesen Gedanken am konkreten Beispiel weiter zu verfolgen.

3.2.4 Im toten Winkel – Die Grenzen der Mutter-Tochter-Beziehung

Es ist aufschlussreich, dass Jolly während der Aufzeichnung Rosalies Berufung auf die Mutter amüsiert herunterzuspielen versucht: So wenig sie sich in ihrer eigenen Angst greifbar wird, so wenig kann sie sich offenbar die Angst ihrer Mutter vorstellen. Auch zum Zeitpunkt der Aufzeichnung verharrt die Überlebende in einem empathischen Abseits, das ich als die Fortsetzung ihres an der Rampe erfahrenen Traumas sehe. Anstatt sich rückblickend empathisch mit Rosalie zu verbinden, sitzt die Tochter an diesem Punkt in der Asymmetrie der Dyade fest: Es verlangt sie offenbar noch immer nach einer starken Mutter, sodass die Angst, die Rosalie spürte, als sie mit dem Deutschen verhandelte, im toten Winkel ihrer Beziehung bleibt. Die Mutter wird von Jolly noch immer als Objekt beansprucht, wenn sie sich an die Rampe erinnern muss.

Aber anscheinend ist Rosalie auf Jollys Empathie auch gar nicht angewiesen. Sie braucht keine emotionalen Forderungen an die Tochter zu stellen, um sich in ihrem seelischen Gleichgewicht zu halten. Tatsächlich muss der Rückgriff auf Rosalies verstorbene Mutter aus psychoanalytischer Sicht an die emotionale Konstellation eines Beziehungsdreiecks erinnern, wobei Rosalies Mutter als Drittes ihrer Tochter hilft, sich gegenüber Jolly in einer Position mütterlicher Fürsorge zu stabilisieren: Durch ihre Präsenz versorgt sich Rosalie mit einer parallelen Beziehung, die den Bedürfnissen Rechnung trägt, für die in der asymmetrischen Beziehung zu ihrer Tochter kein Platz wäre.

Aber es bildet sich im Kontext der Erinnerung an die Selektion nicht nur das empathische Ungleichgewicht der Beziehung deutlich ab, das der verängstigten und verunsicherten Mutter im gemeinsamen Zeugnis kaum Platz einräumt. Im Zusammenhang mit der

Selektion zeichnen sich stillschweigend auch Grenzen der Bezogenheit von Mutter und Tochter ab. Zwar ist der Bericht von der Selektion für beide Überlebende untrennbar mit dem Erhalt ihrer Beziehung verknüpft, aber deswegen darf meine Interpretation nicht aus
den Augen verlieren, worum es bei dem Sonderungsprozess an der
Rampe in Auschwitz eigentlich ging. Die »*other side*«, die Jolly in
ihrem Zeugnis vorsichtig der »*side where it meant life*« gegenüber-
stellt, bedeutete den Tod. Beide Frauen betonen, dass sie erst ein
paar Tage nach ihrer Ankunft in Auschwitz herausfanden, was die
qualmenden Schornsteine zu bedeuten hatten. Es bleibt völlig offen, wann sie erfuhren, dass alle anderen Verwandten gleich bei der
Ankunft ermordet worden waren. Im Moment der Aufzeichnung
bringt dieses schmerzliche Wissen Rosalie zum Weinen, während
jedoch ihre eigenen Begegnungen mit dem Tod im Laufe der Selektion keinen Eingang in ihre Erzählung finden. (A) Zwar impliziert ihr Bericht über die Selektion, dass sie selbst bereits selektiert
worden war, um in die Gaskammern geschickt zu werden, aber sie
denkt nicht darüber nach, wie knapp sie selbst ihrer Ermordung in
Auschwitz entgangen ist. (B) Die Selektion führte auch zur Trennung von ihrem Mann, aber obwohl ihre Erzählung wiederholt ihre
Ankunft in Auschwitz berührt, erwähnt sie niemals ihre Trennung
von ihm. Jolly gelingt es dagegen, in Gegenwart ihrer Mutter über
den Abschied von ihrem Vater zu erzählen.[164]

Während Rosalies fürsorgliche Reaktion an der Rampe von
Auschwitz half, den seelischen Tod ihrer Tochter abzuwenden,
kommt es in Zusammenhang mit der Ermordung des Mannes/Va-
ters zu keiner empathischen Geste. Es scheint, als bliebe das Zeugnis
gegenüber dem nachträglichen Wissen um den Tod als der eigentlichen Bedeutung des Selektionsprozesses völlig ratlos. Während
ihrer Verfolgung scheinen sich beide Frauen der Vorstellung von
der Ermordung ihres Mannes/Vaters widersetzt zu haben. Ich verstehe diese Verleugnung seines Todes als Teil ihres Überlebenskampfes: Im Interesse ihres Selbsterhalts mussten sie sich gegenüber
der mörderischen Realität, in der sie gefangen waren, verschließen.

---

164 In ihrem Einzelinterview T-220 versucht Jolly, die Trennung von ihrem Vater
    zu übergehen, kommt erst auf ausdrückliches Nachfragen darauf zu sprechen
    und verliert dann die Fassung.

Stattdessen behielten sie einen lebendigen Mann/Vater in Erinnerung und in ihrer Vorstellung, mit dem sich die Hoffnung auf eine gemeinsame Zukunft verband. – Während des Interviews gehört der Verlust des Mannes/Vaters zu den wenigen Ereignissen, die den narrativen Fluss des Zeugnisses völlig abreißen lassen und beide Frauen um ihre Fassung und um Worte ringen lassen. Angesichts seiner Ermordung ist keine der beiden Überlebenden in der Lage, für die jeweils andere eine empathische Position einzunehmen. Es gibt keinen Trost: Sie werden einander nicht in ihrer jeweiligen Trauer wahrnehmbar. Sie erleben ihren Verlust nicht als ein gemeinsames Leid, sodass beide mit dem Tod ihres geliebten Mannes bzw. Vaters alleine bleiben. Die Mutter-Tochter-Beziehung gewinnt hier keine strukturierende Bedeutung, sodass der Schmerz um die verlorene Beziehung grenzenlos bleibt. So hält die mörderische Realität von Auschwitz beide Frauen also doch gefangen und relativiert die Bedeutung ihrer Beziehung im Angesicht des Traumas, das sie durchlebt haben.

3.2.5 Strukturverlust und Strukturbildung

Wie sich zeigte, gingen die von beiden Überlebenden eingenommenen Positionen in einer asymmetrischen Beziehungsstruktur auf, die an die frühkindliche Dyade erinnert. Aus der Verknüpfung ihrer Empathie mit ihrer Mutterrolle erklärt sich sicherlich die Intensität von Rosalies Eingreifen. Zugleich wurde die frühkindliche Mutterbindung aber auch als Fundament einer Beziehungsmatrix erkennbar, die den Selbstbezug und die Beziehungsfähigkeit im Allgemeinen strukturiert, während sich seelisches Trauma als radikaler Strukturverlust darstellte. Sowohl Rosalie als auch Jolly gelang es, sich im Rekurs auf ihre jeweiligen Mutter-Objekte seelisch zu stabilisieren, wobei die Jugendliche offenbar Rosalies physische Präsenz nötig hatte, um sich gegen einen traumatisch bedingten Strukturverlust abzusichern.

Da mir Trauma im Zusammenhang mit Rosalies und Jollys Ankunft in Auschwitz vor allem als Vernichtung und Verlust sozialer und seelischer Strukturen verständlich geworden ist, liegt es auf der Hand, dass meine Erklärungsansätze vorwiegend auf die frühe

Kindheit bzw. deren Rekapitulierung in der Adoleszenz rekurrieren, auf Entwicklungsphasen also, in denen sich die seelische Struktur und die Identität eines Subjekts entweder herausbildet oder aber reformuliert. Ich verstehe dabei die Flucht in die Mutter-Tochter-Beziehung, die sowohl Rosalie als auch Jolly auf unterschiedliche Weisen vollziehen, nicht im Sinne einer Regression, sondern sehe sie im Gegenteil als angemessene Reaktionen, die im Einklang mit der Primitivisierung ihrer Lebensverhältnisse standen. Beide Frauen ließen sich ja in die kindliche Position nur zurückfallen, um handlungsfähig zu bleiben oder es wieder zu werden. Es ist, als suchten sie die Nähe ihrer Mütter nur auf, um sich bestätigend mit sich selbst aufzuladen. Wenn man mit Jonathan Cohen davon ausgeht, dass »psychic structure depends for its maintenance on environmental support throughout life« (der Erhalt der seelischen Struktur während des gesamten Lebens von einem unterstützenden Umfeld abhängt),[165] dann kann man nicht nur die Katastrophe psychischer Äquivalenz ermessen, die Boulanger in Zusammenhang mit einem seelischen Trauma eindrücklich beschrieben hat, sondern versteht, wie wichtig Rosalies körperliche Anwesenheit für Jolly sein musste.

Wie ich zeigen konnte, handelt es sich bei Jollys Version der Selektion um ein unmittelbares Zeugnis, in dem sich der Horror ihrer Ankunft in Auschwitz mitteilt, obwohl er nicht explizit benannt wird. Ihr Bericht wird jedoch nur für ihre Angst durchlässig, weil er von der Version der Mutter gewissermaßen gehalten wird. Rosalies Erzählperspektive umschließt Jollys Perspektive wie eine Umarmung, sodass die narrative Struktur des Zeugnisses die seelischen Dynamiken der Mutter-Tochter-Beziehung spiegelt. Zwar kann keine der beiden Erzählvarianten letztlich erklären, weshalb Rosalie und Jolly zusammenblieben, aber das strukturierende Potenzial ihrer Beziehung wirkt sich auf unterschiedlichen Ebenen positiv aus: Selbstwahrnehmung und Empathie bleiben letztlich gewahrt, die grundsätzliche Möglichkeit von Beziehungen erhält sich, die Welt außerhalb der Konzentratioslager bleibt vorstellbar und das Zeugnis nimmt eine kraftvolle narrative Gestalt an.

---

165 Jonathan Cohen: »Trauma and Repression«, in: Psychoanalytic Inquiry 5 (1985), S. 163–189, hier S. 166.

3.3 Bruchstelle 2: Tötung eines Neugeborenen im Frauenaußenlager Eidelstedt[166]

3.3.1 »Here you go, little Moses, down the river«

Die zweite Bruchstelle, die ich untersuchen möchte, fällt in einen anderen Erzählzusammenhang: Mutter und Tochter waren vermutlich bereits im Juli 1944 als Arbeitssklavinnen von Auschwitz ins Deutsche Reich transportiert worden. In Hamburg wurden sie in verschiedenen Frauenaußenlagern des KZ Neuengamme gefangen gehalten, wobei das Lager Eidelstedt in ihrem gemeinsamen Zeugnis den größten Raum einnimmt.[167] Im Winter 1944/45 wurden Rosalie W. und Jolly Z. Augenzeuginnen einer Kindstötung, die Walter Kümmel, der Kommandant von Eidelstedt unmittelbar nach der Geburt an einem im Lager zur Welt gebrachten männlichen Säugling verübte.[168] Die zweite von mir untersuchte Bruchstelle wirft mich gedanklich also auf die beiden im vorigen Kapitel untersuchten Vignet-

---

166 Eine frühere Fassung dieses Kapitels erschien auf Englisch unter dem Titel »Under Siege: A Mother-Daughter-Realtionship Survives the Holocaust«, in: Psychoanalytic Inquiry 24 (2004), H. 5, S. 731–751, hier S. 740–748.

167 Eidelstedt war ein Außenlager des KZ Neuengamme und lag im Hamburger Stadtgebiet, wo Rosalie und Jolly von Ende September 1944 bis Anfang April 1945 als Sklavenarbeiterinnen gefangen gehalten wurden. Die gefangenen Frauen aus Eidelstedt wurden zur Trümmerbeseitigung, zum Bau von Notunterkünften, aber auch zum Schneeräumen und Ausheben von Panzergräben herangezogen, vgl. Internetseite der Gedenkstätte Neuengamme, URL <http://www.kz-gedenkstaette-neuengamme.de/index.php?id=2489&tx_ngaussenlager_pi1%5Baid%5D=210>, letzter Zugriff [9.12.2013, 17:52 Uhr] und die Studie von Ellger: Zwangsarbeit, 2007, S. 164 f.

168 Wenn ich im weiteren Verlauf meiner Untersuchung wiederholt von »Mord«, »Verbrechen« und »Kindstötung« usw. spreche, so beziehe ich mich nicht auf juristisch etablierte Fakten, sondern unmittelbar auf das Zeugnis T-34 und die darin enthaltene Darstellung. Tatsächlich wurde gegen Walter Kümmel am 9.12.1980 wegen des Verdachtes der Kindstötung Anklage erhoben. Der Prozess endete mit einem Freispruch, weil dem ehemaligen Kommandanten von Eidelstedt lediglich Beihilfe zum Mord nachgewiesen werden konnte – ein Delikt, das bei nationalsozialistischen Gewaltverbrechen seit 1960 verjährt ist, vgl. Ellger: Zwangsarbeit, 2007, S. 128, Anm. 338. Wie sich die Angaben von Rosalie W. und Jolly Z. zu dem im Verlauf des Prozesses etablierten Tathergang verhalten, vermag ich nicht zu beurteilen; ebenso wenig kann ich abschätzen, ob und in welcher Weise sich ihre Aussagen auf den Prozessverlauf ausgewirkt hätten.

ten zurück, in denen es ebenfalls um den Tod bzw. um den Verlust von Babys ging. Vor diesem gedanklichen Hintergrund stellt sich mir die Frage, ob den beiden Überlebenden ihre Beziehung als Mutter und Tochter zu helfen vermochte, auf die traumatische Szene zu reagieren, oder ob die narrative Bruchstelle gerade von der dissoziativen Wucht eines erlittenen Traumas zeugt, das Rosalie und Jolly entzweite. Die beiden Überlebenden schildern die Mordszene wie folgt:

JZ: There is another incident in speaking about Hamburg. When we got in the ghetto. Some women were pregnant without realizing it, young women. There was a beautiful woman among us. And she was pregnant.

RW: I know.

JZ: By the time we got to Hamburg she was already in her fourth, fifth, sixth month and so on. And believe it or not, she was the hardest working person even with her pregnancy. Maybe this life within herself gave her this courage to go on and wanting to give birth to her child. And the SS let her stay with us because he saw she's a good worker, so there was no reason to do something. And when the day of delivery was approaching he actually made us prepare a little box for the baby. And my mother worked there in the kitchen. He asked her to prepare hot water. There was a prisoner doctor woman who assisted with the birth and I stayed in the next room. I was afraid to see a delivery. I was young. I never saw a delivery. And suddenly I heard the baby cry. And the SS brought out the baby and there was a sink. [Sie kämpft mit den Tränen.] And I stood there with the little box hoping he'd put the baby in. He took the baby under the sink faucet and drowned it. And he said: »Here you go, little Moses.«

RW: Yeah.

JZ: And he drowned the little baby there.

RW: Yeah. The head. In the hot water.

JZ: And the woman went to work in two days.

RW: And the baby. I maked it good hot [the water; JB]. I was sure they have to clean the baby.

JZ: »Little Moses«

RW: And he tooked the baby »Little Moses« down with the head in the hot water.

JZ: He said: »Here you go, little Moses, down the river.« Something like this, in German. And he drowned the little baby.

RW: Yeah. Yeah. This was Kümmel.

JZ: Yah.

[Beide schweigen.]

Interviewerin: How did the woman get pregnant? I thought the men and the women were separated.

JZ: She came in the ghetto pregnant.

RW: She was [pregnant; JB] in the beginning.

JZ: Or she might have even gotten pregnant in the ghetto. Now, the ghetto was in May. We were taken to Auschwitz in May. So if you figure out nine months – that takes us to what? December? Or January?

Zunächst übernimmt Jolly Z. als Erzählerin eloquent die Führung, während Rosalie W. lediglich die Rolle einer weitgehend stummen Zeugin zufällt, die als Zuhörerin die Worte der Tochter bestätigt. Diese narrative Dynamik verändert sich schlagartig, sobald Jolly in ihrer Erzählung bei der Ermordung des Neugeborenen anlangt und ihre Tränen nicht mehr zurückhalten kann. Während es zu einer Stockung in ihrem Redefluss kommt, die sich im Transkript an den abgehackten Sätzen und Wortwiederholungen ablesen lässt, steuert die Mutter einige inhaltliche Sätze bei, in denen sie den Tathergang anders darstellt als ihre weinende Tochter. Diesmal müssen die Interviewer den inhaltlichen Widerspruch zwischen den beiden Überlebenden nicht herausarbeiten. An der zweiten Bruchstelle zerfällt die Gemeinsamkeit des Zeugnisses wie von selbst, wobei die Mordszene während der Aufzeichnung für so viel Aufregung sorgt, dass den Interviewern die Disparatheit der beiden Erzählperspektiven offenbar entgeht, sodass sie es versäumen, sich um eine Klärung zu bemühen. Während Laurel Vlock wissen will, wie es überhaupt möglich sein konnte, dass eine KZ-Gefangene schwanger geworden war, macht Dori Laub seiner Empörung Luft, weil er nicht fassen kann, dass es so kurz vor Ende des Krieges mitten in Hamburg zu einem solchen Mord kommen konnte: »And you are talking of January 1945 […], three months before the end of the war! […] In the midst of Hamburg! With Germans all around living nicely!« – Dieser zeitweilige Verlust seiner Position als empathischer Zuhörer[169] leitet unwillkürlich einen Themenwechsel ein. Es ist, als ob der Moment,

---

169 Von der Wichtigkeit der empathischen Position des Interviewers war bereits in der Einleitung die Rede, siehe S. 36 f. Vgl. Laub: »Bearing Witness«, 1992, S. 70 ff.

den Tochter und Mutter hier bezeugen, zu entsetzlich wäre, um ihn im Bewusstsein halten zu können. Wie gehetzt wirft sich das Interview auf die Frage, wie sich die Hamburger Zivilbevölkerung gegenüber den KZ-Gefangenen verhielt, und lässt die Mordszene hinter sich. Dori Laub hat dieses gemeinsame Abgleiten von Interviewer und Interviewten an problematischen Erfahrungsinhalten rückblickend als Schwierigkeit beschrieben, die in die Anfänge der Aufzeichnung von Videozeugnissen mit Überlebenden zurückreicht.[170] – Aber obwohl sich Laub im weiteren Verlauf von T-34 nicht mehr explizit auf die Schilderung des Mordes bezieht, rekurrieren seine Fragen doch wiederholt auf Kümmel, sodass der Kommandant im Narrativ der Überlebenden immerhin präsent bleibt.

Die Bestürzung, die der Säuglingsmord auslöst, teilt sich aber nicht nur in der Reaktion der Interviewer mit, sondern kommt vor allem in der Widersprüchlichkeit zum Ausdruck, in der die Überlebenden die Mordszene bezeugen. Im Hinblick auf ihre Mutter-Tochter-Beziehung verstehe ich dieses Zerfasern der gemeinsamen Erzählung zunächst als Hinweis darauf, dass der Mord die Verbundenheit der beiden Frauen auf eine harte Probe stellte: In dichter Folge wird die Schilderung, wie Kümmel das Neugeborene ertränkte, drei Mal wiederholt. Zuerst schildert Jolly, wie der Kommandant das Baby unter den laufenden Wasserhahn hielt, anstatt es in die kleine Schachtel zu legen, die sie als Bettchen vorbereitet hatte. Dann spricht Rosalie davon, dass Kümmel den Säugling mit dem Kopf voran in das Wasser tauchte, das sie auf seine Anweisung zuvor erwärmt hatte: »*I was sure they had to clean the baby.*« Beim dritten Mal geht es Jolly vor allem um die Worte, mit denen der Kommandant seine Tat begleitete: »*Here you go, little Moses, down the river*« – eine Wendung, die man sich im ursprünglichen Deutsch wahrscheinlich als »Da geht der kleine Mose den Bach hinunter« zu denken hat.[171]

---

170 Vgl. Laub/Bodenstab: »Wiederbefragt«, 2008, S. 398 f.

171 Leider fehlt mir der Platz, um auf die symbolische Bedeutung der Tötung einzugehen: Von einem christlichen Standpunkt scheint es sich um einen pervertierten Taufritus zu handeln, aus jüdischer Sicht geht es um die Vernichtung des Hoffnungsträgers Moses, der die Juden aus der ägyptischen Sklaverei führte. Der SS-Mann erinnert dabei an den Pharao, der die erstgeborenen jüdischen Söhne tötet.

Offenbar hatte die Erwartung des Kindes, in der beide Frauen,
aber besonders die Tochter, vor seiner Geburt gelebt hatten, einen
Referenzrahmen der Fürsorge geschaffen, denn Rosalie und Jolly
deuteten die Geburtsvorbereitungen, in die sie einbezogen waren,
ganz im Sinne der Pflege des Neugeborenen. Selbst Kümmel war in
ihrer Vorstellung um das Wohlergehen des Kindes bemüht. Diesen
Referenzrahmen sprengte die Tat des Kommandanten, was zu einer
radikalen Verkehrung der Bedeutungen führte, die Rosalie und Jolly
ihren fürsorglichen Gesten zugeschrieben hatten: Das Badewasser
wurde zu einer Mordwaffe; das Bettchen konnte bestenfalls noch
als Sarg dienen. Zwar verbindet beide Darstellungen dieses fürch-
terliche Umschlagen von freudiger Erwartung in blankes Entsetzen,
aber inhaltlich tut sich zwischen beiden Überlebenden ein unüber-
sehbarer Widerspruch auf: Das warme Wasser, das Rosalie für das
Neugeborene vorbereitet hatte, steht in Jollys Schilderung in keiner
Verbindung mit der Tötung.[172]

Bisher habe ich die zweite Bruchstelle lediglich als einen traumatischen Einschlag beschrieben. Im Hinblick auf die Greuel der
erinnerten Szene ist das sicherlich zutreffend. Zugleich muss ich
aber ausdrücklich festhalten, dass das gemeinsame Zeugnis von
Rosalie und Jolly auch eine Symbolisierungsleistung darstellt, insofern beiden Überlebenden immerhin die narrative Integration
ihrer traumatischen Erfahrung in den Gesamtzusammenhang ihres
Zeugnisses gelingt. Die dissoziativen Dynamiken, die während der
Schilderung der Kindstötung in T-34 zum Tragen kommen, sind
durch den Widerspruch zwischen Mutter und Tochter gebunden
und erinnern damit an die Zeugnisse von Bessie K. und Celia K.,
denen eine narrative Integration vergleichbarer Erfahrungsinhalte
in der rückblickenden Perspektive des Interviews ebenfalls nur mit
Hilfe von Widersprüchen gelang: Bessie K. konnte überhaupt nur
in paradoxen Formulierungen Kontakt zu ihrer Erinnerung auf-
nehmen, während in Celia K.s Interview der Bezug des erzählenden Ichs zu der erinnerten Szene unsicher blieb. Rosalie und Jolly
produzieren dagegen widersprüchliche Darstellungen derselben
Szene, die die Gemeinsamkeit ihres Mutter-Tochter-Narrativs vo-

---

172 In Jollys Einzelinterview T-220 kommt Rosalie in der Schilderung der Mordszene überhaupt nicht vor.

rübergehend gefährden. Allerdings erschüttert der Widerspruch im
Zeugnis der beiden Überlebenden anders als bei Bessie K. und Celia K. nicht die Perspektive des jeweils erzählenden Ichs. – Deshalb
werde ich bei meiner Auseinandersetzung mit der zweiten Bruchstelle fragen müssen, welche Strategien den beiden Überlebenden
helfen, ihre traumatische Erinnerung zu strukturieren. In diesem
Zusammenhang gilt es auch, grundsätzlich über die Bedeutung der
Bruchstellen nachzudenken, die ich bisher ausschließlich als narrative Dissonanzen behandelt habe, in denen unterschiedliche Erfah-
rungsperspektiven von Mutter und Tochter anklingen, die im gemeinsamen Zeugnis sonst keine explizite Thematisierung erfahren.

3.3.2 Zur historischen und symbolischen Bedeutung der Mordszene

Zunächst will ich jedoch versuchen, mir den inhaltlichen Widerspruch zwischen Mutter und Tochter zu erklären. Auch an dieser
zweiten Bruchstelle sind die beiden Überlebenden unterschiedlich am selben Ereignis beteiligt. Während Jollys Zeugnis im Bann
der Tat zu stehen scheint und die Intensität der erinnerten Szene
emotional spürbar mitteilt, hadert die Mutter offenbar damit, dass
sie ahnungslos das Wasser vorbereitete, in dem Kümmel das Baby
gleich nach der Geburt ertränkte. Es trägt sicherlich ebenfalls zu
der Disparatheit des gemeinsamen Zeugnisses bei, dass sich der Zusammenhang der unterschiedlichen Darstellungen von Mutter und
Tochter hier nicht über Rosalies Empathie als fürsorgliche Mutter
erschließen lässt. Diesmal bleibt ihre Selbstaussage ohne jeden Bezug zu Jolly und fügt der töchterlichen Schilderung nichts hinzu.
   Grundsätzlich bin ich geneigt, Rosalies Schilderung des Tather-
gangs mehr Gewicht zu geben, weil sie sich immerhin selbst belastet.
Wenn ich aber Jollys Version als eine Modifikation der mütterlichen
Erzählvariante auffasse, dann muss auffallen, dass die Tochter ihre
Mutter auch an dieser Stelle aus dem Zeugnis ausblendet, freilich
ohne sich diesmal in ein »Wir« mit Rosalie zu flüchten. Vielmehr
fällt die betonte Ich-Haftigkeit ihrer Darstellung auf, in der sie sich
mit Kümmel isoliert. Um einen Bezug der beiden disparaten Schilderungen von Mutter und Tochter überhaupt herzustellen, werde

ich den Kindsmord in Eidelstedt wenigstens in groben Zügen als
historisches Ereignis beschreiben müssen: Walter Kümmel wurde
1980 der Tötung von zwei Neugeborenen angeklagt, die er in dem
ihm unterstellten Frauenaußenlager von Neuengamme verübt hatte.[173] Zur Zeit des Prozesses war eine der beiden Frauen, die in Eidelstedt entbunden hatten, noch am Leben und sagte gegen den ehemaligen Kommandanten aus.[174] Andere Zeuginnen beschrieben, wie
Kümmel das Baby unter fließendem Wasser ertränkt hatte.[175] Dieser
Umstand entspricht also genau der Schilderung Jollys. Die Überlebende Joan B., die in ihrem Videozeugnis T-82 zwei Säuglingstö-
tungen erwähnt, schildert dagegen als Augenzeugin die Tötungsart,
von der auch Rosalie spricht.[176] Das würde nicht nur bedeuten, dass
die Darstellungen beider Überlebender jeweils auf einen tatsäch-
lichen Vorgang rekurrieren, sondern auch, dass Mutter und Tochter in ihrem gemeinsamen Zeugnis überhaupt nicht von derselben
Tötung sprechen.

Wenn ich mir diese historischen Zusammenhänge vor Augen
halte, dann beruht die zweite Bruchstelle nicht nur auf einem Widerspruch zwischen Mutter und Tochter, sondern lässt sich bezogen auf Jolly sogar im Sinne einer Verdichtungsarbeit verstehen, die
zwei unterschiedliche Verbrechen zu einer einzigen Mordtat kom-

---

173 Ellger: Zwangsarbeit, 2007 geht auf den Seiten 126 bis 131 auf eine ganze Reihe
von Geburten ein, die in verschiedenen Frauenaußenlagern von Neuengamme
vorkamen. Zu den beiden Geburten in Eidelstedt siehe S. 126 ff. – Die Überlebende Hedi Fried beschreibt in ihrem Erinnerungsbuch »The Road to Auschwitz.
Fragments of a Life«, Lincoln/London 1990, S. 132–136 eine der beiden Geburten sowie auf den Seiten 136 bis 141 das Schicksal der Mutter. Siehe außerdem
Joan B.: Holocaust Testimony (T-82), Fortunoff Video Archive, Yale University
Library, die zwei Geburten erwähnt und offenbar Augenzeugin einer der beiden Tötungen war, sowie Michael Grill: »Kinder und Jugendliche im KZ Neuengamme«, in: Edgar Bamberger/Annegret Ehmann (Hrsg.), Kinder und Jugendliche als Opfer des Holocaust, Heidelberg/Berlin 1997, S. 107–128, über die
Kindstötungen in Eidelstedt vgl. S. 124 ff.

174 Ellger gibt ihren Namen als Rose Domaracka und das Geburtsdatum des Kindes als den 4. Dezember 1945, vgl. Ellger: Zwangsarbeit, 2007, S. 128.

175 Vgl. Matthias Hütgens: Das Außenlager Eidelstedt des KZ Neuengamme, unveröffentlichtes Manuskript 1983.

176 Ich kann hier nicht darauf eingehen, was es möglicherweise zu bedeuten haben
könnte, dass sich auch Joan B. als diejenige darstellt, die das heiße Wasser zubereitet hat, in dem Kümmel das Baby kopfüber ertränkte, vgl. Joan B.: Holocaust Testimony (T-82).

primiert. Rosalies Wortmeldung beharrt zwar auf einer zweiten Tötungsart, freilich ohne die Verdichtung im Zeugnis der Tochter als solche kenntlich zu machen oder zu entflechten. Erst, wenn ich die historischen Fakten berücksichtige, lässt sich die zweite Bruchstelle jenseits ihrer inhaltlichen Disparatheit als ein Knotenpunkt verstehen, an dem unterschiedliche Bedeutungen der beobachteten Szene zusammenlaufen.[177] Die Erzählung weist also nicht einfach einen traumatischen Einschlag auf, der in der Widersprüchlichkeit der beiden voneinander abweichenden Erzählperspektiven gebunden ist, sondern montiert Erinnerungssegmente zu einem Ganzen, sodass neben der dissoziierenden Wirkung des Traumas in dem gemeinsamen Narrativ auch eine synthetische Fähigkeit zum Tragen kommt. Das Zeugnis registriert mit Hilfe der Bruchstelle neben dem Verlust von Zusammenhängen und Bezogenheiten im Kontext der Traumatisierung auch nachträgliche Reparaturversuche. Aber ehe ich mich der Konstruktion des Narrativs zuwende, will ich versuchen, im Zusammenhang mit der von mir beobachteten Verdichtung die Bedeutung der Kindstötung für Rosalie und Jolly weiter zu klären.

Zunächst werde ich einige Betrachtungen über die symbolische Bedeutung der Geburt anstellen, die sich dem Zeugnis entnehmen lassen: 1) Offenbar wurden sowohl Rosalie als auch Jolly vollkommen davon überrascht, dass Kümmel das Neugeborene ertränkte. Zunächst waren beide Frauen davon ausgegangen, dass das Kind nach dem Baden seiner Mutter übergeben werden würde. Das Neugeborene generierte eine emotionale Normalisierung, außerhalb derer es zunächst nicht denkbar war. Überhaupt scheint die Schwangerschaft Anlass zu allerlei Hoffnungen gegeben zu haben, deren psychisch stützende Bedeutung im Kontext der Lagerrealität sicherlich kaum zu überschätzen ist.[178] Sie sorgte buchstäblich für »andere

---

177 Zu diesem Verständnis der Verdichtung als ein Knotenpunkt, vgl. Jean Laplanche/Jean Bertrand Pontalis: The Language of Psychoanalysis, New York 1973, S. 82 f., aber vor allem Sigmund Freud selbst in seiner »Traumdeutung« (1900), vgl. Sigmund Freud: Die Traumdeutung, Frankfurt a. M. 2000, S. 285, zum Begriff der Verdichtungsarbeit siehe dort S. 285–309.

178 Auch die Schwangerschaft, die Hedi Fried erinnert, löste in der Eidelstedter Lagergemeinschaft große Anteilnahme aus. Die Frauen versuchten, Wäsche für das erwartete Kind vorzubereiten, vgl. Fried: The Road to Auschwitz, 1990, S. 134 f.

Umstände«, sodass der Tod des Neugeborenen einer schrecklichen Desillusionierung gleichkommen musste.

2) Tatsächlich preist Jolly mit glänzenden Augen die Schönheit und Ausdauer ihrer schwangeren Mitgefangenen. Selbst wenn ich dieser heroisierenden Darstellung gegenüber skeptisch bleiben möchte, weil ich mir die verzweifelte Anstrengung vorstelle, mit der die werdende Mutter ihre Arbeitstauglichkeit unter Beweis zu stellen versuchte, damit sie nicht nach Auschwitz zurückgeschickt wurde,[179] so scheint mir die Idealisierung der Schwangeren immerhin von dem tiefen Bedürfnis Jollys zu zeugen, rückblickend eine positive Erfahrung zu betonen, die ihr während ihrer Zeit im Lager half, nicht völlig zu verzweifeln. Gleichzeitig nehme ich Jollys Begeisterung für die Schwangere auch als einen Hinweis auf eine Identifikation der Jugendlichen mit der Vitalität und Widerstandskraft ihrer Mitgefangenen.

3) Das Zeugnis gibt keine Auskunft darüber, ob die Fruchtbarkeit der Schwangerschaft im Lager auch für andere KZ-Gefangene psychisch eine Entlastung bedeutete.[180] Man kann aber eine Spur ihrer Bedeutung daran ablesen, dass Jolly rückblickend die Schwangerschaft wie einen Kalender benützt, mit dessen Hilfe sie während des Interviews Zeiträume misst und Ereignisse einordnet. Dabei liefert

---

179 Dass diese Möglichkeit zumindest in der Angst der Betroffenen existierte, geht aus Frieds Erinnerungen hervor, vgl. ebd., S. 133. In Zusammenhang mit Schwangerschaften in anderen Frauenaußenlagern von Neuengamme, zitiert Ellger mehrere Erinnerungsberichte von Überlebenden nach denen schwangere KZ-Gefangene vielfach abtransportiert wurden, vgl. Ellger: Zwangsarbeit, 2007, S. 131, Anm. 351, 353, 356. Ruth Elias wurde wegen ihrer Schwangerschaft von Hamburg nach Auschwitz zurück transportiert, wo sie an einem »medizinischen Experiment« teilnehmen musste und sich schliesslich entschloss, ihr Baby zu töten, um so dem eigenen Tod in der Gaskammer zu entgehen, vgl. Elias: Die Hoffnung, 1990, S. 162–191.

180 Neben dem bereits erwähnten Bericht von Fried, aus dem hervorgeht, dass die Mitgefangenen die Schwangerschaft als positiv erlebten, sei hier auf Britta Pawelke: »Als Häftling geboren. Kinder in Ravensbrück«, in: Edgar Bamberger/Annegret Ehmann (Hrsg.), Kinder und Jugendliche als Opfer des Holocaust, Heidelberg/Berlin 1997, S. 93–106 verwiesen, die im Kontext des KZ Ravensbrück eine grundsätzlich ambivalente Haltung der Mitgefangen gegenüber einem dort geborenen Kind thematisiert: »Das Kind erinnert zu sehr an Mensch sein, Mitleid erwecken« (S. 98). Offenbar erlebten weibliche KZ-Gefangene die Anwesenheit eines Babys als eine unerträgliche Erinnerung an eine Normalität, der sie durch die Lebensumstände im Lager entfremdet waren.

der natürliche Verlauf der Schwangerschaft nicht nur eine strukturelle Vorgabe, sondern verweist auf Lebenszusammenhänge, die
nicht vom Lager diktiert wurden: Von der Geburt lässt sich bis zu
der Zeit vor dem Ghetto zurückrechnen. Zugleich war die Schwangerschaft aber auch zukunftsweisend. Sie lässt sich daher sicherlich
als Kontrapunkt zur Lagerroutine verstehen, die ja auf einer Nivellierung des Unterschiedlichen beruhte, in ihrer Einförmigkeit die
allgemeine Orientierung in Raum und Zeit erschwerte und in der
endlosen Wiederholung von Arbeitseinsätzen Sinnlosigkeit produ-
zierte. Wie brutal die Lagerrealität wieder einsetzte, nachdem Kümmel den ordnenden und Bedeutung stiftenden Zusammenhang von
Schwangerschaft und Geburt vernichtet hatte, lässt sich an Jollys
Satz »Die Frau ging zwei Tage später (wieder) zur Arbeit« ablesen:
Zwei Tage nach der Geburt hatten die Monate der Erwartung und
Hoffnung bereits keinerlei Bedeutung mehr; darüber hinaus ver-
ursachte der Mord aber auch nicht einmal einen Aussetzer in der
Routine des Lagers, deren selbstverständlicher Teil die Grausamkeit
des Kommandanten war.[181]

4) Rosalie und Jolly hatten offenbar beide ihr Misstrauen gegenüber dem Kommandanten verloren – zumindest hegten sie nicht
den Verdacht, dass seine Teilnahme an den Geburtsvorbereitungen ein schlechtes Zeichen sein könnte. Natürlich lässt sich diese
Arglosigkeit von Mutter und Tochter nur im Kontext des ersten in
Eidelstedt verübten Kindsmordes verstehen. Nur einmal können
die beiden Frauen Kümmel überhaupt vertraut haben: Hätten sie
Kenntnis von einem bereits verübten Säuglingsmord gehabt, hätten sie sich über Kümmel keine Illusionen machen können. Leider
kann ich anhand der mir zugänglichen Quellen die Chronologie
der Ereignisse nicht mit Sicherheit bestimmen. Deshalb ist es mir
auch nicht möglich, festzulegen, ob z. B. das Ertränken unter fließendem Wasser zeitlich vor dem Ertränken im Badewasser stattfand.
Dagegen scheint mir eindeutig, dass Mutter und Tochter nichts von
dem zweiten Verbrechen gewusst haben können, als sie Zeuginnen
der Mordszene wurden, für die Rosalie das Wasser erwärmte: Ent-

---

181 Zu Kümmels beträchtlicher Brutalität vgl. Ellger: Zwangsarbeit, 2007, S. 225 f.;
     Fried: The Road to Auschwitz, 1990, S. 136–144; aber auch Joan B.: Holocaust
     Testimony (T-82).

weder hatte die andere Tötung zu diesem Zeitpunkt tatsächlich noch nicht stattgefunden, oder die beiden Frauen hatten noch nichts davon erfahren. Erst in der rückblickenden Schilderung wird die Tötungsart, bei der Kümmel das Neugeborene in dem vorbereiteten Badewasser ertränkte, von Jolly durch das Ertränken unter fließendem Wasser ergänzt. Zwar habe ich damit die Verdichtungsarbeit der Tochter noch nicht begründet, aber es ist mir immerhin gelungen, die Verknüpftheit der beiden Verbrechen in der subjektiven Sicht der Überlebenden darzustellen.

3.3.3 Die Bruchstelle als Narbengewebe: Trauma und Verdrängung

Zunächst einmal muss auffallen, dass das Zeugnis keinerlei Hinweise auf einen Widerstand im Augenblick der Tat enthält. Offenbar wusste nicht einmal Rosalie, die an der Rampe von Auschwitz so viel Mut gezeigt hatte, dem Kommandanten etwas entgegenzusetzen. Sie kann sich selbst lediglich vom Standpunkt ihrer eigenen Verstrickung in das Geschehen schildern; als empathische Beobachterin ihrer Tochter ist sie diesmal nicht anwesend. Daraus schließe ich, dass die Kindstötung für Rosalie ein traumatisches Erlebnis war. Alles deutet darauf hin, dass die sonst so beherzte Frau von der plötzlichen Wendung der Dinge zu überrascht war, um eingreifen zu können. Diese Dissoziierung setzte sich dann im Versagen ihrer empathischen Fähigkeiten gegenüber Jolly fort. Während der Selektion in Auschwitz hatte Rosalie ein komplexes Geflecht von Bezügen zur Verfügung gestanden, um sich in einer bedrohlichen Situation zu orientieren, hier deutet nun alles auf eine absolute Beziehungslosigkeit hin. Kümmels Verbrechen muss so unerwartet über sie hereingebrochen sein, dass sie die Situation erst erfassen konnte, als das Neugeborene bereits tot war. Dieser Bruch in der Wahrnehmung wird nach Caruth verursacht durch »the lack of preparedness to take in a stimulus that comes too quickly«.[182] Dabei geht es, so betont die Autorin, nicht um die Bedrohung der physischen Existenz, sondern darum, dass die Bedrohung erst zu Bewusstsein

---

182 Caruth: Unclaimed Experience, 1996, S. 62.

kommt, wenn es schon zu spät ist. »The shock of the mind's relation to the threat of death is thus not the direct experience of the threat, but precisely the *missing* of this experience, the fact that, not being experienced *in time*, it has not yet been fully known.«[183]

Besonders einschneidend erscheint mir dabei, dass Rosalies »Zu-spät-Kommen« auch den Verlust ihrer Präsenz als Mutter impliziert. Sie konnte keinen Versuch unternehmen, das Neugeborene zu retten. Dabei geht es mir hier nicht etwa um die Frage, ob Rosalie das Neugeborene in Eidelstedt *tatsächlich* hätte retten können, sondern um die Vorstellungen, die sich im Zusammenhang mit seiner Ermordung an Rosalie als Mutter knüpften.[184] Ihre Handlungsunfähigkeit bedeutete ja auch, dass sie ihrer Tochter den Anblick der Mordszene nicht ersparen konnte. Dieser doppelte Ausfall musste die Sicherheit der Mutter-Tochter-Beziehung in Frage stellen und eine tiefe Verunsicherung in beiden Frauen provozieren: Vermochte Rosalie, nachdem Kümmel das Baby getötet hatte, noch an sich selbst als Mutter zu glauben, die ihre Tochter im KZ würde schützen können? Und konnte Jolly noch an Rosalie glauben? – Wenn ich mit Auerhahn und Laub davon ausgehen, dass ein Trauma die gewaltsame Zerstörung der introjizierten Mutter konkretisiert, dann muss die psychische Tragweite des Verlustes der fürsorglichen Position einleuchten.[185] Grundsätzlich lässt sich die Kindstötung sowohl mit einer fundamentalen Infragestellung der fürsorglichen Position der Mutter für Jolly als auch mit einer Erschütterung von Rosalies Selbstverständnis verknüpfen.

183　Ebd. [Hervorhebungen von Caruth]

184　Es erscheint als fast unmöglich, dass es KZ-Gefangenen ohne Hilfe von Außen gelingen konnte, ein Baby durchzubringen. Vgl. Pawelke: »Als Häftling geboren«, 1995 zur hohen Sterblichkeitsrate der in Ravensbrück geborenen Kinder. Grundsätzlich ist nach Amesberger/Auer/Halbmeyer von einem Verbot der Einweisung Schwangerer in KZs auszugehen, vgl. Amesberger/Auer/Halbmeyer: Sexualisierte Gewalt, 2004, S. 245. Wurde schwangeren Frauen die Entbindung ermöglicht, dann bestand in der Regel von Seiten der Lagerverwaltung kein Interesse an der Erhaltung der Neugeborenen, vgl. ebd., S. 246 f. Ellger erwähnt, dass in dem Außenlager Bremen-Obernheide der Kommandant Johann Hille zwei Gefangene, die dort entbunden hatten, und ihre Kinder schützte, bis er von der Oberaufseherin des Lagers, Gertrud Heise im KZ Neuengamme angezeigt wurde, vgl. Ellger: Zwangsarbeit, 2007, S. 129 f.

185　Vgl. Auerhahn/Laub: »The Primal Scene of Atrocity«, 1998, S. 361–365.

Dass die Erinnerung an die Mordszene auch für Jolly traumatisch verschattet ist, kommt in ihren beiden Einzelinterviews deutlich zum Ausdruck. In T-220 kennt die Überlebende das Geschlecht des Kindes offenbar nicht, obwohl sie sich doch so genau an Kümmels Worte erinnert, der das Neugeborene als *Little Moses* ansprach. Jolly erzählt: »*And then this tall SS-man brought out the baby, holding* him – or her – *upside down. And put it under the sink, and opened the water and he said: ›Here you go, little Moses, down the stream‹*« [Hervorhebungen JB] Offenbar ist sich die Überlebende hier ihres eigenen Wissens nicht bewusst; zugleich scheint sie aber auch kein Zutrauen zu sich selbst als Zeugin zu haben. In ihrem zweiten Einzelinterview (T-972) erwähnt sie, dass sie in der Zeitung über den Prozess gegen Walter Kümmel gelesen hat, zieht sich aber darauf zurück, dass sie nicht sicher sein konnte, ob es sich auch wirklich um den Kommandanten von Eidelstedt handelte. Überhaupt spielt sie die Wichtigkeit ihrer Zeugenaussage herunter. Auf Lawrence Langers Frage, weshalb sie niemals die Gelegenheit wahrgenommen habe, Kümmel mit ihrer Aussage zu belasten, antwortet sie: »*Where would I testify? […] Was that the only murder?* [lächelt] *I mean, you know, that was part of the scene. And he wasn't the only one and that wasn't the only murder.*« Jolly Z. scheint sich mit ihrer traumatischen Erinnerung in einem labilen Gleichgewicht zwischen Wissen und Nicht-Wissen eingerichtet zu haben. Entsprechend muss sie sich unbewusst auch der objektivierenden Festlegung im Zeugenstand eines Gerichtshofes entziehen, wo sie sich das traumatische Ereignis in seiner überwältigenden Wucht als Ganzes vor Augen zu halten gehabt hätte und das volle Ausmaß der Zerstörung hätte ertragen müssen. In T-34 teilt sich die emotionale Wucht der erinnerten Szene deutlich mit, sodass es vollkommen einleuchtet, wenn die Überlebende einen inneren Abstand zu ihrer traumatischen Erfahrung einhält. Mit Laub und Auerhahn lässt sich die innere Distanz, die Jolly zu der Kindstötung sucht, als Abwehr verstehen, mit deren Hilfe sie sich im Angesicht einer traumatischen Erinnerung die synthetische Funktion ihrer Ich-Instanz erhält: »Ways in which we attempt to know or not to know are major organiseres of personality«, wobei es im Verständnis der beiden Autoren in erster Linie die Abwehrmechanismen sind, die eine solche ordnende Funktion übernehmen. »The knowledge of trauma is fiercely defended against«, weil dieses Wissen in die Dissoziation führen kann und das Ich, das sein Trauma zu meistern versucht, mit einem Strukturverlust bedroht.[186]

Jedenfalls kann ich von den Abwehrhaltungen, die in Jollys Einzelinterviews manifest werden, Rückschlüsse auf ein zugrundeliegendes Trauma der überlebenden Tochter ziehen. Für Rosalie postuliere ich eine Traumatisierung dagegen, weil die Beteiligung der überlebenden Mutter an dem gemeinsamen Interview im Kontext der Kindstötung durch einen Mangel an Empathie und eine Verengung ihrer Erzählperspektive auf sich selbst aus dem Gesamtzusammenhang ihres Zeugnisses als eher untypisch für die Überlebende herausfällt. Entsprechend schlage ich vor, die Getrenntheit, die Mutter und Tochter befällt, wenn sie von dem Säuglingsmord sprechen, im Sinne einer Wiederholung zu deuten: Die narrative Disparatheit vollzieht die Fragmentierung nach, die Kümmels Verbrechen seinerzeit in Rosalie und Jolly auslöste. Das gemeinsam erlittene Trauma der beiden Überlebenden bestimmt an dieser Stelle des Zeugnisses seine narrative Gestaltung: Der inhaltliche Widerspruch zwischen den Erzählvarianten von Mutter und Tochter wird mir so als Hinweis auf einen vorübergehenden Verlust ihres emotionalen Zusammenhangs verständlich, der im Erzählfluss des gemeinsamen Zeugnisses verkapselt ist. Die Beziehung zwischen Rosalie und Jolly kann im Moment der Aufzeichnung präsent sein, weil sie die Krise, durch die sie im Kontext der Kindstötung gegangen ist, überlebt hat.

Die Bruchstelle weist also auf ein Narbengewebe im Beziehungsgeflecht der beiden Frauen hin. Denn die Widersprüchlichkeit des Zeugnisses kennzeichnet nicht nur den traumatischen Einschlag, der Mutter und Tochter voneinander trennte, sondern zeugt auch von einem Versuch Jollys, sich ihre emotionale Verbindung mit der Mutter unberührt von der äußeren Realität zu bewahren. Darin liegt meines Erachtens die eigentliche Bedeutung der töchterlichen Verdichtungsarbeit: Jolly konstruiert eine Mordszene, die den im Zusammenhang mit Kümmels Verbrechen erlittenen Verlust von Rosalies Fürsorge verschleiert. Dabei geht es auch darum, das Wissen über die Mutter und die eigene Abhängigkeit von ihr so zu begrenzen, dass sie damit leben kann, ohne sich an die dissoziativen Dy-

---

186 Beide Zitate aus Laub/Auerhahn: »Knowing and not Knowing«, 1993, S. 288.

namiken der traumatischen Erfahrung zu verlieren. Während sich
diese narrative Konstruktion in ihrem Einzelinterview als tragfähig erweist, tritt das Mutter-Konstrukt der Überlebenden bei der
Rezeption des gemeinsamen Zeugnisses deutlich in Erscheinung:
Die Tatsache, dass ihre Mutter just den Zusammenhang anspricht,
den sie selbst zu verdrängen versucht, muss in der Überlebenden
als Zuschauerin und Zeugin der ursprünglichen Szene tiefe Ängste
berühren.

Rosalies Zeugnis erschüttert unbewusst die Abwehr der Tochter
sowie deren Konstruktion einer von der Mordszene unberührten
Mutter, indem sie sich selbst Schuld zuweist – möglicherweise, um
sich und ihren Zuhörern die absolute Hilflosigkeit zu verdecken, die
sie als Zeugin des Kindsmordes erlebte.[187] Geht man mit Leuzinger-
Bohleber davon aus, dass »(t)he knowledge of one's own potential
destructiveness […] is psychically present in a stable female core
identity«[188], dann musste die beobachtete Mordszene die Mutter in
eine Krise psychischer Äquivalenz stürzen. Aber auch das Entsetzen der jugendlichen Jolly über Rosalie lässt sich nicht nur mit der
Handlungsunfähigkeit der Mutter in der Mordszene erklären, die
einen Verlust der fürsorglichen Position impliziert, die sie an der
Rampe in Auschwitz für ihre Tochter verkörpert hatte. Jollys Entsetzen bezieht sich gerade auch auf den Beitrag Rosalies zur Tötung
des Neugeborenen und damit auf ihre unbewussten Phantasien von
einer destruktiven mütterlichen Macht, der sie selbst zum Opfer fallen könnte, die sie als Frau aber auch selbst besitzt.[189] Grundsätzlich
konnte sich Jolly aus der bedrohlichen psychischen Äquivalenz nur
retten, indem sie sich die Mutter als gutes Objekt bewahrte. Die Verdrängung ihres Entsetzens über Rosalie (und über sich selbst) hätte
der Tochter also geholfen, das innere Bild einer guten Mutter nicht

---

187 Diese Konstruktion der Ich-Perspektive über Schuld und Verantwortung erklärt
   möglicherweise auch, weshalb Joan B. sich in ihrem Zeugnis ebenfalls als an der
   Ermordung des Neugeborenen beteiligt schildern muss.
188 Marianna Leuzinger-Bohleber: »The ›Medea-Fantasy‹: An Unconscious Determinant of Psychogenic Sterility«, in: International Journal of Psycho-Analysis
   82 (2001), S. 323–345, hier S. 325.
189 Die Psychoanalyse hat wiederholt den Medea-Mythos als gedankliche Folie verwendet, um sich mit Formen weiblicher Destruktivität auseinanderzusetzen, vgl.
   ebd., S. 325 f. sowie 329–332.

an die schreckliche äußere Realität verloren geben zu müssen und sich selbst in Beziehung zu diesem guten mütterlichen Objekt psychisch am Leben zu erhalten. Die Überlebende hätte gewissermaßen die dissoziierende Wucht ihres Traumas abgefangen, indem sie ihr gutes inneres Objekt von der realen Mutter abspaltete. Während sie also die psychische Struktur der Beziehungsmatrix schützte, wäre sie zu Rosalie als Person auf Distanz gegangen. – Tatsächlich kann sich die Ich-Instanz nach Auerhahn und Laub in der Reaktion auf ein Trauma spalten, um eine traumatisch bedingte Fragmentierung abzuwehren: Der eine Teil nimmt auf, was geschieht, während sich der andere Teil vom Geschehen isoliert, um seine Verbindung mit dem Lebendigen, aber auch mit einem Gegenüber nicht zu verlieren. Außerdem versucht dieser zweite Teil, sich die Fähigkeit zu bewahren, sich Erfahrungen anzueignen und sie sinnvoll zu organisieren.[190] In Jollys Zeugnis fällt diese Spaltung der Ich-Instanz mit einer Abspaltung des guten inneren Objekts von der realen Mutter zusammen, sodass Rosalie in ihrer emotionalen Bedeutung für die Tochter präsent bleiben konnte, obwohl sie während der Mordszene als fürsorgliche Mutter versagte. Der fließende Wasserhahn bildet dabei »eine posttraumatische Deckerinnerung«[191], hinter der die eigentliche Szene und ihre Schrecken unkenntlich verborgen liegen. So braucht Jollys Zeugnis nichts von dem Zusammenhang zwischen dem Wasser, das ihre Mutter erhitzte, und dem Mord, den Kümmel verübte, zu wissen. Ohne die Erinnerung an das eigene Entsetzen und das Bild der ursprünglichen Szene kann es natürlich keine Empathie für Rosalie geben. Der Gedanke, dass sich auch die Mutter durch ihren unfreiwilligen Beitrag zu dem Verbrechen des Kommandanten und dessen unfassliche Brutalität schwer belastet gefühlt haben muss, kann im Bewusstsein der Tochter nicht einmal rückblickend aufkommen.

Die Verdrängung der Mutter aus dem Zeugnis der Tochter und Jollys emotionale Distanz zu Rosalie im Augenblick der Aufzeichnung lassen sich meines Erachtens damit erklären, dass die Überlebende die emotionale Kontinuität der Beziehungsmatrix als Zentrum ihrer seelischen Struktur trotz der Mordszene sicherzustellen

---

190 Vgl. Auerhahn/Laub: »The Primal Scene of Atrocity«, 1998, S. 362.
191 Ebd.

versucht. Das bedeutet natürlich auch, dass ich Jollys Gedächtnis-
lücke nicht einfach als blinden Fleck verstehe, den der traumatische
Schock in ihrem Gedächtnis hinterlassen hat. Ihre Verdrängungs-
arbeit scheint wenig mit der Urverdrängung oder »primal repression« zu tun zu haben, die Jonathan Cohen im Zusammenhang mit
dem Trauma postuliert hat,[192] um den Verlust psychischer Struktur,
aber auch das Fehlen von Erinnerung in der Psyche eines traumatisierten Subjekts zu erklären. »Primal repression gives rise to a va-
riety of mentally primitive self-protective operations, all aimed at
avoiding the stimuli that provoked it.«[193] – Mir scheint, dass Jolly
versuchen musste, ihr Mutterobjekt der Zerstörung zu entziehen,
um sich selbst in einer komplexen psychischen Struktur abzusichern,
sodass ich ihre Abwehr nicht im Sinne Cohens als eine »geistig primitive Strategie zum Zwecke des Selbstschutzes« verstehen kann.
Ihre Verdrängung zielte im Gegenteil darauf, die internalisierten
Beziehungsstrukturen zu wahren, und wurde zu einer Gegenspielerin der dissoziativen Dynamiken des Traumas. – Damit ist zwar
nachvollziehbar geworden, wie Jolly die Mordszene emotional überlebte und sich in ihrer Erinnerung mit ihrem Trauma einrichten
konnte. Offen muss dagegen vorerst bleiben, wie sich die reale Mutter-Tochter-Beziehung nach diesem emotional tief einschneidenden
Erlebnis gestaltete. Dieser Frage werde ich im weiteren Verlauf dieses Kapitels anhand anderer Interviewpassagen nachgehen können.

3.3.4 Zur Bedeutung des Kommandanten (Ein Konstruktionsversuch)

Eine Schwierigkeit meiner Interpretation liegt darin, dass die von
mir bisher beschriebenen Schrecken zwar im Verlauf meiner Untersuchung denkbar geworden sind, aber keine der beiden Überlebenden ihre eigenen Ängste bzw. die Ängste der jeweils anderen explizit
benennt, sodass ich meine Darstellung als empathische Hypothese

---

192 Cohen: »Trauma and Repression«, 1985, S. 178. Zu dem Begriff »primal repres-
     sion« siehe auch Warren Kinston/Jonathan Cohen: »Primal Repression: Clin-
     ical and Theoretical Aspects«, in: International Journal of Psycho-Analysis 67
     (1986), S. 337–353.
193 Cohen: »Trauma and Repression«, 1985, S. 178.

im Kontext eines Traumas deklarieren muss. Eine andere Schwierigkeit liegt darin, dass Jolly einen Mord bezeugt, der so nicht stattgefunden hat. Im Grunde hat meine Interpretation auf die narrative Konstruktion der Überlebenden reagiert, indem ich meinerseits konstruierend aktiv geworden bin. Auf diesem Weg wurde mir auch das Trauma der Mutter nachvollziehbar, deren Rechtfertigung wegen des von ihr erhitzten Wassers sich ebenfalls als eine »posttraumatische Deckerinnerung« interpretieren lässt, mit der sich Rosalie ihre eigene Ohnmacht während der Tötung verhüllt. Indem sie sich Vorwürfe macht, rettet sie ihren Selbstbezug und kann die dissoziative Wucht ihrer traumatischen Erfahrung eindämmen, wobei Schuld ihr hilft, ihre Erinnerung zu strukturieren. – Im Hinblick auf Jollys Traumatisierung wurde deutlich, dass es sich bei ihrer narrativen Konstruktion um die ihr einzig mögliche Erzählung handelt: Die Überlebende sichert sich in einer Verschränkung von Wissen und Nicht-Wissen gegen die dissoziative Wucht ihrer ursprünglichen Erfahrung ab. Ihre Abwehr sitzt der traumatisch bedingten Strukturlosigkeit als narrative Struktur auf. Das bedeutet nicht nur, dass sie Zusammenhänge behauptet, die es nicht gab, sondern auch dass sich ihre Erzählung weigert, die Zusammenhanglosigkeit zur Kenntnis zu nehmen, die das Zentrum ihrer Erfahrung bildet. Dori Laub beschreibt ähnliche Konstruktionen in seinem Aufsatz »The Empty Circle«, bei denen es für Überlebende und deren Nachwuchs in erster Linie darum geht, dem absoluten Bedeutungsverlust, den ein Trauma impliziert, entgegenzuarbeiten, indem sie sich auf Nebenhandlungen konzentrieren.[194] Jollys narrative Konstruktion kreist ihre traumatische Erfahrung zwar ein, aber im Zentrum bleibt eine unbenennbare Leere.

Natürlich verfolgt meine interpretierende Konstruktion einen anderen Zweck: Da mein innerer Abstand zu der Mordszene größer ist, kann ich einen gedanklichen Spielraum zwischen Wissen und Nicht-Wissen in Anspruch nehmen, wie er Jolly als unmittelbarer Augenzeugin nicht zur Verfügung steht, d. h., ich kann anders über ihre traumatische Erfahrung nachdenken als die Überlebende selbst. Diese grundsätzlich anderen Voraussetzungen sollten es mir wenigstens ermöglichen, den Kreis um die unbenennbare Leere im

---

194 Laub: »The Empty Circle«, 1998, S. 520 f.

Zentrum der traumatischen Erfahrung von Rosalie und Jolly enger zu ziehen. – In meinem nächsten Interpretationsschritt wird es mir deshalb um Walter Kümmel gehen, dessen Brutalität die geschilderte Szene zwar eindeutig bezeugt, der aber in der Angst, die er in den beiden Frauen ausgelöst haben muss, nicht im Zeugnis benannt ist. Diese Angst manifestiert sich allerdings in der Gegenübertragung mit unangenehmer Intensität. Je mehr ich mich um die Gestalt des Kommandanten bemühe, umso zweifelhafter erscheint mir meine Interpretation, bis ich schließlich sprachlos werde und von der Unmöglichkeit meines Vorhabens überzeugt bin. – Tatsächlich glaube ich, dass sich die Beziehungskrise, durch die Rosalie und Jolie im Zusammenhang mit der Kindstötung gegangen sind, erst vor diesem emotionalen Hintergrund überhaupt erklären lässt.

Wenn ich die Mordszene mit Caruth als »crisis of death«, als krisenhaftes Todesmoment einordne, dann fällt der Kommandant in die andere von Caruth postulierte Kategorie einer »crisis of life«[195]. Rosalie und Jolly mussten nicht nur mit dem Mord weiterleben, sondern auch mit dem Mörder. Der Tod des Kindes setzte dem Dasein der KZ-Gefangenen und Sklavenarbeiterinnen gerade kein Ende, sondern besiegelte die Kontinuität ihrer Zerstörung, weil er sie mit der Unausweichlichkeit von Kümmels Brutalität konfrontierte. Dieses Ausgeliefertsein bildete eine Konstante ihrer Existenz, sodass Mutter und Tochter unablässig in tödlicher Gefahr schwebten. Der Mord an dem Neugeborenen, dessen unfreiwillige Zeuginnen Rosalie und Jolly geworden waren, zerstörte also nicht allein die symbolischen Bedeutungen, welche die Schwangerschaft und das zu erwartende Kind generiert hatten; er konfrontierte die beiden Frauen außerdem mit der Ausweglosigkeit ihrer Existenz als KZ-Gefangene. Das Entsetzen über den Mord an dem Neugeborenen impliziert also auch ein Entsetzen über Kümmel.

Aber selbst wenn mir Kümmel unter Berücksichtigung meiner Gegenübertragunsreaktion und beim Durchdenken der Mordszene als Schreckensgestalt im Zentrum des Traumas der Überlebenden denkbar wird, fassen weder Rosalie noch Jolly entsprechende Ängste in Worte. An zwei Stellen kommt ihre Verachtung für den Kommandanten zum Ausdruck: Offenbar wollte sich der

---

195 Caruth: Unclaimed Experience, 1996, S. 7.

SS-Mann vor Kriegsende in Zivilkleidung aus dem Lager absetzen, was Rosalie mit dem Satz kommentiert: »*The Wehrmacht said: Der Hund hat schon sein ... the dog, he have his suit already under the pillow.*« – Jolly spricht dagegen abfällig über ein Brot, dass Kümmel ihr zu ihrem 18. Geburtstag (am 9. Dezember 1944) schickte: »*This is that killer. That dog Kümmel. He sent a loaf of bread.*« – Darüber hinaus enthält T-34 Hinweise darauf, dass sowohl Mutter als auch Tochter in jeweils sehr unterschiedlichen Beziehungen zum Kommandanten von Eidelstedt gestanden haben müssen. Die Mutter arbeitete in der Lagerküche und bereitete dort die Mahlzeiten für das Wachpersonal zu. Natürlich ermöglichte es ihr diese Arbeit, zusätzliches Essen für sich und Jolly zu besorgen. Offenbar verschaffte sie sich durch ihre Kochkünste eine privilegierte Stellung, denn das Wachpersonal sprach sie mit ihrem Namen an. – Als Jolly feststellt, dass ihre Bewacher die Gefangenen natürlich nicht namentlich ansprachen, sondern nur als Nummern, fällt Rosalie ihr ins Wort:

I was by my name: Frau Rosa – Mrs. Rosa. I had very special luck. They liked me. I cooked very good. I maked herring. So I had luck and that's all. So when I cooked then I eated. And what I get I left, I gived her, she should have double. I was lucky.

Rosalie beschreibt ihre besondere Stellung als Köchin zwar als reinen Glücksfall und rechtfertigt ihn mit der Notwendigkeit, zusätzliches Essen zu beschaffen. Ihre Popularität *(They liked me.)* impliziert aber auch eine gewisse Freundlichkeit im Umgang mit dem Wachpersonal, zu dem an oberster Stelle ja der Kommandant gehörte. Jolly wechselt nach dieser Äußerung der Mutter sofort das Thema, sodass im Raum stehen bleibt, weshalb Rosalie ausdrücklich betonen muss: »Ich hatte eben Glück und das war alles.« Die Tatsache, dass die Mutter für ihre Bewacher gekocht hat, scheint für beide Überlebende mit einem nicht weiter benannten Unbehagen behaftet.[196] – Natürlich frage ich mich, wie sich das Wissen um diese

---

196 Man darf sich die Situation der Lagerköchinnen nicht allzu rosig vorstellen: So berichtet Joan B. (T-82), die ebenfalls in der Küche von Eidelstedt arbeiten musste, dass Kümmel sie verprügelte, als er eine Gräte in dem Fisch fand, den sie zubereitet hatte.

Beziehung zwischen Kümmel und ihrer Mutter auf Jollys Wahrnehmung der von mir interpretierten Gewaltszene auswirken musste.
Wie sollte die Jugendliche mit dem entsetzlichen »Gericht« umgehen, das Rosalie zubereitet hatte, damit der Kommandant seinen
mörderischen Appetit stillen konnte? Obwohl sich Jolly als Jugendliche *(»I was afraid to see a delivery. I was young.«)* am Rande der
Szene hielt *(»I stayed in the next room.«)*, war sie doch durch ihre
Identifikationen mit der entbindenden Mutter, aber auch mit ihrer
leiblichen Mutter zutiefst in die Szene eingebunden: Sofern sie sich
mit der werdenden Mutter identifizierte, musste sie den Verlust des
Kindes und aller Erwartungen und Bedeutungen, die sich daran geknüpft hatten, miterleben. Sofern Rosalie an der Szene beteiligt war,
konnte sie sich aber auch als ein Kind fühlen, das von seiner Mutter an eine bedrohliche Vaterfigur ausgeliefert wird. Letztlich läuft
meine Interpretation auf die Frage hinaus, wie sich die Jugendliche
die Verbindung zwischen Rosalie und Kümmel dachte und wie diese
Vorstellung ihre Beziehung zu ihrer Mutter, aber auch zum Kommandanten beeinflusst haben mag.

Tatsächlich findet sich in dem gemeinsamen Zeugnis eine lange
Passage, in der Jolly ihre eigene besondere Beziehung zu Kümmel
eingehend schildert. Dabei ist auffallend, dass die Überlebende in
ihren beiden Einzelinterviews auf diesen Erfahrungszusammenhang überhaupt nicht eingeht. Offenbar ist ihre Erzählung über den
Kommandanten an Rosalies Gegenwart gebunden und taucht nur in
Zusammenhang mit Rosalies Bericht auf, die das Wasser erhitzte, in
dem Kümmel das Neugeborene ertränkte. Indem die Tochter über
den Kommandanten spricht, positioniert sie sich also gewissermaßen im selben Atemzug gegenüber ihrer Mutter. Dabei wird Jollys
Schilderung durch Dori Laubs Frage: *»Was Kümmel ever decent?«*
ausgelöst, die Rosalie ausweichend, aber bestimmt beantwortet: *»We
didn't saw him – just when we arrived«*, während die Tochter zu ihrer
langen Erzählung ansetzt. Diese sich wiederholenden entgegengesetzten Reaktionen von Jolly und ihrer Mutter bestätigen den Eindruck, dass in Bezug auf den Kommandanten zwischen den beiden
Frauen keine Gemeinsamkeit herrscht. Diesmal wünscht Rosalie
nicht zu sprechen, während sich Jolly mit der Sprache herauswagt.

Leider ist diese Sequenz mit fast sieben Minuten zu lang, um sie
im Rahmen dieser Arbeit angemessen zu analysieren. Ich möchte

sie aber wenigstens inhaltlich zusammenfassen und einige Beobachtungen zu meiner Gegenübertragungsreaktion mitteilen: Jolly schildert eine Reihe von Begegnungen mit Kümmel, in denen sie jeweils über den Kommandanten triumphierte. Dabei setzt sie sich selbst als jugendliche Heldin in Szene, die sich Kümmels Respekt verschafft haben will, indem sie ihn provozierte. Als Kümmel über das Ende der jüdischen Rasse schwadronierte, erwiderte sie: »*You know, before I came in the camp, I read an article that two meteorites will clash. And if that will happen we'll all burn. So maybe we* [die Juden; JB] *(will) burn sooner but eventually we will all be destroyed* [Kümmel und die Deutschen ebenfalls; JB].« Sie ließ den Kommandanten die Überlegenheit ihrer Intelligenz spüren, ließ sich lieber ohne Betäubung einen Zahn ziehen, als sich für eine Selektion vor ihm zu entkleiden, und weigerte sich schließlich trotz ihrer Unterernährung, Essensgeschenke von ihm anzunehmen. In der Einleitung habe ich bereits auf die beträchtliche Aggression der Überlebenden hingewiesen, die sich allerdings nur in meiner Gegenübertragung als ein die Erzählung begleitender Affekt verriet. In den toten Winkel dieser Aggression fällt auch Jollys absolute Todesverachtung: Die Überlebende legt sich keinerlei Rechenschaft darüber ab, welches Risiko sie einging, um sich dem Kommandanten zu widersetzen. Ihre erklärte Absicht, sich Kümmels Respekt zu verschaffen, entspricht einer Weigerung der Jugendlichen, sich gegenüber dem Kommandanten als seine Gefangene zu verhalten. Während sich mir als einer Außenstehenden dieser Widerstand so darstellt, als habe sich Jolly an der Grenze zum Selbstmord bewegt, berichtet sie selbst spitzbübisch und schalkhaft über ihre Zusammenstöße mit Kümmel.

Darüber hinaus schwingt in ihrer Schilderung eine Erotik mit, die bei mir sehr unangenehme Gegenübertragunsgefühle berührt und, die sich eigentlich nur dann außerhalb der Perversion verstehen lässt, wenn ich sie als ein Begehren des Kommandanten auffasse, das die Jugendliche als die Schwachstelle des gefährlichen Mannes erkannte und für ihr gefährliches Spiel benutzte. Natürlich ließ sie bei ihren Eskapaden die Mutter weit hinter sich. Von Rosalie ist erst die Rede, als Kümmel die Jugendliche auf seine Stube befiehlt, die sie putzen soll: In diesem Zusammenhang bleibt die Mutter eine aus der Szene Ausgeschlossene, der nichts anderes übrigblieb als abzuwarten, ob und wie ihre Tochter zu ihr zurückkommen würde. Es scheint mir keinen Sinn zu machen, dieses Kaltstellen von Rosalie als Jollys ödipalen Triumph zu interpretieren, denn das würde ja voraussetzen, dass Mutter und Tochter den Kommandanten libidinös besetzt hätten. Vielmehr ist die Geschichte so konstruiert, als ob ein Rollentausch zwischen dem mächtigen SS-Mann und seiner hilflosen Gefangenen stattgefunden habe.

Wenn sich die Überlebende so triumphierend in Szene setzt, scheint mir das nicht auf eine Konkurrenz mit Rosalie hinzudeuten, sondern im Gegenteil mit dem Verlust ihrer Mutter zusammenzuhängen: Folge ich Jollys Zeugnis, dann war sie dem Kommandanten allein ausgeliefert, was ja auch ihrer Darstellung der Mordszene entspricht. In ihren Eskapaden mit Kümmel unterscheidet ihr Erfindungsreichtum sie deutlich von ihrer Mutter: Anders als Rosalie, die in der Mordszene nicht gegen den Kommandanten aufbegehrt hatte und ihren Überlebenskampf generell pragmatisch ausgerichtet zu haben scheint, widersetzte sich Jolly bedingungslos und kehrte von ihren Zusammenstößen mit Kümmel trotzdem lebendig zurück. Die Tochter triumphiert mit ihrer Geschichte also nicht nur über den Kommandanten, der ihr nichts anhaben konnte, sondern auch über Rosalie, der sie zu zeigen scheint, dass man mit Kümmel durchaus fertig werden kann. So gesehen, würde diese ausschließlich in Gegenwart der Mutter erwähnte Geschichte also nicht nur Jollys Aggression gegen Kümmel enthalten und von ihrer Wut auf Rosalie zeugen, sondern auch ihre verzweifelte Anstrengung belegen, sich den Schrecken der Mordszene nicht zu beugen. Dabei wäre ihre Wut als ein enormer innerer Antrieb der Jugendlichen zu verstehen, die im Lager versuchte, für sich selbst zu sorgen, nachdem sie das Scheitern ihrer Mutter miterlebt hatte.

Das Interview enthält leider keinen Hinweis darauf, wie diese lange Sequenz über den Kommandanten mit der Mordszene zeitlich zusammengehört: Waren die Eskapaden der Jugendlichen tatsächlich eine unmittelbare Reaktion auf die Mordszene? Oder reagiert die Überlebende im Augenblick der Aufzeichnung auf die Erinnerung an die Kindstötung, in die Rosalie das von Jolly Verdrängte einfügt, mit einer narrativen Konstruktion, die den Schrecken herunterspielen soll, der vom Kommandanten noch rückblickend ausgeht? Ich halte es für möglich, dass die Erinnerung an sich selbst im

Widerstand für die Tochter ein emotionales Gegengewicht zu der Mordszene bildet, das sich die Überlebende in dem gemeinsamen Zeugnis verschaffen muss, weil ihre Mutter das seelische Gleichgewicht ihres Nicht-Wissens stört, wenn sie die Sprache auf das Wasser bringt, das sie auf Kümmels Geheiß anwärmen musste.

Weiter lässt sich mein Konstruktionsversuch an dieser Stelle nicht fortsetzen.[197] Unversöhnlich klafft in dem gemeinsamen Zeugnis von Rosalie und Jolly ein beklemmender Widerspruch um den Kommandanten: Er erscheint als Mörder und Spielzeug zugleich. Ein einheitliches Bild kann sich nicht ergeben, weil der absolute Schrecken, den er verkörperte, nicht benannt werden kann. Dabei lässt sich die Schwierigkeit der beiden Überlebenden, sich auf Kümmel zu beziehen, nach meinem Verständnis nicht mit ihrer Traumatisierung erklären, sondern hat mit dem Kommandanten selbst zu tun: Es ist unmöglich, einen emotionalen Raum mit ihm zu teilen. Das macht die Mordszene beklemmend deutlich. Grundsätzlich ist Kümmels Präsenz in dem Zeugnis von Rosalie und Jolly von Unbehagen begleitet und stört die Gemeinsamkeit der beiden Überlebenden, sodass es wohl nicht übertrieben ist, wenn ich sage, dass Kümmel ein Störfeld in ihrer Beziehung bildete. An seine Figur knüpft sich außerdem ein Wissen um die Grenzen der mütterlichen Macht, d. h. besonders um die Begrenztheit der Sicherheit, die die Gegenwart der Mutter für die Tochter implizierte. Seine Gewalt und Destruktivität brachten die Dyade nicht nur an die Grenzen ihrer Belastbarkeit, sondern luden Jollys Beziehung zur Mutter mit Aggression auf. Jedenfalls teilt sich in der Schwierigkeit der beiden Überlebenden, um den Kommandanten ein gemeinsames Narrativ zu konstruieren, eine tiefe Entzweiung mit, die selbst das rückblickende Zeugnis nicht integrieren kann. So stellt sich die Mordszene als Wendepunkt der Mutter-Tochter-Beziehung von Rosalie W. und Jolly Z. dar.

---

197 Auf eine weitere Erwähnung Kümmels werde ich in Verbindung mit der dritten Bruchstelle zu sprechen kommen.

3.3.5 Abschließende Betrachtung

Als Rezipientin der Zeugnisse von Überlebenden der Shoah bin
ich eher auf die Anonymität und Gesichtslosigkeit der geschilderten SS-Tätern eingestellt. In dem relativ kleinen Außenlager von
Eidelstedt lernten die Gefangenen ihren Kommandanten jedoch
kennen und bekamen ihn vermutlich regelmäßig zu Gesicht. Damit will ich nicht etwa behaupten, dass sich zwischen Rosalie, Jolly
und Kümmel eine Nähe entwickelt haben könnte. Mir scheint ihr
Bericht, im Gegenteil, von dem fatalen Irrtum einer solchen An-
nahme zu zeugen. Die lange Sequenz von Jollys Zusammenstößen
mit dem SS-Mann behauptet zwar eine Kontrolle der Überlebenden über ihren Kommandanten, wird aber durch den unerwarteten
Mord grausam relativiert. Und auch Rosalies Beliebtheit als Frau
Rosa, die Köchin, bleibt im Zusammenhang mit der Kindstötung
ohne jede Bedeutung.

Kümmels Verbrechen impliziert aber nicht nur eine radikale Ent-
wertung und einen empfindlichen Bedeutungsverlust. Indem es
Bedeutung auslöschte und jeder Verbindlichkeit ein Ende setzte,
ging auch die Sicherheit verbindlicher Kategorien und Werte verloren. Dabei ist das Schreckliche, dass durch eine entsicherte äußere Realität alles denk- und vorstellbar wird. Deshalb war es für
meine Interpretation wichtig, zumindest nach den subjektiven Auswirkungen des Mordes auf die Psyche der beiden Überlebenden zu
fragen, auch wenn sich das Meiste hier in der Strukturlosigkeit des
Traumas verliert.

Im Grunde ist mein Konstruktionsversuch der absoluten Panik
geschuldet, die mich in der Konfrontation mit diesem Abgrund
erfasst. Dabei belehrt mich diese Reaktion aber zugleich über die
grundsätzliche Schwierigkeit, im Zusammenhang mit der ursprünglichen Erfahrung an Zusammenhängen festzuhalten und ein Narrativ zu formen. Tatsächlich wird mir das Zeugnis an keiner anderen Stelle so deutlich als Konstruktion durchschaubar: Die Schilderung der Mordszene ist durch die zugrundeliegende traumatische
Erfahrung eindeutig geprägt und kann nicht durch die Dynamiken
der Mutter-Tochter-Beziehung aufgefangen werden. Stattdessen beruht das Narrativ hier auf Abwehrreaktionen, Verdichtungsarbeit
und Deckerinnerungen. Außerdem versäumt vor allem Jolly nicht

die Gelegenheit, ein Gegennarrativ zu konstruieren, das gegen ihre emotionale Überwältigung anarbeitet und von der strukturellen Entsicherung ablenkt, die von der Mordszene ausgeht. – All dies legt den Schluss nahe, dass die Ermordung des Säuglings in der Erfahrung der beiden Überlebenden während der Shoah, aber auch in der emotionalen Landschaft ihrer Erinnerung an zentraler Stelle steht.

3.4 Zwischenstück: Die Angst, in Stücke zu gehen

> Warum, dachte ich, sinkt wohl das Gewölbe nicht ein,
> da es doch *keine* Stütze hat? *Es steht,* antwortete ich,
> *weil alle seine Steine aufeinmal einstürzen wollen* –
> und ich zog aus diesem Gedanken einen unbeschreiblich
> erquickenden Trost, [...] daß auch ich mich halten würde,
> wenn alles mich sinken läßt.
>
> (Heinrich von Kleist, *Geschichte meiner Seele*)

Es hat seine Zeit gedauert, ehe ich mir eingestehen konnte, dass die Kindstötung trotz der starken Präsenz ihrer Mutter-Tochter-Beziehung in ihrem Zeugnis auch auf diese beiden Überlebenden schwer traumatisch gewirkt hat. Der Weg zu dieser Erkenntnis führte mich durch eine Krise der Zeugenschaft *(cisis of witnessing)* wie sie Felman in der Auseinandersetzung mit Videozeugnissen beschrieben hat.[198] Überraschend kam für mich, dass meine Krise nicht den Einstieg in meine Arbeit markierte, sondern sich erst einstellte, als ich bereits glaubte, am Ende meiner Interpretation angekommen zu sein. Gerade als ich im Begriff war, die letzten Gedanken zu diesem Kapitel zu formulieren, zerfiel seine Gestalt in Fragwürdigkeit und Zweifel. Ich kam mir wie Sisyphus vor, war mir nicht sicher, ob meine Energie für eine Umarbeitung reichen würde, und war durch die plötzliche Fragmentierung meiner bisherigen Arbeit in Angst und Schrecken versetzt.[199]

---

198 Felman: »Education and Crisis«, 1992, S. 1–56.

199 Meine »Symptome« glichen tatsächlich denen, die Felman bei ihren Studenten beschreibt, wo sie u. a. von einer »anxiety of fragmentation« spricht, vgl. ebd., S. 49.

Mit Felman, die davon ausgeht, dass »(e)ach great subject has a turning point contained within it, and that turning point has to be met«[200], gelang es mir, meine Krise als einen Wendepunkt zu verstehen, den es in meiner Interpretation gerade zu erreichen galt. Letztlich, so kann ich es rückblickend beschreiben, ging es in meinem konkreten Fall darum, mich der zentralen Verlusterfahrung dieses Zeugnisses zu öffnen. Dabei kündigte sich im Verlust meiner Interpretation, den ich zunächst mit großer Intensität als einen Rückschritt erlebte, die zentrale Verlusterfahrung der Überlebenden an, die sie selbst offenbar als zu traumatisch erlebt hatten, um sie explizit formulieren zu können. In meiner Krise formulierte sich also ein Wissen, das sich nicht durch Worte mitteilte, sondern sich als Ereignis auf mich übertrug, während ich meine Beschäftigung mit dem Zeugnis von Rosalie und Jolly abschließen wollte. Die Krise konnte mir also zu einem Erkenntnisschritt verhelfen, wenn es mir nur gelang, mich ihr gedanklich zu stellen.

Zuerst kündigten sich die Zusammenhänge, von denen die Überlebenden nicht sprechen, in meinen Fußnoten an: Die erste Geburt in Eidelstedt ließ sich mit Ellger auf den 5. Dezember 1944 datieren. Die nächste Bruchstelle, die ich in dieser neuen Fassung meines Kapitels als dritten Interpretationsschritt platziere, ursprünglich aber als die zweite Bruchstelle deklariert hatte, rekurriert auf eine Chanukka-Feier, die die gefangenen Frauen heimlich in Eidelstedt abhielten. Ich hatte das Chanukka-Fest 1944 mit Hilfe eines jüdischen Kalenders auf den 11. bis 18. Dezember datiert, wobei das Entzünden der ersten Kerze auf den Abend des 10. Dezembers fiel.[201] Die Überlebenden äußern sich in ihrem Zeugnis nicht zu dieser Chronolo-

---

200 Felman: »Education and Crisis«, 1992, S. 54.
201 Zur Errechnung des Datums vgl. URL <http://www.hebcal.com>. Mir ist bewusst, dass die Gefangenen in Eidelstedt u. U. das genaue Datum von Chanukka nicht kannten. Allerdings weist Ellger darauf hin, dass »es einzelnen Frauen (gelang), kleine Gebetbücher bzw. Kalender mit in die Lager von Neuengamme zu schmuggeln, mit deren Hilfe die Daten der verschiedenen Feiertage 1944/45 ermittelt werden konnten«, Ellger: Zwangsarbeit, 2007, S. 296. Ferner dokumentiert Ellger eine heimliche Chanukka-Feier, die im Hamburger Lager Langenhorn/Ochsenzoll an Weihnachten stattfand, weil die Gefangenen das wirkliche Datum Ihres Feiertages zwar nicht kannten, sich aber den Umstand zunutze machten, dass wegen des Christfestes die Wachmannschaft reduziert war, vgl. ebd., S. 297 f.

gie, das einzige Datum, das Jolly explizit nennt, ist der 9. Dezember 1944, ihr 18. Geburtstag nämlich, an dem sie in Ohnmacht fiel, weil ihr schmerzlich bewusst wurde, dass sie diesen besonderen Tag in einem KZ verbringen musste.

Nachdem ich mir diese Chronologie bewusst gemacht hatte, erkannte ich, dass der Erinnerungsfluss in Rosalies und Jollys Zeugnis diesen Ablauf exakt einhält, freilich ohne ihn während des Interviews als chronologisch zu benennen, sodass die Anordnung der einzelnen Erinnerungsstücke rein assoziativ wirkt. Deshalb war ich bei meiner Interpretation der unterschiedlichen Bruchstellen zunächst von ihrer ursprünglichen Sequenz im Zeugnis abgekommen: Ich hatte keinen Zusammenhang wahrgenommen und sie isoliert voneinander betrachtet. Während das für die Ankunft in Auschwitz durchaus angehen mag, muss es sich für die Erinnerungen an Eidelstedt als problematisch erweisen, weil ich dabei unbewusst die Fragmentierung des Zeugnisses mitvollziehe. Vor dem Hintergrund der Kindstötung stellt sich die Bedeutung der Chanukka-Feier vollkommen anders dar, als wenn ich beide Bruchstellen aus ihrer Reihenfolge im Zeugnis löse, wie ich es ursprünglich getan hatte. Diese Reihenfolge ist nicht nur als ein Aspekt der Konstruktion des Narrativs wichtig, sondern ist auch ein möglicher Hinweis auf die Chronologie der ursprünglichen Ereignisse, die keiner der beiden Überlebenden zum Zeitpunkt der Aufzeichnung bewusst in Erinnerung hatte.

Selbst wenn ich nicht mit Sicherheit sagen kann, ob Rosalie und Jolly den Mord am 5. Dezember 1944 als Augenzeuginnen miterlebt haben, so ist doch frappierend, dass sich die von den beiden Überlebenden bezeugten Ereignisse in Eidelstedt um die Mordszene wie um einen Pol lagern und dass auch meine Interpretation mit der Erinnerung an die Kindstötung steht und fällt. Alles scheint auf die fundamentale Bedeutung dieser Erinnerung hinzuweisen. So ist es z. B. nach der Interpretation der Mordszene nicht mehr möglich, die Mutter-Tochter-Beziehung in der Kontinuität ihrer Unangefochtenheit und Unversehrtheit zu behaupten. Das Zeugnis von Rosalie W. und Jolly Z. impliziert vielmehr einen Einschnitt – und damit ein »Davor« und ein »Danach«, dem meine Interpretation Rechnung tragen muss. Entsprechend gestaltet sich auch mein Nachdenken über die Beziehungsstrukturen zwischen Mutter und

Tochter nach der Kindstötung weniger zuversichtlich: Welche Bedeutung kann ich diesen Strukturen angesichts der schweren Traumatisierung überhaupt noch zuschreiben? Lässt sich das Überleben
beider Frauen also überhaupt mit ihrer Beziehung erklären? – Ins-
gesamt ist es wohl angemessen, interpretierend von einer impliziten Entwicklung auszugehen: Die Mutter und die Tochter, die an
der Rampe von Auschwitz miteinander agierten, gab es nach dem
Mord an dem Neugeborenen nicht mehr. Rosalie war in ihrer Position als Mutter angefochten, und Jolly reagierte auf diesen Verlust
mit aggressiver Selbstbehauptung. Der Eindruck, dass sie einen von
Rosalie unabhängigen Überlebenskampf führte, wird sich bei der
Untersuchung des nächsten Video-Ausschnitts noch verstärken. Im
Zusammenhang mit der extrem bedrohlichen Realität ihrer Verfolgung lässt sich dieses Verhalten aber kaum unter entwicklungspsychologischen Gesichtspunkten interpretieren, obwohl ein solcher Erklärungsansatz im Hinblick auf das Alter der Jugendlichen
sicherlich auf der Hand läge.

Die Erkenntnis, der ich mich lieber verweigern würde, als Ertrag
meiner Krise aber formulieren muss, lautet: Es ist möglich, dass die
Beziehung, auf die sich Rosalie und Jolly in ihrem Zeugnis immer
wieder berufen, ebenfalls eine posttraumatische Deckerinnerung
ist. Die Beziehung, die sich im Laufe der Aufzeichnung zeigt, wäre
dann nur eine Ruine, in der sich Mutter und Tochter miteinander
eingerichtet haben, um weiterzuleben – in einer Beziehung, die
ihre Vitalität aus der Erinnerung an die Mutter zieht, die Rosalie
war und, die durch das Überleben der Tochter gerettet wurde. Als
Ruine wäre sie in Teilen bewohnbar geblieben. An ihren Überres-
ten ließe sich die Größe und Schönheit des ehemaligen Baues gut
ablesen, sodass sich aus dem, was geblieben ist, ein Begriff davon
bilden könnte, was verloren ging.

Die Frauen von Eidelstedt wurden im Hamburger Stadtgebiet
unter anderem zur Trümmerbeseitigung eingesetzt. Einige sind
durch einstürzende Ruinen schwer verletzt oder sogar getötet worden.[202] Später kam der Wiederaufbau.

---

202 Zu diesem schweren Unglück, das sich am 1. März 1945 ereignete, vgl. ebd.,
S. 115 ff.

3.5 Bruchstelle 3: Chanukka im Frauenaußenlager Eidelstedt

Jollys Erinnerung an Chanukka taucht zwar erst gegen Ende des gemeinsamen Zeugnisses auf, steht aber nach meiner Einschätzung in
enger Verbindung mit dem Kindermord: Beide Ereignisse fielen in
den Winter 1944/45, wobei die erste der beiden Entbindungen, zu
denen es in Eidelstedt kam, sich fünf Tage vor dem Chanukka-Fest
ereignete. Grundsätzlich hilft mir dieser zeitliche Zusammenhang,
die emotionale Bedeutung der heimlichen Feier für die gefangenen
Frauen besser zu verstehen. Neben diesem inhaltlichen postuliere
ich außerdem einen narrativen Zusammenhang beider Vignetten:
Im Laufe der Aufzeichnung scheint Jollys Erinnerung an Chanukka
auf den emotionalen Notstand der Mordszene zu antworten. Tatsächlich hat der Kommandant auch bei dem heimlichen Fest einen
kurzen Auftritt, aber die Darstellung der Überlebenden neutralisiert
seine Brutalität, weil es ihm nicht gelang, Angst unter den gefangenen Frauen zu verbreiten.

Die Tochter berichtet eine Erinnerung, die sie selbst als »wunder-
schön« bezeichnet. Zwar ist sie sich dieser paradoxen Formulierung
durchaus bewusst, aber sie belebt sich buchstäblich an der Szene,
sodass die unpassende Formulierung doch zuzutreffen scheint. Sie
spricht mit Enthusiasmus über eine Chanukka-Feier, die die gefangenen Frauen heimlich abhielten. Rosalie, sichtlich angesteckt von
der Euphorie ihrer Tochter, erzählt diesmal keine eigene Variante
der Ereignisse, sondern assoziiert zur Erinnerung der Tochter. Der
Einfall der Mutter erweitert Jollys »wunderschöne« Erinnerung zwar,
erschüttert sie aber gleichzeitig auch. Einerseits ermöglicht es Rosalies Wortmeldung der Tochter, sich in der beschriebenen Situation
zu verorten, andererseits deckt sie aber einen Widerspruch auf, der
Jollys Selbstdarstellung in Frage stellt und das Zeugnis für Ängste
und Zweifel durchlässig macht, auf die ich bereits bei der Interpretation der zweiten Bruchstelle aufmerksam geworden bin. Deshalb
gehe ich grundsätzlich davon aus, dass sich die Bedeutung der dritten Bruchstelle nur im Kontext der traumatischen Erfahrung der
Kindstötung verstehen lässt.

3.5.1 Jolly Z.s »beautiful, beautiful memory« als notwendige Illusion

Jolly erzählt: »*There is another beautiful, beautiful memory. If I can call it beautiful. But this is the highest testimony to human nature: to transform suffering into creative outlet. But it was Hanukka*« – Chanukka erinnert an die Befreiung der Juden von ihrer assyrisch-griechischen Besatzungsmacht im 2. Jh. v. u. Z. – Der Tradition nach wehrte sich der Aufstand der Makkabäer gegen das Verbot zentraler jüdischer Glaubenspraktiken (wie Beschneidung, Tieropfer im Tempel von Jerusalem, Torah-Studium etc.) durch König Antiochus IV. von Assyrien und gegen die Schändung des Tempels. Chanukka feiert den siegreichen Widerstand der Israeliten gegen ihre Unterdrücker und die Wiederherstellung der ursprünglichen Ordnung, aber vor allem die neuerliche Weihung des zentralen Heiligtums. Chanukka ist ein Fest der Wunder und Hoffnungen. Dabei zählt es als nach-biblisches Fest nicht zu den hohen Feiertagen des jüdischen Kalenders, erfreut sich aber vor allem bei Kindern großer Beliebtheit. Neben dem Entzünden des Chanukka-Leuchters, den man an den acht aufeinander folgenden Abenden jeweils mit einer weiteren Kerze besteckt, wird das Fest traditionell mit Liedern, Spielen und in Öl gebratenen Speisen begangen.[203] In Eidelstedt griffen die Frauen den spielerischen Charakter des Festes auf, indem sie einen Wettbewerb vereinbarten:

[...] and we made a contest among ourselves that whoever can make the nicest sandwich will get a bite from everybody's bread. That was the reward. We were working in this oilfactory. So at night, of course, the lights had to go out at a certain time. But we came home and we gathered in a big room. And we set the table with all these decorative sandwiches that we found in the roads or anywhere. Rotten beets or whatever we could find. And the girls made sculptures out of the oily mud [...]. They made the most creative things for that evening. And then the table was laid out with these beautiful things made out of nothing.

---

203 Zu den unterschiedlichen Bräuchen vgl. u. a. Ron Wolfson: Hanukkah. The Family Guide to Spiritual Celebration, Woodstock 2001, vor allem S. 21–143.

Suddenly the door opened and Kümmel came in. He says: »What's going on here!« And somehow while we were always afraid of him, that moment nobody seemed to be afraid. They felt that this is more important to us – this moment. It even overcame fear. And one of the girls stood up and said: »It's Hanukka and we are celebrating it with a contest.« He looked at the table and when he saw the display, the manifestation [...] of these pieces out of nothing, even this killer couldn't help to have respect.

Mit glänzenden Augen erinnert Jolly Z. die Feier, die ihr als schönster Beweis dafür gilt, dass es in der Natur des Menschen liegt, sich kreativ mit dem eigenen Leiden auseinanderzusetzen. In ihrer euphorischen Schilderung werden die quälenden Umstände der Lagerhaft vollkommen vom Glanz des heimlichen Festes überstrahlt: Die gefangenen Frauen wandelten den unbeschreiblichen Dreck ihres Lageralltags in Zierrat und Kunstgegenstände um. Der Tisch war mit Abfällen als festliche Tafel gedeckt. Den öligen Schlamm aus einer Raffinerie, wo sie den ganzen Tag in der Dezemberkälte gearbeitet hatten, formten sie zu Skulpturen. Sogar der tägliche Kampf um zusätzliche Nahrung erscheint spielerisch gewendet: Diejenige, die es vermochte, aus den Abfällen das schönste Sandwich zu bereiten, sollte einen Bissen von den Brotrationen ihrer Mitgefangenen erhalten. Offenbar erlaubte der rituelle Kontext des Chanukka-Festes den Frauen in Eidelstedt, sich kreativ mit der sie bedrohenden äußeren Realität auseinanderzusetzen und sie mit Bedeutungen aufzuladen, die an ihre Identität und ihre Herkunft außerhalb des KZs anknüpften.

So sehr die heimliche Feier eine Situation des Erinnerns schuf, so sehr war sie auch ein Augenblick der Vergessenheit, durch den sich die Bedeutung des »Hier und Jetzt« für die gefangenen Frauen vorübergehend relativierte. Gerade darin mag die Schönheit dieser Erinnerung für die überlebende Jolly liegen: Man braucht sich den kreativen Umgang mit dem eigenen Leiden, von dem sie in ihrem Zeugnis schwärmt, nicht nur als sublimatorische Leistung vorzustellen. Offenbar entkamen die Gefangenen durch ihren kreativen Einsatz vorübergehend auch den Ängsten, die Teil ihrer Existenz im Lager waren. Jedenfalls schildert Jolly den von ihnen geschaffenen Referenzrahmen als so solide und tragfähig, dass sie keine Angst empfanden, als der Lagerkommandant in ihre heimliche Feier eindrang. Kümmels Auftritt nimmt sich in Jollys Darstellung wie ein Gegenentwurf zu der Mordszene aus: Der Kommandant kann seinen Gefangenen das Chanukka-Fest nicht nehmen; diesmal impliziert sein Auftauchen keinen radikalen Bedeutungswandel und er bleibt aus der Szene ausgeschlossen. Zugleich ist mit diesem Augenblick seiner Entmachtung das Eingeständnis »while we were always afraid of him« verbunden. In der Sicherheit der gemeinsamen Feier stellt sich in der Überlebenden die Erinnerung an die Angst ein, die Kümmel verbreitete.

Gegenüber Jollys Aussage, sogar der brutale Kümmel habe einfach Respekt für die feiernden Frauen haben müssen, bin ich grundsätzlich skeptisch eingestellt: Sie zeugt von einer Projektion der Überlebenden, die den Kommandanten im Kontext des Chanukka-Festes mit einer Menschlichkeit aufzuladen versucht, nach der sie sich als seine Gefangene mit Sicherheit sehnte. Zugleich erinnert sie mich an die Arglosigkeit, mit der Rosalie und Jolly Kümmel in die Geburtsvorbereitungen einbezogen hatten. Dabei geht es hier nicht um die Verleugnung ihrer traumatischen Erfahrung, sondern in der Wiederholung wird deutlich, wie unvorstellbar die Brutalität Kümmels für Jolly eigentlich gewesen sein muss. Zugleich zeigt sich der dringende Wunsch der Gefangenen nach einer Normalität, die an die Lebenszusammenhänge, aus denen sie gerissen worden war, wenigstens erinnerte. Letztlich prallen bei der Einschätzung des Kommandanten unterschiedliche Erfahrungswelten aufeinander: Vorstellungen gutbürgerlicher Prägung kollidieren mit dem »univers concentrationnaire« des KZ[204] und zerbrechen oder erweisen sich, wie im Kontext der heimlichen Feier, als tragfähig.

Selbst wenn ich nicht entscheiden kann, ob sich die Jugendliche durch die Feier getröstet fühlte oder ob sich die Überlebende in ihrem Zeugnis mit der Erinnerung an die Feier über den Schrecken der Mordszene hinwegtröstet, so kann an der grundsätzlichen Bedeutung des heimlichen Festes im Überlebenskampf der Gefangenen kein Zweifel bestehen. Offenbar hatten sich die Frauen der sie be-

---

204 Dieser Begriff stammt von dem französischen Journalisten und Widerstandskämpfer David Rousset, vgl. David Rousset: L'univers concentrationnaire, Paris 1946. Allerdings geht es mir hier im Gegensatz zu Rousset nicht um eine Totalitarismus-Kritik, sondern um das Hermetische einer in sich geschlossenen Welt, aus der es kein Entkommen gab.

herrschenden Lagerrealität durch ihr Fest und die komplexen Vorbereitungen, die sie dafür getroffen hatten, vorübergehend entwinden können und bewegten sich in einem gemeinsam errichteten emotionalen Raum der Erinnerung an sich selbst, vor dem der Absolutheitsanspruch der sie vernichtenden KZ-Realität zurückwich. Dabei markiert die Chanukka-Feier durch ihren spielerischen Charakter einen Zwischenbereich: Zwar konnten die gefangenen Frauen die brutalen Machtverhältnisse der realen Lagerhierarchie nicht außer Kraft setzen, aber es gelang ihnen immerhin, sich in dieser bedrohlichen Realität einen emotionalen Spielraum zu erschließen. An Chanukka durften die jüdischen Frauen, die in Eidelstedt eingesperrt waren, trotz ihrer Bewacher und deren tödlicher Verfügungsgewalt über ihr Leben auf ihre Zukunft hoffen wie auf ein Wunder. Darin erinnert das Fest an den von Winnicott[205] postulierten »intermediären Bereich«, in dem sich Menschen »mit dem Problem der Beziehung zwischen dem objektiv Wahrnehmbaren und dem subjektiv Vorgestellten«[206] beschäftigen können. Dieser Bereich eröffnet sich nach Winnicott zunächst zwischen Mutter und Kind, erstreckt sich aber in dem Maße wie Übergangsobjekte und -phänomene an Bedeutung verlieren, auf den gesamten kulturellen Kontext und schließt unter anderem Spiel, künstlerische Kreativität und Kunstgenuss, aber auch das Phänomen der Religion in sich ein.[207] Im Kontext der bereits dargestellten Destrukturalisierungsproblematik, bei der sich der Unterschied der Realitätssphären bis zur psychischen Äquivalenz von innen und außen verschieben konnte, liegt die fundamentale Bedeutung eines intermediären Erfahrungsbereiches auf der Hand: Spielerisch gelang es den gefangenen Frauen, innere und äußere Realität für sich in eine Beziehung zu setzen und eine lebbare Struktur zu bilden. Letztlich verleugneten sie also weder ihre Umgebung noch ihre Vorstellungswelt; vielmehr gingen beide Sphären in ihrem Spiel auf, sodass sich neue Möglichkeiten ergeben konnten, die nicht auf ihre Realität geprüft werden mussten, solange sie in den intermediären Bereich des Spiels fielen. Damit hatte die Feier den Charakter einer »notwendigen

---

205 Donald W. Winnicott: Vom Spiel zur Kreativität, Stuttgart 2002, besonders Kapitel 1 »Übergangsobjekte und Übergangsphänomene«, S. 10–36, hier S. 15.
206 Ebd., S. 21.
207 Ebd., S. 15.

Illusion«, die es den Gefangenen, die in einer unerträglichen äußeren Realität ausharren mussten, erlaubte, diese psychisch zu überleben.[208]

Rückblickend lässt sich auch die Schwangerschaft der Mitgefangenen, die Jolly so erwartungsvoll begleitet hatte, als ein intermediärer Bereich verstehen, wobei die damit verknüpfte Illusion Rosalie und ihre Tochter zwar emotional zunächst getragen hatte, dann aber zu einem bösen Erwachen führte. Gerade dieser traumatische Zusammenbruch deutet aber nicht nur auf die Gefahr, sondern eben auch auf die absolute Notwendigkeit der Illusion, ohne die die Ängste, die die extreme äußere Realität entfesselte, unerträglich geblieben wären. In diesem Zusammenhang erklärt sich die »Schönheit« der Feier durch die Tragfähigkeit ihrer Illusion und erschließt einen weiteren emotionalen Raum, der im Kontext des Überlebenskampfes der Gefangenen wichtig war. – Mit dem intermediären Bereich taucht als neuer emotionaler Bezugspunkt für Jolly die Lagergemeinschaft im Zeugnis auf. Tatsächlich ist dies die einzige Erinnerung an Eidelstedt, in der die Mitgefangenen eine wesentliche Rolle haben und als soziales Umfeld von Mutter und Tochter erkennbar werden. Dies ist deshalb bemerkenswert, weil es in den Frauenaußenlagern des KZ Neuengamme offenbar Gang und Gäbe war, dass sich die gefangenen Frauen zu »solidarischen Teilgruppen«[209] zusammenschlossen. Wie der Historiker Ellger anschaulich dokumentiert, setzten die jüdischen Gefangenen in ihrem Überlebenskampf auf »Lagerfamilien« oder auf die Beziehung zu anderen »Lagerschwestern«. Diese Verbindungen konnten auf die gemeinsame Herkunft, Sprache oder Religionsausübung gegründet sein.[210] Vor diesem Hintergrund finde ich es auffallend, dass die beiden Überlebenden sich niemals als Teil einer solchen Lagerfamilie schildern und stattdessen ihren Überlebenskampf ausschließlich in der Isoliertheit ihrer Mutter-Tochter-Beziehung führen. Weder Rosalie noch Jolly können sich in der

---

208 Dieser Begriff folgt Marion Milner: On not being able to paint, Los Angeles 1957, S. 26–31. Winnicott gesteht der Illusion im Zusammenhang mit der Akzeptanz der nicht vom Ich kontrollierten Realität ebenfalls ihren Wert zu, vgl. Winnicott: Vom Spiel, 2002, S. 21–25. Boulanger betont die Brauchbarkeit der Illusion angesichts der »indifferent reality«, weil Illusionen helfen, Ängste zu kontrollieren, vgl. Boulanger: Wounded by Reality, 2007, S. 54 f. und 58 f.
209 Ellger: Zwangsarbeit, 2007, S. 277.
210 Vgl. ebd., S. 279–289.

Gegenwart der jeweils anderen erlauben, die Lagergemeinschaft als
eine Entlastung zu erinnern. Die weitere Interpretation der dritten
Bruchstelle wird jedoch zeigen, dass der jugendlichen Jolly die Über-
lebensgemeinschaft mit Rosalie offenbar nicht genügte. In Zusammenhang mit der traumatischen Mordszene erscheint mir das zwar
verständlich, von den Überlebenden selbst wird dieser Umstand in
ihrem gemeinsamen Zeugnis aber nicht kommentiert.

Bisher habe ich anhand von Rosalies und Jollys Beziehung ausschließlich über den Schutzraum der Dyade bzw. über dessen Zerschlagung nachgedacht. In der dritten Vignette übernimmt nun die
Lagergemeinschaft eine schützende Funktion. Zwar gingen diese Verbindungen oft nicht auf die Intimität einer familiären Bindung zurück,
sondern speisten sich aus kollektiven Aspekten ansonsten durchaus
unterschiedlicher Lebenswege, die sich unter dem Druck der Shoah
im KZ kreuzten, aber sie wurden von den Gefangenen im Allgemeinen als Ersatz für ihre verlorene Bezogenheit empfunden und gelebt.
Grundsätzlich begegnet also auch hier die Beziehungsmatrix der Dyade: Die Gegenwart eines vertrauten Gegenübers positionierte die
Einzelne in einer emotionalen Konstellation gegenseitiger Bestäti-
gung, die strukturell nicht an eine tatsächliche Mutter-Tochter/Kind-
Beziehung gebunden war, psychologisch aber sicherlich auf diese zurückging. Wie Matussek et al. nachgewiesen haben, besteht durchaus
ein Zusammenhang zwischen positiv erlebten Familienbindungen
und der Fähigkeit, sich im KZ den Rückhalt eines sozialen Netzes zu
schaffen. Dabei verstehen die Autoren Gemeinschaft und emotionale
Bezogenheit als Faktoren, die das Überleben im KZ begünstigten.[211]

Es ist denkbar, dass sich Jolly als Jugendliche über die Lagergemeinschaft eine Beziehungsalternative zu Rosalie zu erschließen
versuchte. Dies könnte bedeuten, dass sie in der Reaktion auf die
massive Verunsicherung ihrer Mutterbeziehung eigene Überlebensstrategien entwickelte, die sich nicht mehr auf Rosalie stützten. Oder
bezieht sich die reparative Wirkung, die von dem Gemeinschafts-
erlebnis der Chanukka-Feier ausgeht, rein auf das Zeugnis selbst?

---

211 Vgl. Paul Matussek u. a.: Internment in Concentration Camps and Its Conse-
     quences, New York/Heidelberg/Berlin 1975, S. 37–39. Boulanger betont aus psy-
     choanalytischer Sicht ebenfalls die emotionale Bedeutung, die die Gegenwart
     einer anderen Person für das Überleben haben kann, vgl. Boulanger: Wounded
     by Reality, 2007, S. 95–99.

Reagiert die Überlebende auf das im Laufe der Erzählung unkontrollierbar aufbrechende Trauma, indem sie eine Gelegenheit wahrnimmt, die Figur des Kommandanten herunterzuspielen und sich vor der Mutter, die ihrer Abwehr zu nahe kommt, in die Sicherheit der Lagergemeinschaft zurückzuziehen? – Auf meiner Suche nach Antworten auf diese Fragen wende ich mich zunächst Rosalies Kommentar zu Jollys euphorischer Schilderung zu.

3.5.2 Rosalies Erinnerung an Jollys Lied

Für Rosalie knüpft sich an Chanukka in Eidelstedt die Erinnerung an ein Lied, das ihre Tochter zu der gemeinsamen Feier beigesteuert hatte. Dieses Gedicht ging verloren, weil Jolly es der Mutter offenbar nicht erlaubte, ihre Verse aufzubewahren. Dieser Verlust scheint Rosalie auch nach Jahrzehnten noch zu schmerzen.

Rosalie W.	Interviewer	Jolly Z.
And she created a beautiful song, from Hanukkah. And I told her: »Jolly, give me this paper. We go home and you need this.« She said: »Ma, humbug. We don't go home.« I begged her she should give me. A beautiful song for Hanukkah …		
		[unterbricht die Mutter] *I kept writing always trying to encourage. The theme of my songs was always giving them a cause to survive; that the world will be so beautiful and worthwhile living; nobody will ever want to have a war again. Who would ever want to have this insanity? I was convinced that there will be no war ever anymore. I kept writing songs to old tunes – encouraging them. Giving them causes to live for.*

Rosalie W.	Interviewer	Jolly Z.
	Do you remember any of these songs?	
[Fängt an, eine Melodie zu summen; es ist die erste Phrase von »Lili Marleen«] [weiter kommt sie nicht] sie bricht ab und lächelt]		*I only remember what the theme was always:* *It's worthwhile to survive because there will be* *such a beautiful world worthwhile living for …*
	Can you sing it? Can your mother sing it?	
Just the melody: [Fängt wieder an zu summen]		*Just the …* [Versucht zwei Mal den Gesang ihrer Mutter zu erklären:] *That was …*
[kommt diesmal bis zu der Phrase, die »dort werden wir uns wiedersehn« im Text entspräche.]		*That was the …* [Jolly nickt im Rhythmus der Melodie und lächelt dabei]
[Rosalie bricht wieder lächelnd ab, weil sie nicht weiter weiß.]		
		Every day or so I would make new …
This was so beautiful!		
And was there a woman, she was a [überlegt und wendet sich dann an die Tochter] *a Zeitungsschreiber*		*… an editor for a newspaper …*
… and she said: »Jolly, give that … Don't lose that paper.«		[nickt]

Rosalies Wortmeldung wirkt zunächst wie ein Dämpfer: Während die Darstellung der Tochter im kollektiven »Wir« der Lagergemeinschaft schwelgt, beklagt die Mutter den Verlust eines Liedes, das Jolly gedichtet hatte. Der großzügige Rahmen des Gemeinschaftserlebnisses, den die Tochter schildert, zieht sich mit Rosalies Wortmeldung schlagartig auf die engen Grenzen der Mutter-Tochter-Beziehung zusammen, und im Zuge dieser Schrumpfung verschwindet auch der intermediäre Raum, in den Jolly sich erinnernd versetzt hatte. Leider erklärt Rosalie nicht, wozu sie den Zettel mit den Versen ihrer Tochter (»*that paper*«) hatte aufheben wollen, aber offenbar traf das Lied in der Mutter einen Nerv und verband sich in ihrer Vorstellung mit der Zukunft ihrer Tochter (»*we go home and you need this*«). Dabei konnte sie sich in ihrer Wertschätzung durch das positive Urteil einer Journalistin (»*Zeitungsschreiber*«) bestärkt fühlen. Rosalie reagierte also nicht nur als stolze Mutter auf das Gedicht ihres Kindes, sondern die Qualität von Jollys Versen wurden auch von einer Expertin beachtlich gefunden. Möglicherweise stellte sich Rosalie vor, dass die Tochter das Lied nach dem Krieg in einer Zeitung platzieren würde.

Wie sich zeigt, ging das Chanukka-Lied aber nicht nur verloren, weil Jolly es der Mutter vorenthielt: Darüber hinaus hat die Tochter seinen Wortlaut auch vergessen. Stattdessen fällt ihr ein, dass sie sich im Lager nicht nur an Chanukka Verse ausgedacht hatte, sondern kontinuierlich (»*every day or so*«) Texte zu bekannten Melodien »schrieb«[212], um ihren Mitgefangenen Mut zu machen: »*The theme of my songs was always giving them a cause to survive*«. Während die Jugendliche also der Lagergemeinschaft täglich ihre Lieder widmete, reagierte sie nach Rosalies Zeugnis zu urteilen, offenbar unwillig, als die Mutter an einem bestimmten Gedicht Interesse zeigte. Dieses Gedicht ist Rosalie nach Jahrzehnten noch so präsent, dass sie über seinen Verlust klagt, während seine Einzigartigkeit in Jollys Darstellung durch die Fülle ihrer dichterischen Produktion vollkommen relativiert wird. Offenbar markiert die poetische Pro-

---

212 Aus dem Zeugnis geht nicht hervor, ob die Jugendliche Papier hatte, um ihre Verse aufzuschreiben. Vielleicht dachte sie sich ihre Texte einfach aus und gab sie mündlich weiter. Von dem Chanukka-Lied heißt es allerdings, dass es auf einem Zettel stand: »*Don't loose that paper.*« Möglichweise war Jolly bei der Trümmerbeseitigung auf Papier und Stift gestoßen.

duktion der Tochter ein Spannungsfeld zwischen den beiden Überlebenden, was sich nicht nur in den gegensätzlichen Wertschätzun-
gen des Chanukka-Liedes äußert: Im Zeugnis regt die Wortmeldung
der Mutter in der Tochter die Erinnerung an sich selbst als Dichterin überhaupt erst an, sodass Jolly aus dem kollektiven Schatten der
heimlichen Feier treten muss und sich in ihrem Engagement für die
Lagergemeinschaft präsentiert. In ihren beiden Einzelinterviews geht
sie dagegen nicht auf ihre poetische Produktion ein. Dieser Erfahrungsaspekt wird offenbar nur in der Reaktion auf die überlebende
Rosalie wichtig. Aber auch bereits im Lager war die poetische Produktion von Spannungen zwischen Mutter und Tochter überlagert:
Zwar entsprach Rosalies Interesse an dem Chanukka-Lied exakt den
Rezeptionsabsichten, die die überlebende Tochter rückblickend für
sich geltend macht, aber die Mutter durfte die Verse trotzdem nicht
behalten. Tatsächlich bilden diese Spannungen und Widersprüche
den Kontext der dritten Bruchstelle: Während sich Rosalie erinnert,
dass Jolly eine Aussicht auf Befreiung ihr gegenüber in Abrede stellte,
schildert Jolly ihre Verse als Utopien, die in den anderen Gefangenen
die Hoffnung auf ihre Zukunft wachhalten sollten.

Ähnlich wie bei der ersten Bruchstelle verdankt sich auch hier
die starke Gebrochenheit in der Darstellung der jugendlichen Jolly
einem Kommentar der Mutter, allerdings reagiert diesmal die überlebende Tochter mit ihrer positiven Selbstdarstellung auf Rosalie
und stellte dem Mädchen, das nach Rosalies Erinnerung nicht an
die Zukunft glaubte, die sie besang, eine heroische junge Dichterin
zur Seite. Ehe ich mich näher mit diesem Widerspruch beschäftige,
möchte ich noch auf eine zweite strukturelle Ähnlichkeit der beiden
Bruchstellen hinweisen, die die Ankunft in Auschwitz mit der Chanukka-Feier verbindet. Auch an dieser dritten Bruchstelle bewirkt
Rosalies Zeugnis eine Differenzierung: Hatte sich Jolly in ihrer Erinnerung an die Selektion mit der Mutter zu einem amorphen »Wir«
versponnen, so ist sie vor der dritten Bruchstelle in der Lagergemeinschaft untergetaucht. In meiner weiteren Interpretation werde ich
mir diese Parallelität zunutze machen: Wenn sich die Ich-Erzählerin
im Kontext der Chanukka-Feier in einer absoluten Ich-Ferne formuliert, scheint es mir auch hier um eine Absicherung gegen bedrohliche Erfahrungsaspekte zu gehen, die in Rosalies Darstellung klar
benannt werden. Jollys von der Mutter erinnerter Satz »*Ma, humbug.*

We don't go home.« zeugt grundsätzlich von der Angst der Jugendlichen, keine Zukunft zu haben. In ihrem Einzelinterview T-972 unterscheidet die Überlebende diese Angst klar von der Angst vor dem Tod: »*At 17 you're not afraid of dying.*« In diesem Alter spüre man »*the pain, the regret of not having lived.*« Allerdings impliziert das »Wir« der heimlichen Chanukka-Feier, zu dem Jolly erzählend Zuflucht nimmt, diesmal keine Nähe zur Mutter, sondern bezieht sich auf die Mitgefangenen. Es wird mir also nicht nur darum gehen, die ausgeblendeten Ängste der Tochter zu benennen. Darüber hinaus muss ich fragen, weshalb die jugendliche Jolly nicht auch hier die Nähe zu Rosalie suchte, sondern in der Lagergemeinschaft aufging.

3.5.3 »Ma, humbug. We don't go home« – Jollys Lied als Selbstgespräch und Abdichtung gegen ihre Todesangst

Auch an dieser Bruchstelle fällt Rosalie die undankbare Aufgabe zu, an Jolly in ihrer Verletzlichkeit zu erinnern und die Erzählhaltung der Tochter als Abwehr kenntlich zu machen. Mit dem Satz »*Ma, humbug. We don't go home*« ruft sie nicht nur die Angst ins Gedächtnis zurück, gegen die das heimliche Chanukka-Fest ankämpfte, sondern sie benennt auch einen existenziellen Zweifel der jugendlichen Jolly, in dem sich die überlebende Tochter in ihrem rückblickenden Zeugnis nicht gegenwärtig wird. Tatsächlich scheint mir Jollys zu ihrer Mutter gesprochener Satz das eigentliche Thema ihrer Gedichte zu paraphrasieren. In der Gemeinschaft der Gefangenen musste er das Anathema bilden, weil er die Gewissheit des eigenen Todes artikulierte: Er geht das Risiko ein, die allgemeine Hilflosigkeit der Situation zu benennen. Er gibt nicht nur preis, wogegen die heroische junge Dichterin für die anderen Gefangenen ankämpfte, sondern steht am Rande völliger Resignation. Es ist gerade die Unterdrückung dieses Satzes, die Abwehr des Impulses aufzugeben, durch die sich die Jugendliche von dem unterschied, was Primo Levi einen »Menschen in Auflösung« genannt hat, der langsam an den Bedingungen des Lagers zugrunde geht.[213] Der zu

---

213 Primo Levi: Ist das ein Mensch?, München 1994, S. 106.

Rosalie gesprochene Satz impliziert eine Schwäche, der sich Jolly nach der Logik des Lagers nicht überlassen konnte, ohne sich selbst dabei zum »Muselman« zu erklären – zu einer Todeskandidatin also.[214] Während sie sich vor ihren Mitgefangenen als kämpferische Idealistin behauptete, sprach sie in Rosalies Gegenwart das offene Geheimnis aus, dass sie im KZ waren, um zu sterben. Die beiden Beziehungssphären der Jugendlichen implizieren ein seelisches Doppelleben, das zwischen Euphorie und Todesangst schwankte.

Würde ich hier der Logik der Mutter-Tochter-Beziehung folgen, könnte ich sagen, Jolly habe ihre Ohnmachtserfahrung als KZ-Gefangene in die Abhängigkeit eines Kindes transponiert, das Rosalie ganz selbstverständlich als Mutter beanspruchte, der die Bürde der Fürsorge zufiel. Ich glaube aber nicht, dass sich die Jugendliche ihrer Mutter mit ihrem Satz in ihrer tiefen Verzweiflung anvertrauen wollte. Im Gegenteil scheint sie mir eine aggressive Widerrede formuliert zu haben, mit der sie Rosalie just in dem Augenblick brutal vor den Kopf stieß, als diese sich für ihr Lied interessierte. Ihre wütende Geste, die als einzige Gemeinsamkeit mit der Mutter eine absolute Illusionslosigkeit zuließ, macht deutlich, dass sich die Jugendliche der objektiven Begrenztheit der notwendigen Illusion und des intermediären Bereiches, die sie gemeinsam mit den anderen Frauen im Lager zu kultivieren versuchte, durchaus bewusst war. Darüber hinaus zeugen ihre aggressiven Worte auch davon, dass sie die Zukunftspläne der Mutter als eine Illusion verwarf.

Wenn ich davon ausgehe, dass auch Rosalie der emotionale Halt einer notwendigen Illusion in ihrem Überlebenskampf half, dann verhielt sich die jugendliche Jolly in der Auseinandersetzung um das Lied extrem verletztend gegenüber ihrer Mutter. Offenbar stellte sich die Tochter vor, dass Rosalie, im Gegensatz zu ihr selbst, nichts von der objektiven Begrenztheit ihrer Zukunftsaussichten wusste. Dieses Wüten gegen die Illusion, die Rosalie Jolly in der Reaktion auf deren Lied angeboten hatte, zeugt von einem tiefen Zweifel an

---

214 Krystal/Niederland kommen wiederholt auf das Muselman-Stadium (»musulman stage«) zu sprechen, »when the prisoner succumbed to the *psychic* assault upon his integrity, he showed a syndrome of terminal, irreversible depression, apathy, and withdrawal (…)«, das zum sicheren Tod führte, Krystal/Niederland: Clinical Observations, 1968, S. 34 f., 64 f. und 266. Siehe auch Ellger: Zwangsarbeit, 2007, S. 285, Anm. 46.

der Mutter, dessen adoleszente Verächtlichkeit nicht darüber hinwegtäuschen sollte, dass sich hier eine situationsbedingte Erschütterung der Mutterbeziehung manifestiert. Mir erscheint die Aggression der Tochter im Zusammenhang mit dem Terror des Kindermordes vollkommen erklärlich: Dabei hatte sich die Normalität, die sich mit den anderen Umständen der Schwangerschaft in Mutter und Tochter festgesetzt hatte, durch Kümmels brutales Verbrechen als gefährliche Illusion entpuppt.[215] Grundsätzlich konnten Illusionen für die Gefangenen lebensbedrohlich werden, wenn sie nicht als Illusionen im Bewusstsein gehalten wurden. Es bedeutet aber auch, dass es die Sicherheit, die Rosalie Jolly als Mutter zu vermitteln versuchte, für die Jugendliche nicht mehr gab. Damit würde Jollys Wut letztlich zum Ausdruck bringen, dass sie sich ihrer Mutter nicht mehr sicher sein konnte.

Fundamental wichtig an ihrem Satz scheint mir deshalb, dass er im Kontext der Zukunftsaussichten, die Rosalies Plan suggeriert, schonungslos auf der Realität der Vernichtung pocht. Tatsächlich geht aus dem Zeugnis eindeutig hervor, dass Jolly in Eidelstedt die Ausweglosigkeit ihrer eigenen Situation deutlich erkannte. An ihrem 18. Geburtstag, der 1944 ja unmittelbar vor Chanukka fiel, raubte ihr die Fraglichkeit ihrer Zukunft buchstäblich die Besinnung:

And we got up always four or five o'clock. This was December. Cold. The snow covered everything. The moon was still out. And as I looked around and saw the watchtowers in the corners and the weapons pointing at us ... I looked around. And it must have been such a painful realization that I fainted – just from the realization that it's my birthday and I'm eighteen.

Wie bereits an der Rampe begegnet auch hier eine Jugendliche, die von der brutalen Intensität ihrer Erfahrung zu überwältigt werden droht. Allerdings zeigt sich diesmal, wie sich Jolly unabhängig von ihrer Mutter zu schützen vermochte. Ich halte ihre Bewusstlosigkeit für den letzten Schachzug ihrer Psyche, um sich einer traumatischen Fragmentierung zu entziehen. Ihre Ohnmacht wäre damit eine extreme Form der Abwehr. Neben diesem, dem Somatischen

---

215 Milner weist ausdrücklich auf die tödliche Gefahr hin, sich an eine Illusion zu verlieren, vgl. Milner: On not being able, 1957, S. 31.

verhafteten Selbstschutz trug aber vor allem die kontinuierliche Produktion von Versen dazu bei, dass Jolly sich emotional nicht an ihre mörderische Umgebung verlor. Die Bedeutung ihrer dichterischen Wortgewalt erschöpfte sich meines Erachtens nicht in der sozialen Funktion ihrer Lieder, die die Überlebende selbst in den Vordergrund stellt, sondern ihre Versproduktion hatte darüber hinaus den Charakter eines kontinuierlichen Selbstgesprächs, mit dessen Hilfe Jolly ihr Bewusstsein gegen die eigene Todesangst buchstäblich abdichtete. Mit Boulanger ist es allerdings auch möglich, die metrische Sprache der poetischen Produktion als ein Mittel zu verstehen, inmitten der Todesangst eine temporäre Struktur, und sich selbst in dieser zu wahren.[216] Jollys Verse wären damit ein Versuch gewesen, eine unerträgliche äußere Realität bzw. die Affekte, die diese freisetzte, zu binden, um die Kohärenz ihres von der Dissoziation bedrohten Selbst zu retten.[217] Sogar während der Aufzeichnung reagiert Jolly auf die Erinnerung an ihre Mutlosigkeit und Verzweiflung noch, indem sie sich auf ihre poetische Produktion besinnt. So verstanden, zeugt das fortlaufende Dichten von dem kontinuierlichen psychischen Druck, der auf der Jugendlichen lastete. An der Entschiedenheit, mit der Jolly die Frauen in ihrer Umgebung, aber auch sich selbst an die Möglichkeit ihres Überlebens erinnerte, lässt sich ablesen, wie schwer sie von den lebensbedrohlichen Umständen des KZ betroffen und erschüttert gewesen sein muss. Gerade die beherzten Verse deuten auf eine tiefe Verstörung hin, gegen die sich Jolly mit Hilfe ihrer Worte zur Wehr zu setzen versuchte. Dabei verstehe ich die Ausrichtung ihrer Lieder auf die Lagergemeinschaft als eine Abkehr von der erschütterten Beziehung zur Mutter. Allerdings gab es auch mit den anderen Gefangenen keine Sicher-

---

216 Vgl. Boulanger: Wounded by Reality, 2007, S. 90.

217 Entsprechend äußert sich z. B. auch Ruth Klüger, die sich im KZ ebenfalls Gedichte ausdachte oder sie aus dem Gedächtnis aufsagte. Für sie beruhte die Tröstlichkeit der Verse nicht auf deren Inhalt, sondern ihr gab »in erster Linie die Form selbst, die gebundene Sprache, eine Stütze«. Neben dieser rhythmischen hebt Klüger außerdem die strukturierende Qualität von Gedichten hervor, die Zeit einteilen und zugleich Kontinuität vermitteln, weil »es immer eine nächste Zeile zum Aufsagen« gibt, vgl. Ruth Klüger: Weiter leben. Eine Jugend, München 1997, S. 124. Zu der Bedeutung von Lyrik für Klüger während ihrer KZ-Gefangenschaft siehe auch Birgit Maier-Katkin: »Ruth Klüger. Poetry in Auschwitz«, in: Historical Reflections 39 (2013), H. 2, S. 57–70.

heit: Letztlich musste die Jugendliche mit dem bangen Wissen, dass ihre Zukunft fraglich war, allein zurechtkommen.

3.5.4 Die fürsorgliche Mutter als Deckerinnerung der Tochter

Natürlich musste das Konkrete des mütterlichen Zukunftsplanes das labile Gleichgewicht stören, in dem sich Jolly mit Hilfe ihrer Lieder zwischen Todesangst und Sehnsucht nach ihrem eigenen Leben einzurichten versuchte: Wenn das Lied, das Rosalie in das Leben nach dem Lager hinüberretten wollte, der Tochter dazu diente, die Bedrohlichkeit des Lagers zu begrenzen, dann waren die Chanukka-Verse überhaupt nicht für die Zukunft gedacht, die die Mutter plante. Jollys Gedichte fielen in den intermediären Bereich, in dem die Gewissheit des Todes vorübergehend aufgehoben werde konnte, auch wenn der Tod als reale Möglichkeit weiterexistierte. Letztlich beschreibt die Erinnerung an die gemeinsame Chanukka-Feier wohl einen Augenblick, an dem es den Frauen in Eidelstedt gelungen war, gemeinsam eine tragfähige, ihrem psychischen Überleben förderliche Illusion zu erzeugen, während das unablässige Dichten der Jugendlichen dagegen von einer kontinuierlichen Anstrengung zeugt, sich emotional gegen die eigene Todesangst zu behaupten. Wenn ich die Hoffnung auf Zukunft, die aus Jollys Liedern spricht, und die Hoffnungslosigkeit der Tochter, die Rosalie erinnert, als inneren Widerspruch der jugendlichen Jolly verstehe, wird ihr Ringen um Unabhängigkeit als Dichterin als ein Versuch erklärlich, sich aus eigener Kraft zu schützen und zu halten. Mit Rosalies konkretem Plan erfuhren die Verse aber eine Festlegung, die für Jolly problematisch sein musste, weil sie gegen die eigentliche Bedeutung der poetischen Produktion verstieß. Mit Winnicott möchte ich an dieser Stelle daran erinnern, dass der intermediäre Bereich in seinen vielen Ausprägungen nur solange helfen kann, innere und äußere Realität miteinander in Beziehung zu setzen, wie er nicht in Frage gestellt wird.[218]

Während sich die Jugendliche offenbar in der Unentschiedenheit des intermediären Bereichs emotional gegen die Gewissheit ihres

---

218 Vgl. Winnicott: Vom Spiel, 2002, S. 23–25.

Todes abzusichern versuchte, stellt das gemeinsame Zeugnis Rosalie weitgehend in einem über alle Zweifel erhabenen Überlebenskampf dar. Die Mutter konnte sich offenbar nicht vorstellen, dass sie und ihre Tochter im KZ sterben würden. Wie sich die Überlebende diese Vorstellung bewahrte, bleibt freilich ein Geheimnis. Tatsächlich zeichnet sich, bezogen auf die Gesamtheit des Zeugnisses, der Kindsmord als traumatischer Einschnitt deutlich ab, aber danach lässt sich im Vergleich zu davor an Rosalie kein Unterschied feststellen. Das gemeinsame Interview präsentiert die Mutter vielmehr in einer emotionalen Konstanz. Sie selbst beschreibt ihre absolute Entschlossenheit an einer früheren Stelle des Interviews: »*I stood vor the Gaskammere and I said: ›Children, we go home.‹ [...] I said: ›Don't worry, children. Just fight and we go home.‹*« Diese Kampfansage scheint ihre Mitgefangenen in Auschwitz so merkwürdig berührt zu haben, dass sie an Rosalies Geisteszustand zweifelten. Entsprechend reagiert dann später im Zeugnis ja auch die Jugendliche, als sie den Plan der Mutter, ihr Gedicht für die Heimkehr aufzuheben, als »*humbug*« abwertet. Es ist faszinierend, dass sich die von ihren Mitgefangenen als abwegig erlebte Entschlossenheit Rosalies rückblickend wie eine Absicht darstellt, die von der Überlebenden erfolgreich umgesetzt werden konnte. Natürlich kann man nicht wissen, ob und wie sehr Rosalies entschiedene Haltung den positiven Ausgang ihrer Verfolgungserfahrung tatsächlich beeinflusst haben mag, aber es scheint mir eindeutig, dass sie mit der Realität der existenziellen Bedrohung anders umgehen konnte als ihre Tochter.

Grundsätzlich trifft es sicherlich zu, dass es der Mutter gelang, emotional an der Tochter festzuhalten und sich auch von schwersten Schicksalsschlägen nicht entmutigen zu lassen. Tatsächlich hatte ich schon im Zusammenhang mit der Ermordung des Mannes/Vaters darauf hingewiesen, dass sein Tod von beiden Frauen in der Schwebe gehalten wurde, sodass sie mit der Illusion, ihn wiederzusehen, weiterleben konnten, solange sie gefangen gehalten wurden. Rosalie scheint über gut entwickelte seelische Abwehrmechanismen verfügt zu haben, die es ihr nicht nur erlaubten, sich selbst zu erhalten, sondern auch, sich der äußeren Realität des Lagers zu stellen und in ihr zu überleben. Erstaunlich bleibt dabei der emotionale Reichtum, den sie sich gleichzeitig in ihrer Beziehung zu Jolly bewahrte. Deshalb halte ich es auch für sehr wahrscheinlich, dass Rosalie Jollys Chanukka-Lied in seinem Schwanken zwischen Euphorie und Todesangst sehr genau verstand. Vielleicht ging es ihr darum, es als Zeugnis von Jollys Überlebenskampf sicherzustellen, in dem sich auch die Mutter selbst erkennen konnte. Aber das Zeugnis dokumentiert ausschließlich das Wüten der Tochter gegen die Sicherheit, die Rosalies Absicht suggeriert. Die Jugendliche scheint gegenüber der Mutter auf der Unsicherheit ihrer Existenz als KZ-Gefangene beharrt zu haben, die sie mit den anderen Frauen in Eidelstedt verband, während sie Rosalies Zuversicht als trügerisch zurückwies.

Im Gegensatz zu Jollys Narrativ, das sich durch die Bruchstellen in einer Komplexität zeigt, die ihre Selbstaussagen als Ich-Erzählerin weit übertrifft, bleibt das Narrativ um Rosalie einförmig und konstant. Einzig im Kontext des Kommandanten von Eidelstedt deutete sich die Erschütterung dieses ungebrochenen Bildes an. Damit erweisen sich die von mir untersuchten Bruchstellen grundsätzlich als asymmetrisch. Sie enthalten eine Fülle von Informationen über die Tochter und dokumentieren den Blick der Mutter auf sie, der überwiegend von Rosalies Verbundenheit mit und Einfühlung in Jolly zeugt. Sie dokumentieren außerdem, dass es in der Haltung der Tochter gegenüber ihrer Mutter keine empathische Entsprechung gibt. So kann sich in dem Zeugnis von Rosalie und Jolly die Mutter eigentlich immer nur als empathische Präsenz oder Abwesenheit artikulieren, wird aber kaum in ihren eigenen Bedürfnissen oder Zweifeln erkennbar. Selbst das Trauma der Kindstötung reibt dieses einheitliche Bild Rosalies nicht auf – sie bleibt in ihrem Bemühen um Jolly selbst dann noch präsent, wenn die Tochter den Glauben der Mutter an die Zukunft als leere Illusion attackiert. Das gemeinsame Narrativ präsentiert die Mutter in einer Einförmigkeit, die sie auf die Kontinuität ihrer Fürsorge festlegt. Dabei arbeitet es gegen die eigene Erinnerung an, denn, wie ich bereits zeigen konnte, war gerade diese Kontinuität der mütterlichen Fürsorge mit der Kindstötung fraglich geworden. Das Schweigen über die inneren Konflikte und Zweifel der Mutter wird nicht nur von Jolly, sondern auch von Rosalie selbst gewahrt, wobei die narrative Konstruktion der fürsorglichen Mutter im Wesentlichen von der Tochter ausgeht, von Rosalie aber widerspruchslos hingenommen wird.

An der dritten Bruchstelle geht diese Konstruktion entzwei: Während Jolly sich in ihrem Zeugnis immer wieder an eine starke Mutter

erinnert, die aus ihrem unerschütterlichen Kampf um das Überleben der Tochter als verdiente Siegerin hervorging, erinnert Rosalie,
dass dieses positive Bild von der Mutter in Eidelstedt offenbar so
angeschlagen war, dass Jolly mit starker Wut auf Rosalie reagierte.
Die überlebende Tochter scheint die Mutter, deren Versagen sie in
Eidelstedt tief enttäuscht hatte, vergessen zu haben. In ihrer Erinnerung hat sie zu der Mutter zurückgefunden, die sie in Eidelstedt
fast verloren hätte. Dazu musste sie die Verunsicherung ihrer Beziehung zu Rosalie vergessen. In Eidelstedt hatte sie ihre Mutter
dagegen bekämpfen müssen, weil sie deren Versagen nicht vergessen konnte. Zum Zeitpunkt der Aufzeichnung hält sich die überlebende Jolly Rosalie in ihrer ganzen emotionalen Stärke präsent.
Die überlebende Mutter tut nichts, um diese tröstliche Erinnerung
der Tochter zu stören. Tatsächlich ergibt sich die Bruchstelle ja nicht
aufgrund einer Selbstaussage von Rosalie, sondern beruht auf ihrer
Erinnerung an Jolly.

Ohne Rosalies Beitrag zum gemeinsamen Zeugnis, würden die
Ängste und Ohnmachtsgefühle der Tochter für die Rezipientin der
Videoaufzeichnung hinter dem Glanz der Feierlichkeit verborgen
bleiben. Mit Rosalies Erinnerung an das verlorene Lied taucht die
poetische Produktion der jugendlichen Jolly aus der Vergessenheit auf, sodass die seelischen Dynamiken ihres Überlebenskampfes deutlich werden, die sogar noch im Moment der Aufzeichnung
greifen: Ich sehe in Jollys Beredsamkeit während des Interviews
einen fortgesetzten Versuch der Überlebenden, durch genaue Be-
schreibungen und exakte Benennungen mit namenlosen Schrecken
und der eigenen Bedrohung umzugehen, die mit der Erinnerung
an die Shoah in ihr aufsteigen. So verstanden, ist Jollys Überleben
kein endgültiges Resultat. Die Tatsache, dass sie überlebt hat, bietet keine faktische Sicherheit, die zum emotionalen Ausgangspunkt
des Zeugnisses wird, sondern die Überlebende muss ihr Leben der
Erinnerung an die Shoah erzählend fortwährend abringen, weil die
Retrospektion die Schrecken der Vergangenheit vergegenwärtigt.

Grundsätzlich kommen in dem Konflikt um das Lied meines Erachtens zwei sehr unterschiedliche Beziehungen zu derselben feind-
lichen Realität zum Ausdruck: Während die Jugendliche versuchte,
sich in einem emotionalen Schwebezustand einzurichten, der es ihr
ermöglichte, ihre Ängste zu ertragen, scheint Rosalies unerschütter-

licher Zukunftsglaube ihr eine starke Verwurzelung in der äußeren
Realität ermöglicht zu haben. Dabei meine ich, dass es sich gerade
dieser strikten Ausrichtung auf die Realität verdankte, wenn die
Mutter die Ängste ihrer Tochter genau wahrnehmen und einschätzen konnte. Dies schließt keineswegs aus, dass Rosalie an dem durch
das Chanukka-Fest geschaffenen intermediären Bereich teilhaben
konnte – immerhin spricht auch sie die Schönheit des Augenblicks
an, wenn sie sich an Jollys Lied erinnert. Aber ihr Interesse blieb
auf die Tochter und auf eine Zukunft gerichtet, in der die Lagergemeinschaft keine Bedeutung mehr haben würde.

3.5.5 Rosalies Lied. Oder: Die Milch der Melodie[219]

Während sich Rosalie und Jolly an das vergessene Chanukka-Lied
erinnern, rekonstruiert ihr gemeinsames Narrativ aber noch ein
ganz anderes Lied, das Mutter und Tochter verbindet und auch ohne
Worte erinnert werden kann. In meinem Transkript habe ich mich
bemüht, die nonverbalen Beiträge von Mutter und Tochter zu dokumentieren. Dabei geht es um das Nebeneinander von einem zunehmenden Verstummen der Tochter und von Rosalies Summen:
Während Jollys Rede ins Stocken gerät, wird die Mutter eine Stimme,
die sich durch Laute, aber ohne Worte geltend macht. Als die Interviewerin Laurel Vlock die Frage »*Do you remember any of these
songs?*« stellt, erhält sie nämlich zwei Antworten: Während Jolly das
thematische Leitmotiv ihrer Versproduktion in Worte fasst, beginnt
Rosalie lächelnd, die Melodie von »Lili Marleen« zu trällern.[220] Ich
nehme an, dass es sich hier um eine der »*old tunes*« handeln könnte,
zu denen sich ihre Tochter Texte ausdachte. Allerdings evoziert der
Gesang der Mutter keine Erinnerung an die alten Worte, sondern
bringt Jolly zunehmend zum Verstummen.

---

219 Ich danke Prof. Dori Laub (Yale University) für diese Formulierung.

220 »Lili Marleen« (Text: Hans Leip, Melodie: Norbert Schultze) kam in der Inter-
      pretation von Lale Andersen am 2. August 1939 auf Schallplatte heraus. Ab April
      1941 wurde es über den »Besatzungssender Belgrad« ausgestrahlt und war bei
      den Soldaten der Wehrmacht sehr beliebt. Ab 1943 existierte auch eine unga-
      rische Version des Liedes, gesungen von Ilona Nagykovácsi, vgl. URL <http://
      de.wikipedia.org/wiki/Lili_Marleen>.

Ich glaube aber, dass es hier um weit mehr als das konfliktgeladene Chanukka-Lied geht: Mutter und Tochter gleiten in die Gemeinsamkeit eines »sound space«, d. h. einer Klangsphäre, die Didier Anzieu in seinem Aufsatz »The Sound Image of the Self« als den frühesten seelischen Raum verstanden hat.[221] Dabei geht er von einer zirkulären Interaktion zwischen dem Säugling und seiner Umgebung aus, die in den ersten Lebenswochen ausschließlich auf akustischen Signalen beruht.[222] Das Selbst des sich entwickelnden Kindes manifestiert sich zuerst als ein »envelope of sound«, d. h. eine Klanghülle, die den Säugling nicht nur auf seine Umgebung, sondern auch auf sich selbst horchen lässt:[223] »(She) is a self amidst the diversity of (her) feelings and (she) experiences […] an illusion of a space in which […] the self is made stronger by both the stimulation and the calm of the environment to which (she) is united.«[224] Im Zusammenhang mit dem Lied der jugendlichen Tochter taucht in dem gemeinsamen Zeugnis das Lied der Mutter auf. Rosalie hat zu Jolly schon gesprochen, als diese selbst noch keine Worte verstand und nur auf das Geräusch horchen konnte, das später zu ihrer Mutter wurde. Entsprechend verstehe ich Jollys Verstummen so, als ob sie ihre Worte immer weniger braucht, während sie auf das Summen ihrer Mutter horcht. Denn während ihre Sätze abreißen und in Rosalies Gesang untergehen, nimmt ihr Körper unwillkürlich den Rhythmus der singenden Mutter auf, als stimme er sich auf den Klang von Rosalies Stimme ein. Statt des trennenden Liedes in Eidelstedt klingt hier ein gemeinsames Lied aus einer Zeit vor den Worten an, als das nonverbale »atunement«[225] zwischen Mutter und Kind das zentrale Moment des Austausches zwischen Rosalie und Jolly bildete. Die Kamera hält hier also einen Augenblick innigster Harmonie zwischen Mutter und

---

221 Didier Anzieu: »The Sound Image of the Self«, in: International Review of Psycho-Analysis 6 (1979), S. 23–36, hier S. 33.

222 Ebd., S. 29.

223 Ebd., S. 30.

224 Ebd., S. 33. Ich habe mir erlaubt, das Geschlecht des Säuglings gegenüber dem Original abzuändern und dem Kontext meiner Untersuchung anzupassen.

225 Nach Daniel N. Stern geht es beim »atunement« um ein Sich-Einstimmen der Mutter auf die Affekte des Kindes, sodass die Gefühlslagen, die ein Verhalten tragen, erkennbar bzw. benennbar werden, vgl. Daniel N. Stern: »The Interpersonal World of the Infant. A View from Psychoanalysis and Developmental Psychology«, New York 1985, S. 138–161.

Tochter fest. Dabei gibt Rosalie Jolly die Melodie ein wie eine tröstliche Milch, die den Körper der Tochter anfüllt. Das Lied der Mutter
beruhigt Jolly, die von dem Kampf ihrer Worte für einen Augenblick
ablassen kann und still wird. Im Rekurs auf die Klanghülle, die Mutter und Tochter in Jollys frühester Kindheit teilten, präsentiert sich
Rosalie in ihrer Fürsorge und ihrem Wissen um die Verstörung ihrer
Tochter. Ihr Lied ist aber nicht nur ein Echo der frühen Mutterbindung, sondern reicht zurück in die Zeit vor der Verfolgung, als Jolly
keinen Grund hatte, an ihrer Mutter zu zweifeln.

Allerdings muss dieser Augenblick für die überlebende Tochter
wegen seiner regressiven Tendenzen auch problematisch sein. Rosalie kennt Jolly, die während des Interviews als erwachsene Frau und
Mutter eigener Kinder neben ihr sitzt, in der ganzen Sprach- und
Hilflosigkeit eines Säuglings. Im Augenblick des Interviews muss
die Intimität dieser Kenntnis für die erwachsene Tochter beinahe
unerträglich sein: Der Gesang der Mutter greift geradezu nach Jolly,
die noch während sich ihr Körper zu wiegen beginnt, nach Worten
sucht, um der Hilflosigkeit zu entkommen, die Rosalies Summen
berührt. In einem Schwanken zwischen differenzierter Sprache und
körperlichem Einklang widersetzt sich Jolly ihrem Zurücksinken
in die Wortlosigkeit ihrer frühesten Mutterbindung und kann ihm
zugleich doch nicht widerstehen. Grundsätzlich scheint mir diese
Ambivalenz eine Resonanz mit dem erinnerten Konflikt zwischen
Mutter und Tochter zu bilden: Auch im Augenblick der Aufzeichnung kann sich Jolly dem Trost, den Rosalie ihr bietet, nicht einfach überlassen, obwohl dieser Trost eine angemessene Reaktion auf
ihre Situation darstellt. Zwar muss ihr Verlangen nach Selbstständigkeit gegenüber der Mutter unter entwicklungspsychologischen
Gesichtspunkten als vollkommen normal gelten, man darf aber die
prekären äußeren Bedingungen nicht vergessen, unter denen die
Tochter diese Selbstständigkeit ursprünglich erlangte. Die Ablösung
der Jugendlichen von Rosalie verlief psychisch sicherlich anders als
während einer adoleszenten Entwicklung im Allgemeinen üblich.[226]

---

226 Zur adoleszenten Entwicklung vgl. den Übersichtsartikel von Werner Bohleber:
»Adoleszenz im Spiegel sich wandelnder psychoanalytischer Theorien«, in: Sibylle Drews (Hrsg.), Aufklärung über Psychoanalyse. Die Frankfurter Sigmund-
Freud-Vorlesungen, Frankfurt 2011, S. 350–369; zur Spätadoleszenz vgl. Marianne Leuzinger-Bohleber/Eugen Mahler (Hrsg.): Phantasie und Realität in der

Zur Zeit des Interviews steht dem aus der Shoah erinnerten Kräfteverhältnis von Mutter und Tochter eine veränderte Konfiguration zwischen Rosalie und Jolly gegenüber, die in erster Linie mit dem fortgeschrittenen Alter der Mutter zu tun haben dürfte. Als sie sich nicht auf eine englische Vokabel für »Zeitungsschreiber« besinnen kann, wendet sich Rosalie ganz selbstverständlich an Jolly, die das fehlende Wort in der Rede ihrer Mutter prompt ergänzt. Dass sie sich als Übersetzerin, ja, Mundstück ihrer Mutter in Anspruch nehmen lässt, deutet auf eine Inversion der Dyade hin: Rosalie versucht ja nicht etwa, sich die Eloquenz ihrer Tochter anzueignen, sondern ist auf sie angewiesen. Wenn Jolly ihrer Mutter während des Interviews wiederholt mit ihren Worten aushilft oder den Interviewern erklärt, wovon Rosalie spricht, so ist die mütterliche Rolle der Fürsorglichen auf die Tochter übergegangen.

Während mir die erinnerte Fürsorge Rosalies als ein Konstrukt deutlich geworden ist, das positive Erfahrungen mit der Mutter in einer absoluten Ausschließlichkeit betont, um die Erinnerung an die Erschütterung der Mutter-Tochter-Beziehung abzuwehren, ist der narrative Akt zugleich von einer genuinen gegenseitigen Fürsorglichkeit der beiden Überlebenden getragen. Rosalie und Jolly bewegen sich fließend zwischen verschiedenen Phasen ihrer Beziehung, sodass neben deren symbiotischen Anfängen gleichzeitig die spätere Inversion ihrer Dyade präsent ist, bei der die Tochter ihre alternde Mutter bemuttert. In ihrer Vielschichtigkeit und Komplexität erscheint die Beziehung zwischen den beiden Überlebenden äußerst vital und wird in ihrer Gebrochenheit überhaupt nur in der intensiven interpretatorischen Auseinandersetzung mit den Bruchstellen des Zeugnisses erkennbar. Tatsächlich liefert die von mir hier untersuchte Chanukka-Sequenz ein sehr dichtes Zeugnis der Mutter-Tochter-Beziehung der beiden Überlebenden: Die traumatisch gestörte Verbindung zu Rosalie in Eidelstedt amalgamiert mit einem Augenblick mütterlicher Fürsorge vor der laufenden Ka-

---

Spätadoleszenz: Gesellschaftliche Veränderungen und Entwicklungsprozesse bei Studierenden, Opladen 1993; sowie Marianne Leuzinger-Bohleber: »Wandering between the Worlds. From the Analysis of a Late Adolescent with a History of Trauma, Violence and ADHD«, in: Kai von Klitzing/Phyllis Tyson/Dieter Bürgin (Hrsg.), Psychoanalysis in Childhood and Adolescence, Basel 2000, S. 104–125.

mera, sodass die Beziehung sowohl in ihrer Angreifbarkeit als auch in ihrer Kontinuität fassbar wird.

Allerdings bleibt das Wissen um die Fehlbarkeit der Mutter implizit und die Verunsicherung der Tochter taucht lediglich in Rosalies Erinnerung auf. Dieser Teil von Jolly, den Rosalie noch während des gemeinsamen Zeugnisses präsent hält, droht, zusammen mit der alternden Mutter von der Bildfläche zu verschwinden. In diesem Verlust berühren Tod und Verdrängung einander, so als würde durch das Lebensende der Mutter der heroische Selbstentwurf der überlebenden Tochter endgültig besiegelt. Jollys Zukunft wird am Ende ohne Rosalie stattfinden. Das impliziert auch, dass die Mutter der Tochter nicht mehr erinnernd zur Seite stehen wird. Tatsächlich bewegt sich Jolly in ihren Einzelinterviews in den sicheren Grenzen ihrer Abwehr. Dort ist sie zwar in Sicherheit vor den Erinnerungen, die ihre Mutter an den Bruchstellen heraufbeschwört, ihre Ängste und ihr Trauma bleiben jedoch im toten Winkel ihrer Selbstwahrnehmung, sodass sich kein wissentlicher Bezug zu diesen Erfahrungsgehalten herstellen lässt. – Wegen dieser Unintegriertheit glaube ich auch, dass es trotz des emotionalen Reichtums der Beziehung zur Zeit der Aufnahme zutreffend ist, von Rosalies und Jollys Beziehung als von einer Ruine zu sprechen. Der Satz »Quatsch, Mutti. Wir gehen nicht heim.« wirft einen langen Schatten, zeugt er doch von einer fundamentalen existenziellen Unsicherheit, in deren Kontext die lebenswichtige Bedeutung der Mutter-Tochter-Beziehung fragwürdig bleiben muss.

3.6 Versöhnlicher Abschluss: Ein Napf Suppe in Bergen-Belsen[227]

Mit dem vierten und letzten Ausschnitt aus Rosalie W.s und Jolly Z.s Interview, dem ich mich interpretierend zuwende, schließt das Zeugnis der beiden Überlebenden. Im Unterschied zu den drei vorangehenden Bruchstellen wird mein Interesse hier nicht durch

---

227 Auch diese Interpretation erschien in einer früheren Version, vgl. Bodenstab: »Under Siege«, 2004, S. 734–740.

einen Widerspruch zwischen Mutter und Tochter geweckt. Im Gegenteil kommt das gemeinsame Interview zu einem betont versöhnlichen Abschluss: Jolly schildert in Gegenwart ihrer strahlenden Mutter einen absoluten Höhepunkt ihrer beider Beziehung. Rosalie ist auch hier die schweigende Zuhörerin ihrer Tochter. Die scheinbar harmonische Darstellung wird jedoch brüchig, sobald ich die Erzählvarianten, die Jolly in ihren beiden Einzelinterviews T-220 und T-972 produziert, in meine Betrachtung mit einbeziehe. In meinem vierten Interpretationsschritt nehme ich einen Vergleich dieser Parallelstellen vor. Für Jollys Gestaltung der unterschiedlichen Versionen ist offensichtlich die Gegenwart bzw. die Abwesenheit der Mutter ausschlaggebend. Die Einzelinterviews enthalten also Gedanken, die die überlebende Tochter nicht in Rosalies Anwesenheit aussprechen kann oder will, während die Suppen-Geschichte im gemeinsamen Interview als Zeugnis auch für die Ohren der Mutter bestimmt ist. So wird meine vergleichende Betrachtung nicht nur Schlüsse darauf erlauben, was Jolly über ihre Beziehung zu Rosalie denkt, sondern auch, wie sie die Beziehung zu ihrer Mutter im Augenblick der Aufnahme lebt. Das Ereignis, auf die das Zeugnis erinnernd rekurriert, wird von der überlebenden Jolly in seiner Bedeutung ganz auf die Mutter-Tochter-Beziehung festgelegt.

Im Allgemeinen fördert der Vergleich der unterschiedlichen Interviews eher eine narrative Konstanz zu Tage, d. h., die Überlebende schildert auch im Abstand von Jahren ihre Erinnerungen – manchmal bis in den Wortlaut hinein – identisch. Die Auffächerung in divergierende Erzählvarianten muss daher auffallen. Ansonsten kommen im gemeinsamen Zeugnis Erzählinhalte vor, die Jolly in ihren Einzelinterviews übergeht, bzw. gibt es umgekehrt auch Episoden in ihren Einzelinterviews, die in Gegenwart der Mutter nicht in das Zeugnis eingeflossen sind, was aber für meine Betrachtungen nicht relevant wurde, weil diese Weiterungen die von mir behandelten Inhalte aus T-34 nicht betreffen. Im Hinblick auf die Suppen-Geschichte weist das Zeugnis der Tochter mit seinen drei vorliegenden Versionen eine auffallende Variationsbreite auf. In dem vierten von mir untersuchten Interviewausschnitt geht es zunächst um ein Zeugnis der tiefen Gemeinsamkeit zwischen Mutter und Tochter und der Komplexität der sie verbindenden Beziehungsdynamiken. Dieses Zeugnis wird in Jollys Einzelinterviews für ihre Konflikte und Ambivalenzen gegenüber Rosalie durchlässig. In diesem Fall helfen mir die beiden zusätzlichen Zeugnisse der Tochter nachzuvollziehen, wie Jolly in T-34 ihre Beziehung als eine Realität konstruiert, die es ihr erlaubte, über die Lagerrealität zu triumphieren.

3.6.1 Die zirkuläre Dynamik einer Versorgungseinheit

Kurz vor der Befreiung von Bergen-Belsen, am 15. April 1945 konnten Mutter und Tochter kaum noch daran glauben, dass sie überleben würden. Sie waren im Zuge der Evakuierung der Hamburger Außenlager von Neuengamme in das KZ Bergen-Belsen verfrachtet worden, das in den letzten Kriegswochen wahllos als Sammelpunkt für Gefangene aus anderen Lagern benützt wurde.[228] – Jolly und Rosalie scheinen einander ihre Hoffnungslosigkeit nicht mitgeteilt zu haben: »*And, I didn't know this, but my mother made up her mind that if she'll die she will go away. She didn't want me to see it. But I made up my mind that if I'll see the end is coming I didn't want her to see me dying.*« Von Anfang an beschreibt Jolly Rosalie und sich selbst in einer Verschränktheit gegenseitiger Fürsorge, die sich an diesem Tiefpunkt ihrer Verfolgungserfahrung in der Absicht äußert, der jeweils anderen den Anblick des eigenen Todes zu ersparen. Neben dieser Einigkeit deutet sich aber auch hier ein Konflikt zwischen Mutter und Tochter an: Jolly meldete sich freiwillig zu einem Arbeitseinsatz, obwohl Rosalie dagegen war: »*She felt that if they take us I might never come back.*« Die Jugendliche setzte sich über ihre Mutter hinweg, weil das Ausrücken zur Arbeit die einzige Möglichkeit war, sich eine Extraration Suppe zu verdienen, nachdem die Gefangenen seit Tagen vergeblich auf Essenszuteilungen gewartet hatten. Die Arbeit bestand darin, »*to pick up the bodies, the hundreds of bodies and throw them into those mass graves to cover up their atrocities the last days. So all day that's all I was doing, throwing in hundreds and hundreds of bodies into these mass graves.*« Für die-

---

228 Das Lager Eidelstedt wurde vermutlich am 7. April 1945 geräumt, vgl. URL <http://www.kz-gedenkstaette-neuengamme.de/index.php?id=2489&tx_ngaussenlager_pi1%5Baid%5D=210, letzter Zugriff [9.12.2013, 18:07 Uhr]; die beiden Überlebenden selbst geben dagegen an, bereits im März nach Bergen-Belsen transportiert worden zu sein.

sen Einsatz wurde Jolly mit einem Napf Suppe »belohnt«, mit dem
sie sich auf den Weg zurück zu Rosalie machte.

By now it was dark and I started to walk back with the soup to find my
mother. Tripping over legs, and hands, and bodies. And somehow I found
the barrack where she was waiting for me. [legt den Arm um die Mutter]
And when I came in, I said »Look, mother, I have a bowl of soup.« And
she said, »I don't want any. You eat it.« I said: »I had already a bowl.« She
says, »No, I want you to survive. You are young. I had my life already.« And
I said, »Please, no, you have to survive. Father will be waiting, my brother
will be waiting. We both have to survive.« So we decided to share it. My
mother took a spoon, but the spoon was empty. She hardly took anything.
And when I took a spoon, it was also empty, because I didn't want to take
much that she should have. So we realized that we're not getting anywhere,
and we decided to feed each other. So she was feeding me, and I was feeding her. And that bowl of soup most likely really saved us, because in a day
or two we were liberated.

Auffallend an ihrem Streit um die Suppe erscheint mir zunächst,
dass Rosalie und Jolly darin nicht den jeweils eigenen Vorteil suchten, sondern beharrlich die andere zu begünstigen trachteten. Der
fundamentale Egoismus des Überlebenskampfes erscheint hier der
Logik einer Mutter-Kind-Beziehung folgend, gewendet in einen bis
zur völligen Selbstaufgabe gehenden altruistischen Einsatz für das
Überleben der anderen. Grundsätzlich beruht diese Inversion auf
einer Verkehrung der Positionen der frühkindlichen Dyade, wobei
die Jugendliche die Mütterlichkeit ihrer Fürsorge mit einem Selbstopfer verband, das Rosalie entschieden zurückwies. Jollys Rekurs auf
die Versorgungseinheit der Dyade konnte deren inhärente Asymmetrie nicht überwinden, sodass sich ihre Selbstaufgabe zwar als
Verkehrung eines auf den Selbsterhalt zielenden Überlebenskampfes darstellt, dabei allerdings das Überleben der einen auch weiterhin vom Tod der anderen abhängig macht.

Rosalies Reaktion auf Jollys Vorschlag verharrte zunächst ebenfalls in der Asymmetrie der dyadischen Positionen. Aber die Situation ließ sich selbst dann noch mit Hilfe der Mutter-Tochter-Beziehung strukturieren, als Jollys Erkenntnis »*We both have to survive*«
die Notwendigkeit ihres Selbstopfers in Frage stellte. In einem zwei-

ten Schritt boten die beiden Frauen gegen das invertierte Entweder-oder ihres Überlebenskampfes die Gemeinsamkeit ihrer Beziehung auf. Sie beschlossen, die Suppe zu teilen. Allerdings unterliefen
beide diesen Entschluss zunächst in der guten Absicht, die jeweils
andere zu begünstigen. Diese spiegelbildliche Großzügigkeit zeigte
eine paradoxe Wirkung: Anstatt den Hunger zu stillen, verdoppel-
ten sie ihn. Der Napf blieb voll, die Mägen von Mutter und Tochter blieben leer. Ihr Plan, die Suppe zu teilen, ließ sich tatsächlich
nicht in der absoluten Symmetrie gegenseitiger Fürsorge umsetzen.
Die Situation verlangte nach dem Unterschied zwischen Ernährerin
und Ernährter, der an die ursprüngliche Versorgungseinheit erinnert. Strukturell ging es zwischen Mutter und Tochter also darum,
ihren Hunger in ihre Beziehung zu integrieren: Um sich sinnvoll
zu entfalten, musste sich die fürsorgliche Position auf die Bedürftigkeit des Gegenübers richten, die in diesem Fall nicht mehr von
der eigenen Bedürftigkeit zu trennen war.

Erst als sich Mutter und Tochter in einem dritten Schritt gegenseitig zu füttern begannen, konnten sie ihrem Hunger zu seinem
Recht verhelfen und die Gemeinsamkeit seiner Erfahrung anerken-
nen. Beide fütterten und zugleich wurden beide gefüttert. Die Nahrung begann zu zirkulieren: Sie floss nicht nur vom Löffel der nährenden Rosalie in den Mund der hungrigen Tochter, sondern auch
in die entgegengesetzte Richtung von der nährenden Jugendlichen
zur hungrigen Mutter. Im letzten Moment war in der Beziehung für
Jollys Stärke als Versorgerin ebenso viel Platz wie für die Bedürftigkeit der verhungernden Rosalie. Der Logik der Dyade folgend,
könnte ich dieses Zirkulieren mit einer reziproken Verschränkung
der aktiven (mütterlich fürsorglichen) und der passiven (kindlich
abhängigen) Positionen erklären: Jede der beiden Gefangenen verhielt sich zur anderen als deren Mutter und zugleich als deren Kind.

In dieser abschließenden Erinnerung von Rosalie und Jolly ist
die Mutter-Tochter-Beziehung zu einem emotionalen Fundament
geworden, das es den beiden Frauen erlaubte, die komplexen Ver-
handlungen um die kostbare Suppe zu führen, ohne die Beschädigung der anderen in Kauf nehmen zu müssen, aber auch ohne ein
Selbstopfer zu erfordern. Tatsächlich entsteht die Szene ja nicht nur
im Rückgriff auf vertraute Muster der Beziehung, sondern beruht
wesentlich auf deren Revolution: Die Suppen-Geschichte zeigt Ro-

salie nicht nur in ihrer Fürsorge als Mutter, sondern erinnert zugleich daran, dass sich die Mutter von ihrer Tochter füttern ließ. Aber auch Jolly braucht ihre Bedürftigkeit an dieser Stelle nicht zu verdecken, sondern lässt sich als Ernährerin füttern wie ein Kind. Im Grunde sind um den Suppen-Napf vier Positionen vertreten. Ausgehend von der Mutter-Tochter-Beziehung als einem Verhaltensmodus gelang es Rosalie und Jolly, dem Verlangen nach Geborgenheit ebenso Rechnung zu tragen wie dem Verlangen nach Kontrolle; Handlungsfähigkeit und Hilflosigkeit gingen Hand in Hand. Mutter und Tochter verkehrten eine Situation absoluten Mangels und tödlicher Konkurrenz in einen Moment tiefster emotionaler Befriedigung. Die psychische Bedeutung von Nahrung lässt sich wohl selten in solcher Klarheit nachvollziehen.

Neben dieser im Kontext der Suppe reformulierten Beziehung von Mutter und Tochter enthält Jollys Zeugnis aber auch zahlreiche Hinweise auf eine Welt, die unberührt von dem strukturierenden Verhaltensmodus blieb, auf den Rosalie und Jolly rekurrierten, um die tödliche Konkurrenz um zu knappe Essensrationen zu neutralisieren. Die Tatsache, dass Jolly hier als Ernährerin auftritt, die das Essen organisierte, impliziert, dass Rosalie in Bergen-Belsen diese Funktion nicht mehr übernahm, was ich als einen Hinweis auf ihre erlahmenden Kräfte interpretiere. Offenbar versuchte sie noch, die Tochter davon abzuhalten, sich zum Arbeitseinsatz zu melden. Sie hatte Angst, Jolly nicht wiederzusehen. Trotzdem machte sich die Tochter schließlich auf den Weg. Wenn ich davon ausgehe, dass weder Mutter noch Tochter beim Abschied sicher gewesen sein können, ob sie einander jemals wiedersehen würden, dann war die Ausgangssituation der Suppen-Geschichte sehr dramatisch. Mit Jollys Weggang geriet die Beziehung in einen Schwebezustand, was aber ihr Zeugnis nicht mitreflektiert. Jolly stellt lediglich fest: »*But I knew that I don't have much of an alternative. Maybe I will get the bowl of soup and that might help us.*«

Jolly spricht über die Arbeit, mit der sie sich den Napf Suppe verschaffen konnte, rückblickend sehr distanziert. Es sei darum gegangen, die Greueltaten der Deutschen zu vertuschen. Zwar weiß ich nicht, was Jolly bei der Arbeit empfand, aber ich bin an eine Sequenz aus Claude Lanzmanns Film »Shoah« erinnert, in der die Überlebenden Motke Zaidl und Itzhak Dugin davon berichten, wie

sie Massengräber im Wald von Ponari öffnen mussten, um die exhu-
mierten Leichen der Bewohner des Gettos von Lodz zu verbrennen:
»When we first opened the graves, we couldn't help it, we all burst
out sobbing. But the Germans almost beat us to death. We had to
work at a killing pace for two days, beaten all the time, and with no
tools. (…) The Germans even forbade us to use the word ›corpse‹
or ›victim‹. The dead were blocks of wood, shit, with absolutely no
importance.«[229] Sicherlich geht es hier nicht um das Begraben von
Leichen, aber neben dem Schock der Überlebenden gibt das Zitat auch die Brutalität und Verächtlichkeit der Deutschen, die den
Arbeitseinsatz überwachten, eindrücklich wieder. Entsprechend hat
man sich die Arbeit, zu der sich die Jugendliche in Bergen-Belsen
meldete, als absolut grässlich vorzustellen. Wie sie auf ihre Begegnung mit den Leichenbergen reagierte, lässt sich ihrem Zeugnis
nicht entnehmen. Sie verbrachte einen ganzen Tag mit den Toten,
während sie sich selbst wahrscheinlich mehr tot als lebendig fühlte.
Auch diese Erfahrung steht im gemeinsamen Zeugnis blass und un-
integriert neben der intimen Szene, zu der sich Rosalie und Jolly
schließlich um den Suppennapf zusammenfinden.

Am Ende der Arbeit wurde ein Kessel mit Suppe aufgefahren,
den die Gefangenen umstießen, weil sie vor Hunger zu gierig waren, um sich geduldig anzustellen. Die Szene mit der verschütteten
Suppe, die für alle verloren war und verzweifelt vom Boden aufge-
leckt wurde, stellt sich mir in ihrem Chaos wie ein Gegenpol zu der
komplexen Struktur der Suppen-Geschichte dar, in der sich Jolly
und Rosalie gegenseitig Suppe in ihre hungrigen Münder löffelten.
Dabei scheinen Mutter und Tochter von der Aggression der Verhungernden vollkommen unberührt. Tatsächlich hatte sich Jolly offenbar nicht an dem Sturm auf den Suppenkessel beteiligt, sondern
erhielt ihre Ration nur, weil einem SS-Mann auffiel, dass sie nichts
abbekommen hatte: ›Look at this little one: She didn't get any.‹ And
he made an SS bring a bowl of soup for me.‹ – Aber auch auf diese
Suppe stürzte sich die Jugendliche nicht, obwohl sie ebenso hungrig
wie die anderen Gefangenen gewesen sein muss. Vielmehr gelang
es ihr, die Extraration unberührt zu ihrer Mutter zu bringen. Das

---

229 Claude Lanzmann: Shoah. The Complete Text of the Acclaimed Holocaust Film,
New York 1995, S. 8 f.

Zeugnis normalisiert diese Tat durch die Engführung des Narrativs, das sich an dieser Stelle auf die Mutter-Tochter-Beziehung zurückzieht. Aber ich glaube, diese Sicherheit kann das Interview nur dank seiner rückblickenden Perspektive in Anspruch nehmen. Die starken Affekte der ursprünglichen Situation und eine grundsätzliche Ratlosigkeit, wie mit der verdienten Suppe zu verfahren sei, lassen sich immerhin in Ansätzen aus Jollys Schilderung in T-34 entnehmen. Ich werde deshalb in einem zweiten Interpretationsschritt die Unberechenbarkeit der Situation stärker herausarbeiten: Zum einen soll dieser Schritt die regulierende und strukturierende Bedeutung der Mutter-Tochter-Beziehung in Jollys Erinnerung verdeutlichen. Zum anderen will ich versuchen, mir das Verhalten der Jugendlichen nicht nur im Rahmen ihrer Beziehung zu Rosalie zu erklären, sondern Jolly in der Eigenständigkeit ihres Überlebenskampfes zu würdigen. Erstaunen muss ja nicht nur, dass es der Jugendlichen überhaupt gelang, Nahrung zu beschaffen, sondern dass es ihr möglich war, ihren Hunger zu beherrschen.

3.6.2 Tot oder lebendig? Psychische Äquivalenz und die Realität des Gegenübers

In den letzten Kriegswochen war das KZ Bergen-Belsen hoffnungslos überbelegt, weil Gefangene aus anderen Lagern, die vor dem Anrücken der alliierten Truppen aufgelöst wurden, dorthin verschleppt wurden. Die ohnehin spärliche Infrastruktur des Lagers war mit dem Menschenstrom überfordert und brach zusammen, sodass es keine regelmäßige Essensverteilung und kein Wasser mehr gab. Die hygienischen Bedingungen und die Versorgungslage waren katastrophal. Gefangene starben so schnell und zahlreich, dass die Lagerstraßen von Toten übersät waren.[230] Tatsächlich beschreibt Jolly ja,

---

230 Zur Geschichte des Lagers Bergen-Belsen siehe Eberhard Kolb: Bergen-Belsen. Vom »Aufenthaltslager« zum Konzentrationslager 1943–1945, Göttingen 1985. Über die Bedingungen nach der Befreiung siehe die Evaluationen der beiden britischen Ärzte W. R. F. Collis: »Belsen Camp: A preliminary report«, in: British Medical Journal 106 (1945), Nr. 4405, S. 814 f.; sowie P. L. Mollison: »Observation of Cases of Starvation at Belsen«, in: British Medical Journal 107 (1946), Nr. 4435, S. 4 f.

dass sie auf dem Weg zurück in ihre Baracke über Leichen steigen musste, die unbestattet verwesten (»*tripping over legs, hands, and bodies*«). Der Tod steckte der Jugendlichen und ihrer Mutter also nicht nur als Angst in den Knochen, sondern umgab sie auch massenhaft als äußere Realität. Das Leben in Bergen-Belsen muss dem Tod so sehr geglichen haben, dass ich auch hier von einer Situation »psychischer Äquivalenz« im Sinne Boulangers ausgehe: Der Unterschied zwischen Lebendigem und Totem war kaum noch erfahrbar, weil es immer weniger äußere Anhaltspunkte gab, um sich von der eigenen Lebendigkeit zu überzeugen. Ohne eine Rückversicherung von außen musste es für Gefangene immer schwieriger werden, ihrer eigenen Lebendigkeit noch zu trauen.

Entsprechend vermischt die Zukunftsvision, die Jolly für ihre Mutter entwickelte, dann auch unterschiedslos die Lebendigen mit den Toten: Der Mann/Vater war knapp elf Monate zuvor bei der Ankunft in Auschwitz vergast worden. Das Schicksal des Sohnes/ Bruders blieb dagegen bis 1946 ungewiss. Der Kontakt zu ihm war 1938, kurz nach seiner Flucht aus der Heimatstadt abgerissen. Im April 1945 wussten Rosalie und Jolly noch nicht, ob er überhaupt am Leben war. Die Zukunft, die die Tochter ihrer Mutter ausmalte, schwankte also unentschieden zwischen einer Phantasie vom Jenseits, das sie und ihre Mutter mit den Toten vereinen würde, und einer Utopie, in der die Familie nach der Befreiung wieder zu einander finden würde. In diesem Schwanken deutet sich meines Erachtens die Fluidität eines Vorstellungsvermögens an, das den festigenden Bezug der äußeren Realität verloren hat.

An der Grenze zum eigenen Tod konnte sich Jolly nur behaupten, indem sie nach Zeichen ihrer eigenen Existenz suchte.[231] Tarantelli geht davon aus, dass das katastrophale Trauma der Shoah die Psyche sprengt und zu einer Disartikulierung ihrer Organisation führt, »precipitating the mind to the most primitive state of mental activity«[232]. Die Psyche vermag, so postuliert es die Autorin, den Prozess ihrer eigenen Desintegration aufzuhalten, solange sie die Kontinuität des Psycho-Somas spüren kann. Wenn sich das Sub-

---

231 Diese Formulierung stützt sich auf Tarantellis Beobachtungen zu einer Phänomenologie des Überlebens in ihrem Aufsatz »Life within Death«, 2003, S. 921 ff.
232 Ebd., S. 923.

jekt seines Körpers als Schauplatz einer überwältigenden und unerträglichen Erfahrung bewusst werden kann, erfährt es z. B. seinen Schmerz am eigenen Leib, d. h. in einer begrenzten und strukturierten Form. »This reroots the mind in the body and halts the fall towards death.«[233] – Ich schlage vor, den intensiven Hunger, den Jolly verspürt haben muss, mit Tarantelli im Sinne einer solchen verankernden Erfahrung zu verstehen. Dieser minimale und primitive Selbsterhalt wäre dann die seelische Grundlage für ihren Versuch, sich in der Beziehung zu einem Gegenüber seelisch zu verankern. In diesem zweiten Schritt der Strukturwahrung ging es nicht nur um den identitätsbildenden Zusammenhang von Leib und Seele, sondern um die sichere Unterscheidung von innerer und äußerer Realität.

Dabei ist hier allerdings nicht die konkrete physische Präsenz des mütterlichen Körpers ausschlaggebend, die Jolly im Zusammenhang mit dem Trauma der Ankunft in Auschwitz als Gegenbehauptung zu einer indifferenten Realität eine psychische Orientierung ermöglicht hatte. Anstelle des realen Gegenübers wird zunächst der eigene Körper wichtig für die innere Orientierung einer Person, die zwischen Leben und Tod schwebt. Die Besinnung auf den eigenen Hunger, die ich durchaus als Besinnung auf den Verfall des eigenen Körpers verstehe, erlaubte es der Jugendlichen, sich auch ohne Rosalie nicht zu verlieren, sondern zu handeln. Tatsächlich präsentiert sich die Überlebende zum Ende ihres Zeugnisses in einer zuvor noch nicht von ihr erreichten Verselbstständigung gegenüber Rosalie. Sie fällte ihre eigenen Entscheidungen, ließ sich von den Bedenken der Mutter nicht entmutigen und kümmerte sich um die Essensbeschaffung. Sie benötigte Rosalie also nicht mehr wie ein forderndes Kind, sondern trat ihr ebenbürtig gegenüber. Diese Ebenbürtigkeit impliziert auch ein Wissen um den Hunger der anderen. Ausgerechnet am absoluten Tiefpunkt ihrer Verfolgungserfahrung gelang es Jolly, sich empathisch mit Rosalie zu verbinden. Dabei scheint es mir hier kaum noch um den Erhalt Rosalies als Mutter zu gehen, sondern viel grundsätzlicher um den Erhalt eines Gegenübers, in dessen Lebendigkeit sich die Jugendliche selbst als lebendig erkennbar und wahrnehmbar bleiben konnte. In diesem

---

233 Ebd., S. 924.

Zusammenhang ist es von unschätzbarer Wichtigkeit, dass sich Rosalie schließlich zu ihrem Hunger bekannte. Nur so konnten untrügliche Zeichen der Lebendigkeit von ihr ausgehen, die sich z. B. in ihrem Verlangen nach der Suppe, aber auch durch das Abnehmen der Suppe im Napf manifestierten. Zuletzt wurde Rosalie in der Realität ihres Hungers für die Tochter also bedeutender als in der Stärke und Unerschütterlichkeit ihrer Fürsorge als Mutter. Mir scheint, dass Jolly im Grunde das Leben selbst am Leben zu erhalten versuchte, als sie Rosalie drängte, die mitgebrachte Suppe zu essen. Natürlich artikuliert sich dieser Versuch, ihr Gegenüber am Leben zu erhalten, im Rahmen der Mutter-Tochter-Beziehung, aber ich halte es für möglich, dass die Jugendliche Rosalie hier nicht mehr als Mutter brauchte, sondern sich empathisch auf Rosalie als Gegenüber bezog.

Tatsächlich lässt sich das Teilen der Suppe also nachvollziehen, ohne die Mutter-Tochter-Beziehung als Erklärung aufzubieten. Meines Erachtens hatte sich die emotionale Bedeutung von Rosalie als Mutter für die jugendliche Jolly angesichts der horrenden Bedingungen in Bergen-Belsen relativiert. Damit versuche ich nicht etwa, die zentrale Bedeutung zu leugnen, die Jolly und Rosalie während ihrer Verfolgung füreinander hatten, sondern arbeite der Tendenz des Zeugnisses entgegen, sich im Rückzug auf die Mutter-Tochter-Beziehung zu trösten. An der intensiven Bindung beider Frauen kann überhaupt kein Zweifel bestehen, aber die Absolutheit, mit der Jolly und Rosalie ihre Beziehung voreinander behaupten, hilft den Überlebenden, sich im Akt des Zeugnisablegens gegen erlittene Ängste und traumatische Erfahrungen abzudichten. Dieses verdeckte Erzählen ist absolut notwendig, damit es zu einer Erzählung kommen kann. Allerdings bietet das gemeinsame Zeugnis mit seinen Bruchstellen eine seltene Gelegenheit, den narrativen Akt nicht nur als Kommunikation, sondern auch in seiner Abwehr zu erkennen, weil hier eben deutlich mitspricht, was das erzählende Ich zu kontrollieren versucht. Mir scheint, dass Jolly am Ende des gemeinsamen Interviews für sich und ihre Mutter vergessen machen will, was das Zeugnis über die Grenzen und Schwierigkeiten der Beziehung während der Shoah weiß. Wie ich im Laufe meiner Interpretation zeigen konnte, tritt dieses Wissen an den narrativen Bruchstellen zutage und verletzt dabei wiederholt die Abwehr der

überlebenden Tochter. Umso verständlicher ist es, wenn Jolly das
gemeinsame Zeugnis mit einer Erinnerung beschließt, mit der sich
die Funktionstüchtigkeit und Kontinuität der Mutter-Tochter-Beziehung auf so besondere Weise beweisen lässt.

Aber diese Selbsttröstung der Überlebenden ist nicht das eigentliche Problem: Am Ende des Interviews findet die Botschaft von der
Unzerstörbarkeit der Beziehung ja auch bei den außenstehenden Rezipienten offene Ohren. Ich habe nicht nur an mir selbst beobachtet,
wie offen man für die Erleichterung ist, die von Jollys Suppen-Geschichte ausgeht, wenn man das Ende des Interviews erreicht. Die
Überlebende stellt nicht nur die Harmonie mit ihrer Mutter wieder
her, sondern entlässt auch ihre Zuhörerin/Zuschauerin mit einer
versöhnlichen Erinnerung, mit der das Zeugnis tröstlich zur Neige
geht. – Im Grunde weigert sich das rückblickende Narrativ wohl
auch hier, dem Chaos der ursprünglichen Erfahrung nachzugeben,
und zieht die Mutter-Tochter-Beziehung als wesentliches Strukturelement heran. In der Erinnerung der Überlebenden ist die Beziehung alles, aber sobald ich den Rahmen der Erzählung objekti-
vierend erweitere, wird deutlich, dass die fürsorglichen Gesten der
Suppen-Geschichte auch jenseits der Mutter-Tochter-Beziehung
gedacht werden können, ja, im Hinblick auf die extremen äußeren
Bedingungen der Shoah vielleicht sogar unabhängig von der Beziehung gedacht werden sollten.

3.6.3 Die Suppen-Geschichte in Jollys beiden Einzelinterviews

Natürlich ist nicht zu erwarten, dass der Blick auf die beiden Einzelinterviews der überlebenden Tochter meinen objektivierenden Ansatz bestätigen wird. Trotzdem stelle ich meine Interpretation, mit
der ich das Teilen der Suppe außerhalb der Parameter der Mutter-
Tochter-Beziehung nachvollziehen konnte, Jollys Darstellung zur
Seite. Ich finde es wichtig, zumindest die gedankliche Möglichkeit zu etablieren, dass die Jugendliche nicht mehr als Tochter handelte, weil meine bisherigen Interpretationsschritte deutlich erwiesen haben, dass die von Jolly am Ende ihres Zeugnisses mit Rosalie behauptete Reibungslosigkeit der Mutter-Tochter-Beziehung im

Kontext der traumatischen Verfolgungserfahrung viel eher einem Wunsch der Überlebenden entspricht.

Immerhin stellt die überlebende Tochter das Verhältnis zu ihrer Mutter in ihren beiden Einzelinterviews weniger harmonisch dar, wenn es um das Teilen der Suppe geht. In T-220 spricht Jolly explizit von einem Streit: »*So we actually started to fight over the bowl of soup.*« Dabei basiert die Meinungsverschiedenheit der beiden Frauen zwar auch in dieser Version auf dem invertierten Entweder-oder des Überlebenskampfes zwischen verhungernden KZ-Gefangenen, aber die Affekthaftigkeit des Ringens um Nahrung teilt sich stärker mit. Tatsächlich beschreibt Jolly auch in T-220, dass die anderen Gefangenen ihres Arbeitskommandos den Kessel mit der Suppe umwarfen. Der emotionale Aufruhr, in den das Essen die Verhungernden versetzte, spiegelt sich immerhin in dem Streit zwischen Rosalie und Jolly um die Suppe. Die Sphäre ihrer Beziehung operiert in T-220 nicht vollkommen abgeschlossen gegen die äußere Realität, sondern wird in ihrer Anspannung und Nervosität eher als Teil des Lagers erkennbar.

Zu dieser gesteigerten Durchlässigkeit passt es auch, dass Jolly die Mutter hier stärker differenziert. Während die Tochter Rosalie und sich selbst in T-34 zu einem »Wir« verschmilzt, sodass die beiden Frauen Jollys Einsicht »*We both have to survive*« folgend, einander ausgleichen, ist es in T-220 Rosalie, die auf die Engpässe der Situation jeweils mit konstruktiven Vorschlägen reagierte: Sie kam nicht nur auf die Idee, die Suppe zu teilen (»*Then she said: ›Alright we'll share it.‹*«), sondern schlug auch das gegenseitige Füttern vor, als die Suppe im Napf nicht weniger werden wollte (»*She said: ›Let's feed each other.‹*«) Im Ganzen gesteht die Tochter der Mutter in deren Abwesenheit eine viel stärkere Rolle zu. Sie erkennt sogar explizit an, dass Rosalie als die Ältere damals erfahrener und klüger war (»*But my wiselier mother came up with a solution*«).

Während z. B. Jollys Erinnerung an die Ankunft in Auschwitz trotz der Dekonstruktion durch Rosalies Version in T-34 im späteren Einzelinterview der Tochter unverändert in der magischen Verschalung des narrativen »Wir« auftaucht, verändert sich die Gestalt der Erinnerung an die Suppe, wenn Jolly ohne die Mutter erzählt. In T-34 nimmt die Überlebende für die Beziehung eine »Weisheit« in Anspruch, die sie in T-220 ganz selbstverständlich der Mutter überlassen kann. Ich glaube, diese entspannte Erzählhaltung hat damit zu tun, dass Jolly in Abwesenheit der Mutter die eigene Erzählung besser kontrollieren kann. Während sie in dem gemeinsamen Zeugnis mit der Unberechenbarkeit des Erinnerungsflusses der Mutter konfrontiert war, die sich an Erfahrungsaspekte erinnerte, die Jolly lieber vergessen hätte oder nicht erinnern konnte, bleibt ihre Position als Erzählerin in Rosalies Abwesenheit unangefochten. Daher kann die Überlebende in den Erinnerungen ihres Einzelinterviews der Mutter mehr Spielraum geben.

Ging im gemeinsamen Interview die Initiative allein von der Tochter aus, die der erschöpften Rosalie ein »Wir« anbot, in dem sie aufgehen konnte, zeigt sich in T-220, dass die Jugendliche es zwar vermochte, sich in Bergen-Belsen allein durchzuschlagen und Nahrung zu organisieren, dann aber letztlich mit der von ihr geschaffenen Situation nicht umzugehen verstand. Alles, was ihr einfiel, war, sich für ihre Mutter aufzuopfern. Hier zeichnen sich gleichermaßen ein leidenschaftlicher Wunsch, Rosalie am Leben zu erhalten, aber auch eine totale Unfähigkeit zur Modulation ab. Bestimmt hätte es ohne ihren Einsatz keinen Napf Suppe gegeben, aber ohne das Zutun der Mutter wäre das Essen der Extraration zu einem Drama der Selbstaufopferung mutiert. Es blieb Rosalie überlassen, mäßigend zu wirken und die Teilung der Suppe zu organisieren. Der Vorschlag der Mutter, die Suppe zu teilen, entpuppt sich zuletzt als ein Kompromiss, der Jolly vor der tödlichen Konsequenz ihres leidenschaftlichen Planes bewahrte. Rosalie ließ nicht zu, dass ihre Tochter sich für sie opferte. Indem sie sich auf den Wunsch der Jugendlichen einließ, ihr das Leben zu retten, gelang es der Mutter, ihr Kind gleichzeitig zu füttern. In einer Situation, in der sie schon nicht mehr die Kraft hatte, als Versorgerin zu agieren, blieb Rosalie ihrer Tochter trotzdem fürsorglich zugewandt.

Den regulierenden Zugriff der Mutter auf die Situation bestätigt auch das zweite Einzelinterview T-972, in dem Jolly zugibt, was sie selbst ein »*terrible thing*« (etwas Schreckliches) nennt: Sie erinnert sich, dass das Teilen der Suppe, das sie in T-34 schwärmerisch als einen schönen Augenblick (»*beautiful moment«)* beschrieben hatte, in Bergen-Belsen für sie mit Konflikten durchsetzt war: »*Although I was sharing it* [die Suppe; JB] *with my mother, there was a terrible guilt not to share it with the rest of them*« [mit den anderen

Mitgefangenen; JB]. Hier taucht eine Konstellation auf, die derjenigen vergleichbar ist, die mir bereits in Zusammenhang mit dem Chanukka-Lied begegnet war. Aber während Jolly dort die Beziehung zu den Mitgefangenen gegenüber Rosalie aggressiv favorisierte, gab sie beim Teilen der Suppe der Mutter nach. Dabei löste dieser Rückzug auf die Beziehung zu Rosalie gegenüber allen anderen Frauen allerdings Schuldgefühle in ihr aus. Ihr Hunger verband sie ja nicht nur mit der Mutter, sondern mit dem gesamten Lager. Entsprechend bewertet Jolly Rosalies Art zu teilen rückblickend als »*limited*«, als zu begrenzt. Damit stellt die Überlebende also noch in ihrem rückblickenden Zeugnis ihre Vorstellung, das ganze Lager mit ihrer Suppe am Leben zu erhalten, über die gemeinsame Mahlzeit mit der Mutter.

Obwohl in den beiden Einzelinterviews Rosalies wesentliche Beteiligung an der Suppen-Geschichte deutlich wird, verkennt Jolly offenbar doch den Beitrag ihrer Mutter, weil sie sich selbst nicht in der Problematik ihrer schwärmerischen, ja, fanatischen Haltung von damals reflektiert. Die jugendliche Jolly ist uns in Zusammenhang mit ihrer poetischen Produktion, aber auch mit der Provokation des Kommandanten von Eidelstedt im Mut ihrer Verzweiflung, aber auch in ihrer wütenden Entschiedenheit begegnet. Dabei war deutlich geworden, dass die Jugendliche ihren Überlebenskampf paradoxerweise führte, indem sie das eigene Leben aufs Spiel setzte. Dieser leidenschaftliche Widerstand stand in diametralem Gegensatz zum Pragmatismus der Mutter. Es scheint mir, dass Rosalie ihre Tochter beim Teilen der Suppe im Grunde vor sich selbst schützen musste, indem sie deren Selbstopfer verhinderte. Natürlich verbot sich in Rosalies Gegenwart auch ein allgemeines Teilen der Suppe, das Jolly noch rückblickend als heimliche Sehnsucht erinnerlich ist. Niemand kann durch einen einzigen Löffel Suppe überleben. Die Ökonomie des begrenzten Teilens, die Rosalie im Rekurs auf die Mutter-Tochter-Beziehung einführte, konnte immerhin zwei verhungernde Frauen am Leben erhalten. Die überlebende Jolly gesteht sich in ihrem Einzelinterview T-972 die absolute Notwendigkeit der mütterlichen Überlebensstrategie nicht ein. Sie quält der Gedanke, dass auch andere mit dieser Suppe hätten überleben können.

Zunächst einmal zeigt sich hier ganz im Gegensatz zu T-34 eine atemberaubende Asymmetrie zwischen Rosalie, der ihre Tochter alles bedeutete, und Jolly, für die sich die Bedeutung ihrer Mutter im Kontext der hungernden Lagergemeinschaft relativiert hatte. Gleichzeitig erlebte die Tochter ihre Beziehung zur Mutter aber auch als absolut verbindlich, denn sie hielt ihren Wunsch, andere mit der Suppe zu füttern, vor Rosalie geheim und projizierte ihre Schuldgefühle auf die Mutter: »*I tried to almost shift my guilt on her* [ihre Mutter; JB]: *That if I would suggest that we should share this soup with more than the two of us, she would be mad at me. This is a conflict we never overcame.*« Mit dieser Reflexion im Rahmen der Beziehung verschließt sich die überlebende Jolly gegenüber der Erkenntnis, wie entscheidend der Pragmatismus ihrer Mutter für ihr eigenes Überleben letztlich war. Stattdessen verabsolutiert sie ihre schwärmerische Strategie rückblickend als idealistisches Credo, mit dem sie sich gegen die Erinnerung an ihre Vernichtung wappnet. Tatsächlich scheint sie mir damit aber nicht nur eine innere Distanz zu ihrer Mutter zu wahren, sondern auch auf ihr Trauma zu reagieren: Im Hinblick auf die Kindstötung, die ich durch meine Interpretation als ein zentrales Erfahrungsmoment ausgemacht habe, lässt sich die noble Phantasie, das hungernde Bergen-Belsen vor dem Tod zu retten, auch als eine Omnipotenzphantasie in der Reaktion auf eine Erfahrung absoluter Ohnmacht verstehen.

So gesehen, stehen sich Mutter und Tochter gegen Ende ihres Zeugnisses in sehr unterschiedlichen Graden der Betroffenheit durch ihre Verfolgungserfahrung gegenüber: Während Rosalie zwar durch eine grässliche Situation absoluter Infragestellung gehen musste, scheint sie doch in der Lage geblieben zu sein, emotional an ihrer Tochter festzuhalten, und zeigt sich bis zuletzt trotz ihrer physischen Erschöpfung unermüdlich in ihrem Bemühen um Jolly. Allerdings baut dieser Eindruck kaum auf dem Selbstzeugnis der Mutter auf, sondern muss sich stark auf die Darstellung der Tochter stützen, wenn ich mich auch immer wieder bemüht habe, Rosalie interpretierend von Jollys Perspektive freizustellen. Ich halte es für möglich, dass sich die Mutter nicht im ganzen Maß ihrer Betroffenheit darstellt, solange sie ihre Erinnerung an die Shoah in Gegenwart der Tochter schildert. Die Widersprüchlichkeit der Bruchstellen ist wohl nur ein Abglanz einer beträchtlichen Differenz zu Jolly, die Rosalie aber im Lauf des gemeinsamen Zeugnisses nicht etwa sucht, sondern nur bisweilen nicht umgehen kann.

Während also Rosalie sich in dem gemeinsamen Zeugnis trotz mancher Anfechtung als starke mütterliche Präsenz manifestiert, erscheint Jolly in einer starken Gebrochenheit: Trotz ihrer heroisierenden Selbstdarstellung wurde ihre Traumatisierung an mehreren Stellen des Interviews deutlich nachvollziehbar. Ihre Erschütterung erfasste auch die Beziehung zu Rosalie, obwohl die heftigen Ängste und Affekte, die das in ihr freisetzte, in dem gemeinsamen Zeugnis weitgehend von einer wiedergefundenen Mutter-Tochter-Beziehung verdeckt bleiben, in der die beiden Überlebenden im Augenblick der Aufzeichnung agieren. Der Überlebenskampf der Jugendlichen erweist sich als ebenso radikal wie aussichtslos, aber dennoch hält die Überlebende rückblickend an ihm fest, als habe es keine Alternative gegeben.

3.6.4 Jolly zwischen Abhängigkeit und Verselbstständigung

Aufgrund des mir durch die Interpretation der Bruchstellen zugefallenen Wissens, erschien es mir nötig und angebracht, zuletzt auch bei dem gemeinsamen Zeugnis von Rosalie und Jolly dekonstruierend vorzugehen, um mich einer sentimentalen Vereinnahmung durch den beeindruckenden Abschluss dieses Interviews zu entziehen. Zum einen habe ich versucht, die Suppen-Geschichte jenseits der Mutter-Tochter-Beziehung zu erklären, zum anderen konnte ich dank der beiden Einzelinterviews von Jolly Z. zusätzliche Informationen auswerten, die das Beziehungsgeschehen, so wie die Tochter es im Beisein der Mutter schildert, anders beleuchten: Es stellte sich nicht nur eine stärkere Beteiligung Rosalies an der Suppen-Geschichte heraus, sondern es wurde ebenfalls deutlich, dass es für die Tochter keineswegs vollkommen klar war, ob sie die Suppe mit der Mutter teilen sollte. Ihre Entscheidung, allein mit Rosalie zu essen, war subjektiv schuldbeladen, weil sie die Verbundenheit, die sie mit ihren Mitgefangenen fühlte, verraten musste. Es scheint für die Jugendliche problematischer gewesen zu sein, die Bedürftigkeit der anderen Frauen zu ignorieren, als ein Selbstopfer zu bringen, bei dem sie Rosalie die ganze Suppe überlassen hätte, um als Teil der Lagergemeinschaft zu verhungern.

Es wäre naheliegend, diesen emotionalen Ausgangspunkt der Tochter entwicklungspsychologisch im Zusammenhang mit ihrer adoleszenten Entwicklung zu erklären. Führe ich mir allerdings die Ausweglosigkeit der Verfolgungssituation vor Augen, frage ich mich, wie sich unter den horrenden Bedingungen der Gefangenschaft in einem KZ ein adoleszenter Ablösungsprozess von der Mutter überhaupt gestalten sollte. Natürlich machen viele der von Jolly erinnerten Verhaltensweisen deutlich, wie jung und unerfahren sie in der Zeit ihrer Verfolgung war, aber damit ist lediglich der Zustand bestimmt, in dem sie von der Shoah erfasst wurde. Tatsächlich glaube ich, dass die Eigenständigkeit, in der Jolly im Laufe des gemeinsamen Zeugnisses mit Rosalie zunehmend wahrnehmbar wird, nur im Kontext ihrer Todesangst und ihrer Zweifel an der schützenden Macht der Mutter zu verstehen ist: Die Verfolgungserfahrung musste eine Ablösung der Jugendlichen forcieren, weil die Zuflucht zur Mutter in der Reaktion auf überwältigende Ängste abgeschnitten war.

Darüber hinaus lässt sich Jollys Verselbstständigung auch als ein Versuch der Jugendlichen verstehen, Rosalie zu entlasten: Darin klingt ihre Angst an, die Mutter zu verlieren, die sich in der Sorge um die Tochter zu weit verausgabt und daran stirbt. Die Jugendliche ging also auch auf Distanz zu Rosalie, um sie sich zu erhalten. Tatsächlich erinnert die Mutter, dass Jolly es nicht zulassen wollte, wenn Rosalie sie bei der Aufteilung der Essensrationen begünstigte: »*When we get a piece of bread so I cutted 12 pieces. I gived her* [Jolly; JB] *more with a piece. She said: Ma, you need that piece, too. I don't take it. We have to survive. When you give me more then I loose you.*« Die Jugendliche hatte also begriffen, dass ihr Hunger Rosalie töten konnte. Das bedeutet, dass sie sich der Mutter nicht in der ganzen Intensität ihrer Bedürfnisse und Gefühle zumuten durfte, sondern sich nach Möglichkeit selbst regulieren musste. Ausgerechnet in einer extrem bedrohlichen Situation, in der die schützende Präsenz der Mutter besonders wichtig war, erlebte sich Jolly als eine lebensgefährliche Belastung für Rosalie.

Letztlich geht es in beiden Fällen in erster Linie nicht darum, wie sich die Jugendliche von ihrer Mutter unabhängig machen konnte, sondern um die Frage, wie weit sie Rosalie mit ihren Ängsten und Nöten belasten durfte bzw. konnte. Konfrontiert mit den Grenzen

mütterlicher Macht, blieb Jolly gar nichts anderes übrig, als sich
selbstständig zu machen. Allerdings lassen die Provokationen des
Kommandanten oder auch das dramatische Selbstopfer im Kontext
der Essensbeschaffung in Bergen-Belsen deutlich erkennen, dass
sich die Ablösungstendenzen der Jugendlichen nicht einfach als Aspekte einer durchschnittlichen adoleszenten Entwicklung einstufen
lassen, erscheinen sie doch im Kontext der Verfolgungserfahrung
in einer tödlichen Zuspitzung und gefährdeten Jollys Überleben.
Gerade im Zusammenhang mit der Suppen-Geschichte zeigte sich
die Interaktion mit der Mutter als entscheidendes Regulativ, sodass
erkennbar wird, wie dringend die Tochter bei aller Selbstständigkeit
Rosalie doch zum Überleben brauchte.

Diese Abhängigkeit ist meines Erachtens aufs Engste mit der Vorstellung der Tochter verknüpft, sie hätte wohl auch ohne ihre Mutter
überleben können, der sie sich in T-972 überlässt. Letztlich scheint
mir das Problem der Überlebenden darin zu bestehen, mit ihrer verfolgungsbedingten Abhängigkeit von Rosalie umzugehen. In dem
gemeinsamen Zeugnis wird Jolly nicht müde, ihren eigenen Beitrag
zum Überleben der Mutter herauszustellen. Die Suppen-Geschichte
ist nicht das einzige Beispiel für dieses Hadern mit der Asymmetrie
des gemeinsamen Überlebenskampfes: Z. B. bringt die überlebende
Tochter Rosalie dazu, überhaupt die Geschichte von der geteilten
Ration zu erzählen, die Jolly der Mutter nicht wegessen wollte – was
Rosalie schließlich auch tut, allerdings nicht, ohne sich zuerst daran zu erinnern, wie sich ihre Tochter hungrig und durstig an sie
wandte und sie selbst kein Essen und kein Wasser hatte, um Jollys
Hunger und Durst zu stillen. Dies ist die einzige Stelle im Interview,
an der Rosalie die Schwierigkeit ihrer Verantwortung als Mutter in
einem KZ wenigstens ansatzweise beschreibt.

Während die überlebende Tochter in T-972 offen zugibt, dass Rosalie in ihrem Kampf ums Überleben erheblich stärker war als Jolly
selbst – eine Sichtweise, die sich mit der Beobachtung der Mutter
deckt, die genau wusste, dass ihre Tochter nicht so verbissen um
Nahrung kämpfte wie sie selbst – stellt sich Jolly in Gegenwart der
Mutter als die Ursache für Rosalies Kampf dar: »*my mother was a
fighter, but she had a special cause: she had me there.*« Dabei reflektiert sich die Überlebende gerade nicht als Belastung, sondern als
Glück ihrer Mutter. Tatsächlich scheint mir Jollys Gedanke, Rosa-

lie habe die Kraft für ihren gemeinsamen Überlebenskampf aus der Sorge um ihre Tochter gezogen, einen bedrohlichen Aspekt der Mutter-Tochter-Beziehung zu verdecken: Grundsätzlich ist jedes Kind davon abhängig, dass seine Mutter in sich die Fähigkeit entdeckt und entwickelt, es in seinen Bedürfnissen wahrzunehmen. Winnicott spricht von einer »primary maternal preoccupation«, die in den ersten Wochen der Mutter-Kind-Beziehung so intensiv sein kann, dass sie einem psychotischen Zustand ähnelt. Zugleich hat er wiederholt die emotionale Katastrophe für den Säugling beschrieben, wenn es der Mutter nicht gelingt, dessen Bedürfnisse zu erkennen.[234] Wie wir heute wissen, können sich die Fähigkeiten, ein Kind zu versorgen, abhängig von der Sozialisation, d. h., auch von der Bindungserfahrung einer Frau sehr unterschiedlich entwickeln. Jollys Vorstellung, sie habe Rosalie einen guten Grund zum Kämpfen gegeben, verkehrt nicht nur dieses Abhängigkeitsverhältnis, sondern verringert möglicherweise auch ihre Schuldigkeit gegenüber der Mutter: Wie könnte es sich Jolly jemals erlauben, ihr eigenes Leben zu leben, wenn sie sich aus Dankbarkeit für ihre Existenz Rosalie verpflichtet fühlen müsste? Grundsätzlich hat Winnicott Kinder von der moralischen Verpflichtung freigesprochen, gegenüber ihren Eltern Dankbarkeit empfinden zu müssen, weil sie ihnen das Leben geschenkt haben.[235] Allerdings geht es für Jolly ja nicht nur um ihr In-der-Welt-Sein, sondern um die Überlegung, ob und in wie weit sich ihr Überleben der Shoah der Mutter verdankt. Das bleibt eine große und beunruhigende Frage.

234 Donald Winnicott: Through Pediatrics to Psychoanalysis, London 1975, S. 300–305. Dort heißt es z. B. »Maternal failures produce phases of reactions to impingement and these reactions interrupt the ›going on being‹ of the infant. An excess of this reacting produces […] a threat of annihilation. This in my view is a very real primitive anxiety, long antedating any anxiety that includes the word death in its description.«, ebd., S. 303.

235 Vgl. Donald W. Winnicott: »A Mother's Contribution to Society« (1957), in: ders., Home is Where We Start From. Essays by a Psychoanalyst (zusammengestellt und hrsg. v. Claire Winnicott/Ray Shepherd/Madeleine Davis), New York/London 1986, S. 123–127. Dort heißt es u. a.: »Parents certainly cannot expect thanks for the fact of a child's existence. Babies do not ask to be born.«, ebd., S. 123.

3.7 Zusammenfassung

Rosalies und Jollys Mutter-Tochter-Beziehung hat sich im Laufe
meiner Interpretation in ihrer Bedeutung für die Zeugenschaft der
überlebenden Tochter gezeigt: Der emotionale Rückhalt, den die
Präsenz der Mutter als Gegenüber bot, half Jolly, ihr »Ich« als be-
zeugende Instanz weitgehend zu wahren. Daneben bin ich in dem
gemeinsamen Zeugnis wiederholt auf traumatische Einschlüsse im
Narrativ der Überlebenden gestoßen, die darauf schließen lassen,
dass die Beziehung der beiden Frauen der brutalen Intensität ihrer
Verfolgungserfahrung nicht kontinuierlich gewachsen war. Da sich
Mutter und Tochter während der Aufzeichnung ihres gemeinsamen
Interviews in einer komplexen und lebendigen Beziehung zeigen,
gehe ich von einem dynamischen Prozess aus, in dessen Verlauf die
Mutter-Tochter-Beziehung zwar immer wieder auf der Kippe zum
Verlust stand, sich aber den Bedingungen der Verfolgung andererseits so weit anzupassen vermochte, dass ihre bleibende Bedeutung
für das Überleben ihre emotionale Kontinuität trotz schwerer Krisen sichern konnte.

Grundsätzlich wurde die Mutter-Tochter-Beziehung im Kontext
traumatischer Erfahrung als seelische Grundlage einer Beziehungsmatrix erkennbar, in der sich Beziehungen zu inneren Objekten,
Selbstbezug und Beziehungsfähigkeit überlagern. In ihrer Strukturiertheit bildete sie einen seelischen Gegenpol zum Trauma, dessen fragmentierenden und disartikulierenden Tendenzen sie empathisch entgegenarbeitete. Zugleich wurde sie aber auch als Zielpunkt
der seelischen Zerstörung durch traumatische Erfahrungen fassbar.
In diesem Zusammenhang war es von größter Wichtigkeit, dass die
Anwesenheit der Mutter sich für Jolly nicht auf deren innere Realität beschränkte, sondern durch Rosalies physische Präsenz als Teil
der äußeren Realität eine orientierende Rückversicherung der Jugendlichen ermöglichte. Dabei zeigte sich die innere Realität von
Rosalies eigener Mutterbeziehung als psychische Voraussetzung
ihres empathischen Handelns. Allerdings konnte die Beziehung
zwischen Rosalie und Jolly in Momenten der gemeinsamen Traumatisierung ihre strukturierende Bedeutung vollkommen verlieren.
Das gemeinsame Zeugnis enthielt zahlreiche Hinweise darauf, dass
die Tochter auf diesen vorübergehenden Verlust und die damit ver-

bundene Infragestellung ihrer Mutterbeziehung mit verstärkter Verselbstständigung reagierte, wobei sie ihre Suche nach Beziehungs-
alternativen als konflikthaft erlebte.

Das strukturierende Potenzial der Beziehung ist mit dieser Bedeutung in der Vergangenheit der Verfolgungserfahrung aber keineswegs erschöpft, sondern erstreckt sich ebenfalls auf den Augenblick
der Aufzeichnung: Während es unmöglich bleibt, genau zu bestimmen, bis zu welchem Grad sich das Überleben der beiden Frauen
ihrer gegenseitigen Beziehung verdankt, sodass ich deren psycho-
emotionale Wichtigkeit während der Zeit der Verfolgung nur generell postulieren kann, bin ich im Lauf meiner Interpretation des
gemeinsamen Zeugnisses wiederholt auf die entscheidenden Beiträge der Mutter-Tochter-Beziehung zu seiner Konstruktion sowie
zur Gestaltung der Erinnerung an die Shoah aufmerksam geworden.
Diese Einschätzung verdankt sich vor allem meiner bruchorientierten Lektüre, durch die sich die Harmonie zwischen Rosalie und Jolly
relativierte und die Berufung auf ihre Beziehung als Abwehr der psychischen Untiefen erkennbar wurde, die sich dank der Bruchstellen
in dem gemeinsamen Zeugnis wenigstens ansatzweise artikulieren.
Dabei wurde das Zeugnis als eine Konstruktion verständlich, die auf
zerstörte Zusammenhänge im Kontext einer traumatischen Fragmentierung reagiert. Das Zeugnis stellt gewissermaßen eine Gegenbehauptung zu der Zusammenhanglosigkeit dar, die die traumatische
Erfahrung in den beiden Überlebenden hinterlassen hat.

Ein Nachteil meiner Konzentration auf die Bruchstellen und die
damit verbundenen narrativen Widersprüche zwischen Rosalie und
Jolly besteht sicherlich darin, dass meine Vorgehensweise die ver-
drängten Affekte und das zugrundeliegende Trauma zwar hervor-
heben und die Gefährdung der Mutter-Tochter-Beziehung heraus-
stellen konnte, anderen Aspekten des gemeinsamen Zeugnisses aber
nicht gerecht wird: So habe ich z. B. in meiner Einleitung zu diesem
Kapitel Jollys Humanismus und ihre Begabung, sich in ihrer Vorstellung in andere Menschen zu versetzen, zwar beschrieben, allerdings ohne sie im Hinblick auf ihre Mutterbindung bzw. auf die
Fähigkeit der Tochter, ihre Ängste unabhängig von der Mutter zu
regulieren, untersuchen zu können. Auch inhaltlich legten mich die
Bruchstellen ausschließlich auf die Zeit der Gefangenschaft beider
Frauen in Konzentrationslagern fest, obwohl das Zeugnis viele In-

formationen über das Leben in Užhorod enthält und Mutter und
Tochter als Teil einer gut bürgerlichen Familie zeigt. Ebenso, wie
es im Laufe meiner Interpretation wichtig war, die Brüchigkeit des
Zeugnisses zu betonen, die Extreme der ihm zugrunde liegenden
Erfahrungen hervorzuheben und die begrenzten Möglichkeiten der
Mutter-Tochter-Beziehung zu unterstreichen, erscheint es mir jetzt,
am Ende dieses Kapitels wichtig, die außergewöhnliche emotionale
Intensität des gemeinsamen Zeugnisses zu würdigen: Damit meine
ich nicht nur den liebevollen und fürsorglichen Umgang der beiden Frauen miteinander im Augenblick der Aufzeichnung und die
Lebendigkeit ihrer Erinnerungen, sondern ich denke vor allem an
Jollys Elternhaus, das sich durch den Reichtum seiner Bildungsan-
gebote und große emotionale Wärme auszeichnete, aber ebenfalls
in seiner schweren Betroffenheit durch den politischen und sozialen
Druck auf die jüdische Bevölkerung Ungarns im Laufe des Interviews erkennbar wird. Zuletzt habe ich also auch dieses Zeugnis
nur in Ausschnitten bearbeitet, wobei es mir durch die bruchorien-
tierte Lektüre gelungen ist, die Erzählung als eine narrative Oberfläche aus Abwehr und Deckerinnerungen für verdrängte und nicht
symbolisierte Erzählinhalte durchlässig zu machen. Diese einma-
lige Möglichkeit ergab sich aus der besonderen Konstellation der
Interviewsituation, bei der Mutter und Tochter gemeinsam befragt
wurden. Letztlich ließ sich das Zeugnis in seiner Schichtung aus
bewussten und unbewussten Mitteilungen genau darstellen. Darin
lag der besondere Reiz der Fokussierung auf die Bruchstellen im
narrativen Fluss.

Die Widersprüchlichkeit der narrativen Dissonanzen ermöglichte mir außerdem eine Differenzierung der Perspektive des erzählenden Ichs der Tochter, bei der ich interpretierend weitgehend
auf die Analyse meiner Gegenübertragungsreaktionen verzichten
konnte. Stattdessen fiel der überlebenden Mutter die Aufgabe zu,
Erinnerungen an die jugendliche Jolly in den Erzählfluss des gemeinsamen Zeugnisses einzuspeisen, die die Darstellungen der
Tochter für deren Affekte durchlässig machten und die emotionale Anspannung von Jollys Überlebenskampf verdeutlichten. Leider weist das Zeugnis keine entsprechende Interviewdynamik auf,
die es mir erlaubt hätte, die Ich-Perspektive der erzählenden Rosalie mit Hilfe von Äußerungen ihrer Tochter zu differenzieren. Ich

verstehe diese Ungleichheit zwischen den beiden Erzählperspektiven als Manifestation der Asymmetrie der frühkindlichen Dyade, auf die ja auch die Mutter-Tochter-Beziehung von Rosalie und Jolly zurückgeht. Verstärkt wird diese Tendenz noch durch das empathische Ungleichgewicht, das zwischen den beiden Überlebenden besteht. Aber auch die Tatsache, dass Rosalie als Mutter in Jollys Gegenwart sich offenbar zurückhält und mit Selbstaussagen eher spart, wirkt begünstigend. Dadurch findet die Geschichte der Mutter weitgehend im toten Winkel der gemeinsamen Erzählung statt. Die Bruchstellen sind mir nicht nur als Gesprächswendungen deutlich geworden, in denen Rosalie Jollys psychische Abwehr unwillkürlich verletzt, sondern auch als Augenblicke, in denen sie über sich selbst spricht. Nur deshalb kann man überhaupt etwas über ihre Mutterbindung, über ihre Verstörtheit durch Kümmel, aber auch über ihre Bewunderung für und Verletztheit durch ihre jugendliche Tochter in Erfahrung bringen. Obwohl ich mich in meiner Untersuchung nach Kräften bemüht habe, Rosalies Erzählperspektive herauszuarbeiten, tritt auch in dem gemeinsamen Interview von Rosalie und Jolly das Zeugnis der Mutter letztlich nicht aus dem Schatten der töchterlichen Erzählperspektive, sodass es unmöglich bleibt, die Asymmetrie des Zeugnisses interpretierend zu überwinden. Leider fehlt dem Archiv ein Einzelinterview mit Rosalie, in dem sie die Gelegenheit gehabt hätte, ohne Rücksicht auf ihre Tochter zu sprechen.

An der ersten Bruchstelle (Die Ankunft in Auschwitz) konnte ich anhand der divergierenden Erzählperspektiven von Mutter und Tochter das Ineinandergreifen von Trauma und Empathie nachvollziehen. Die Bedingungen der Deportation und der Selektionsprozess an der Rampe stellten einen radikalen Strukturverlust dar, auf den die Jugendliche ihrerseits mit einer zunehmenden Disartikulierung ihrer psychischen Strukturiertheit reagierte. Im Kontext dieser Traumatisierung gewann Rosalie in ihrer physischen Präsenz Bedeutung für Jolly, weil sie den einzigen Bezugspunkt in der äußeren Realität bildete, an dem die Jugendliche emotionalen Halt finden und sich seelisch orientieren konnte. Zu der Strukturwahrung, die der Rückgriff auf die Mutter-Tochter-Beziehung den beiden Frauen ermöglichte, gehört auch das Auftauchen von Rosalies Mutter in der Erinnerung ihrer Tochter: In der Gegenwart ihres gu-

ten inneren Mutterobjekts vermochte es Rosalie, sich der bedrohlichen Situation zu stellen und in der Fürsorge für Jolly zu handeln.

An der zweiten Bruchstelle (Kindstötung in Eidelstedt) domi-
nierte dagegen das Trauma: Die beiden Überlebenden erschienen in
einem Chaos verlorener Bezüge. Diese Dissoziierung bildete einen
Einschluss im narrativen Fluss des gemeinsamen Zeugnisses, sodass ich diese Bruchstelle als Narbe im Gewebe der Mutter-Tochter-Beziehung beschrieb. Rosalies Fehlen als empathische Präsenz
für Jolly nahm ich ebenso als Hinweis auf das Trauma im Kontext
der Kindstötung wie die Verdrängung der Mutter aus dem Zeugnis der Tochter, die Rosalies unfreiwillige Beteiligung an der Mordszene aus ihrer Schilderung ausblendet, um die Mutter wenigstens
als gutes inneres Objekt für sich bewahren zu können. In diesem
Zusammenhang erwies sich Jollys Darstellung der Mordszene als
eine Deckerinnerung. Indem sie Rosalies Anwesenheit aus dem Geschehen verdrängte, wurde es ihr überhaupt erst möglich, von der
Kindstötung zu berichten. Zu den von der Tochter abgewehrten
Schrecken gehörte aber nicht nur ihr Entsetzen über ihre Mutter,
sondern vor allem ihre Angst um die Beziehung zu Rosalie, deren
Sicherheit durch die Mordszene empfindlich in Frage gestellt worden war. Durch diese narrative Bearbeitung der traumatischen Erfahrung wurde mir das Zeugnis in seiner Konstruiertheit fassbar.

An der dritten Bruchstelle (Chanukka-Lied) zeigte sich Jolly in
ihrer Verselbstständigung gegenüber der Mutter, die zwar an adoleszente Ablösungstendenzen erinnerte, aber unverkennbar durch
die Angst der Jugendlichen vor ihrer drohenden Vernichtung mo-
tiviert war. Dabei tauchte die Lagergemeinschaft als ein alternatives
Bezugssystem neben der dyadischen Struktur der Mutter-Tochter-
Beziehung auf. Im Kontext einer heimlichen Chanukka-Feier im
Konzentrationslager, aber auch durch die poetische Produktion der
Jugendlichen eröffnete sich ein intermediärer Bereich, durch den
sich die Gemeinschaft der gefangenen Frauen – und Jolly als ihr
Teil – ein psychisches Gegengewicht zu der vernichtenden Realität
des Lagers zu schaffen vermochte. Rosalie erschien aus Jollys Sicht
als von ihrer Tochter zurückgestoßen und wegen der pragmatischen
Ausrichtung ihres Überlebenskampfes verurteilt. Gleichzeitig präsentierte sie sich jedoch in ihrer Fähigkeit, sich über alle Spannungen hinweg auf ihr Kind einzustimmen. Im Augenblick der Auf-

zeichnung vermochte Rosalies Lied einen Einklang zwischen Mutter und Tochter herzustellen, der sich unberührt von den Konflikten und Ängsten um ihre Verbindung auf den frühesten Anfang ihrer Beziehung besann.

Mit der Suppen-Geschichte wandte sich Jolly der Mutter-Tochter-Beziehung als einem Erzählhorizont zu, der es ihr nicht nur erlaubte, die entsetzlichen Bedingungen im Lager Bergen-Belsen weitgehend aus ihrer Darstellung auszugrenzen, sondern auch das gemeinsame Zeugnis mit der Mutter zu einem versöhnlichen Abschluss zu bringen. Dabei gelang ihrer Erinnerung, ausgehend von der asymmetrischen Versorgungseinheit der Dyade, eine Reformulierung der Mutter-Tochter-Beziehung, die der Selbstständigkeit der Tochter ebenso Platz bot wie dem Hunger der Mutter. Beide Frauen waren einander sowohl in ihrer Stärke als auch in ihrer Bedürftigkeit gegenwärtig. Durch diese Schilderung gelang es der Überlebenden nicht nur, die Asymmetrie der Dyade in einer zirkulären Dynamik zu transzendieren, sondern sie schaffte auch ein zutiefst befriedigendes Bild der Sättigung, mit dem sie ihre Zuhörer aus der Erinnerung an die Shoah entlassen konnte. – Durch meinen Vergleich mit den Parallelstellen aus Jollys beiden Einzelinterviews wurde mir deutlich, dass die Beziehung der Überlebenden auch hier dazu dient, ihre Erinnerung zu strukturieren und den chaotischen Zuständen kurz vor der Befreiung von Bergen-Belsen eine Ordnung oder ein Bezugssystem entgegenzuhalten. Außerdem zeigte der Vergleich die ambivalente Haltung der Überlebenden gegenüber der Beziehung zu ihrer Mutter, die sie zwar brauchte, aber als Thematisierung ihrer Abhängigkeit auch zurückweisen musste. Gerade die von Jolly immer wieder betonte Eigenständigkeit erschien mir in diesem Zusammenhang auch als eine Verleugnungsstrategie. Dabei zeigte sich deutlich, wie dringend die Tochter neben dem Idealismus und der Leidenschaftlichkeit ihres Überlebenskampfes den Pragmatismus der Mutter als Regulativ brauchte, um nicht zu sterben.

Rosalie taucht in dem gemeinsamen Zeugnis vorwiegend in ihrer Rolle als Mutter auf, wobei diese Festlegung nicht nur mit Jollys Gegenwart zu tun hat, sondern offenbar auch mit den Erwartungen, die diese an Rosalie hat. Im Laufe meiner Interpretation habe ich mich bemüht, die unzähligen Hinweise zu sammeln, in denen Rosalie jenseits ihrer Mutterrolle erkennbar wird: Die Trauer um ihren Mann, ihre Schläue, ihre Liebesfähigkeit, aber auch ihre Verzweiflung über die Mordszene, ihr Entsetzen über das brutale Zerbrechen der mit der Schwangerschaft verknüpften Illusion einer Normalisierung, ihre klaglose Ausdauer bleiben im Austausch mit Jolly irrelevant. Die Tochter versagt diesen Aspekten nicht einfach die Anerkennung: Sie bleibt sowohl durch ihre eigene Traumatisierung als auch durch ihren töchterlichen Blick auf Rosalie als Mutter, empathisch von dieser getrennt.

Dagegen kämpft Jolly selbst in ihrem Zeugnis gerade gegen ihre Festlegung auf die Beziehung zu Rosalie an, obwohl sie sich der Beziehung doch immer wieder bedient, um ihre Erinnerung zu strukturieren und ihr Narrativ zu entwickeln, sodass ich von einer grundsätzlichen Ambivalenz der Tochter gegenüber ihrer Mutter ausgehe. Neben dem Rückzug auf die Beziehung und dem Wüten gegen sie umfasst Jollys Zeugnis durchgehend zwei weitere Ebenen ihrer Erfahrung: Zum einen erinnert die Überlebende sich genau an die Intensität der von ihr erlebten Schrecken – z. B. wenn sie an ihrem 18. Geburtstag in Ohnmacht fällt, wenn sie sich zwischen den Leichen auf der Lagerstraße von Bergen-Belsen bewegt oder wenn sie die Kindstötung schildert. Diese Eindrücke bleiben ohne Zusammenhang mit ihrer Mutterbindung, sei es, weil Rosalie in diesen Situationen nicht zugegen war oder weil sie daraus verdrängt werden musste. Zum anderen wird die Überlebende auch in einem von der Mutter unabhängigen Kampf gegen den tödlichen Terror, der von ihrer Umgebung ausging, kenntlich: Sie hatte Sehnsucht nach der Lagergemeinschaft; sie verband sich den Mitgefangenen durch ihre Gedichte, wobei diese poetische Produktion der Jugendlichen auch half, ihre Ängste zu kontrollieren. Die humanistische Philosophie der Überlebenden scheint mir ebenfalls hierher zu gehören, weil sie eine Perspektive auf die Verfolgung eröffnet, die über den totalitären Bedingungen steht, die das Lager diktierte. In dieser Fremdheit ist sie aber der Mutter-Tochter-Beziehung, die Rosalie und Jolly mit nach Auschwitz, Eidelstedt und Bergen-Belsen brachten, durchaus verwandt.

4 Schlussbetrachtung

4.1 Zur Bedeutung der Mutter-Tochter-Beziehung im Überlebenskampf

Aus der Untersuchung von Mutter-Tochter-Beziehungen während der Shoah ergibt sich kein einheitliches Bild: Zum einen verdeutlichen die gesichteten Videosequenzen eine quälende Verwundbarkeit, zum anderen zeigt sich aber auch, wie wichtig die psychoemotionalen Ressourcen der Beziehung im Überlebenskampf sein konnten. Dabei ging es nicht allein um die real existierenden Beziehungen bzw. um die physische Anwesenheit der Mütter, sondern genauso um deren emotionale Bedeutung als innere Objekte ihrer Töchter und die damit verbundenen psychischen Strukturen der Bezogenheit auf sich selbst und auf andere. Darüber hinaus gab das ausgewählte Material Einblicke in frühkindliche Beziehungen, auf die sich die destabilisierende Kraft der jeweiligen Verfolgungssituation besonders drastisch auswirkte.

Die emotionale Komplexität der Mutter-Tochter/Kind-Beziehung war besonders in Zusammenhang mit dem immer wieder zu beobachtenden Trauma der Überlebenden von Interesse: Wie sich zeigen ließ, lag den traumatischen Erfahrungen häufig eine psychische Äquivalenz zugrunde – d. h., die äußere Realität hatte aus der subjektiven Perspektive der Verfolgten ihre zuverlässige Unterscheidbarkeit von der inneren Realität und deren unbewussten Vorstellungen verloren. Im Zusammenhang mit diesem schweren Strukturverlust zeigte sich, dass grundsätzlich auch die Dyade der Mutter-Tochter/Kind-Beziehung in einer starken Spannung zwischen Innen und Außen gedacht werden muss. So konnte eine Mutter beispielsweise durch ihre physische Präsenz buchstäblich eine Realität verkörpern, die ihrer Tochter einen sicheren äußeren Bezugspunkt bot und ihr half, sich selbst in den vertrauten Grenzen der Beziehung zu stabilisieren. Allerdings impliziert der Verlust der körperlich anwesenden Mutter nicht notwendig einen Objektverlust, sodass die seelischen Repräsentanzen der Mutter in der Psyche der Tochter durchaus weiterwirken konnten. Im Überlebenskampf von Jolly Z. schien es sogar wichtiger, diese innere Realität ihrer Mutterbindung zu wahren, während die äußere Beziehung zu Rosalie W. durch eine schwere Krise ging. Es ist zu vermuten, dass der von Celia K. erlittene Objektverlust mit verfolgungsbedingten Affekten zu tun hatte, die den Schutzraum der Dyade kontaminierten und im Rahmen ihrer Mutterbindung nicht mehr reguliert werden konnten.

Wie bereits weiter oben dargestellt, lässt sich ein psychisches Trauma als Zersetzung gerade jener psycho-emotionalen Strukturen verstehen, die auf die Beziehungserfahrungen der frühkindlichen Dyade zurückgehen. In der vorliegenden Untersuchung stellte sich darüber hinaus der reale Verlust der Mutter-Tochter-Beziehung als eine extrem traumatische Erfahrung dar. Dessen ungeachtet erschien die Beziehung aber auch im deutlichen Widerspruch zum Trauma. Sofern sie Bezogenheit affirmierte und eine Erfahrung empathischer Zugewandtheit ermöglichte, ließ sich aus ihr eine positive psychische Widerstandskraft gegenüber bedrohlichen Verfolgungserfahrungen ziehen. Man geht deshalb wohl nicht zu weit, wenn man für Überlebende gerade auch während der Shoah einen emotionalen Raum postuliert: Ihre Verfolgungsschicksale sollten nicht nur als eine Abfolge überwältigender äußerer Ereignisse gelten, sondern müssen stets auch als von psycho-emotionalen Dynamiken getragene Prozesse verstanden werden. Dadurch werden die Überlebenden als Subjekte wahrnehmbar, die auf ihre jeweils eigenen Arten und Weisen auf die Verfolgung reagierten und sich in den Grenzen des Möglichen ihrer brutalen Zurichtung als Opfer psychisch zu widersetzen versuchten.

Deshalb behielt die Arbeit bewusst die einzelne Geschichte im Blick. Ein solcher Ansatz privilegiert, gewissermaßen in einer Gegenbewegung zum ursprünglichen historischen Ereignis, die individuelle Erfahrung und die subjektive Wahrnehmung der eigenen Biographie. Allerdings muss eine solche Konzentration auf die Besonderheiten einzelner Geschichten dem Notstand der Zeugenschaft Rechnung tragen: Die Relativierung der Ich-Perspektive, die sich als eine zentrale Schwierigkeit aus der traumatisch verschatteten Zeugenschaft der Shoah ergibt, manifestierte sich nicht nur in der besonderen narrativen Gestalt der Videozeugnisse, sondern setzte sich auch in der Rezeption fort, sodass die angewandten interpretativen Strategien dieser Problematik Rechnung tragen mussten. Daraus ergab sich eine empathische Ausrichtung auf das Gegenüber: Das Drama der Verlorenheit, in dem sich real und subjektiv erlittene Verluste, aber auch Objekt- und Selbstverlust der Überlebenden unheilvoll vermischt hatten, ließ sich rückblickend allein aus einer Position der Verbundenheit nachvollziehen. Daran knüpfte sich keine reparative Vorstellung, sondern lediglich die Absicht, eine Struktur zu sichern, mit deren Hilfe die traumatischen Erfahrungen der Betroffenen jenseits der subjektiven Grenzen ihrer Zeugenschaft denkbar wurden bzw. reflektiert werden konnten.

Tatsächlich zeigte sich im zweiten Kapitel, dass es für das erzählende Ich der jeweiligen Überlebenden nahezu unmöglich war, sich mit dem Verlust bzw. der Ermordung eines Säuglings in Beziehung zu setzen, d.h., selbst die rückblickende Erzählung konnte die erlittenen Verluste nicht erfassen. Zwar geht aus Bessie K.s Zeugnis hervor, dass sie nach der Shoah eine neue Familie gründete, aber im Hinblick auf die weiter oben untersuchte Sequenz blieb es Aufgabe der Interpretation, nach Bezügen zu fragen und sie herzustellen, weil die Überlebende während der Shoah mit ihrem Baby auch die Erinnerung an sich selbst als Mutter verloren hatte. Eine Skizze der historischen und biographischen Zusammenhänge erlaubte es, Bessie K.s Situation als junge Frau im Getto von Kowno besser nachzuvollziehen. Dabei wurde deutlich, wie mühsam sich ihr Zeugnis gegen die fragmentierende Erfahrung und die erlittene Beziehungslosigkeit aufbietet und wie verzweifelt die formale Behauptung einer geschlossenen Erzählung bleiben muss, die der traumatischen Dissoziierung, die dem Zeugnis zugrunde liegt, abgetrotzt wurde.

Während Bessie K. den Verlust ihres kleinen Sohnes nur überleben konnte, indem sie emotional abstarb, fand Celia K. in ihrem Zeugnis keinen sicheren Standort, um die von ihr beobachtete Kindstötung zu bezeugen. Mit der Erschütterung ihres Selbstbezuges verbunden war eine entwicklungsbedingte Verwirrung ihrer Identität als Kind oder als Erwachsene, die in die Zeit ihrer Verfolgung zurückreichte. Mit Celia K. rückte als weitere traumatische

Erfahrung der Verlust der Mutter in den Blick. Interpretierend gelang es, die während der Shoah ermordete Mutter als Objekt zu zeigen, das der trauernden Tochter bereits vor ihrem physischen Tod verloren gegangen war, nämlich als die Mutter ihre Tochter in deren Versteck zurückschickte. Dabei wurde die von der Überlebenden für sich in Anspruch genommene emotionale Abgestorbenheit als eine Abwehrstrategie erkennbar, mit deren Hilfe sie sich Affekte vom Leib zu halten versuchte, die in ihrem rückblickenden Narrativ ohne Bindung an das erzählende Ich blieben, dafür aber der Rezipientin allenthalben auflauerten. Die Interpretation übernahm auch hier eine fürsorgliche Funktion, indem sie sich der ungebundenen Affekte reflektierend annahm, um sie auf diese Weise in Zusammenhang mit dem Zeugnis der Überlebenden zu bringen.

Anita S. war sich der doppelten Bedeutung ihrer Mutterbindung als real/physisch und emotional/psychisch weitgehend bewusst und konnte die Trennung von ihrer Mutter in ihrem Zeugnis entsprechend reflektieren: Diese Überlebende war zwar ebenfalls von ihrer Mutter weggeschickt worden, was aber nicht in einem Objektverlust für die Tochter resultierte. Vielmehr blieb sie der Mutter in ihrer Empörung über deren vermeintliche Lieblosigkeit verbunden, sodass ihre Wut auf das Objekt ihr Ich stärken konnte. Die Mutter spielte also unabhängig von der physischen Trennung weiterhin eine tragende Rolle im Seelenleben ihrer Tochter. Die Möglichkeit, sich in Bezug auf ihr inneres Objekt zu organisieren, ging Anita S. durch die Trennung von der Mutter damit nicht verloren. – Es muss auffallen, dass es eine vergleichbare emotionale Kontinuität für Celia K. offenbar nicht gab. Ihre seelische Mutterlosigkeit wurde jedoch nicht als Rekapitulation einer schwierigen frühkindlichen Beziehung zur Mutter interpretiert, sondern als verfolgungsbedingte Problematik verstanden: Es scheint, dass sich Celia K. von der physischen Anwesenheit ihrer Mutter eine rettende Sicherheit versprochen hatte. Die Unmöglichkeit, sich zu ihrer realen Mutter zu flüchten, konkretisierte eine allgemeine, von ihrer Verfolgung ausgelöste Haltlosigkeit, in der es der Jugendlichen kaum noch gelang, sich aus eigener Kraft psychisch zusammenzuhalten. – Es wäre interessant, diese Beobachtungen im Sinne einer entwicklungsbedingten emotionalen Labilität durch einen eingehenden Vergleich mit dem Zeugnis der jüngeren Schwester Slawa F. zu vertiefen. Es ließe sich fragen, ob die Latenz eine psychisch stabilere Situation impliziert, während der Umbruch der Adoleszenz einer starken Rückversicherung durch das soziale Umfeld bedurft hätte, wie sie unter den Bedingungen der Verfolgung aber nicht gegeben war. Slawas Fähigkeit, sich ungeachtet der Verfolgung als beschützt zu erleben und ihre emotionale Bindung an die Mutter zu wahren, obwohl sie Augenzeugin von deren Ermordung wurde, erinnert eher an die Kontinuität der Mutterbindung von Anita S., die Slawa altersmäßig nähersteht.

Die Doppelgestalt der Mutter als reales Gegenüber und inneres Objekt der Tochter zeigte sich in ihrer ganzen Komplexität im dritten Kapitel, im gemeinsamen Zeugnis von Rosalie W. und Jolly Z. – Dieses Mutter-Tochter-Interview enthielt nicht nur Hinweise auf die stabilisierende Bedeutung der physischen Präsenz der Mutter, sondern ermöglichte es überhaupt nachzuvollziehen, wie stark die Organisiertheit der Psyche von dem sozialen Umfeld, in das ein Subjekt eingebettet ist, jeweils abhängt. Wo die äußeren Bedingungen der Verfolgung als psychisch destabilisierende Faktoren erkennbar wurden, geriet zugleich die strukturierende Bedeutung der Beziehung zur Mutter bzw. zum mütterlichen Objekt in den Blick. Gerade in Zusammenhang mit traumatischen Erfahrungen zeigte sich wiederholt die Wichtigkeit der Beziehungsmatrix, die über die primäre Objektbeziehung den Selbstbezug und die Beziehungsfähigkeit eines Subjekts generiert. Zwar attackieren traumatische Erfahrungen gerade diese komplexe Vernetztheit der Bezüge, aber umgekehrt ließ sich am Beispiel von Rosalies und Jollys Mutter-Tochter-Beziehung auch immer wieder zeigen, wie die Versuche beider Frauen, in der Beziehung miteinander zu bleiben, sie vor der Auflösung und dem Verlust ihrer seelischen Strukturiertheit bewahrten. Die jugendliche Jolly scheint sich in der Zeit ihrer Lagerhaft zumindest in ihrer Vorstellung mit unterschiedlichsten Personen verbunden zu haben, als wäre das In-Beziehung-Bleiben eine Form des seelischen Überlebens. In ihrem rückblickenden Zeugnis reflektiert Jolly Z. die Tatsache, dass sie sich über die Zeit im KZ hinweg am Leben erhalten konnte, als unabhängig von ihrer Mutter, was aber gerade als Hinweis auf eine starke Identifikation mit einem guten inneren Objekt verstanden wurde.

Im dritten Kapitel wurde außerdem die strukturelle Bedeutung der Mutter-Tochter-Beziehung für die Zeugenschaft und das Narrativ der Überlebenden deutlich. Die tiefe Verbundenheit von Rosalie W. und Jolly Z. wirkte sich im Augenblick der Aufzeichnung positiv auf die narrative Gestaltung ihrer Erinnerungen aus und sorgte selbst im Kontext traumatischer Erfahrungsgehalte für ein hohes Maß an Integration. Das gemeinsame Mutter-Tochter-Narrativ lebt aus der Beziehung der beiden Frauen vor der Kamera und erschließt gleichzeitig die psycho-emotionale Bedeutung der Bezogenheit auf die Mutter während der Verfolgung. Tatsächlich wurde sogar Rosalie W. (die Mutter) als Tochter erkennbar, die sich in einer schwierigen Situation im Rückbezug auf ihre verinnerlichte Mutter seelisch stabilisierte. So gelang es ihr selbst an der Rampe in Auschwitz, sich trotz ihrer eigenen Ängste auf die Bedürfnisse ihrer verängstigten Tochter (Jolly) einzustimmen.

Allerdings wurde neben den Vorzügen der Mutter-Tochter-Beziehung, die ungeachtet der Entmenschlichung durch die Realität des Lagers eine existenzielle Kontinuität implizierte und eine Realität präsent hielt, die der täglich erfahrenen Entrechtung widersprach, auch deutlich, welche Gefahren die Beziehung zur Mutter im Lager für die Tochter bergen konnte: Da sie grundsätzlich die fundamentale Abhängigkeit der frühesten Kindheit thematisiert (die sich in der Mordszene auf eine besonders schreckliche Weise offenbarte), konnte die Beziehung die Jugendliche jederzeit an ihre existenzielle Bedrohtheit als KZ-Gefangene erinnern. Eine solche Erinnerung an die eigene Verletzlichkeit und Hilfsbedürftigkeit musste im Überlebenskampf eine unnütze Bürde werden. Darüber hinaus zeigten sich während der Gefangenschaft im Lager bedrohliche Züge der Mutter, sodass sich das schützende Potenzial der Dyade abschwächte und sich ihr emotionaler Raum stattdessen mit Aggression und Destruktivität aufzuladen drohte. Die narrative Konstruktion des Zeugnisses offenbarte, dass es der Jugendlichen gelungen war, ihr gutes Mutterobjekt vor diesen Schwierigkeiten in Sicherheit zu bringen, indem sie es von der äußeren Realität und der physischen Präsenz ihrer Mutter ablöste

Neben solchen Hinweisen auf eine negative Aufladung der Mutter-Tochter-Beziehung und damit auf eine Überforderung der Dyade durch die traumatische Wucht der Lagerrealität wurde aber auch deutlich, dass beide Frauen ihre Beziehung einsetzten, um auf die Herausforderungen ihrer Gefangenschaft zu reagieren. Dabei lässt sich nicht sicher unterscheiden, ob sie versuchten, ihre Bezogenheit zu retten, oder ob ihre Bezogenheit sie rettete. Die Beziehung zwischen Mutter und Tochter musste sich in der Reaktion auf das Lager nicht unbedingt negativ verformen, sondern konnte sich genauso gut auch weiterentwickeln: Als es darum ging, in Bergen-Belsen eine Suppe zu teilen, gelang es Rosalie und Jolly, die Dynamiken der Dyade für ihren gemeinsamen Überlebenskampf zu aktivieren, indem sich jede ihrem Gegenüber sowohl in den Positionen einer Bedürftigen und einer Fürsorglichen zeigte. Dabei wurde die inhärente Asymmetrie der Dyade nicht etwa verdoppelt, sondern die unerbittliche Konkurrenz des Entweder-oder, in die sie unter dem Druck der Verfolgung zu zerfallen drohte, wurde durch eine komplementäre Verschränkung beider Positionen erfolgreich neutralisiert. – Zwar enthalten die untersuchten Interviewsequenzen aus dem gemeinsamen Zeugnis von Mutter und Tochter Erinnerungen an Krisen, die den psycho-emotionalen Schutzraum der Dyade bedrohten und in Frage stellten, grundsätzlich blieb seine lebenserhaltende Bedeutung aber erhalten. In der Rezeption wurde durch das Prisma der Beziehung von Mutter und Tochter eine Entwicklung denk- und wahrnehmbar, die die Überlebenden während der Shaoh durchliefen, und als deren dynamische Gegenpole sich Trauma und Empathie darstellten. In Zusammenhang mit dieser Entwicklung wäre es möglich, in Zukunft noch genauer zu untersuchen, ob ein adoleszenter Ablösungsprozess Teil von Jolly Z.s Lagererfahrung gewesen sein könnte. Im Gegensatz etwa zu Celia K. hatte sich Adoleszenz während der Shoah für diese Überlebende nicht als Katastrophe gestaltet. Vielmehr hatte die jugendliche Jolly in ihrem Überlebenskampf zu Mitteln gegriffen, durch die sie sich bewusst von den Strategien der erwachsenen Rosalie abzusetzen versuchte. Ausgehend von den im Rahmen dieser Studie angestellten Beobachtungen wäre außerdem zu fragen, wie weit dieser glücklichere Entwicklungsverlauf mit der realen Präsenz der Mutter zusammenhängen könnte.

4.2 Die veränderte Muttergestalt

Drei ermordete Babys haben die Brutalität der Zerstörung von Mut-
ter-Kind/Tochter-Beziehungen während der Shoah im Rahmen der
vorliegenden Untersuchung wohl am eindrücklichsten vor Augen
geführt. Wenn man auch eine jüngere Schwester Celia K.s sowie
ihren Neffen und ihre Nichte und Taybls Tochter in die Betrachtung einbezieht, liegt die Zahl der ermordeten Kinder, die in den
bearbeiteten Interviewpassagen Erwähnung finden, bedeutend hö-
her. Der kleine Bruder von Anita S. gehört ebenfalls in diese trau-
rige Bilanz. – Allerdings ging es bei der Rezeption der Videozeugnisse gerade nicht um eine bloße Beschreibung der Realität dieser
Verluste.[236] Vielmehr sollte nachvollziehbar werden, was sie in der
Psyche derer repräsentierten, die zu ihren unfreiwilligen Zeuginnen geworden waren.

Im Zusammenhang mit den Kindstötungen entsprachen den äußeren – historischen – Ereignissen jeweils tiefgehende psychische
Erschütterungen und Strukturverluste, die sich als klare Hinweise
auf schwere Traumen deuten ließen. Darüber hinaus konnte der Tod
eines Babys in den Hinterbliebenen aber auch ein geistiges Vakuum
erzeugen, wenn die Existenz des Kindes sich in ihrer Vorstellung
zuvor mit positiven symbolischen Bedeutungen aufgeladen hatte.
Die Angst um das Baby war nicht immer deutlich von der Angst
vor dem Baby zu trennen, wobei die Schwierigkeit, adäquat auf die
Bedürfnisse des Kindes zu reagieren, mit einer tiefen Ambivalenz
zusammenfiel, die solche kindlichen Bedürfnisse unter den Bedingungen der Verfolgung im sozialen Umfeld auslösen konnten.

Sowohl für Celia K. als auch für Jolly Z. ergab sich aus der Gegenwart der Babys jeweils ein verwirrendes Feld widersprüchlicher
Identifikationen, sodass sie sowohl ihrer eigenen kindlichen Hilflosigkeit als auch dem unbewussten Potenzial ihrer eigenen Destruktivität gefährlich nahekamen. Die Gegenwart der Babys drohte beide
in eine adoleszente Identitätskrise zwischen Kindheit und Mutterschaft zu reißen. Zwar trug die Zeugenschaft beider Überlebender

---

236 Es ist davon auszugehen, dass der Shoah 1,5 Millionen Kinder zum Opfer fielen,
     vgl. Jehudit Inbar: Spots of Light. To be a Woman in the Holocaust, Jerusalem
     2007, S. 25.

deutliche Spuren eines gefährdeten Selbstbezugs, dabei artikulierte
sich ihr erschüttertes Selbstverständnis im Kontext der Kindstötungen jeweils anders und wurde von beiden unterschiedlich in ihr jeweiliges Narrativ eingebunden. Es ist bezeichnend, dass in beiden
Fällen zusammen mit den getöteten Babys eine bedrohliche Muttergestalt auftauchte, von der weder Schutz noch Geborgenheit zu
erhoffen war. Während diese Gestalt in der Sequenz aus Celia K.s
Zeugnis eindeutig der äußeren Realität angehörte, stand sie in Jollys Z.s Zeugnis von vornherein dem Mutterobjekt der Jugendlichen
gefährlich nahe. Für Celia vermischte sich das Entsetzen über ihre
Cousine mit einem Entsetzen über ihre eigenen Affekte, während
Jolly ihr gutes inneres Objekt gegen ihr Entsetzen über die eigene
Mutter in Schutz zu nehmen versuchte. In beiden Fällen dürfte die
Begegnung mit der bedrohlichen Muttergestalt den Jugendlichen
auch die unbewussten aggressiven Aspekte ihrer eigenen Weib-
lichkeit unangenehm vor Augen geführt haben, wogegen sich Jolly
dank gut entwickelter psychischer Abwehrmechanismen offenbar
erfolgreicher zu behaupten vermochte als Celia.

Aber nicht nur im Kontext der Kindstötungen deutete in den
Zeugnissen alles auf eine existenzielle Zuspitzung der dyadischen Situation unter den Bedingungen der Verfolgung hin. Die Ausschließlichkeit der Positionen von Mutter und Kind wurde durch Celia K.s
Cousine Taybl quälend deutlich, die durch die Tötung ihres Sohnes
hoffte, die Überlebenschancen für sich selbst und ihre Tochter zu
verbessern. Es ergab sich also noch die zusätzliche Frage, wie sich
mehrfache Mütter unter ihren Kindern aufteilen sollten: Celia K.s
und Anita S.' Mütter entschieden sich, bei den Kindern zu bleiben,
die sie am nötigsten brauchten und nötigenfalls auch mit ihnen
zu sterben. Der Druck der äußeren Verhältnisse provozierte Aus-
schließlichkeiten, über die das Beziehungsgefüge der Dyade in Stü-
cke zu gehen drohte. Mütter und Kinder konnten also nicht nur in
einen Konkurrenzkampf ums Überleben geraten; der Kampf einer
Frau für das Überleben ihrer Kinder konnte sich auch so verkeh-
ren, dass sie ihnen nur noch im Tod zur Seite stehen konnte. Damit
wurde Mutterschaft während der Shoah zu einer lebensbedrohlichen Aufgabe. Das impliziert nicht nur einen unglaublichen Stress
für die betroffenen Frauen, sondern ebenso, dass sich die emotionale Bedeutung mütterlicher Introjekte für die überlebenden Kinder

radikal verschieben konnte. Diese Problematik zeigte sich vor allem in den beiden Zeugnissen von Celia K. und Anita S., deren Mütter zwischen mehreren Kindern wählen mussten. Für keine der beiden Überlebenden verband sich die Tatsache, dass ihre Mütter sie wegschickten und bei anderen Geschwistern blieben, mit einer Vorstellung von der Kontinuität mütterlicher Liebe. Aus der subjektiven Wahrnehmung der verlassenen Töchter war diese Geste »paradoxer Mütterlichkeit« zunächst nur als Verlusterfahrung nachvollziehbar.

Über das Zeugnis von Bessie K. erschloss sich dagegen die verzweifelte Perspektive einer Mutter, die ihren kleinen Sohn einem Deutschen auslieferte und ihn damit in den sicheren Tod schickte. Zusammen mit der historischen Realität ihrer Entmachtung als Mutter, die ihr Kind nicht mehr schützen konnte, war dem Zeugnis der Überlebenden eine Leblosigkeit eingeprägt, die in der Rezeption als Spur des ursprünglichen Entsetzens der Mutter über den Verlust des Kindes (und vielleicht auch über sich selbst) verständlich wurde. In Bessie K.s Zeugnis wurde der Tod bzw. der Verlust eines Babys gerade nicht als Ausdruck einer bedrohlichen mütterlichen Macht wahrnehmbar, sondern implizierte, im Gegenteil, die Machtlosigkeit und die erschütternde Hilflosigkeit einer jüdischen Mutter im Kontext der Shoah. Diese Angegriffenheit einer Frau, deren Selbstverständnis als Mutter durch die brutalen äußeren Umstände ihrer Verfolgung erschüttert wurde, tauchte ansatzweise auch in Rosalie W.s Zeugnis auf: An der Rampe von Auschwitz nahm sie Zuflucht zu der Mutter in ihrer Erinnerung, was als deutlicher Hinweis auf ihre eigene Betroffenheit durch den Terror der Selektion zu verstehen ist. Auch beim Teilen der Suppe war Rosalie in ihrem Hunger und in ihrer Bedürftigkeit präsent. Allerdings überlebte sie solche Krisen als Mutter, d. h., es gelang ihr, ihre emotionale Fähigkeit, für die Tochter zu sorgen und empathisch mit ihr verbunden zu bleiben, nicht völlig zu verlieren oder immer wieder zurückzugewinnen.

Sowohl die Gegenübertragung der Rezipientin als auch die Reaktionen Jolly Z.s auf ihre Mutter machten deutlich, dass es unerträglich sein kann, die Gestalt der Mutter im Zustand ihrer Entmachtung bzw. die Person der Mutter in einer tiefen Betroffenheit wahrnehmen zu müssen, die sie als reales Gegenüber ausschaltet und u. U. sogar als Objekt unbrauchbar macht. Im Zusammenhang mit den Kindstötungen offenbarte sich, welche extremen Verzer-

rungen die Gestalt der Mutter unter dem Druck der Verfolgung erfahren konnte. Dabei unterstrich die Rezeption der Videozeugnisse,
welche tiefgreifenden psychischen Folgen diese radikalen Verwand-
lungen für die Töchter hatten, die sich nicht nur Verhaltensände-
rungen ihrer Mütter erklären mussten, sondern mit der Sicherheit
der realen Beziehung auch den Bezug zu ihrem inneren Objekt –
und damit zu sich selbst – verlieren konnten. In Celia K.s Zeugnis
fanden sich sogar Hinweise darauf, dass sich die Zersetzung ihrer
Mutterbeziehung während der Shoah negativ auf ihre Fähigkeit aus-
wirkt hatte, sich nach der Shoah ihren eigenen Kindern als Mutter
zuzuwenden.

4.3 Dyade und »Dreiheit«

In der Auseinandersetzung mit den Videozeugnissen habe ich den
Begriff des »Notstandes der Zeugenschaft« erweitert, damit er neben
den traumatisch bedingten Symbolisierungsschwierigkeiten der
Narration auch die Problematik der Rezeption reflektiert. Die Herausforderung, Zeugnisse der Shoah zu erfassen und zu interpretieren, ist aufs Engste mit der Schwierigkeit der Überlebenden verknüpft, sich aus der Perspektive eines erzählenden Ichs ihre traumatische Erfahrung als eigene Geschichte anzueignen. Neben einer
grundsätzlich empathischen Haltung als seelischer Gegenbewegung zum Trauma der Überlebenden erschien bei der Rezeption
der Videozeugnisse die konsequente Analyse von Gegenübertragungsreaktionen ebenso wichtig. Mit ihrer Hilfe konnte das interpretierende Ich gegen die Ich-Ferne der ursprünglichen Erfahrung
ansteuern. Von der Relativierung der Ich-Instanz im Zusammenhang mit traumatischen Erfahrungen, auf die ich bei der Beschäftigung mit den hier untersuchten Video-Ausschnitten immer wieder aufmerksam geworden bin, bleibt auch das Ich der Rezipientin,
die eine Interpretation formulieren will, nicht unberührt. Das erklärt sich nur zu einem kleinen Teil aus der Heterogenität extremer
Erfahrungen, die das Selbstverständnis der Rezipientin radikal in
Frage stellen, sondern beruht vor allem auf der Herausforderung,
die Rezeption der Zeugnisse zu überleben, d. h., gegenüber der emo-

tionalen Wucht der Traumanarrative von Überlebenden der Shoah
denk- und handlungsfähig zu bleiben und sich einem Zeugnis als
verständnisvolles und verständiges Gegenüber zu erhalten.[237]

Als Rezipientin habe ich mich im Interesse meines Interpretationsvorhabens deshalb instrumentalisiert. Ich habe mich bemüht,
mich in meiner Angegriffenheit zu reflektieren und meine Abwehrreaktionen so weit durchlässig zu halten, dass ich mein Forschungs-
interesse meinem Selbstschutz nicht zu opfern brauchte. In einem
zweiten Schritt habe ich die Impulse meiner Selbstbehauptung im
Interesse meiner Interpretation funktionalisiert: Ich habe mich nicht
nur bemüht, durch die Heranziehung von Parallelstellen und durch
eine historische Kontextualisierung Zusammenhänge zu konstruieren, die das erzählende Ich der jeweiligen Überlebenden nicht trug,
sondern ich habe gelegentlich sogar bewusst gegen die Erzählperspektive, die ein von mir untersuchtes Zeugnis vorgab, verstoßen,
um nicht mit den Abwehrhaltungen und der qualvollen Selbstkons-
truktion der Überlebenden konspirieren zu müssen. Dieses Verfahren ist nur im Rückblick auf das jeweilige Zeugnis möglich, denn
es bleibt ohne unmittelbare Auswirkung auf die interpersonellen
Dynamiken zwischen Interviewer und Überlebenden, auf denen
die Erzählbarkeit der Verfolgungserfahrungen während der Aufzeichnung ursprünglich beruhte. Erst nachträglich können solche
interpretierenden Verstöße das labile Gleichgewicht zwischen Wissen und Nicht-Wissen, in dem sich die Interviewpartner während
der Aufzeichnung miteinander eingerichtet hatten, nicht mehr gefährden.

Die Rezeption impliziert also eine Triangulierung, d.h., eine
Konstellation, die gegenüber den immanenten Positionen der ursprünglichen Interviewsituation eine differenziertere Sichtweise erlaubt.[238] In diesem Zusammenhang ist es interessant, dass die von

---

237 Angeregt zu diesem Gedanken des Überlebens im psychoanalytischen Sinn hat
mich ein Aufsatz von Ralf Zwiebel: »The Third Position: Reflections about the
Internal Analytic Working Process«, in: Psychoanalytic Quarterly 73 (2004),
S. 215–265.

238 In dieser Hinsicht wäre es zutreffend, mit Wake: »Regarding the Recording«,
2013 von einer tertiären, statt von einer sekundären Zeugenschaft zu sprechen.
Mir geht es hier allerdings ausschließlich um die Konstellation eines Beziehungsdreiecks im Unterschied zur Dyade.

Laub dem Akt des Zeugnisablegens unterlegte Dyade der Realität
der Aufzeichnung der Videozeugnisse des Fortunoff Video Archives nicht entspricht, bei der in der Regel jeweils zwei Interviewer
zugegen waren. Zwar kann kein Zweifel daran bestehen, dass gerade in Zusammenhang mit den traumatischen Erfahrungen der
Überlebenden das Angebot einer Dyade, die sich in Bezug auf das
zuhörende Gegenüber bildet, als psycho-emotionale Strukturvor-
gabe von zentraler Bedeutung für den Akt des Zeugnisablegens ist.
Leider bezieht Laub den zweiten Interviewer nicht in seine Überlegungen ein. Auch ich habe zwar gelegentlich die unterschiedlichen Positionen der beiden Interviewer kenntlich gemacht, aber
nicht nach ihren möglicherweise unterschiedlichen Funktionen
für die Entwicklung des Narrativs gefragt. Würde es zum Beispiel
Sinn machen, von zwei parallelen Dyaden auszugehen, die in einem
gemeinsamen Wechselspiel jeweils ihren eigenen, genauer zu be-
stimmenden Beitrag zum Narrativ leisten? Oder ist, selbst wenn
der zweite Interviewer sich kaum aktiv am Interview beteiligt, seine
reine Anwesenheit von grundsätzlicher Bedeutung für die Dyade?
Bildet er als Drittes ein Gegengewicht, das die intensive Nähe und
Abhängigkeit, die das Modell der Dyade ja auch impliziert, in einer
für alle Beteiligten erträglichen Schwebe hält?

Im Hinblick auf das den Zeugnissen zugrundeliegende psychische Trauma bildet die Konstellation der Dyade sicherlich den zentralen gedanklichen Ausgangspunkt, aber wie sich in der Beschäftigung mit den Videozeugnissen und den darin geschilderten Mut-
ter-Tochter/Kind-Beziehungen herausstellte, impliziert die binäre
Beziehungsstruktur stets die Gegenwart eines Dritten. Aus psychoanalytischer Sicht rückt damit natürlich zuerst das klassische ödi-
pale Dreieck mit dem Vater in den Blick: Es muss auffallen, dass
diese dritte Position bei keiner der weiter oben untersuchten Beziehungen mehr besetzt war. Taybl und die Mutter von Celia K.
waren verwitwet, weil ihre Männer von den Deutschen ermordet
worden waren. Bessie K. und die Mutter von Anita S. waren durch
Selektionen und/oder Lager von ihren Männern getrennt. Rosalie W.
und Jolly Z. erhielten zwar die Erinnerung an den Mann/Vater am
Leben, waren aber mit der vernichtenden Realität des Lagers konfrontiert, die durch die mörderische Präsenz des Lagerkomman-
danten von Eidelstedt eine entsetzliche männliche Personifizierung

erfuhr. – Fasst man die Idee des Dritten etwas weiter, lassen sich das komplexe Beziehungsgeflecht einer größeren Familie und das soziale Umfeld im Allgemeinen als Faktoren verstehen, von denen man sich in der Regel eine Stabilisierung der Dyade erhoffen darf. Die untersuchten Interviewsequenzen machten deutlich, dass sich im Kontext der Shoah eine solche Einbettung weitgehend verloren hatte. In diesem Zusammenhang lässt sich die Zuflucht, die Jolly Z. mit ihren Liedern zu der Lagergemeinschaft in Eidelstedt nahm, als ihr Ringen um ein Drittes verstehen, d. h. um ein seelisches Gegengewicht zu der Beziehung mit ihrer Mutter. Der Logik des Beziehungsdreiecks folgend, wäre es verkehrt, diesen Impuls der Jugendlichen als einen Versuch zu deuten, Rosalie zu ersetzen; vielmehr scheint sich hier ein Verlangen nach Differenzierung und Sicherheit der eigenen Grenzen in der Beziehung mit der Mutter zu artikulieren. Es wäre also darum gegangen, die Dyade in Gegenwart eines Dritten zu festigen. – Das Zeugnis von Celia K. machte dagegen beklemmend deutlich, dass der Verlust der Einbettung in eine Familie eine psychische Katastrophe auslösen konnte. Die von dieser Überlebenden erinnerte Kindstötung zeigte die horrenden Konsequenzen, die der Verlust der sozialen Einbettung der Mutter-Kind-Beziehung haben konnte. Eine dritte Position, die Taybl hätte helfen können, das deregulierte Beziehungsgeschehen zwischen Mutter und Kind in den Griff zu bekommen, war weder im Umfeld, noch in ihr selbst mehr vorhanden.

Grundsätzlich lässt sich das Dritte als Regulativ verstehen, das die Dyade stabilisiert, indem es einerseits den existenziellen Druck des bei Zweierkonstellationen implizierten Entweder-oder abfängt, andererseits aber eine Entropie abwendet, die sich aus einem Verlust der Differenz zwischen den beiden Positionen der Dyade ergeben würde. Jessica Benjamin verortet ein solches Drittes gar in der Dyade selbst, wo das Erlebnis emotionaler Einheit zwischen Mutter und Kind mit der Fähigkeit der Mutter, ihr Kind als etwas Getrenntes wahrzunehmen, zusammengehört. [239] Auch Samuel Gerson

---

239 Vgl. Jessica Benjamin: »Beyond Doer and Done to: An Intersubjective View of Thirdness«, in: The Psychoanalytic Quarterly 73 (2004), S. 4–46.

geht von einer »thirdness« *innerhalb* der Dyade aus.[240] Allerdings impliziert dieses Verständnis von »Dreiheit« einen Selbstbezug und eine Fähigkeit zur Selbstreflexion, die in Zusammenhang mit den extrem traumatischen Erfahrungen, die sich in den Videozeugnissen der Überlebenden manifestiert haben, nicht vorausgesetzt werden dürfen. Psychische Traumen müssen also die Möglichkeiten der Dyade, sich selbst zu regulieren, empfindlich herabsetzen. Selbst Rosalie W., die an der Rampe von Auschwitz über die Erinnerung an ihre Mutter einen empathischen Bezug zu Jolly Z. hatte wahren können, verlor sich in Zusammenhang mit der Kindstötung in ihrer eigenen Betroffenheit und konnte ihre Tochter nicht mehr schützen. Das gemeinsame Mutter-Tochter-Zeugnis legt allerdings nahe, dass es sich nicht um einen totalen Zusammenbruch der Dyade, dafür aber um krisenhafte Aussetzer handelte. Übertragen auf das Zeugnis von Bessie K. lassen sich tatsächlich Anhaltspunkte für ihre fürsorgliche Haltung als Mutter finden, die ihr aber im entscheidenden Moment der Selektion abhandenkam, sodass sie ihr Kind endgültig verlor. So gesehen, sagt auch die Tatsache, dass Taybl ihr Kind umbrachte, letztlich nichts über sie als Mutter aus.

Selbst wenn die Anwendbarkeit eines intrasubjektiven Konzepts von Dreiheit im Kontext extremer Traumatisierungen während der Shoah zweifelhaft bleiben muss, so erweitert dieses Verständnis immerhin das Bedeutungsfeld des Dritten um Sprache und Nahrung, was zunächst stark an die frühkindliche Dyade erinnert, aber auch im Hinblick auf die Shoah von größtem Interesse ist. Sowohl Celia K. als auch Bessie K. erinnern sich an eine Entzündung ihrer Brüste (Mastitis): Celia K. gelang es deshalb nach dem Krieg nicht, ihr erstes Kind zu stillen, was wegen eines Mangels an Nahrungsmitteln ernste Folgen hatte. Bessie K. verlor ihre Stillfähigkeit im Getto und musste sich einer Operation unterziehen. Sie betont, dass ihr Baby überlebte, was sich vielleicht so verstehen lässt, dass die Mutter trotz Entzündung und Eingriff weiter stillen konnte. Zuvor scheint Bessie K. einen Teil ihrer Milch für Essen verkauft zu haben. Es entsteht eine merkwürdige Ambivalenz: Hat sie die Milch

---

240 Vgl. Samuel Gerson: »The Relational Unconscious: A Core Element of Inter-subjectivity, Thirdness, and Clinical Process«, in: The Psychoanalytic Quarterly 73 (2004), S. 63–98.

verkauft, um zusätzliches Essen für das Baby zu besorgen? Oder
um sich selbst besser zu ernähren? Aus der Sicht der Rezipientin
beginnt die Nahrung zu zirkulieren. Sie verbindet das Baby mit der
Mutter, aber gleichzeitig wird auch ein Rückfluss der Nahrung in
die Mutter denkbar, der sicherstellte, dass der Körper der Mutter
kräftig genug blieb, um Milch für das Kind zu produzieren. Man
kann also sagen, dass Bessie K. den Fluss ihrer Milch offenbar sehr
klug und umsichtig zu regulieren verstand, wobei ihr Selbsterhalt
als Mutter untrennbar mit dem Erhalt des Babys zusammenfließt.
Darüber, dass sich die Beziehung von Rosalie W. und Jolly Z. so um
den Suppentopf in Bergen-Belsen sortieren konnte, dass Mutter
und Tochter die Asymmetrie der Dyade neutralisierten, habe ich
bereits geschrieben. Dabei geht es nicht um kognitive Leistungen,
sondern um den selbstverständlichen Einsatz vertrauter Mittel im
Interesse der Beziehung. Es ist bemerkenswert, dass die Fähigkeit,
über Nahrung Verbundenheit und Gemeinsamkeit herzustellen,
sich offenbar selbst angesichts des Hungers im Getto und im KZ
behaupten konnte.

In Zusammenhang mit Jollys Lied ließ sich beobachten, dass die
Sprache ebenfalls als Mittel eingesetzt werden kann, um für eine
Differenzierung der Positionen innerhalb der Dyade zu sorgen und
deren Dynamiken zu stabilisieren. Jenseits der Worte und ihrer Bedeutung artikulierte sich außerdem die Stimme der Mutter, mit deren Klang sich der Körper der Tochter verband. In dem gemeinsamen Zeugnis von Rosalie W. und Jolly Z. knüpften Stimmklang und
Sprachrhythmus als Elemente einer präverbalen Kommunikation,
die auf die Frühzeit ihrer Beziehung zurückging, Verbindungen
mit dem Gegenüber und mit sich selbst. – In den Zeugnissen von
Bessie K. und Celia K. konnten die Kontaktschreie der Babys dagegen eine verbindende Wirkung jeweils nicht entfalten: Während
der Protest des in einem Kleiderbündel verborgenen Kindes bei
der Selektion Mutter und Baby gemeinsam an den Deutschen auslieferte, löste das ungehemmte Geschrei von Taybls kleinem Sohn
eine empathische Abkehr des sozialen Umfeldes aus. Der Versuch,
die Situation unter Kontrolle zu bringen, endete mit der Tötung des
Babys. In beiden Fällen verlor die Mutter-Kind-Beziehung ihre Fähigkeit, sich selbst zu regulieren, weil das soziale Umfeld nicht im
Interesse einer Stabilisierung der Dyade agierte, sondern als extrem

abwehrendes oder sogar als mörderisches Drittes die Konkurrenzsituation des Überlebenskampfes stattdessen forcierte.

Leider muss ich es am Schluss meiner Untersuchung bei diesem
kurzen Abriss belassen. Aus der Verschränkung dyadischer und
triangulärer Konstellationen ergibt sich grundsätzlich eine neue
Perspektive auf die von mir untersuchten Interviewpassagen und
die komplexen Dynamiken von Mutter-Tochter-Beziehungen, die
zum Ausgangspunkt für eine weitere Auseinandersetzung werden
könnte. Vielleicht drängt sich aber die Idee eines Dritten auch einfach deshalb auf, weil es mir am Ende schwer fällt, die von mir
untersuchten Beziehungen in ihrer Entwurzelung stehen zu lassen. –
Grundsätzlich hat sich erwiesen, dass die traumatischen Ereignisse,
auf die sich die Zeugnisse der Überlebenden bezogen, im Kontext
brutalster Veränderungen ihrer äußeren Realität verstanden werden
müssen. Diese Veränderungen waren so drastisch, dass sie die Anpassungsfähigkeit der Verfolgten überfordern mussten, d. h., dass
sich die Bedingungen, unter denen die Überlebenden sich selbst
und ihre Umgebung erlebten, vollkommen verändert hatten. In
diesem Zusammenhang erscheint die Dyade als ein Zivilisations-
rest, dessen tiefste Bedeutung für das Überleben vielleicht gerade
in seiner Undifferenziertheit liegt bzw. darin, dass die Funktionstüchtigkeit der Dyade nicht auf Festlegungen beruht, sondern auf
dynamischem Austausch. Undifferenziertheit impliziert Flexibilität
und bezeichnet im Kontext der hier nachvollzogenen Verfolgungsschicksale einen Reaktionsmodus, der sich aus einem Schwanken
oder Oszillieren der Positionen von Subjekt und Objekt ergeben
konnte. Natürlich war dieser Mangel an Festlegung grundsätzlich
kein Garant für das Überleben einer Mutter-Tochter/Kind-Bezie-
hung während der Shoah, aber solange der emotionale Raum einer
Dyade existierte, bezeichnet dieser Mangel einen Schwebezustand,
der dem Überleben dienen konnte. – Es braucht nicht entschieden
zu werden, ob Rosalie W. und Jolly Z. um den Erhalt ihrer Beziehung kämpften oder ob die Beziehung sie erhielt. Der Kampf um
das Leben der Tochter ist untrennbar mit dem Kampf um das Leben der Mutter verknüpft. Solange beide satt werden, braucht auch
nicht festgelegt zu werden, ob die Muttermilch dem Kind oder der
Mutter zusteht. Allerdings erscheint es mir wichtig, diese rettende
Undifferenziertheit als ein verfolgungsbedingtes Phänomen kennt-

lich zu machen. Ähnlich wie die psychische Äquivalenz deutet auch die Undifferenziertheit, mit der sich die dyadische Struktur in den hier untersuchten Zeugnissen immer wieder manifestiert, auf einen schweren Strukturverlust hin.

5 Literatur- und Quellenverzeichnis

Aaron, Soazig (2003). Klaras Nein. Tagebuch-Erzählung. Dt. von Grete Osterwald. Berlin: Friedenauer Presse.

Amery, Jean (1990). At the mind's limits. New York: Schocken Books.

Amesberger, Helga, Auer, Katrin, Halbmeyer, Brigitte (2004). Sexualisierte Gewalt. Weibliche Erfahrungen. Wien: Mandel Verlag.

And everything else was history (T-8067). Fortunoff Video Archive for Holocaust Testimonies, Yale University Library.

Anzieu, Didier (1979). The sound image of the self. International Review of Psycho-Analysis, 6, 23–36.

Argelander, Hermann (1982). Textstruktur und Interpretation. Psyche – Z. Psychoanal., 36, 700–725.

Assmann, Aleida (1999). Erinnerungsräume. Formen und Wandlungen des kulturellen Gedächtnisses. München: Beck.

Assmann, Jan (1995). Erinnerung um dazuzugehören. Kulturelles Gedächtnis, Zugehörigkeitsstruktur und normative Vergangenheit. In: Kristin Platt (Hrsg.). Generation und Gedächtnis. Erinnerungen und kollektive Identität (S. 51–75). Opladen: Leske und Budrich.

Auerhahn, Nanette, Laub, Dori (1998). The primal scene of atrocity: The dynamic interplay between knowledge and fantasy of the Holocaust in children and survivors. Psychoanalytic Psychology, 15, 360–377.

B., Joan. Holocaust Testimony (T-82). Fortunoff Video Archive for Holocaust Testimonies, Yale University Library.

Baer, Ulrich (Hrsg.) (2000a). »Niemand zeugt für den Zeugen«. Erinnerungskultur nach der Shoah. Frankfurt a. M.: Suhrkamp.

Baer, Ulrich (2000b). Einleitung. In: Ders. (Hrsg.). »Niemand zeugt für den Zeugen«. Erinnerungskultur nach der Shoah (S. 7–32). Frankfurt a. M.: Suhrkamp.

Baer, Ulrich (2002). Traumadeutung. Die Erfahrung der Moderne bei Charles Baudelaire und Paul Celan. Frankfurt a. M.: Suhrkamp.

Balsam, Rosemary (2000). The mother within the mother. Psychoanalytic Quarterly, 69, 465–493.

Baranowski, Daniel (Hrsg.) (2009). »Ich bin die Stimme der sechs Millionen.« Das Videoarchiv im Ort der Information. Berlin: Stiftung Denkmal für die Ermordeten Juden Europas.

Benjamin, Jessica (2004). Beyond doer and done to: An intersubjective view of thirdness. Psychoanalytic Quarterly, 37, 4–46.

Bergman, Martin S., Jucovy, Milton E. (Hrsg.) (1990). Generations of the Holocaust. New York/Oxford: Basic Books.

Bion, Wilfred R. (1963). Elements of Psycho-Analysis. London: Heinemann.

Bodenstab, Johanna (1996a). »Der sprechendste Moment ist das Schweigen«. Das Fortunoff Video Archive for Holocaust Testimonies. [Hörkassette, 55 min.]. Köln: Deutschlandradio, November 1996 (Ursendung im Deutschlandfunk).

Bodenstab, Johanna (1996b, 16. November). Als Esther Goldfarb guter Hoffnung war. Eine Berührung mit den Fortunoff Video Archives for Holocaust Testimonies an der Yale Universität. Frankfurter Rundschau, Beilage »Zeit und Bild«, S. 1.

Bodenstab, Johanna (2004). Under Siege: A mother-daughter-relationship survives the Holocaust. Psychoanalytic Inquiry, 24, 731–751.

Bohleber, Werner (2005). Einführung in das Thema der PSYCHE-Tagung 2004: »Vergangenes im Hier und Jetzt oder: Wozu noch lebensgeschichtliche Erinnerung im psychoanalytischen Prozeß?«. Psyche – Z. Psychoanal., 59, Beiheft, 2–10.

Bohleber, Werner (2007). Erinnerung, Trauma und kollektives Gedächtnis – Der Kampf um die Erinnerung in der Psychoanalyse. Psyche – Z. Psychoanal., 61, 293–321.

Bohleber, Werner (2011). Intersubjektivität und Individuation. Adoleszenz im Spiegel sich wandelnder psychoanalytischer Theorien. In: Sibylle Drews (Hrsg.). Aufklärung über Psychoanalyse. Die Frankfurter Sigmund-Freud-Vorlesungen (S. 350–369). Frankfurt a. M.: Brandes & Apsel.

Boulanger, Ghislaine (2005). From voyeur to witness: Recapturing symbolic function after massive psychic trauma. Psychoanalytic Psychology, 22, 21–31.

Boulanger, Ghislaine (2007). Wounded by reality: Understanding and treating adult onset trauma. New York/London: The Analytic Press.

Brown, Lawrence (2005). The cognitive effects of trauma: Reversal of alphe function and the formation of a beta screen. Psychoanalytic Quarterly, 74, 397–420.

Caruth, Cathy (1996). Unclaimed experience: Trauma, narrative, and history. Baltimore/London: The Johns Hopkins University Press.

Celan, Paul (2003). Todesfuge. In: Ders. Die Gedichte. Hrsg. v. Barbara Wiedemann. Frankfurt a M.: Suhrkamp.

Chodorow, Nancy (1978). The reproduction of mothering: Psychoanalysis and the sociology of gender. Berkeley: University of California Press.

Chodorow, Nancy (1985). Das Erbe der Mütter. Psychoanalyse und Soziologie der Geschlechter. München: Verlag Frauenoffensive.

Cohen, Jonathan (1985). Trauma and repression. Psychoanalytic Inquiry, 5, 163–189.

Collis, W.R.F. (1945). Belsen camp: A preliminary report. British Medical Journal, 106, Nr. 4405, 814–816.

Danieli, Yael (Hrsg.) (1998). International handbook of multigenerational legacies of trauma. New York/London: Plenum Press.

Delbo, Charlotte (1990a). Days and memory. Marlboro: The Marlboro Press.

Delbo, Charlotte (1990b). Trilogie. (Keine von uns wird zurückkehren. Eine nutzlose Bekanntschaft. Maß unserer Tage). Basel/Frankfurt a. M.: Stroemfeld/Roter Stern.

Denes, Magda (1998). Castles burning: A child's life in war. New York: Touchstone.

Devereux, Georges (1967). Angst und Methode in den Verhaltenswissenschaften. München: Hanser.

Ecker, Maria (2006). Tales of edification and redemption? Oral/audiovisual Holocaust testimonies and American public memory 1945–2005. Dissertation, Universität Salzburg.

Elias, Ruth (1988). Die Hoffnung erhielt mich am Leben. Mein Weg von Theresienstadt und Auschwitz nach Israel. München/Zürich: Piper.

Ellger, Hans (2007). Zwangsarbeit und weibliche Überlebensstrategien. Die Geschichte der Frauenaußenlager des Konzentrationslagers Neuengamme 1944/45. Berlin: Metropol.

F., Slava. Interview 14091. Visual History Archive, USC Shoah Foundation. Date of access November 15, 2012 http://libguides.usc.edu/vha.

Felman, Shoshana (1992). Education and crisis, or the vicissitudes of teaching. In: Shoshana Felman, Dori Laub.: Testimony: Crises of witnessing in literature, psychoanalysis, and history (S. 1–56). New York/London: Routledge.

Felman, Shoshana (2002). The juridical unconscious: Trials and traumas in the Twentieth Century. New York/London: Routledge.

Felman, Shoshana, Laub, Dori (1992). Testimony: Crises of witnessing in literature, psychoanalysis, and history. New York/London: Routledge.

Fonagy, Peter, Gergeley, György, Jurist, Elliot L., Target, Mary (2002). Affect regulation, mentalization, and the development of the self. New York: Other Press.

The Fortunoff Video Archive for Holocaust Testimonies, Yale University Library, New Haven. www.library.yale.edu/testimonies/

Freud, Anna (1951). An experiment in group upbringing. In: The Writings of Anna Freud, Vol. 4 (S. 163–229). New York: International Universities Press, 1968.

Freud, Anna (1936). Das Ich und die Abwehrmechanismen. Frankfurt a. M.: S. Fischer, 2002.

Freud, Sigmund (1900). Die Traumdeutung. Frankfurt a. M.: S. Fischer, 2000.

Freud, Sigmund (1920). Jenseits des Lustprinzips. Massenpsychologie und Ich-Analyse. Das Ich und das Es. In: Gesammelte Werke, 13, 1–69.

Fried, Hedi (1990). The road to Auschwitz: Fragments of a life. Lincoln/London: University of Nebraska Press.

G., Anna. Interview aus dem Archiv Zwangsarbeit 1939–1945, ZA576 http://www.zwangsarbeit-archiv.de/.

Gelbin, Cathy, Lezzi, Eva, Hartmann, Geoffrey H., Schoeps, Julius H. (Hrsg.) (1998). Archiv der Erinnerung. Interviews mit Überlebenden der Shoah. Bd. 1.: Videographierte Lebenserzählungen und ihre Interpretationen. Potsdam: Verlag für Berlin-Brandenburg.

Gerlach, Christian, Aly, Götz (2002). Das letzte Kapitel. Der Mord an den ungarischen Juden. Stuttgart/München: Deutsche Verlags-Anstalt.

Gerlach, Christian (1997). Die Einsatzgruppe B 1941/42. In: Peter Klein (Hrsg.). Die Einsatzgruppen in der besetzten Sowjetunion 1941/42. Die Tätigkeits- und Lageberichte des Chefs der Sicherheitspolizei und des SD (S. 52–70). Berlin: Edition Hentrich.

Gerlach, Christian (1999). Kalkulierte Morde. Die deutsche Wirtschafts- und Vernichtungspolitik in Weißrußland 1941 bis 1944. Hamburg: Hamburger Edition.

Gerson, Samuel (2004). The relational unconscious: A core element of intersubjectivity, thirdness, and clinical process. Psychoanalytic Quarterly, 37, 63–98.

Grand, Sue (2000). The reproduction of evil: A clinical and cultural perspective. Hillsdale/London: The Analytic Press.

Green, André (1996). On private madness. London: Karnac Books.

Grill, Michael (1997). Kinder und Jugendliche im KZ Neuengamme. In: Edgar Bamberger, Annegret Ehmann (Hrsg.). Kinder und Jugendliche als Opfer des Holocaust (S. 107–128). Heidelberg: Dokumentations- und Kulturzentrum Deutscher Sinti und Roma.

Grubrich-Simitis, Ilse (1984). From concretism to metaphor – Thoughts on some theoretical and technical aspects of the psychoanalytic work with children of Holocaust survivors. Psychoanalytic Study of the Child, 39, 301–319.

Grünberg, Kurt (2007). Contaminated generativity: Holocaust survivors and their children in Germany. American Journal of Psychoanalysis, 67, 82–96.

Grünberg, Kurt, Markert, Friedrich (2013). Todesmarsch und Grabeswanderung – Szenisches Erinnern der Shoah. Ein Beitrag zur transgenerationalen Tradierung extremen Traumas in Deutschland. Psyche – Z. Psychoanal., 67, 1071–1099.

Gutman, Israel, Gutterman, Bella (Hrsg.) (2005). Das Auschwitz-Album. Die Geschichte eines Transports. Göttingen: Wallstein-Verlag.

Hamburger, Andreas (2012). Vergessene Opfer. Szenische Analyse von Zeitzeugeninterviews mit hospitalisierten Holocaustüberlebenden. Unveröffentlichtes Manuskript.

Hamburger, Andreas (2013). Scenic-narrative microanalysis of an unrecognized Holocaust survivor's videotestimony. Unveröffentlichtes Manuskript.

Hartman, Geoffrey (1995). Die Wunde lesen. Vortrag am Einstein Forum, Potsdam, Mai 1995.

Hartman, Geoffrey (1996). The longest shadow: In the aftermath of the Holocaust. Bloomington: Indiana University Press.

Hartman, Geoffrey, Assmann, Aleida (2012). Die Zukunft der Erinnerung und der Holocaust. Paderborn: Konstanz University Press.

Hartmann, Heinz (1958). Ego psychology and the problem of adaptation. New York: International Universities Press.

Hirsch, Marianne (1997). Family frames: Photography, narrative, and postmemory. Cambridge [u. a.]: Harvard University Press.

Hoff, Dagmar von, Leuzinger-Bohleber, Marianne (1997). Versuch einer Begeg nung. Psychoanalytische und textanalytische Verständigungen zu Elfriede Jelineks »Lust«. Psyche – Z. Psychoanal., 51, 763–800.

Hütgens, Matthias (1983). Das Außenlager Eidelstedt des KZ Neuengamme. Unveröffentlichtes Manuskript.

Inbar, Jehudit (2007): Spots of light: To be a woman in the Holocaust. Jerusalem: Yad Vashem.

K., Celia. Holocaust Testimony (T-36). Fortunoff Video Archive for Holocaust Testimonies, Yale University Library.

K., Celia. Holocaust Testimony (T-970). Fortunoff Video Archive for Holocaust Testimonies, Yale University Library.

Kaplan, Suzanne (2002). Children in the Holocaust: Dealing with affects and memory images in trauma and generational linking. Dissertation, Stockholm University.

Keilson, Hans (1979). Sequentielle Traumatisierung bei Kindern. Deskriptiv-klinische und quantifizierend-statistische follow-up Untersuchung zum Schicksal der jüdischen Kriegswaisen in den Niederlanden. Unter Mitarbeit v. Herman R. Sarphatie. Stuttgart: Enke.

Kinston, Warren, Cohen, Jonathan (1986). Primal repression: Clinical and theoretical aspects. International Journal of Psycho-Analysis, 67, 337–353.

Kirshner, Lewis (1994). Trauma, the good object, and the symbolic: A theoretical integration. International Journal of Psycho-Analysis, 75, 235–242.

Klüger, Ruth (1997). Weiter leben. Eine Jugend. München: Deutscher Taschenbuch Verlag.

Kofman, Sarah (1988). Erstickte Worte. Wien: Edition Passagen.

Kofman, Sarah (1995). Rue Ordener Rue Labat. Autobiographisches Fragment. Tübingen: Edition discord.

Kogan, Ilany (1995). The cry of mute children: A psychoanalytic perspective of the Second Generation of the Holocaust. London: Free Associations Press.

Kolb, Eberhard (1985). Bergen-Belsen. Vom »Aufenthaltslager« zum Konzentrationslager 1943–1945. Göttingen: Vandenhoeck & Ruprecht.

Krystal, Henry, Niederland, William G. (1968). Clinical observations on the survivor syndrome. In: Henry Krystal (Hrsg.). Massive psychic trauma (S. 327–348). New York: International Universities Press.

KZ-Gedenkstätte Neuengamme, Hamburg. Zugriff 9.12.2013 http://www.kz-gedenkstaette-neuengamme.de

Laimböck, Annemarie (2013). Szenisches Verstehen, Unbewusstes und frühe Störungen. Psyche – Z. Psychoanal., 67, 881–902.

Langer, Lawrence L. (1991). Holocaust testimonies: The ruins of memory. New Haven/London: Yale Univ. Press.

Lanzmann, Claude (1995a). The obscenity of understanding: An evening with Claude Lanzmann. In: Cathy Caruth (Hrsg.). Trauma: Explorations in memory (S. 200–220). Baltimore/London: The Johns Hopkins University Press.

Lanzmann, Claude (1995b). Shoah: The complete text of the acclaimed Holocaust film. New York: Da Capo Press.

Laplanche, Jean, Pontalis, Jean-Bertrand (1973). The language of psychoanalysis. London: Hogarth Press.

Laqueur, Walter, Tydor Baumel, Judith (Hrsg.). The Holocaust encyclopedia. New Haven/London: Yale University Press.

Laub, Dori (1992a). Bearing witness, or the vicissitudes of listening. In: Shoshana Felman, Dori Laub. Testimony: Crises of witnessing in literature, psychoanalysis, and history (S. 57–74). New York/London: Routledge.

Laub, Dori (1992b). An event without a witness: Truth, testimony and survival. In: Shoshana Felman, Dori Laub: Testimony: Crises of witnessing in literature, psychoanalysis, and history (S. 75–92). New York/London: Routledge.

Laub, Dori (1998). The empty circle: Children of survivors and the limits of reconstruction. Journal of the American Psychoanalytic Association, 46, 507–529.

Laub, Dori (2005). Traumatic shutdown of narrative and symbolization: A death instinct derivative? Contemporary Psychoanalysis, 41, 307–326.

Laub, Dori (2009). On Holocaust testimony and its reception within its own frame, as a process in its own right. History & Memory. Studies in Representation of the Past, 21, Heft 1, 127–150.

Laub, Dori (2013). Das Erzählbarwerden traumatischer Erfahrungen im Prozess des Zeugnisablegens. Strategien der Bewältigung von »Krisen der Zeugenschaft«. In: Julia Bee, Reinhold Görling, Johannes Kruse, Elke Mühlleitner (Hrsg.). Folterbilder und -narrationen. Verhältnisse zwischen Fiktion und Wirklichkeit (S. 23–42). Göttingen: V & R Unipress.

Laub, Dori, Auerhahn, Nanette C. (1989). Failed empathy – A central theme in the survivor's Holocaust experience. Psychoanalytic Psychology, 6, 377–400.

Laub, Dori, Auerhahn, Nanette C. (1993). Knowing and not knowing massive psychic trauma: Forms of traumatic memory. International Journal of Psycho-Analysis, 74, 287–302.

Laub, Dori, Bodenstab, Johanna (2008a). Wiederbefragt. Erneute Begegnungen mit Holocaust-Überlebenden nach 25 Jahren. In: Alexander von Plato, Almut Leh, Christoph Thonfeld (Hrsg.). Hitlers Sklaven. Lebensgeschichtliche Analysen zur Zwangsarbeit im internationalen Vergleich (S. 389–401). Wien/Köln/Weimar: Böhlau.

Laub, Dori, Bodenstab, Johanna (2008b). Zwangs- und Sklavenarbeit im Kontext jüdischer Holocaust-Erfahrungen. In: Alexander von Plato, Almut Leh, Christoph Thonfeld (Hrsg.). Hitlers Sklaven. Lebensgeschichtliche Analysen zur Zwangsarbeit im internationalen Vergleich (S. 336–344). Wien/Köln/Weimar: Böhlau.

Leuzinger-Bohleber, Marianne (1995). Die Einzelfallstudie als psychoanalytisches Forschungsinstrument. Psyche – Z. Psychoanal., 49, 434–480.

Leuzinger-Bohleber, Marianne (2000). Wandering between the worlds: From the analysis of a late adolescent with a history of trauma, violence and ADHD. In: Kai von Klitzing, Phyllis Tyson, Dieter Bürgin (Hrsg.). Psychoanalysis in childhood and adolescence (S. 104–125). Basel: Karger.

Leuzinger-Bohleber, Marianna (2001). The ›Medea-fantasy‹: An unconscious determinant of psychogenic sterility. International Journal of Psycho-Analysis, 82, 323–345.

Leuzinger-Bohleber, Marianne, Mahler, Eugen (Hrsg.) (1993). Phantasie und Realität in der Spätadoleszenz. Gesellschaftliche Veränderungen und Entwicklungsprozesse bei Studierenden. Opladen: Westdeutscher Verlag.

Levi, Primo (1994). Ist das ein Mensch? München: Deutscher Taschenbuch Verlag.

Levin, Dov (1990). The Kovno Ghetto. In: Israel Gutman (Hrsg.). Encyclopedia of the Holocaust (Bd. 2, S. 824–827). New York/London: Macmillan.

Lili Marleen. [Eintrag in Wikipedia]. Zugriff am 11.1.2014 http://de.wikipedia.org/wiki/Lili_Marleen.

Lorenzer, Alfred (1978). Der Gegenstand psychoanalytischer Textinterpretation. In: Sebastian Goeppert (Hrsg.). Perspektiven psychoanalytischer Literaturkritik (S. 71–81): Freiburg im Breisgau: Rombach.

Maier-Katkin, Birgit (2013). Ruth Klüger. Poetry in Auschwitz. Historical Reflections, 39, Heft 2, 57–70.

Matussek, Paul et al. (1975). Internment in concentration camps and its consequences. Berlin [u. a.]: Springer.

Millu, Liana (1997). Der Rauch über Birkenau. München: Kunstmann.

Milner, Marion (1957). On not being able to paint. London: Heinemann.

Miltenberger, Sonja (Hrsg.) (1998). Archiv der Erinnerung. Interviews mit Überlebenden der Shoah. Bd. 2.: Kommentierter Katalog. Potsdam: Verlag für Berlin-Brandenburg.

Mollison, P.L. (1946). Observation of cases of starvation at Belsen. British Medical Journal, 107, Nr. 4435, 4–8.

Ogden, Thomas H. (1985). The mother, the infant and the matrix: Interpretations of aspects of the work of Donald Winnicott. Contemporary Psychoanalysis, 21, 346–371.

Ornstein, Anna (2004). My mother's eyes: Holocaust memories of a young girl. Cincinnati: Emmis Books.

Pakula, Alan J. (1982). Sophie's Choice [Kinofilm]. Universal Studios, USA.

Pawelke, Britta (1997). Als Häftling geboren. Kinder in Ravensbrück. In: Edgar Bamberger, Annegret Ehmann (Hrsg.). Kinder und Jugendliche als Opfer des Holocaust (S. 93–106). Heidelberg: Dokumentations- und Kulturzentrum Deutscher Sinti und Roma.

Pietzcker, Carl (1992): Lesend interpretieren. Zur psychoanalytischen Deutung literarischer Texte. Würzburg: Königshausen & Neumann.

Pinchevski, Amit (2012). The audiovisual unconscious: Media and trauma in the Video Archive for Holocaust Testimonies. Critical Inquiry, 39, 142–166.

Pres, Terence Des (1976). The survivor: An anatomy of life in the death camps. Oxford: Oxford University Press.

Quindeau, Ilka (1995). Trauma und Geschichte. Interpretationen autobiographischer Erzählungen von Überlebenden des Holocaust. Frankfurt a. M.: Brandes & Apsel.

Rabinovici, Schoschana (1997). Dank meiner Mutter. Frankfurt a. M.: Fischer Tachenbuch Verlag.

Rajak, Mikhal, Tsvi, Rajak (1956). Khurbn Glubok, Sharkoystsene, Dunilovitsh, Postov, Druye, Kazan: dos leben un umkum fun Yidishe shtetlekh in Vaysrusland-Lite (Vilner gegnt) [Jiddisch]. Buenos Aires: Landslayt fareyn fun Sharkoystsene, Dunilovitsh, Postov, Glubok un umgegnt in Argentine 1956 (= Steven Spielberg Digital Yiddish Library, No. 13765. On-Demand reprint: The New York Public Library and The National Yiddish Book Center, New York/Amherst, 2003).

Rosenblum, Rachel (2004). Am Schreiben sterben? – Sarah Kofman, Primo Levi. Jahrbuch der Psychoanalyse, 48, 153–186.

Rosenblum, Rachel (2009). Postponing trauma: The danger of telling. International Journal of Psychoanalysis, 90, 1319–1340.

Rousset, David (1946). L'univers concentrationnaire. Paris: Éd. de Minuit.

Rudof, Joanne (2012). A Yale University and New Haven community project: From local to global, version October 2012, 1–19. Zugriff am 25.11.2013 http://www.library.yale.edu/testimonies/publications/Local_to_Global.pdf.

S., Anita. Interview aus dem Archiv Zwangsarbeit 1939–1945, ZA585. Zugriff 25.11.2013 http://www.zwangsarbeit-archiv.de/.

Spiegelman, Art (1986). Maus: A survivors tale. New York: Pantheon Books.

Spiegelman, Art (1989). Maus. Die Geschichte eines Überlebenden. Dt. von Christine Brinck, Josef Jaffe. Reinbek bei Hamburg: Rowohlt.

Sterba, Editha (1968). The effect of persecutions on adolescents. In: Henry Krystal (Hrsg.). Massive psychic trauma (S. 51–60). New York: International Universities Press.

Stern, Daniel N. (1985). The interpersonal world of the infant. New York: Basic Books.

Stiftung Denkmal für die ermordeten Juden Europas (Hrsg.). Bericht 2006 bis 2008. Zugriff am 25.11.2013 http://www.stiftung-denkmal.de/fileadmin/user_upload/projekte/oeffentlichkeitsarbeit/pdf/Presse/Bericht_2006bis2008_Web.pdf.

Strous, Rael D. et al. (2005). Video testimony of long-term hospitalized psychiatrically ill Holocaust survivors. American Journal of Psychiatry, 162, 2287–2294.

Styron, William (1979). Sophie's choice. New York: Random House.

Tarantelli, Carole Beebe (2003). Life within death: Toward a metapsychology of catastrophic psychic trauma. International Journal of Psycho-Analysis, 84, 915–928.

Tory, Avraham (1990). Surviving the Holocaust: The Kovno Ghetto diary. Hrsg. v. Martin Gilbert. Cambridge [u. a.]: Harvard University Press.

USC Shoah Foundation Visual History Archive, USC Libraries, University of Southern California, Los Angeles. Zugriff am 15.11.2012 http://libguides.usc.edu/vha

Visual History Archive, USC Shoah Foundation, University of Southern California, Los Angeles. http://college.usc.edu/vhi/

W., Rosalie, Z., Jolly. Holocaust Testimony (T-34). Fortunoff Video Archive for Holocaust Testimonies, Yale University Library.

Wake, Caroline (2013). Regarding the recording: The viewer of video testimony, the complexity of copresence and the possibility of tertiary witnessing. History & Memory, 25, 111–144.

Wall, Thomas Carl (1999). Radical passivity: Levinas, Blanchot, and Agamben. Albany: State University of New York Press.

Wilson, John P., Lindy, Jacob D. (Hrsg.) (1994). Countertransference in the treatment of PTSD. New York [u. a.]: Guilford Press.

Winnicott, Donald W. (1957). A mother's contribution to society. In: Ders. Home is where we start from: Essays by a psychoanalyst (S. 123–127). New York [u. a.]: Norton, 1986.

Winnicott, Donald W. (1975). Through pediatrics to psychoanalysis. London; Hogarth Press.

Winnicott, Donald W. (2002). Vom Spiel zur Kreativität. Stuttgart: Klett-Cotta.

Wolfson, Ron (2001). Hanukkah: The family guide to spiritual celebration. Woodstock: Jewish Lights Publ.

Young, James E. (1990). Writing and rewriting the Holocaust: Narrative and the consequences of interpretation. Bloomington [u. a.]: Indiana University Press.

Z., Jolly. Holocaust Testimony (T-220). Fortunoff Video Archive for Holocaust Testimonies, Yale University Library.

Z., Jolly. Holocaust Testimony (T-972). Fortunoff Video Archive for Holocaust Testimonies, Yale University Library.

Zeitzeugen-Interviews, Stiftung niedersächsische Gedenkstätten, Bergen Belsen, Celle. Zugriff am 25.11.2013 http://bergen-belsen.stiftung-ng.de/de/forschung-dokumentation/zeitzeugen-interviews.html

»Zwangsarbeit 1939–1945. Erinnerungen und Geschichte«, Stiftung »Erinnerung, Verantwortung und Zukunft«, Berlin. Zugriff 25.11.2013 http://www.zwangsarbeit-archiv.de/

Zwiebel, Ralf (2004). The third position: Reflections about the internal analytic working process. Psychoanalytic Quarterly, 37, 215–265.

Kriegskindheiten: Für das Leiden der Betroffenen sensibilisieren

Insa Fooken / Gereon Heuft (Hg.)
Das späte Echo von Kriegskindheiten
Die Folgen des Zweiten Weltkriegs in
Lebensverläufen und Zeitgeschichte
2014. 307 Seiten, mit 8 Abb. und
5 Tab., kartoniert
ISBN 978-3-525-40461-4

eBook: ISBN 978-3-647-40461-5

Wenn die Waffen schweigen, ist das Leiden meist nicht vorbei. Viele Kriegskinder bleiben traumatisiert zurück und kämpfen bis ins hohe Alter mit den Folgen.

Seit dem Ende des Zweiten Weltkriegs sind fast siebzig Jahre vergangen. Für viele Menschen in ganz Europa, die den mörderischsten Krieg aller Zeiten als Kinder oder Jugendliche erlebt haben, fand das Leiden auch nach 1945 kein Ende. Kaum jemand fragte sie, ob und wie sie existenzielle Bedrohungen und schwerste Entbehrungen hatten verarbeiten können. Sie blieben oft hilf- und sprachlos zurück. Nach einem Leben voller Verpflichtungen brechen jedoch bei vielen Kriegskindern die Erfahrungen von Tod, Zerstörung und Trennung auf. Dieses späte Echo soll nicht ungehört verhallen:Der Band sensibilisiert für kriegsbedingte psychische, soziale und körperliche Belastungen sowie für mögliche Spätfolgen im Alter.

Verlagsgruppe Vandenhoeck & Ruprecht | V&R unipress

Einzigartige Untersuchung über transgenerationale Traumata

Ulrich Lamparter / Silke Wiegand-Grefe / Dorothee Wierling (Hg.)
Zeitzeugen des Hamburger Feuersturms 1943 und ihre Familien
Forschungsprojekt zur Weitergabe von Kriegserfahrungen

Mit einem Vorwort von Hartmut Radebold.
2013. 384 Seiten, mit 47 Abb. und 30 Tab., gebunden
ISBN 978-3-525-45378-0

eBook: ISBN 978-3-647-45378-1

Der Hamburger Feuersturm vor 70 Jahren traumatisierte Zehntausende. Zeitzeugen berichten über persönliche und familiäre Nachwirkungen bis heute.

Vor 70 Jahren begann in der Nacht vom 27. auf den 28. Juli der Hamburger Feuersturm: Unter dem Namen »Operation Gomorrha« legte ein Bombardement der Royal Airforce weite Teile des Hamburger Ostens in Schutt und Asche. Zehntausende Menschen starben, mehr als Hunderttausend wurden verletzt. Dieser Angriff hat sich tief in das Gedächtnis der Stadt und der darin lebenden Menschen eingebrannt, doch wie wird diese traumatisierende Erinnerung über die Generationen tradiert? Psychoanalytiker und Historiker befragen Zeitzeugen und ihre Familien, um den persönlichen und familiären Nachwirkungen des Krieges bis heute nachzuspüren.

Verlagsgruppe Vandenhoeck & Ruprecht | V&R unipress

Zum Weiterlesen empfohlen

André Karger (Hg.)

Vergessen, vergelten, vergeben, versöhnen?

Weiterleben mit dem Trauma

Psychoanalytische Blätter, Band 30.
2011. 176 Seiten, mit einer Abb.,
kartoniert
ISBN 978-3-525-46028-3

eBook: ISBN 978-3-647-46028-4

Nach extremer Gewalt ist das
Weiterleben mit dem Trauma
für die Opfer ein oft nur schwer
zu bewältigender Prozess, für
den die jeweilige Gesellschaft,
aber auch die Täter eine besondere Verantwortung tragen.
Vergeben, Verzeihen, Versöhnen stehen für solche sozialen
Handlungen, mit denen der zerstörte Raum des Miteinanders
wieder neu erschaffen werden
soll. Trotz der Dringlichkeit der
Frage, ob und wie Vergeben und
Versöhnen gelingen können,
sind psychoanalytische, sozial-
und kulturwissenschaftliche
Untersuchungen hierzu rar. Die
Beiträge in diesem Band schließen diese Lücke.

Ilka Lennertz

**Trauma und Bindung
bei Flüchtlingskindern**

Erfahrungsverarbeitung bosnischer
Flüchtlingskinder in Deutschland

Schriften des Sigmund-Freud-Instituts.
Reihe 2: Psychoanalyse im interdisziplinären Dialog, Band 14.
2011. 439 Seiten, mit 16 Abb. und
5 Tab., kartoniert
ISBN 978-3-525-45126-7

Trotz vielfacher Belastungen in
Kriegsgebieten zeigen Flüchtlingskinder häufig kaum sicht-
bare psychische Folgen oder
Verhaltensauffälligkeiten, sondern wirken zunächst gut an-
gepasst. Indem die Psychologin
Ilka Lennertz Ansätze aus der
Trauma- und Bindungsforschung
kombiniert, zeigt sie, wie sich
die oft verdeckten Traumatisierungsprozesse aufspüren lassen.
Dabei wird deutlich, dass die
Entwicklung der Kinder sowohl
von den Traumaerfahrungen
der Eltern als auch von sozial-
politischen und ausländerrecht-
lichen Entscheidungen geprägt
ist. Die Studie beschäftigt sich
auch damit, auf welche Art und
Weise Traumatisierungsprozesse
im Kindesalter verarbeitet werden und wie Unterstützungs-
maßnahmen ausgestaltet werden
könnten.

Verlagsgruppe Vandenhoeck & Ruprecht | V&R unipress

Zum Weiterlesen empfohlen

Ibrahim Özkan / Ulrich Sachsse / Annette Streeck-Fischer (Hg.)
Zeit heilt nicht alle Wunden
Kompendium zur Psychotraumatologie
2012. 224 Seiten, mit 8 Abb. und 9 Tab., kartoniert
ISBN 978-3-525-40186-6

eBook: ISBN 978-3-647-40186-7

Die Redewendung »Zeit heilt alle Wunden« ist ein Wunsch. Ein Teil der Traumatisierten macht tatsächlich die Erfahrung, dass sich die Folgestörungen nach einigen Monaten bessern. Aber es gibt auch seelisch Verletzte, deren Traumatisierungen eben nicht von der Zeit geheilt werden und denen bisher nicht zu helfen war. Heute ist jedoch weit mehr möglich als noch vor zehn Jahren. Die Traumaperspektive ist inzwischen in Psychotherapie, Psychosomatik und Psychiatrie fest etabliert. Dieses Kompendium legt die Fortschritte in Forschung und Therapie zu zentralen Fragen der Psychotraumatologie vor.

Alexander Korittko / Karl Heinz Pleyer
Traumatischer Stress in der Familie
Systemtherapeutische Lösungswege
Mit Geleitworten von Wilhelm Rotthaus und Gerald Hüther.
4. Auflage 2014. 334 Seiten, mit 8 Abb., Paperback
ISBN 978-3-525-40198-9

eBook: ISBN 978-3-647-40198-0

Traumatisierte Familien benötigen dringend Hilfe. Neue Lösungswege eröffnet die systemische Therapie in Verbindung mit der Traumatherapie.
Krieg und Bürgerkrieg, Tod eines Elternteils, schwere Krankheit, Unfälle und Überfälle, frühkindliche Traumatisierung der Eltern, traumatische Erfahrungen von Pflegekindern – das kann Familien aus der Bahn werfen. Wie sowohl im Kontext von Beratungsstellen als auch in der Kinder- und Jugendpsychiatrie auf die Selbsthilfekräfte der Familie aufgebaut und mit der traumaorientierten systemischen Therapie gearbeitet wird, beschreiben Alexander Korittko und Karl Heinz Pleyer in diesem Handbuch. Viele Praxisbeispiele illustrieren, wie traumatisierte Eltern und Kinder gemeinsam von diesem Ansatz profitieren können.

Verlagsgruppe Vandenhoeck & Ruprecht | V&R unipress

Schriften des Sigmund-Freud-Instituts

Reihe 2: Psychoanalyse im interdisziplinären Dialog

Band 18: Gisela Greve
Das Unbewusste im Bild
Psychoanalytische
Kunstbetrachtungen
2015. 211 Seiten mit 51 farb. Abb.,
kartoniert. ISBN 978-3-525-45131-1

Band 17: Marianne Leuzinger-Bohleber /
Robert N. Emde / Rolf Pfeifer (Hg.)
**Embodiment – ein
innovatives Konzept für
Entwicklungsforschung und
Psychoanalyse**
2013. 413 Seiten mit 14 Abb. und 9 Tab.
kartoniert. ISBN 978-3-525-45130-4

Band 16: Rolf Haubl /
Marianne Leuzinger-Bohleber (Hg.)
**Psychoanalyse: interdisziplinär
– international –
intergenerationell**
Zum 50-jährigen Bestehen des
Sigmund-Freud-Instituts
2011. 396 Seiten, mit 9 Abb. und 1 Tab.,
kartoniert. ISBN 978-3-525-45129-8

Band 15: Judith Vogel
»Gute Psychotherapie«
Verhaltenstherapie und
Psychoanalyse im soziokulturellen
Kontext
2011. 484 Seiten, mit 13 Abb. und
37 Tab., kartoniert
ISBN 978-3-525-45187-8

Band 14: Ilka Lennertz
**Trauma und Bindung bei
Flüchtlingskindern**
Erfahrungsverarbeitung bosnischer
Flüchtlingskinder in Deutschland
2011. 439 Seiten, mit 16 Abb. und
5 Tab., kartoniert
ISBN 978-3-525-45126-7

Band 13: Rolf Haubl /
Katharina Liebsch (Hg.)
Mit Ritalin® leben
ADHS-Kindern eine Stimme geben
2010. 211 Seiten, mit 11 Abb., kartoniert
ISBN 978-3-525-45186-1

Band 12: Gisela Greve
Leben in Bildern
Psychoanalytisch-biographische
Kunstinterpretationen
2010. 234 Seiten, mit 38 farb. und
15 s/w-Abb., kartoniert
ISBN 978-3-525-45185-4

Band 11: Paul-Gerhard Klumbies /
Marianne Leuzinger-Bohleber (Hg.)
Religion und Fanatismus
Psychoanalytische und theologische
Zugänge
2010. 340 Seiten, mit 2 Abb. und 1 Tab.,
kartoniert. ISBN 978-3-525-45184-7

Band 10: Marianne Leuzinger-
Bohleber / Laura Viviana Strauss /
Klaus Röckerath (Hg.)
Verletztes Gehirn – Verletztes Ich
Treffpunkte zwischen Psychoanalyse
und Neurowissenschaften
2009. 269 Seiten, mit 32 Abb. und 3
Tab., kartoniert
ISBN 978-3-525-45183-0

Verlagsgruppe Vandenhoeck & Ruprecht | V&R unipress

Schriften des Sigmund-Freud-Instituts

Band 9: Gisela Greve
Bilder deuten
Psychoanalytische Perspektiven
auf die Bildende Kunst
2009. 171 Seiten, mit 30 farb. Abb. und
6 s/w Abb., kartoniert
ISBN 978-3-525-45182-3

Band 8: Stephan Hau
Unsichtbares sichtbar machen
Forschungsprobleme in der
Psychoanalyse
2. Auflage 2009. 326 Seiten, mit 13 Abb.
und 10 Tab., kartoniert
ISBN 978-3-525-45181-6

Band 7: Tilmann Habermas /
Rolf Haubl (Hg.)
Freud neu entdecken
Ausgewählte Lektüren
2008. 231 Seiten, kartoniert
ISBN 978-3-525-45167-0

Band 6: Timo Hoyer (Hg.)
**Vom Glück und glücklichen
Leben**
Sozial- und geisteswissenschaftliche
Zugänge
2007. 275 Seiten, mit 2 Abb. und 2 Tab.,
kartoniert. ISBN 978-3-525-45180-9

Band 5: Annegret Mahler-Bungers /
Ralf Zwiebel (Hg.)
Projektion und Wirklichkeit
Die unbewusste Botschaft des Films
2007. 235 Seiten, kartoniert
ISBN 978-3-525-45179-3

Band 4: Gerald Hüther / Marianne
Leuzinger-Bohleber / Yvonne Brandl
(Hg.)
**ADHS – Frühprävention statt
Medikalisierung**
Theorie, Forschung, Kontroversen
2. Auflage 2006. 306 Seiten, mit 14
Abb. und 3 Tab., kartoniert
ISBN 978-3-525-45178-6

Band 3: Rolf Haubl / Marianne
Leuzinger-Bohleber / Micha Brumlik
(Hg.)
**Bindung, Trauma und soziale
Gewalt**
Psychoanalyse, Sozial- und
Neurowissenschaften im Dialog
2006. 295 Seiten, mit 5 Abb. und 1 Tab.,
kartoniert
ISBN 978-3-525-45177-9

Band 2: Gerlinde Gehrig /
Klaus Herding (Hg.)
Orte des Unheimlichen
Die Faszination verborgenen Grauens
in Literatur und bildender Kunst
2006. 300 Seiten, mit 70 Abb.,
kartoniert
ISBN 978-3-525-45176-2

Band 1: Ulrich Moser
**Psychische Mikrowelten –
Neuere Aufsätze**
Herausgegeben von Marianne Leuzinger-
Bohleber / Ilka von Zeppelin. 2005.
498 Seiten, mit 10 Abb. u. 2 Tab., kart.
ISBN 978-3-525-45165-6

Einige Bände sind auch als eBooks
beziehbar: www.v-r.de

Verlagsgruppe Vandenhoeck & Ruprecht | V&R unipress